国家社会科学基金青年项目(编号：13CDJ021)
结项成果

新型城镇化背景下

党的群众工作模式研究

Research on the Party's Mass Work Model
under the Background of New Urbanization

王克明 著

天津出版传媒集团

天津人民出版社

图书在版编目(CIP)数据

新型城镇化背景下党的群众工作模式研究 / 王克明
著. -- 天津 : 天津人民出版社, 2019.10
ISBN 978-7-201-15484-8

Ⅰ.①新… Ⅱ.①王… Ⅲ.①中国共产党—群众工作
—研究 Ⅳ.①D252

中国版本图书馆 CIP 数据核字(2019)第 245898 号

新型城镇化背景下党的群众工作模式研究
XINXING CHENGZHENHUA BEIJINGXIA
DANGDE QUNZHONG GONGZUO MOSHI YANJIU

出 版	天津人民出版社	
出版人	刘 庆	
地 址	天津市和平区西康路35号康岳大厦	
邮政编码	300051	
邮购电话	(022)23332469	
网 址	http://www.tjrmcbs.com	
电子信箱	reader@tjrmcbs.com	
策划编辑	王 康	
责任编辑	林 雨	
装帧设计	汤 磊	
印 刷	高教社(天津)印务有限公司	
经 销	新华书店	
开 本	710毫米×1000毫米 1/16	
印 张	25.5	
插 页	2	
字 数	300千字	
版次印次	2019年10月第1版 2019年10月第1次印刷	
定 价	79.00元	

目　录

绪　论

一、本书的写作目的和任务

首先需要旗帜鲜明地指出，开展新型城镇化背景下党的群众工作模式研究的根本目的，是要发现、总结和探索在新型城镇化过程中党开展群众工作的基本规律和解决方案。因为从研究之初，我们就一直警惕可能出现的"模式的路径依赖"困境，力求避免将本身生动鲜活的群众工作经验和做法僵硬化、凝固化、程式化的倾向，努力探索指导党的群众工作科学、实际地应对在新型城镇化这一特定历史进程中群众工作所面临的挑战，发挥新形势下党的群众工作的基础保障作用，并具有相对普遍指导意义的工作思路和模式方案，以求最大限度地为新型城镇化进程中纷繁复杂的群众工作提供切实可行的方向性和策略性借鉴和帮助。

在党的群众工作实践中有没有一个可以称作模式的操作方式？答案应该是肯定的。任何事物都有其规律性，探寻群众工作模式就是探寻群众工作的规律，那么群众工作就必然存在某些可以参照的理论和实践模式，更何况在中国特色社会主义的伟大实践中，由于中国特色社会主义事业的纷繁、庞杂，而中国共产党处于这个事业的领导核心地位，在浩如烟海的党的群众工作实践中，总会呈现出一些具有一定规律性的可供推广的模式。但是我在深入地思考之后发现，作为党的基础工程，群众工作的模式是一个立体化的问题，群众工作问题与各地的生产方式有关（以工业生产方式为主的地区与以服务业生产方式为主的地区的群众工作不同），与生活活动方式有关（城市与乡村不同，年轻人与老年人不同，年轻人更乐于在网络社交发达的新型社区生活，而老年人则倾向于选择一般社区居住），与群众组织形式有关，与党的组织形式也有关，还与党组织的群众工作理念等有关。研究新型城镇化背景下党的群众工作模式的任务，就是抛开固有的群众工作思维定式，在总结传统群众工作经验的基础上，创新群众工作思路和方法，立足新型城镇化建设和发展的实际需要，努力探索可复制、可推广、可操作性强的基层群众工作实践模式。

二、研究现状

自2000年6月中共中央、国务院下发《关于促进小城镇健康发展的若干意见》以后，国内对于以小城镇为视阈的经济学、社会学、政治学和党建研究涌现出了一大批研究成果，以彭真怀、迟福林、韩长赋为代表的一批学者从中国小城镇建设的现状、问题及改革发展走向和途径，以及农村社会风险等角度，对中国需要一个什么样的城镇化问题进行了长期的跟踪研究；以杨凤城、吴敏先、郭德宏等学者为代表，对中国现代社会转型和新农村建设中农民主体性问题、中国农村村级治理模式、农民利益获得机制的调整和创新等农村社会问题进行了集中探索，以齐卫平、卢先福、王炳林、丁俊萍、林蕴晖等专家学者为代表,对党的群众基础和基层执政能力、党的农村政策和基层组织建设、农村基层党建工作的经验做法和农村基层党政关系进行了全面系统的考察;同时,学者们就城市边缘社区党建、城乡统筹视阈中的城乡接合部基层党建、农村社区党建等半城镇化党建工作发表了自己的见解,形成了一大批可供本课题参考和借鉴的科研成果。

2013年12月中央城镇化工作会议召开以后,新型城镇化道路成为中央推进我国城镇化发展的战略决策,中共中央印发了《国家新型城镇化规划(2014—2020年)》,提出走中国特色新型城镇化道路。在此之后,学界和政界围绕实施新型城镇化进行了理论和实践两个维度的广泛深入的讨论和研究。部分党务工作者和群众工作者在此期间围绕如何推动和保障新型城镇化的顺利实施,如何在新型城镇化进程中发挥好党的群众工作的保障作用进行了探讨,党的基层工作者因为工作的需要对相关议题进行过不少研讨,但目前真正在理论上对新型城镇化背景下党的群众工作进行系统化研究和归纳的文献和资料还非常少。在研究启动之初,我们以"新型城镇化建设"为关键词在CNKI电子书刊数据库检索,结果有5769条相关论述;以"小城镇党建"为关键词在CNKI电子书刊数据库检索,博士论文有2篇,期刊论文有22篇;但以"新型城镇化党建"为关键词检索相关文献则只有2篇,而以"新型城镇化背景下党的群众工作"为关键词检索,结果则为12篇。这表明,学者们对"新型城镇化建设"问题普遍关注,对小城镇党建问题的研究也有一定关注,而在推进新型城镇化背景下探讨党的群众工作问题则比较薄弱,特别是鉴于中央对新型城镇化建设的重视程度以及在此过程中这一领域党的群众工作的现实状况,因此我们需要在新型城镇化背景下党的"小城镇"群众工作问题上给予特殊的学术关照。

三、研究意义

从理论上讲,本书是以有序推进农业转移人口市民化作为重要任务,以生态文明为发展理念的集约智能绿色和低碳的新型城镇化道路作为理论研究缘起,将与新型城镇建设相关的经济政策、社会管理、公共选择、风险管控、危机处理等前沿理论赋予新型城镇化背景下党的城乡基层群众工作,为新型城镇化战略的实施过程中党的基层群众工作提供更加开阔和切实的理论指导,在此基础上以"规律性"为研究指向,强化党的群众工作对新型城镇化战略推进的保证作用,强化新型城镇化过程中党的群众工作的理论性和科学性。

从实践上讲,面对未来新型城镇化建设的加速推进局面,未来党组织在新型城镇化进程中的群众工作将面临由农村向城市转变半城市化的工作状态,应对新型城镇建设过程中可能出现的政治格局、利益格局调整以及社会组织变动和管理机制调整,这其中包括由于拆迁安置、征地补偿、群众纠纷、官民纠纷等问题引发各种社会问题,而正确认识和处理这些问题需要将党的城乡基层群众工作放在新型城镇化的大背景下,从一般和个别等多种角度对做好新型城镇化背景下的群众工作进行考察,探索适合党在新型城镇化建设的常态化和相对特殊阶段为保障和推进新型城镇化而开展的群众工作的执行模式,为各地党组织在新型城镇化过程当中更加有效地组织开展群众工作提供借鉴。

开展新型城镇化背景下党的群众工作模式研究,对于新型城镇化政策的顺利实施和推进,充分发挥新型城镇化在解决城乡二元差别化发展以及长期积累的城乡基层社会矛盾和问题方面的经济社会作用,巩固党在基层城乡社会的执政基础和群众基础都具有重要的理论意义和现实意义。探索新型城镇化背景下党的群众工作模式的意义在于以下方面：

一是加强党的执政能力建设，充分发挥党在城镇化过程中的政治领导核心作用，推动新型城镇化建设健康发展、顺利推进的客观要求。党与群众联系最紧密的时候往往是群众利益发生深刻变化的时候。新型城镇化过程中数以亿计的城乡基层群众的现实利益面临转变，党在这个过程中的领导核心作用必须得到充分体现，而要想实现这个意图就要在新型城镇化过程中做好基层群众的组织动员工作，这些都需要党组织通过深入细致的群众工作来完成。

二是密切党群众关系，巩固党的执政基础，扩大党的群众基础，使党对人民群众的服务前移、组织前移、管理前移，将党的群众工作体现在最基层、最前沿的客观要求。党执政的基础在基层。新型城镇化必将对当代的基层城乡社会带来一场深刻的社会变迁。在这场深刻的社会变迁中，党组织要将城乡广大基层群众紧密地团结在党的周围，就必须在新型城镇化政策推进最需要的地方，在城乡基层群众最需要党组织引导和帮助的地方，打通基层群众工作的最后一公里，将党的群众工作关口前移，做细做实群众工作。

三是党和政府做好"三农"工作，保持农村稳定有序发展的关键，是广泛赢得农民拥护的客观要求。新型城镇化是党和政府在总结多年传统城镇化推进经验教训的基础上，为解决城乡二元化发展问题和诸多三农问题而提出的一项关系城乡发展格局的战略性决策，是党委和政府为促进城乡基层群众共享城镇化发展成果，也是党争取民心、赢得群众支持的一项重要战略举措。而这些战略意图的实现都需要党的基层群众工作来完成和体现。

四是体现党的服务宗旨,建设服务型基层党组织,引领基层自治和民主进程;调控公共选择成本,引领群众合理使用公共资源;开展社会管理创新,探索源头治理、动态管理与应急处置相结合的社会管理机制的客观要求。

四、研究思路

本书采用的是总分的研究思路,可以用四句话来概括:一是解读概念内涵,理清研究思路;二是分析历史背景,搞清研究方向;三是构建模式要素,搭建模式结构;四是立足中国城乡基层群众工作现状,探索结构性、功能性以及系统整合性群众工作模式。也就是说,首先我们要针对本书选题弄清楚其中涉及的概念和关键词,搞清楚我们研究的目的任务和方向。接下来我们首先要科学把握新型城镇化施政思维,对未来新型城镇化过程中党的群众工作的历史方位、时代背景和现实要求进行梳理与把握,在此基础上按照结构功能理论深入分析党的基层群众工作的要素构成和模式框架,结合新型城镇化以及当前新型工业化、农业现代化和信息化对基层城乡社会带来的结构性变化,有针对性地从群众工作的组织结构、社会功能、社会系统整合三个方面来探索归纳总结,以期对新型城镇化背景下党的群众工作模式进行应用性研究,最后在系统研究的基础上通过比较和分析形成新型城镇化过程中应对常态化和新型城镇化各阶段群众工作的相应模式。

五、研究方法

我们在本书中采用了量化和质化相结合但侧重于质化研究的方法，具体来讲有以下4种研究方法：

一是文献分析方法。我们查阅并借鉴了中组部党建研究所《新时期党建工作热点难点问题调查报告》共17卷关于基层党的群众工作的相关研究成果，并通过组织部门、宣传部门和基层党组织提供和掌握的，以及通过中国知网查询到的与本书相关的文献，包括研究报告、理论文章、新闻报道（含纸质版和电子版）共415篇150万字、统计数据32份、基层理论征文三百余篇共23万字、专著11本200万字，为本书的研究提供文献资料来源和研究佐证。

二是社会调查法。我们专门拟定了《新型城镇化背景下党的群众工作问卷调查（一）党员干部问卷》和《新型城镇化背景下党的群众工作问卷调查（二）群众问卷》，组织专门人员分赴山东淄博将军路街道办事处、张店区固山镇，天津北辰区部分街道和镇、西青区中北镇等三个乡镇、武清区黄花店等三个乡镇、北京顺义高丽营镇、河北平山县等三十个县市镇街实地调研，发放了自制社会调查问卷近千份，为研究提供了第一手数据，并掌握了大量新型城镇化背景下基层群众工作的实际情况。

三是比较分析方法。我们通过深入城乡基层单位、进村入户调查和召开座谈会等形式对走访调查的30个街镇和区县的新型城镇化推进政策与举措以及这个过程中党的群众工作的做法和经验进行了分析比对。通过对比各地开展新型城镇化党的群众工作创新以及建设服务型基层党组织的经验做法，以期从中找出党的群众工作保障和推进新型城镇化的规律性做法，探索形成新型城镇化话推进过程中开展党的群众工作的操作执行模式，为党的群众工作在新兴城镇化过程中发挥更好的作用提供技术性和操作性的指引。

四总结经验法。在占有大量的基层群众工作实践做法和操作方法，以及大量社会学、政治学、党建等相关领域专家学者的研究成果的基础上，我们按照社会结构功能理论的思路，对这些操作性的经验做法和理论性的研究成果进行机械性的系统化整合和发展，从中提炼、选择在新型城镇化背景下具有推广意义的可复制的基层群众工作方法和模式。

第一章
关键词和概念解读

一、城镇化和新型城镇化

关于城镇化，国家社科基金重大项目《走中国特色的新型城镇化道路》的同名成果专著中这样论述："城镇化是指人口向城镇聚集、城镇规模扩大及由此引起一系列经济社会变化的过程，其实质是经济结构、社会结构和空间结构的变迁。城镇化的核心是人的城镇化，即变农民为市民的过程。国际经验表明，城镇化是一个漫长的历史过程，它是人类经济社会发展的必然结果"[①]。城镇化是伴随着工业化发展，非农产业在城镇集聚、农村人口向城镇集中的自然历史过程，是人类社会发展的客观趋势，是国家现代化的重要标志。新型城镇化由城镇化演变而来，是被赋予了新的更高的要求和内涵的城镇化。新型城镇化对于当代中国而言，它既是一项影响

[①] 魏后凯主编：《走中国特色的新型城镇化道路》(序言)，社会科学文献出版社，2014年，第1页。

深远的行政决策,亦是一次关系长远的政治抉择,更是一个在长时期内构成中国城乡社会发展背景下的经济社会长期发展过程,构成当代中国和未来一个长时期中国社会的底色,并成为中国经济政治发展必须考量的经济社会现实。

学界对"新型城镇化"各抒己见,按不同路径进行了探究。罗宏斌认为,新型城镇化是指坚持以人为本,以新型工业化为动力,以统筹兼顾为原则,推动城市现代化、城市集群化、城市生态化、农村城镇化,全面提升城镇化质量和水平,走科学发展、集约高效、功能完善、环境友好、社会和谐、个性鲜明、城乡一体、大中小城市和小城镇协调发展的城镇化建设路子。[①]他还认为,新型城镇化是针对传统城镇化存在的问题与弊端提出来的。相对传统城镇化而言,新型城镇化具有新的科学内涵:一是要推动城镇化由偏重数量、规模增加向注重质量内涵提升转变,二是要由偏重经济发展向注重经济社会协调发展转变,三是要由偏重城市发展向注重城乡一体化协调互补发展转变。[②]

魏后凯等人认为,中国特色新型城镇化就是科学把握城镇化的规模、速度、节奏的渐进式城镇化,是大中小城市和小城镇协调发展的多元化城镇化,是城乡协调、互动、融合发展的融合型城镇化,是高效集约、节约利用资源的集约型城镇化,是城镇化与人口资源环境相协调的可持续发展的城镇化,是城镇特色和优势等充分发展的城镇分工合理的城镇化。用一句话来概括,中国特色的新型城镇化是一种以人为本、集约智能、绿色低碳、城乡一体、"四化"同步的城镇化。[③]

---

① ② 罗宏斌:《"新型城镇化"的内涵与意义》,2010年2月20日《湖南日报》。

③ 魏后凯主编:《走中国特色的新型城镇化道路》,社会科学文献出版社,2014年,第28~29页。

有学者认为,新型城镇化首先是新阶段的城镇化:如果我们以现在为时点将城镇化划分为两个阶段的话,之前的城镇化可以称为初级阶段,之后的城镇化可以称为新阶段。在初级阶段,各地政府利用人口红利和土地红利迅速发展经济,同时快速推进城市建设的进程;在新的阶段,以往之红利已基本用尽,反倒是到了弥补历史亏欠的时候了。之前的城镇化,主要强调硬件的建设,以获取经济利益为特征;之后的城镇化,恐怕更要强调的是软件的建设,制度的建设,对于政府来说,更多的应该是付出,而不是向老百姓,向农民索取。①其次,新型城镇化是"农业转移人口市民化",是农民真正进城的城镇化。2013年10月,中央政治局会议的文件中有一个特别有新意的提法,就是要积极稳妥推进城镇化。而这种城镇化不是钢筋水泥的城镇化,不是城市空间扩张的城镇化及推高国内生产总值的城镇化,而是把城镇化与农村土地使用效率、与有序推进农业转移人口市民化高度结合的城镇化,即未来中国城镇化就是农民进入城市的城镇化,就是让成千上万的农民真正进城。可以说,该文件所提出的"农业转移人口市民化"是一个十分有新意的提法,是目前所要的城镇化。它也是中国未来城镇化的发展方向。 政府要让农民真正进城,就得创造条件帮助他们解决进入城市后的衣食住行问题。就得为他们提供一个好的公平的教育与就业的机会与平台。就目前的情况来看, 如果国内住房市场的性质不改变, 如果住房市场不能由投机投资为主导的市场转型为以消费为主导的市场,那么农民想进城根本就不可能。因为就当前中国住房市场的性质及房价水平来说,它对新政府所要求的城镇化好像没有准备好。现有以投机炒作为主导的住房市场,其房价水平连在城市里的绝大多数居民(85%以

---

① 郭莉:《中国需要什么样的城镇化》,《投资北京》,2013年第1期,第14~19页。

上)都没有能力购买,更谈不上让将要进城的农民有能力来购买了。如果当前国内住房市场的价格不向下调整,那么"农村人口市民化"①也就只能成为一句空话。再次,新型城镇化是一次深刻的制度调整。2013年召开的中央经济工作会议提出,要积极稳妥地推进城镇化,着力提高城镇化质量,把有序推进农业转移人口市民化作为重要任务,把生态文明理念全面融入城镇化全过程,走集约、智能、绿色和低碳的新型城镇化道路。这一表述是继1982年家庭联产承包责任制、1992年由计划经济体制转向社会主义市场经济体制之后的又一次制度创新,国家的经济结构、增长方式和生产力布局必然因此发生积极而重大的变化。②

事实上,新型城镇化概念的发轫、发展和成熟最先作为政府对中国城镇化概念的提法是由党和政府逐步探索提出的,其雏形首现于党的十六大报告关于"走中国特色的城镇化道路"的论述。2007年5月,时任国务院总理的温家宝同志首次提出"走新型城镇化道路";同年10月,党的十七大进一步将这一提法概括为"中国特色城镇化道路",并将"中国特色城镇化道路"与"中国特色自主创新道路""中国特色新型工业化道路""中国特色农业现代化道路""中国特色社会主义政治发展道路"一并确定为十七大关于"中国特色社会主义道路"的五项基本内容。面对经济转型、结构调整和确定经济发展新驱动的多方因素,2013年12月中旬,中央史无前例地几乎是叠加召开中央经济工作会议(12月10日至13日召开)、中央城镇化工作会议(12月12日至13日召开),明确提出"积极稳妥推进新型城镇化,着

---

① 易宪容:《中国需要什么样的城镇化?》,战略网:http://grass.chinaiiss.com/html/201212/17/wac910.html。

② 彭真怀:《中国需要什么样的新型城镇化》,《第一财经日报》,2012年12月24日。

力提高城镇化质量"[1]和"走中国特色、科学发展的新型城镇化道路"[2]。中央城镇化工作会议是党的历史上第一次以城镇化为专门议题召开的中央工作会议,会议分析了我国城镇化工作的发展形势,提出了推进城镇化的具体部署,讨论了《国家新型城镇化规划》。会后,中共中央、国务院印发的《国家新型城镇化规划(2014—2020年)》提出"走以人为本、四化同步、优化布局、生态文明、文化传承的中国特色新型城镇化道路"[3]。《国家新型城镇化规划(2014—2020年)》对我国的新型城镇化作了深入细致的提炼,总结归纳《国家新型城镇化规划(2014—2020年)》,我们可以从表1-1中总体把握国家层面对新型城镇化的蓝图:

表1-1　新型城镇化规划发展目标体系

一级规划发展目标	二级规划发展目标	三级规划发展目标
有序推进农业转移人口市民化	推进符合条件农业转移人口落户城镇	健全农业转移人口落户制度
		实施差别化落户政策
	推进农业转移人口享有城镇基本公共服务	保障随迁子女平等享有受教育权利
		完善公共就业创业服务体系
		扩大社会保障覆盖面
		改善基本医疗卫生条件
		拓宽住房保障渠道
	建立健全农业转移人口市民化推进机制	建立成本分担机制
		合理确定各级政府职责
		完善农业转移人口社会参与机制
优化城镇化布局和形态	优化提升东部地区城市群	
	培育发展中西部地区城市群	
	建立城市群发展协调机制	

---

① 《中央经济工作会议在北京举行》,《人民日报》,2013年12月14日。

② 《中央城镇化工作会议在北京举行》,《人民日报》,2013年12月15日。

③ 国务院公报《国家新型城镇化规划(2014—2020年)》,来源:http://www.gov.cn/gongbao/content/2014/content_2644805.htm,2015年7月20日。

一级规划发展目标	二级规划发展目标	三级规划发展目标
优化城镇化 布局和形态	促进各类城市协调发展	增强中心城市辐射带动功能
		加快发展中小城市
		有重点地发展小城镇
	强化综合交通运输 网络支撑	完善城市群之间综合交通运输网络
		构建城市群内部综合交通运输网络
		建设城市综合交通枢纽
		改善中小城市和小城镇交通条件
提高城市可 持续发展能力	强化城市产业 就业支撑	优化城市产业结构
		增强城市创新能力
		营造良好就业创业环境
	优化城市空间结构和 管理格局	改造提升中心城区功能
		严格规范新城新区建设
		改善城乡接合部环境
	提升城市基本公共 服务水平	优先发展城市公共交通
		加强市政公用设施建设
		完善基本公共服务体系
	提高城市规划 建设水平	创新规划理念
		完善规划程序
		强化规划管控
		严格建筑质量管理
	推动新型城市建设	加快绿色城市建设
		推进智慧城市建设
		注重人文城市建设
	加强和创新城市 社会治理	完善城市治理结构
		强化社区自治和服务功能
		创新社会治安综合治理
		健全防灾减灾救灾体制
推动城乡 发展一体化	完善城乡发展一体化 体制机制	推进城乡统一要素市场建设
		推进城乡规划、基础设施和公共服务一体化

续表

一级规划发展目标	二级规划发展目标	三级规划发展目标
推动城乡发展一体化	加快农业现代化进程	保障国家粮食安全和重要农产品有效供给
		提升现代农业发展水平
		完善农产品流通体系
	建设社会主义新农村	提升乡镇村庄规划管理水平
		加强农村基础设施和服务网络建设
		加快农村社会事业发展
改革完善城镇化发展体制机制	推进人口管理制度改革	
	深化土地管理制度改革	
	创新城镇化资金保障机制	
	健全城镇住房制度第	
	强化生态环境保护制度	

二、群众和党的群众工作

(一)群众

在《辞海》中,群众泛指"人民大众",或"居民的大多数",即与"人民"一词同义;另外则是指"未加入党团的人",表示"党员"与"群众"的区别,"干部"与"群众"的区别。《党的群众工作大词典》这样来阐述"群众"词条:泛指人民大众,在社会政治生活中,也指没有加入共产党、共青团组织的人。在人类社会存在和发展中,与领导者、管理者相对称的群体和个体亦可称为群众,凡有人类的地方,就有群众。从不同角度,可将群众划分为不同的类型。从政党的关系上,可分为党员群众、非党员群众,从职业上,可分为工人群众、农民群众、学生群众等;从社会阶层上,可分为基层群众、妇女群众、青年群众等;从觉悟上,可分为先进群众、中间群众、后进群众等,不同社会形态和不同社会环境中的群众,其政治地位、经济地位、思想道德素质和文化技术素质也不同。①

(二)党的群众工作

《党的群众工作大词典》中对"群众工作"的界定是:党为实现自己的政治路线,从维护群众利益出发,所进行的宣传群众、教育群众、发动群众、组织群众等工作的总和。做群众工作,是由我们党的性质所决定的,是我们党的优良传统和夺取革命斗争胜利的一个重要法宝。早在土地革命战争时期,党领导下的人民军队遵照毛泽东的指示,"分兵以发动群众,集中以应付敌人"。部队每打到一个地方,就在那个地方发动群众,帮助建立革命政权和地方武装,带领群众打土豪分田地,为壮大红军、巩固和发展根据地而斗争。抗日战争时期,我八路军新四军开赴抗日前线,一面与日寇浴血奋战,一面发动群众,建立抗日根据地,并要根据抗日民族统一战线政策,组织群众开展减租减息工作。解放战争时期,为了迎接大决战,我军在党的领导下,一方面进行大规模的练兵运动,一方面派遣大批干部组织工作团,发动解放区群众,开展了轰轰烈烈的土地改革运动。随着党的工作重点由农村到城市的转移和大规模作战的减少, 人民解放军响应毛泽东的号召,越来越多地担负起群众工作的任务。如组织工会、训练干部、动员工人阶级同帝国主义和国民党反动派的破坏作斗争, 并学会管理工业、商业、金融、财政,管理学校,保障城市供应等等,对解决当时解放区干部问题,发展人民革命事业起了巨大的作用。新中国成立以后,各级党组织更加重视群众工作, 不少基层组织都设置专门机构或专职人员具体负

---

① 夏明、贺冰主编:《党的群众工作大词典》,中共中央党校出版社,1992年版,第1页。

责群众思想政治工作和学习、生活环境的改善。近些年来,我党更加强调两个文明一起抓,使党的路线、方针、政策通过群众工作的有效途径得以逐步深入地落实,同时也使得群众工作这一优良传统得到了良好的传承。[①]可见,党的群众工作具有明显的历史阶段特征和政治动员属性,总是与党在不同时期的政治主张和政策目标联系在一起,是党为贯彻落实路线、方针、政策的群众工作体系的总和。

全国干部培训教材编审指导委员会组织编写的《做好新形势下的群众工作》这样界定党的群众工作概念:党的群众工作,是指以全体共产党员为工作者,以广大的人民群众为工作对象,以践行党的全心全意为人民服务的宗旨为原则,以贯彻落实党的正确主张为工作内容,以实现与维护人民群众的根本利益为出发点和落脚点,以正确运用党的群众路线为根本方法,以宣传群众、组织群众、服务群众为工作手段,团结和带领群众推动中国社会历史前进的工作。[②]该教材主张"大群众工作观",认为党的群众工作是全体共产党人立足自己的工作岗位,通过多个渠道、多个平台、多个方面和多种形式把党的正确主张变为亿万人民自觉行动的"大群众工作"。在新的历史条件下,党的群众工作是通过宣传教育、组织引导、联系服务、示范引领,把党的纲领、路线、方针、政策和目标、任务变为亿万人民群众自觉行动的工作;是全面贯彻以人为本,实现和维护人民群众根本利益、保障群众基本权益,建立健全人民群众社会保障、全心全意为人民服务的工作;是依靠民主和法治,引导群众正确处理人民内部矛盾、解决人民群众来信来访、处置社会群体突发事件、维护社会稳定、建设社会主

---

① 夏明、贺冰主编:《党的群众工作大词典》,中共中央党校出版社,1992年版,第68页。

② 李景田主编:《做好新形势下的群众工作》,人民出版社、党建读物出版社,2015年版,第2页。

义法治中国的工作；是创新和发展群众工作文化、凝聚人民群众力量、提升群众综合素质、促进人的全面发展，不断提高人民群众自我教育、自我管理和自我服务的水平，不断激发人民群众积极性、主动性、创造性的工作；是以社区、村、乡镇、街道和县市区三级公共服务中心、文化服务中心为平台，以党员干部发挥表率作用、共产党员发挥先锋模范作用、基层党组织发挥战斗堡垒作用为支柱，用现代化的手段开展公共服务、党建服务、志愿者服务、文化服务、社会服务的工作；是努力把矛盾化解在基层、把问题解决在基层、把利益落实在基层，不断创新社会治理和社会服务，在服务中实现治理，在创新中实现服务，不断巩固党的执政基础和社会基础的工作；是宣传群众、发动群众、组织群众、团结群众和依靠群众，始终以"人民战争"的方式，实施群防群控，坚决反对一切恐怖、分裂和暴力犯罪活动，坚决打击"黄赌毒黑"等一系列犯罪活动，追求国家长治久安的工作。[①]

学界对党的群众工作作为一项基础性工作和普遍接受的概念在党的历史上提出的先后和出处意见不一，但意见比较一致的是党的"群众工作"概念是伴随着"群众路线"的提出而形成的一个特定范畴。比如郑春牧等考证，认为是周恩来同志在1929年9月《中共中央给红军第四军前委的指示信》中第一次从工作方法的角度提出了群众路线。[②]"关于筹款工作，亦要经过群众路线，不要由红军单独去干。此时固然做不到由群众组织来担负红军给养，更应在群众中举行盛大的募集以扩大红军影响"；是当年的《古田会议决议》第一次把做群众工作作为红军的三大任务之一提出来：

---

① 李景田主编：《做好新形势下的群众工作》，人民出版社、党建读物出版社，2015年版，第2~3页。

② 郑春牧等：《提高党的群众工作科学化水平研究》，浙江大学出版社，2014年版，第11页。

"红军除了打仗消灭敌人军事力量之外，还要负担宣传群众、组织群众、武装群众、帮助群众建立革命政权以至于建立共产党的组织等项重大任务。"①郑春牧等认为，群众工作思想形成于红军时期，成熟于抗日战争时期，深化发展于中国共产党执政以后特别是改革开放时期。改革开放以后，党的群众工作理论又有了新的发展。可见，我们党是在长期的革命、建设和改革实践中，在理论与实践相互印证和相互促进的过程中才逐渐形成了完整的马克思主义群众工作理论体系。

群众工作的系统论述最早见于1945年4月24日毛泽东同志所著的《中国共产党的三大作风》一文。在该文中，毛泽东同志系统地阐述了什么是群众工作以及群众工作的本质、目的、方法和要求，并特别指出，群众工作是我党区别于其他政党的根本性标志。过去我们一直讲，我党有"三大作风"和"三大法宝"。群众路线就是"三大法宝"之一，是我们党在革命年代战胜敌人、在和平时期进行社会主义建设的最重要的武器。2005年2月19日，胡锦涛在省部级主要领导干部提高构建社会主义和谐社会能力专题研讨班上的讲话时指出，构建社会主义和谐社会的大量工作同党的群众工作有密切联系，要求我们把联系群众、宣传群众、组织群众、服务群众、团结群众的工作做得更好。②2012年2月，时任中共中央政治局常委、中央书记处书记、中央党校校长的习近平同志在省部级主要领导干部社会管理及其创新专题研讨班结业式上作总结讲话时指出，党和国家事业的发展进步，离不开人民的创造力量；党的全部执政活动，离不开强有力的群

---

① 转引自郑春牧等：《提高党的群众工作科学化水平研究》，浙江大学出版社，2014年版，第11页。（《周恩来选集》（上卷），人民出版社，1980年版，第37页。）

② 胡锦涛：《在省部级主要领导干部提高构建社会主义和谐社会能力专题研讨班上的讲话（2005年2月19日）》，《人民日报》，2005年6月27日。

众工作。社会管理主要是对人的服务和管理,说到底是做群众的工作。一切社会管理部门都是为群众服务的部门,一切社会管理工作都是为群众谋利益的工作,一切社会管理过程都是做群众工作的过程。从这个意义上说,群众工作是社会管理的基础性、经常性、根本性工作。①

三、何谓模式以及模式探索的意义

《辞海》这样来解释"模式"一词:外来语,亦译作"范型"。一般指可作为范本、模本、变本的式样。作为术语时,在不同学科有不同的含义,在普通心理学中指外界事物贮存在记忆中的有组织的心理图像。在社会学中,是研究自然现象或社会现象的理论图式和解释方案,同时也是一种思想体系和思维方式。亦称"范型"或"范式"。②范式,亦称"规范""范型"。美国科学哲学家库恩1962年在《科学革命的结构》一书中提出,用来解释科学革命,指科学共同体成员所共有的"研究传统""理论框架""理论上和方式上的信念"、科学的"模型"和具体运用的"范例"。③

汉语语境中的"模式"一词是指事物的标准样式。在现代人文社会科学领域,"模式"一词往往代指前人积累的经验的抽象和升华。④比如经济学界和发展政治学界常常提及的"北京共识与中国模式"⑤"新加坡模式",等等。一般认为,当某个领域的经验做法日渐成熟时,这一领域就会呈现

---

① 习近平:《群众工作是社会管理基础性经常性根本性工作》,《人民日报》,2011年2月24日。

② 《辞海》,上海辞书出版社会,1999年版缩印本,第1596页。

③ 同上,第700页。

④ 同上,第1596页。

⑤ 齐冰:《北京共识VS.中国模式》《中国社会科学院报》,2009年1月6日。

出特定的模式,比政治领域存在"民主政治模式",经济领域存在"经济发展模式",管理学上有"企业管理模式",生物学上有"进化模式"。

模式一词第一次是由建筑设计师克里斯托弗·亚历山大(Christopher Alexande)在他所著的《建筑模式语言》(*APattern Language:Towns,Buildings,Construction*)一书中提到的。Alexander给出的经典定义是:每个模式都描述了一个在我们的环境中不断出现的问题,然后描述了该问题的解决方案的核心。在《J2EE核心模式》(*Core J2EE Patterns*)一书中,作者阿卢(Alur,Deepak)给出的模式定义是:模式是用来描述所交流的问题及其解决方案。模式表示了事物之间隐藏的规律关系,模式强调的是形式上的规律,而非实质上的规律。简单地说,就是从不断重复出现的事件中发现和抽象出的规律,是解决问题的经验的总结。模式可以成功进行复制,提高过程效率,节约过程成本。模式更倾向于主观抽象性,是人从客观事物中抽象出来的。①现代社会治理领域尤其重视"模式"的探索,因为"模式"的建立意味着相关领域找到了一种指导,在特定"模式"的指导下,有助于我们完成特定的工作任务,有助于我们得到解决问题的方法和途径,有助于我们推广或复制的经验做法,最终使目标事项或工作任务获得事半功倍的效果。从这个意义上说,模式就是解决相关问题的方法论,它可以把解决某类问题的方法归纳到理论高度。

综观上述关于"模式"的认识和见解,模式概念包含四个特征和四个所指,即"模式"常被用来指代比较成熟的、系统的、独具特色的、可复制可推广的区域性或整体性任务或工作的解决方案、操作体系、标准样式、要素集合。能够称得上模式,这一"模式"首先是符合特定任务或工作领域的

---

① 转引自韩儒博:《机制与模式》,《今日科苑》,2011年第10期,第70页。

基本规律的，其次是能够体现特定任务或工作领域的基本特征或核心内涵的，再次则是特定任务或工作领域的总体思路或操作系统的高度概括。我们认为，对于某种工作模式的探索，本质上是要从不断重复运行的工作现象中发现和抽象出其特有的运行规律，是对解决这种工作中出现的各种问题经验的上升到理论的归纳总结。因此我们不能仅仅从具体工作方法的角度来理解和认识模式的内涵，"模式"在内核上是解决某类问题的方法论，为相关工作在思维上和思路上提供一种理论方法，它不同于具体的操作程序，而是为实践提供宏观的、前瞻的、方向性的指导，以优化操作实践、提高工作效率。探索模式的根本目的是为了增强解决问题的可靠性。

四、党的群众工作模式和新型城镇化背景下党的群众工作

党的群众工作模式，是"模式"概念在党的群众工作领域的具体运用。我们认为"模式"概念在群众工作领域的运用，目的是要体对党的群众工作的具体操作和现实应用提供指导，但这种指导当然应当反映在操作实践中，但更为重要的是要为具体历史实践条件下的党的群众工作提供方法论层面的宏观性、思路性、规律性、前瞻性指导。为此，尽管也常有文献用诸如"深圳模式""苏南模式"等模式命名方式来特指特定区域的工作式样，但在本项研究中，我们主要是在总结归纳各地新型城镇化推进实际和群众工作实践经验做法的基础上，为应对新型城镇化过程中的复杂群众工作形势，确保新型城镇化的顺利推进，并在此过程中实现党的政治社会化目标，而探索形成的体现基层群众工作规律和实际要求的、便于各地学习借鉴推广的群众工作解决方案或操作式样。

新型城镇化背景下党的群众工作，是在当代中国城镇化发展到一定阶段转而走新型城镇化道路的转型阶段和历史条件下，党的广大城乡基层组织和党员干部，包括党所领导的各群众团体和社会组织及其成员，为保证党的新型城镇化战略的顺利实施，推动党的关于新型城镇化的一系列方针政策的贯彻落实，以人的城镇化为指向，运用立体化联系方式向广大城乡居民宣传新型城镇化的方针政策，团结教育广大城乡群众正确认识和处理城镇化引发的各种利益关系，动员和组织广大城乡群众积极支持和参与新型城镇化建设，服务和引导广大城乡群众顺利实现城镇化过渡，实现党的新型城镇化发展战略和执政目标，并以此为契机广泛开展党的政治社会化，巩固和扩大党执政的群众基础，而开展的团结群众、联系群众、服务群众、组织群众、发动群众、教育群众的系统性基础性常规性工作。这一定义，体现了新型城镇化背景下党的群众工作的主体是以广大城乡基层组织和党员干部为核心的，包括党所领导的各群众团体和社会组织及其成员在内的共同体，客体是新型城镇化所涉及的广大城乡群众，具体工作是团结群众、联系群众、服务群众、组织群众、发动群众、教育群众，工作目标是实现党的新型城镇化发展战略和执政目标，工作目的是实现党的政治社会化，巩固和扩大党执政的群众基础。

第二章
新型城镇化对于
党的群众工作的背景意义与现实要求

新型城镇化是中国经历三十年城镇化发展之后，传统城镇化道路难以为继，中国经济社会发展又迫切需要通过城镇化启动新的经济发展新引擎，回应中国人民"过上更好生活"新期待，而对中国城镇化发展道路做出的战略性转型抉择。新型城镇化战略的实施，不仅对于解决长期困扰中国经济平衡、协调健康发展的老大难——"三农"问题和城乡二元结构等深层次经济社会问题具有决定性意义，对于中国基层社会主义民主政治发展、社会治理改善和生态文明建设都关系深远。

新型城镇化作为一个自然历史过程和经济社会发展阶段，它本身以及由此而引起的经济、政治、文化、社会、生态变迁，对这一过程中党的群众工作构成一个具有决定意义的背景因素系统。做好新型城镇化过程中的群众工作，应对新型城镇化对党的群众工作带来的机遇与挑战的基本前提，就是要对新型城镇化过程中党的群众工作面临的基本社会背景和历史条件做出准确判断，进而搞清楚新型城镇化这一背景因素系统对相

第二章 新型城镇化对于党的群众工作的背景意义与现实要求

应情况下的党的群众工作的现实要求。为此,本章旨在揭示社会历史背景对于开展群众工作的历史规定性和现实意义的基础上,尽可能厘清新型城镇化这一社会历史进程对于党的群众工作的背景内涵,进而在此基础上明确新型城镇化对于党的群众工作的现实要求,以为本课题奠定开题研究基础。

当代中国的新型城镇化进程可谓波澜壮阔、规模宏大,这一方面是由于巨大人口基数和城乡二元发展现状蕴藏着强大的新型城镇化发展动能和需求,另一方面则是因为我国地域广阔,东、中、西部经济社会发展中地域差异明显,各地历史文化条件和城镇化推进状况特点各异。尽管新型城镇化的顶层设计是由国家通盘考虑,但这一进程的时空广阔性和区域差异性,决定了把握和考察新型城镇化背景系统的复杂性。为了能够从总体上反映新型城镇化的系统背景,为新型城镇化过程中党的群众工作提供具有理论和实践指导意义的新型城镇化背景考察和分析,课题采取了文献分析比较和社会调查相结合、量化与质化相结合的研究方法,即一方面我们对所掌握的本课题相关文献包括新闻报道、统计数据报告、调查报告、研究论文、专著,关于当代中国城镇化和新型城镇化发展状况进行分析、比较和总结归纳;另一方面我们组织课题组成员,以党的群众工作为视角,借助调查问卷、实地走访、电话函询等方式方法,赴北京、天津、山东、河南、河北、山西、内蒙古、四川、吉林、黑龙江等省、市、自治区,深入山东的淄博市淄川区、文昌湖区,天津的西青区杨柳青镇、东丽区华明镇,以及北京的高丽营镇、吉林的延边红旗村、河北的石家庄塔谈村社区居委会等三十个区县市镇街实地调研,发放自制社会调查问卷1200份,对各地新型城镇化发展状况进行了调查研究。综合各方面情况,我们着重从新型城镇化的转型背景、党的群众工作助推新型城镇化的职能、新型城镇化对于党的群众工作的现实要求等三个方面作一梳理。

第一节　结构、功能、系统：
新型城镇化的社会转型背景分析

一、新城镇化背景下的社会结构变迁考察

社会结构是社会学的基本概念之一，围绕社会结构问题，西方社会学者在不同历史时期形成了结构功能主义、宏观结构主义、微观结构主义和人类学结构主义等多个流派。马克思主义对社会结构问题的研究主要是从社会关系的视角展开的。马克思和恩格斯关于社会结构理论可以从狭义和广义两个方面来看：从狭义上讲，社会结构是指由社会分化产生的处于主要社会地位的各社会群体之间相互联系的基本状态，处于这类社会地位的群体主要包括阶级、阶层、种族、职业群体等。而广义的社会结构是指社会的各个基本活动领域结构状态，包括经济、政治、文化和社会生活领域之间的相互关系，是对整体的社会系统的基本特征和本质属性的静态概括，是相对于社会变迁和社会过程而言的。①

马克思主义认为，人类社会的发展是以社会变迁的方式得以体现和实现的。所谓社会变迁，是指某个特定的社会发展阶段，其间的社会生产力和生产关系等多种因素的矛盾运动引起社会结构和社会过程的质变和量变。马克思主义认为，社会结构变迁的终极原因在于社会生产力的变

① 王存福：《社会结构变迁与政党嬗变的向度分析——以德国社会民主党的转型为例》，天津人民出版社，2011年版，第37页。

化,其一般发展逻辑为:

生产力的发展→科学技术提高→生产工具革新→劳动生产率提高→产业结构发生变化→就业结构变化→社会利益群体分化→社会成员地位结构变化→阶级阶层结构变化→加速社会经济结构和生产关系变革→推动生产力的发展→……

这一理论逻辑有一个关键环节,即产业结构的变化进而导致就业结构的变化,但科技的发展并不会直接引起社会结构的变迁,它是通过产业结构变迁进而使就业结构变化来实现这个目标的,而事实上能够引起产业结构和就业结构调整的还有一个重要的直接原因:劳动人口的迁移和聚集。而在社会变迁现实过程中,影响劳动人口流动进而影响社会结构的不仅仅是科技因素,每个社会发展到一定程度时,城镇化对劳动人口的流动和社会结构的影响都是紧要关节的因素。世界各国经济发展经验表明,工业化必然导致城镇化。因为工业生产的规模化和集中性决定了工业必定向城市聚集,同时城市的高收入和优越的生活条件必然会对贫困落后的农村人口产生巨大的吸引力,加速人口向城镇集中。辜胜祖先生在考察农村劳动力的转移所带来的人口流动和城市化进程时提出了四条规律性观点:第一条是农村人口由低收入地区向高收入地区转移;第二条是人口流动存在梯级转移,即贫困地区向中等发达地区转移,中等发达地区向发达地区转移;第三条是人口流动和迁移存在选择性,即人口流动和迁移不是对所有人都有同等的概率,这种选择性表现型为年龄、性别、文化程度、职业、经济地位、家庭结构和婚姻状况等方面的差别;第四条是人口流动和迁移在不同经济发展阶段采取不同形式。在农村社会,人口迁移采取农村→农村的形式;在产业革命时期,采取农村→城镇的形式,在工业化后期,采取城镇→城镇的形式。[①]有学者将我国城镇化进程进行分期,认为我国大致自1996年开始进入城镇化加速推进时期(见图2-1)

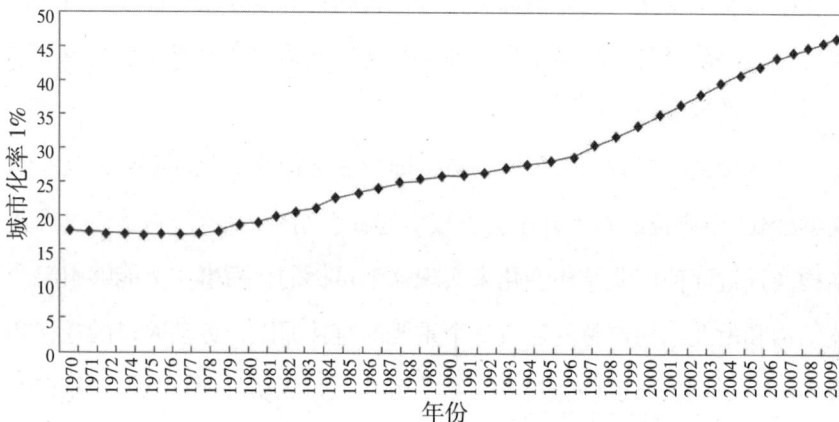

图2-1　1970年以来全国城市化率

资料来源:国家统计局编:《中国统计年鉴2009》,中国统计出版社,2010年版。

当前我国的城镇化正处在加速工业化中后期,城镇化由传统城镇化转向以人的城镇化为核心的新型城镇化,城镇化已经与工业化一起成为影响城乡人口结构、就业结构以及产业结构、社会结构的最重要的推动因素之一。

从一般意义上来说,城镇化是农业社会、农村文明向工业社会和城市文明转变的历史过程,其直观表现是人口由农村向城市转移的过程。一个国家或地区的城镇化水平,通常是以城镇人口占这个国家或地区总人口的比例即城镇化率来表示的,反映人口转移型城镇化道路发展程度的核心标志也是人口城镇化率。[②]中央城镇化工作会议指出,新型城镇化主要

① 转引自秦润新主编:《农村城市化的理论与实践》,中国经济出版社,2001年版,第100~101页。

② 孙久文:《走向2020年的我国城乡协调发展战略研究》,中国人民大学出版社,2010年版,第34~37页。

是人的城镇化。这里包含两层含义，一层是人的素质的城镇化，即进城人口的市民化；而另一层就是人口户籍的市民化，其主要标志就是大量农村人口向城镇迁移，这就会直接导致就业结构、产业结构、社会利益结构和社会成员地位变化。比如《中国新型城镇化报告（2011）》的研究表明，就业与产业结构关系密切并呈现趋势性关联，从1978年到2009年，我国的三大产业就业人数变化趋势是，第一产业由1978年的70%下降到2009年的38.1%，农业就业人数与总就业人数之比下降了近一半，同时第三产业由1978年的12.2%上升为2009年的34.1%，第二产业的上升趋势也较为明显。（见图2-2）

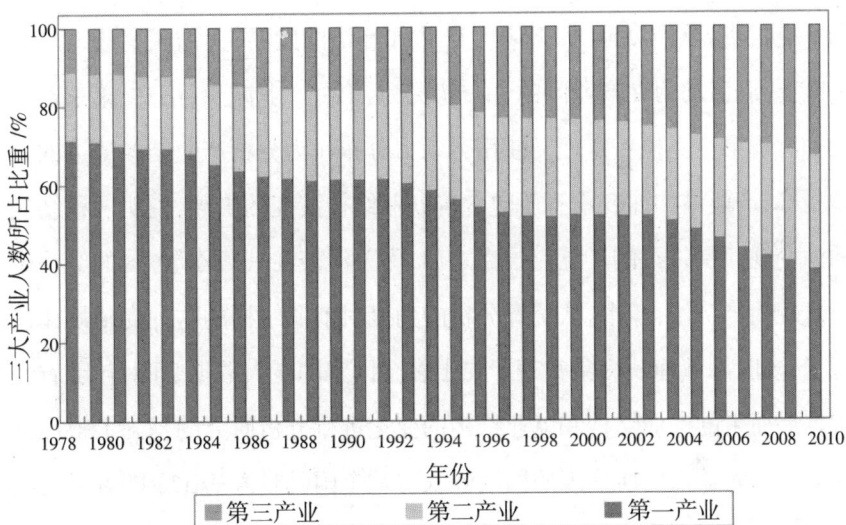

图2-2　中国1978—2009年三大产业就业人员比重

　　而且研究表明，伴随城市化率提高的是产业结构调整的深入，第一产业人员和新增劳动力不断向第二、三产业尤其是第三产业倾斜。与此同时，产业内部结构的变化反过来也会对就业产生不同影响。比如农业产业结构的调整会拓展新的就业空间,但也会产生数量巨大的剩余劳动力;在工业结构内部,企业技术水平的提高和规模结构的变化,也会对就业带来一定影响;第三产业中新兴产业的发展在拓展就业空间的同时,还会对劳动力素质提出更高的要求,而各产业结构的变化又会对人口的流动和结构及其利益和社会成员的社会地位产生深刻影响。

经济社会发展的历史可以说就是城镇化发展的历史,而城镇化则必将伴随着产业结构的升级和空间布局的调整,而产业结构的调整要求其社会人口特征和就业结构与其相适应,在这样的机理作用下,城镇化对社会结构的影响和作用可想而知。国内外学者的相关实证和经验性研究也都说明了这一点。比如关注人口和就业结构与产业结构关系的经济学理论"配第—克拉克定理"就认为,随着生产力和经济的发展,人均国民收入水平不断提高,劳动力在产业间的分布状况为:第一产业减少,第二、第三产业增加,"配第—克拉克定理"使用劳动力分布作为分析产业结构演进的具体指标,产业结构演变本身就包含着就业结构演变的内涵,说明两种结构的演变规律是一致的。继克拉克之后,库兹涅茨在其著作《各国的经济增长》《现代经济增长》中,从统计分析的角度对就业结构的这种变动规律进行了验证。库兹涅茨搜集整理了二十多个国家的庞大数据,在对伴随着经济发展而来的产业结构和就业结构的变化进行分析研究的基础上得出结论认为,农业部门所实现的国民收入占整个国民收入的比重随着经济的发展处于不断下降之中,农业部门劳动力的相对比重也在逐渐降低;工业部门所实现的国民收入在整个国民收入中所占的比重则大体是上升的。

近年来,国内学者也从不同角度对经济或产业发展与人口就业结构之间的内在关联进行了大量实证研究,研究结果也反复证明了两点:一是人口就业结构与产业结构之间存在着一定的均衡关系,这种均衡关系的维持将直接影响到国民经济发展的稳定性；一是我国城镇化与产业结构和就业结构也是相互影响相互促进的，比如黄锡富（2014）指出，在城镇化发展过程中，第一产业产值比重和就业人数比重与城镇化率成反比，第二产业产值比重和就业人数比重与城镇化率成正比；第三产业产值比重和就业人数比重与城镇化率成正比。产业结构与就业结构经过优化升级，结果都是第三产业比重最大，第二产业比重次之，第三产业比重最小。因此，城镇化是促进产业结构和就业结构调整优化的有效途径，两者都是向产业"三二一"顺序模式转变。表2-1可以直观地告诉我们城镇化与就业结构和产业结构的关系。[①]

表2-1　城镇化与就业结构和产业结构的关系

年份	城镇化率	产业结构			就业结构			就业对产业总偏离度及三次产业偏离度			
		第一产业	第二产业	第三产业	第一产业	第二产业	第三产业	总偏离度	一产偏离度	二产偏离度	三产偏离度
1978	17.92	28.2	47.9	23.9	70.5	17.3	12.2	84.6	42.3	−30.6	−11.7
1980	19.39	31.9	46.1	22.0	68.7	17.6	12.6	74.7	36.8	−28.5	−9.4
1985	23.71	28.4	42.9	28.7	62.4	20.8	16.8	68.0	34.0	−22.1	−11.9
1990	26.41	27.1	41.3	31.5	60.1	21.4	18.5	65.9	33.0	−19.9	−13.0
1991	26.37	24.5	41.8	33.7	59.7	21.4	18.9	70.4	35.2	−20.4	−14.8
1992	27.63	21.8	43.5	34.8	58.5	21.7	19.8	73.5	36.7	−21.8	−15
1993	28.80	19.7	46.6	33.7	56.4	22.4	21.2	73.4	36.7	−24.2	−12.5
1994	28.62	19.9	46.6	33.6	54.3	22.7	23	68.9	34.4	−23.9	−10.6
1995	29.04	20.0	47.2	32.9	52.2	23	24.8	64.6	32.2	−24.2	−8.1
1996	29.37	19.7	47.5	32.8	50.5	23.5	26	61.6	30.8	−24.0	−6.8
1997	29.92	18.3	47.5	34.2	49.9	23.7	26.4	63.2	31.6	−23.8	−7.8
1998	30.4	17.6	46.2	36.2	49.8	23.5	26.7	64.4	32.2	−22.7	−9.5
1999	34.78	16.5	45.8	37.8	50.1	23	26.9	67.3	33.6	−22.8	−10.9
2000	36.22	15.1	45.9	39.0	50.0	22.5	27.5	69.8	34.9	−23.4	−11.5
2001	37.66	14.4	45.2	40.5	50.0	22.3	27.7	71.3	35.6	−22.9	−12.8
2002	39.09	13.7	44.8	41.5	50.0	21.4	28.6	72.6	36.3	−23.4	−12.9

---

①　黄锡富：《产业结构和就业结构的优化与人的生存发展——基于新型城镇化的视角》，《改革与战略》，2014年第11期，第1~4页。

续表

年份	城镇化率	产业结构			就业结构			就业对产业总偏离度及三次产业偏离度			
		第一产业	第二产业	第三产业	第一产业	第二产业	第三产业	总编离度	一产偏离度	二产偏离度	三产偏离度
2003	40.53	12.8	46.0	41.2	49.1	21.6	29.3	72.6	36.3	−24.4	−11.9
2004	41.76	13.4	46.2	40.4	46.9	22.5	30.6	67.0	33.5	−23.7	−9.8
2005	42.99	12.1	47.4	40.5	44.8	23.8	31.4	65.4	32.7	−23.6	−9.1
2006	43.90	11.1	47.9	40.9	42.6	25.2	32.2	62.9	31.5	−22.7	−8.7
2007	44.94	10.8	47.3	41.9	40.8	26.8	32.4	60.0	30.0	−20.5	−9.5
2008	45.68	10.7	47.4	41.8	39.6	27.2	33.2	57.7	28.9	−20.2	−8.6
2009	46.59	10.3	46.2	43.4	38.1	27.8	34.1	55.5	27.8	−18.4	−9.3
2010	49.68	10.1	46.7	43.2	36.7	28.7	34.6	53.2	26.6	−18.0	−8.6
2011	51.27	10.0	46.6	43.4	34.8	29.5	35.7	49.6	24.8	−17.1	−7.7
2012	52.57	10.0	45.3	44.6	33.6	30.3	36.1	47.0	23.5	−15.0	−8.5

资料来源:根据《中国经济统计年鉴(2013)》(中国统计出版社)资料整理。

胡鞍钢、周绍杰在《"十三五":经济结构调整升级与远景目标》中披露,2010—2014年,我国产业结构出现显著性变化,第二产业GDP比重从46.7%下降到42.6%第三产业从43.2%上升到48.2%。二、三产业比重出现逆转。就业规模总体扩大,就业结构转换特征突出,2010—2014年,总体就业规模从7.61亿人上升到7.73亿人(增加1000多万人)。城镇就业规模明显上升,从3.47亿人上升至3.93亿人(增加了4600万人),占总就业比重从45.6%上升到50.8%;乡村就业规模显著下降。就业的产业部门分布继续呈现显著变化,2010—2013年,第一产业就业比重从36.7%下降到31.4%,第三产业就业比重从34.1%上升到38.5%,服务业部门的就业贡献显著增强,净增加3300万人。①而这期间,我国的城镇化率由49.95%上升到54.7%。这同样说明了人口就业结构与产业结构保持协调发展是地区经

---

① 胡鞍钢、周绍杰:《"十三五":经济结构调整升级与远景目标》,《国家行政学院学报》,2015年第2期,第5页。

济稳定、协调和健康发展的必要前提。

综上所述，"城镇化不应被视为一个独立的过程，而应把它视为支持经济结构变革的一种力量"①。城镇化过程与产业结构和就业结构的变化呈现出规律性变化，从这个角度讲，城镇化无疑是影响社会变迁的重要因素，那么伴随城镇化而来的必然是深刻的社会结构调整，社会结构视角是正确认识新型城镇化进程的重要视角。

二、群众工作视角的新型城镇化社会功能考察

社会结构要求决定社会功能变化，社会结构的变迁引发社会功能的新要求，是结构功能理论的基本主张。新型城镇化的社会结构新变化必然导致新型城镇化的社会功能新诉求，是新型城镇化结构功能主义考察的客观结论。新型城镇化让处于这一社会变迁中的人们不可避免地要经受种种环境改变、组织解构甚至是短暂失序和系统混乱的困扰。种种源于社会结构变化而来的功能调整和社会系统的秩序重建，新型城镇化催生了新的社会功能诉求，而这些社会功能诉求正是在新型城镇化进程中认识党的群众工作的形势和任务的背景和内涵，更是我们探寻新型城镇化背景下党的群众工作规律的基础。有学者用以下图式展示了新型城镇化的结构性要求和功能性诉求（见图2-3、图2-4）：

---

① 张璐晶：《城镇化是支持中国经济结构变革的力量——专访经济学奖得主迈克尔·斯彭斯》，《中国经济周刊》，2014年第15期，第38页。

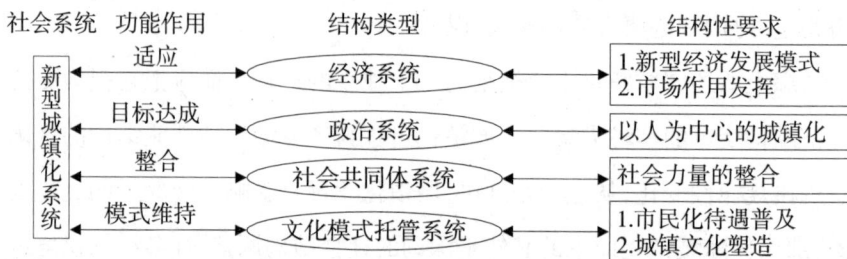

图2-3　新型城镇化的结构性要求

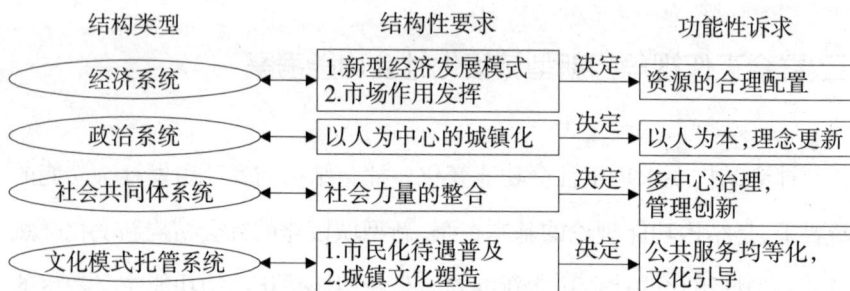

图2-4　新型城镇化的功能性诉求

新型城镇化的现实状况和功能性诉求远比上述图式要复杂和庞杂的多，这一结构功能认识路径所揭示的新型城镇化功能要求是客观存在的，在新型城镇化过程中开展群众工作就必须正视并积极、客观地认识和把握新型城镇化所引发的社会功能变化。总结起来，以党的群众工作为视角，新型城镇化带来的新的社会功能诉求主要有以下方面：

(一)公共服务与国计民生

新型城镇化不仅是一个加快推动我国城镇化发展的过程，还是一个弥补城镇化公共服务和弥补民生欠账的过程。全国第六次人口普查的数据显示，城镇居住人口为6.65亿人，占总人口的49.68%；乡村居住人口为6.74亿人，占总人口的50.32%。与2000年相比，城镇人口增加2.07亿人，乡村人口减少1.33亿人,城镇人口比重上升13.46个百分点。2014年我国的常住人口城镇化率与户籍人口城镇化率相差17.3个百分点(如图2-5),进城人口的城市服务配套与实际需求的差距可想而知。

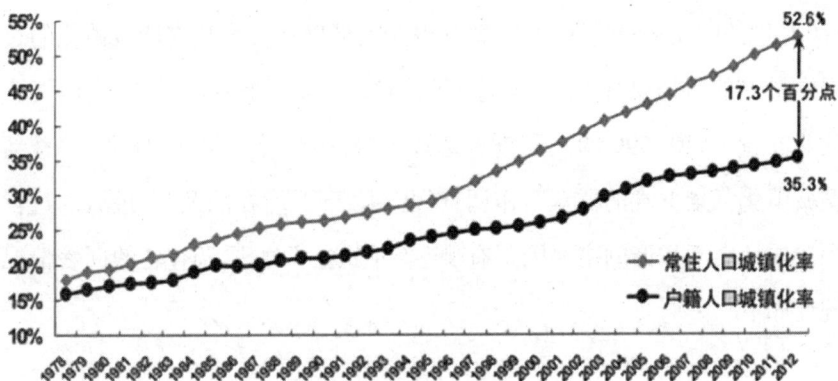

图2-5　我国人口城镇化率

　　如果按相关规划,到2020年中国城镇化水平将达到60%,这意味着未来城镇要多容纳2亿多人口,城镇化速度至少每年增长0.8~1个百分点,每年有一千多万人要进城。[①]虽然这部分人口在统计上已被计入城镇人口,但由于无法在住房、教育、医疗、社会保障等公共服务领域享有与城镇居民相同的待遇,事实上没有完全市民化,由此带来了就业、住房、子女教育和社会保障等一系列问题。[②]作为城镇化必然结果,大量进城人口对城镇教育、就业、医疗、养老、保障性住房等城镇居民基本公共服务提出了巨大挑战。由于农业转移人口进程加快,城镇居民公共服务需求快过社会服务体系建设。而与此同时,一些城市空间无序开发、人口过度集聚,重经济发

---

　　① 车文辉:《中国城镇化进程:化什么怎么化》,《学习时报》,2011年9月14日。

　　② 王一鸣:《中国城镇化进程挑战与转型》,http://www.sina.com.cn 2010年2月22日,来源:《中国金融》。

新型城镇化背景下党的群众工作模式研究

展、轻环境保护,重城市建设、轻管理服务,交通拥堵问题严重,公共安全事件频发,城市污水和垃圾处理能力不足,大气、水、土壤等环境污染加剧,城市管理运行效率不高,公共服务供给能力不足,城中村和城乡接合部等外来人口集聚区人居环境较差。《新型城镇化背景下党的群众工作调查(Ⅰ)党员干部问卷》在问及"您觉得在动员群众参与和支持城镇化的过程中最难的事情是什么(可多选)"时,57%的被调查者选择了"进城群众就业安置"选项,59%的被调查者选择了"民生保障头绪多、任务重";《新型城镇化背景下党的群众工作调查(Ⅱ)群众问卷》在问及"在进城的过程中造成社会不和谐的主要因素有哪些(可多选)"时,受调查者的回答情况统计如下。

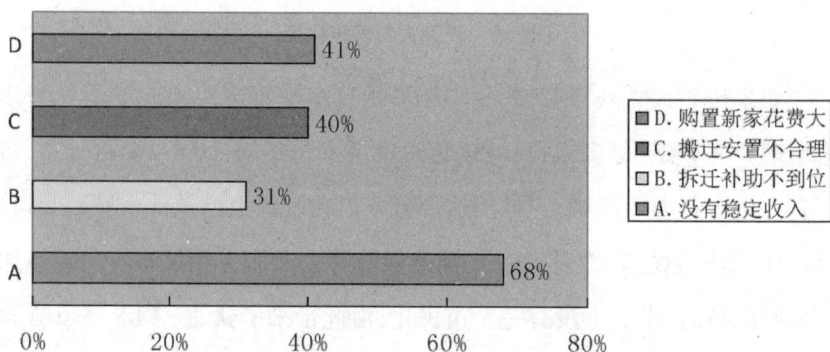

在问及"您觉得您目前的生活有哪些不方便的地方(可多选)"时,受调查者的选项主要集中在就医看病、家政服务、环境卫生等方面。可见,面对新型城镇化发展浪潮,党和政府面临着巨大的公共服务和民计民生任务。未来,政府需要在加快改革户籍制度的同时,创新和完善人口服务和管理制度,逐步消除城乡区域间户籍壁垒,还原户籍人口登记管理的功能,促进人口有序流动、合理分布和社会融合。同时要实行最严格的耕地保护制度和集约节约用地制度,按照管住总量、严控增量、盘活存量的原则,创新土地管理制度,优化土地利用结构,提高土地利用效率,合理满足城镇化用地需求。

(二)社会治理与矛盾调处

新型城镇化既是一个城乡结构、人口结构、产业结构剧烈变动的过程,同时也是一个群众利益和社会阶层不断调整的过程。这个过程的一个明显特征就是,围绕区域性或群体性利益结构的大幅度调整,大量因利益调整引发的社会矛盾和社会问题持续涌现。王浦劬先生在基于行政信访视角的新型城镇化、社会矛盾与公共政策的研究中指出,新型城镇化的内涵和特点, 天然地蕴含着社会转型与变革的矛盾和风险——新型城镇化作为工业化信息化基础上的社会变革, 农业与工业化信息化在产业形态之间的差异和矛盾会使得与农业产业联系在一起的农民在转变为市民的过程中陷入不同产业形态、产业属性和生产方式差异的困境,从而难以迅速与工业化信息化产业建立起有机联系;新型城镇化集中体现为制度的变革,而制度变革引起的矛盾,也会使得与既有制度规则体制机制联系的农民在转变为市民的过程中,陷入不同制度的冲突、相关制度变迁与城镇化发展要求不同步的困境; 既有的利益结构与新型城镇化发展形成新的利益结构之间的矛盾性;在农民向市民的转变过程中,内在地包含着相关主体人群自身特性和社会联系方式改造和转化的两难困境; 由于思维方式、认识视角和利益取向的差异性,各级政府和实际工作人员对于新型城镇化的规划设计和推进实施, 与相关农民群众的具体需求和特定利益之间可能存在偏差,从而构成政府与群众之间的矛盾;在政府主导的新型城镇化进程中, 政府推动城镇化和制度变迁的能力与新型城镇化长期艰巨的任务和内容之间的差异和矛盾。这些情况所引发的户籍和人口管理矛盾、土地权益矛盾、新的城市失业人口和贫富两极分化矛盾、新市民与原有市民的公共资源争夺矛盾、社会组织方式和形态变化造成进城市民社会困境而引发的社会矛盾等社会矛盾和问题在新型城镇化过程中将集中出现。①不少农村群众和城镇职工因劳动收入和用工待遇、退休待遇、公共资源、惠民政策落实不到位，以及征地拆迁补偿、生态环境保护等各种原因，上访上诉，甚至发展成为群体性事件。尤其是随着互联网和移动互联网信息化进程的加快，虚拟社会问题与其现实城镇化问题相互叠加影响，更是对党委和政府的社会治理水平与社会矛盾调处能力提出了巨大挑战。比如，《新型城镇化背景下党的群众工作调查（Ⅰ）党员干部问卷》在问及"实施城镇化容易引起哪些社会矛盾（可多选）"时，70%的受调查者选择了A选项"群众不满或攀比拆迁补偿，上访问题凸显；15%的人选择了B选项"群众流动性和闲时增多，社会治理难度增加"；42%的人选择了C选项"贫富分化加剧，群众心理失调"；38%的人选择了E选项"城镇设施资源和民生资源供给不足"。受调查者的问卷答案统计情况如下：

---

① 王浦劬：《在基于行政信访视角的新型城镇化、社会矛盾与公共政策》，《北京行政学院学报》，2014年第1期，第30~32页。

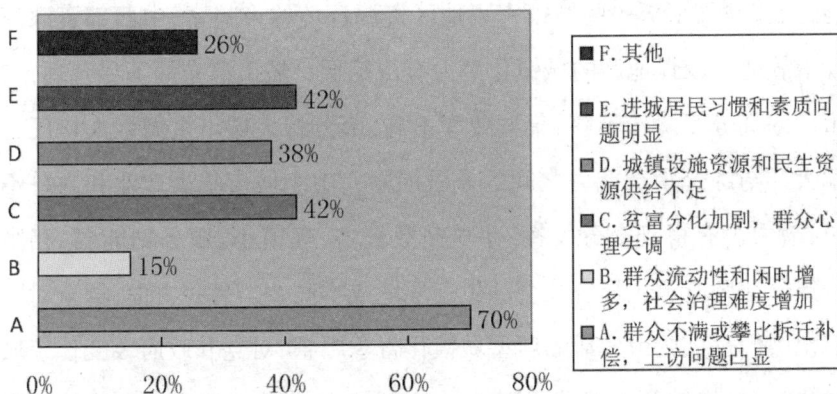

(三)城镇化政策制定与制度建议

从利益的协调,到国计民生短板的补充和完善,再到新型城镇化的转向和推进,无不是的靠党和政府的政策措施为推动。新型城镇化之新最终也要体现在政策之新上。首先,党和政府要带领群众克服短视和盲目等城镇化举动,制定和实施符合区域长远利益和可持续发展的政策和制度;其次,党和政府要从维护群众根本利益的角度,对普通群众不能顾及的公共利益和公共物品加以关照,在政策制定过程中,对类似问题做出安排;再者,党委和政府还必须从现实出发,在维护、发展和调整群众利益的过程中,在广泛调研的基础上,在集思广益的过程中,制定和实施群众乐于接受和参与的新型城镇化推进办法和措施。从这个角度而言,新型城镇化从顶层设计到具体政策落实办法,政策的制定和实施是党和政府代表和维护群众利益的最集中的体现。然而,城镇化的推进事实告诉我们,新型城镇化是经济社会和生态环境成本增长快于资源环境承载能力发展,城镇化环境资源公共利益要求快于城镇综合承载能力建设的条件下实施转化的。一方面,我们面临城镇空间分布和规模结构不合理,与资源环境承载

新型城镇化背景下党的群众工作模式研究

能力不匹配;东部一些城镇密集地区资源环境约束趋紧,中西部资源环境承载能力较强地区的城镇化潜力有待挖掘;城市群布局不尽合理,城市群内部分工协作不够、集群效率不高;部分特大城市主城区人口压力偏大,与综合承载能力之间的矛盾加剧;中小城市集聚产业和人口不足,潜力没有得到充分发挥;小城镇数量多、规模小、服务功能弱,相当一部分地区城镇化经济社会和生态环境成本高企。另一方面,群众对能够使他们过上城市生活的新型城镇化寄予厚望,对党和政府改变传统城镇化状况,推进新型城镇化寄予厚望,群众的公共政策意识和法治意识在不断增强, 各地新型城镇化政策和办法的科学化程度还需要不断增强,城镇化政策代表和体现群众利益诉求和生产生活要求与群众的期待还有一定差距,这些都对党和政府的政策制定能力和实施推进水平构成倒逼压力。《新型城镇化背景下党的群众工作调查(Ⅰ)党员干部问卷》在问及 "在新型城镇化过程中, 您觉得组织发动群众最大的困难是什么? (可多选)"时,调查结果如下:

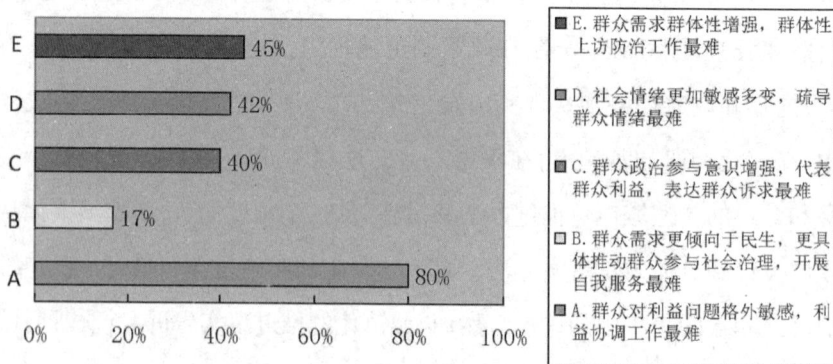

E   45%

D   42%

C   40%

B   17%

A   80%

0%   20%   40%   60%   80%   100%

■ E. 群众需求群体性增强, 群体性上访防治工作最难

■ D. 社会情绪更加敏感多变,疏导群众情绪最难

■ C. 群众政治参与意识增强, 代表群众利益, 表达群众诉求最难

□ B. 群众需求更倾向于民生, 更具体推动群众参与社会治理, 开展自我服务最难

■ A. 群众对利益问题格外敏感, 利益协调工作最难

《新型城镇化背景下党的群众工作调查(Ⅰ)党员干部问卷》在问及"群众需要党组织的原因是什么? (可多选)"时,调查结果如下:

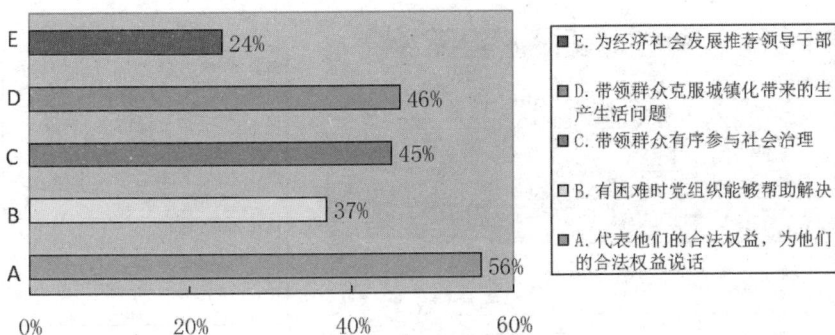

《新型城镇化背景下党的群众工作调查(Ⅱ)群众问卷》调查结果表明,面对城镇化,广大群众的环保意识和生存质量意识大幅增强,相当一部分群众将当地党委和政府在生态环保方面的政策措施作为党委和政府代表其利益的重要考量,比如在问及"您觉得当地党委和政府重视当地生态环境的保护和治理吗？"选项时,调查结果如下:

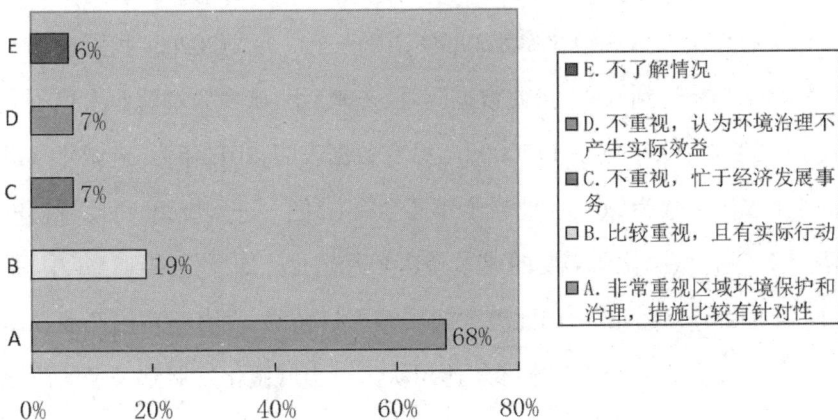

在问及"您的居住地党委和政府采取过哪些措施开展区域环境保护？(可多选)"时,调查结果如下:

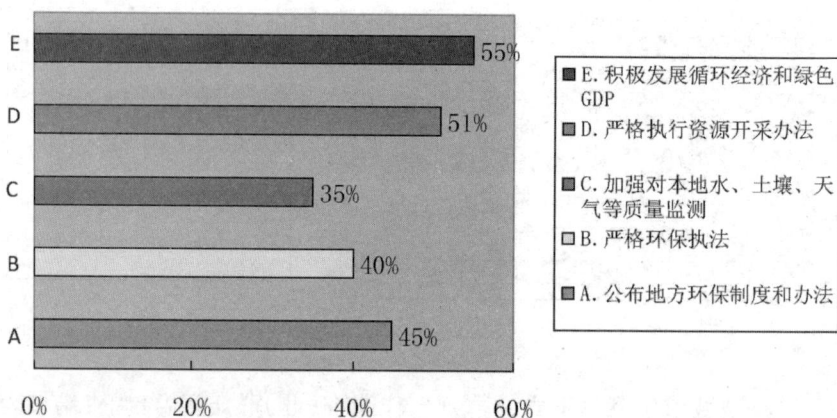

(四)产城融合与经济发展

工业化是新型城镇化的基本动力,同时也是解决新型城镇化过程中诸多问题与矛盾的基础和治本之策。数据显示,2015年我国的常住人口城镇化率为56.1%,"十三五"规划2020年我国常住人口城镇化率将达到60%;2015年的户籍人口城镇化率是39.9%,"十三五"规划2020年我国户籍人口城镇化率将达到45%。按此数据测算,未来5年,城乡新增就业人口不会低于5000万,新增户籍人口7000万。另有数据表明,2012年为"进城年",进城务工农民人数为2.63亿,此后十年还会有1.3亿人进入城镇,将此规模的4亿人口进行城镇化所需要的成本高达40万亿元。如果分摊到15年中,平均每年需2.67万亿元。[①]如此庞大的城镇人口转移,没有坚实的产业作基础如何支撑。著名经济学家缪尔达尔认为,当城镇化发展到一定的阶段时,决定城镇发展的将不再是当地的资源状况,而是其吸引和聚集资本、劳动力等各种生产要素的能力,这种能力则取决于城镇能否形成一种可

---

① 转引自王浦劬:《在基于行政信访视角的新型城镇化、社会矛盾与公共政策》,《北京行政学院学报》,2014年第1期,第32页。

持续的主导产业。另外,新型城镇化的核心是人的城镇化,即通过空间集中实现人的居住方式、生活方式的现代化转变,居住方式、生活方式的转变必须以生产方式的转变为基础。从宏观视角看,只有通过生产方式现代化提高创造社会财富的能力,积累坚实的物质基础,生活方式的现代化才能实现;从微观视角看,每个居民只有实现了就业并达到相应的收入水平,生活方式的现代化才能实现。因此,产业发展水平,尤其是劳动者的就业与收入水平是决定人口城镇化水平的关键因素。[1]由此可以看出,产业的发展直接关系城镇化发展的成败。[2]因为只有在城镇化的过程中具备了实体产业的支撑,进城居民的就业、养老、医疗、社保才会具有物质依托,进城居民的生活和发展才能具有可持续的物质基础。而实体部分区域城镇化快于工业化,城镇化居民的经济功能需求发展快于产城融合速度。产城融合不紧密,产业集聚与人口集聚不同步,城镇化滞后于工业化,必将从根本上制约新型城镇化政策主张的实现程度。有学者曾以西部12个省份为样本,通过新型工业化与新型城镇化时空耦合协调性分析,对12个省份新型城镇化过程中工业化与城镇化子系统有序度变化趋势研究得出来的结论来看:由于地理环境制约和历史遗留的工业布局不合理,西部地区走的是一条优先发展重工业的工业化道路,表现为工业化发展粗放、低效,工业化总体水平不高,综合竞争能力弱,同时轻工业和第三产业不发达,导致产业结构内部比例失衡,就业结构的转换明显滞后于产值结构的转换,带动城镇化的动力不足,妨碍了城镇化进程。[3]

---

① 宋伟:《从就业基础看河南新型城镇化的政策选择》,《河南科学》,2014年第6期,第971页。

② 刘益星:《基于产城融合的新型城镇化发展对策研究》,《经济论坛》,2016年第1期,第110页。

③ 孙丽萍、杨筠、童彦:《新型工业化与新型城镇化时空耦合协调性分析——以我国西部12省为例》,《大理学院学报》,2015年第1期,第33~34页。

新型城镇化背景下党的群众工作模式研究

有学者通过对河南新型城镇化的产城融合问题进行研究指出，郑州市城中村改造在改造过程中凸显了群众的经济利益，带动了周边房价的上升，但是却忽视了低收入农村务工人员及新毕业大学生群体的利益和需求。这部分人群由于收入水平有限，只能搬迁至房价更低廉的城市外围，这就阻碍了他们与整个城市的融合，不利于城市化进程与产城融合的实现。①与之相关的城中村弱势群体的子女教育、务工就业以及社会保障跟不上等问题将接踵而至，只有经济发展了，这些问题才能迎刃而解。因此，在新型城镇化过程中，党委和政府面临着艰巨的经济发展任务，推动产城融合和协调发展仍将是顺利推进新型城镇化最重要的功能诉求。《新型城镇化背景下党的群众工作调查（Ⅱ）群众问卷》在问及"您所在区域的主导产业是什么"时，调查结果如下：

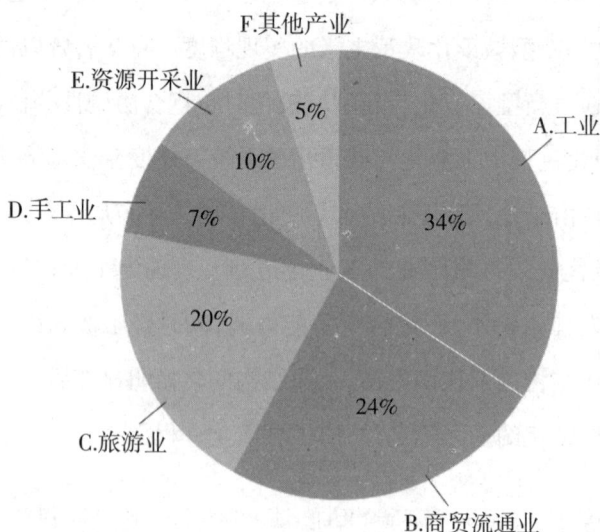

---

① 王季昊、罗莉、牛建军：《基于新型城镇化目标的河南省产城融合协调发展战略》，《科技经济市场》，2016年第1期，第34页。

在问及"您是否支持党委和政府发展这些产业？"时，72%的被调查者选择了"支持"；23%的人选择"不支持"，有5%的人没有回答。在问及"您对当前党委和政府发展该产业有什么建议（可多选）"时，调查结果如下：

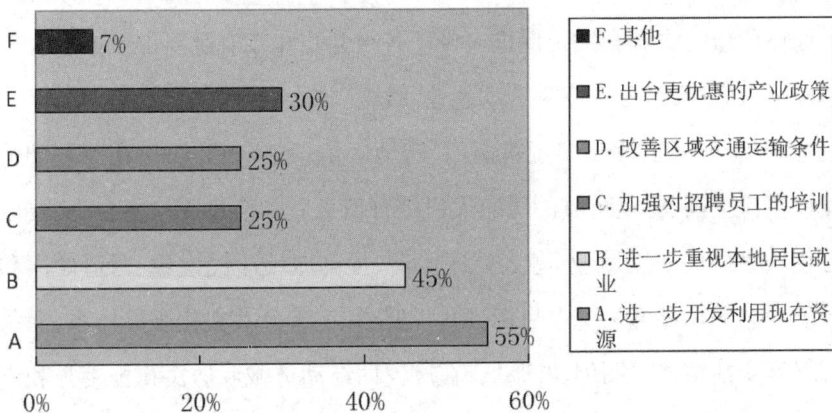

（五）市民化素质教育与文化建设

以人为本是新型城镇化的基本理念和价值诉求，这是中央在总结以往城镇化经验的同时为满足新形势下城乡居民对城镇化的新期待所做出的根本性政策转型。人的市民化是一个动态过程，有三层含义：一是人口户籍的城市化和基本公共服务的均等化，要为人的市民化创造客观条件；二是进城人口的素质市民化问题，包括文明素质和受教育以及劳动技能素养等。三是进城人口要融入城镇，既能适应城镇生活，又能承担和履行市民应该承担的责任和义务。市民化实现的第一层含义的基础是制度创新，包括户籍制度和人口管理制度的改革和完善，以及社会公共服务制度和体系的健全和完善。而第二层和第三层含义，从根本上讲则是进城人口的素质教育问题和文化建设问题。为此，要实现进城人口的市民化，党和

新型城镇化背景下党的群众工作模式研究

政府要在加快改革户籍制度的同时,创新和完善人口服务和管理制度,逐步消除城乡区域间户籍壁垒,还原户籍的人口登记管理功能,促进人口有序流动、合理分布和社会融合。不仅如此,实现人的市民化还面临大量群众教育、引导、指导和服务任务,以及社区文化建设尤其是进城群体与城市原住群众的协调和融合促进工作。各级党委和政府既要加快推进人口基础信息库建设,分类完善劳动就业、教育、收入、社保、房产、信用、计生、税务等信息系统,逐步实现跨部门、跨地区信息整合和共享,在此基础上建设覆盖全国、安全可靠的国家人口综合信息库和信息交换平台,又要以方便城镇居民务工就业、融入社区生活、提高城镇居民素质、营造健康和谐的社会文化环境为基本目标,通过健全和完善公共文化服务体系,深入开展群众性精神文明创建活动,在广泛团结动员城乡居民积极参与和支持新型城镇化的同时,积极推动中国梦和社会主义核心价值观深入人心。另外,2007年之前中国农村外出务工劳动力为1.26亿,到现在这部分人中约有三分之二进入地级以上大中城市就业。这部分人由于无法在住房、教育、医疗、社会保障等公共服务领域享有与城镇居民相同的待遇,事实上没有完全市民化,要加快进城务工农民市民化进程,应该有一系列制度创新。《新型城镇化背景下党的群众工作调查(Ⅱ)群众问卷》在问及"进入城镇生活后,您觉得农村生活与城镇生活最大的区别是什么?"时,调查结果如下:

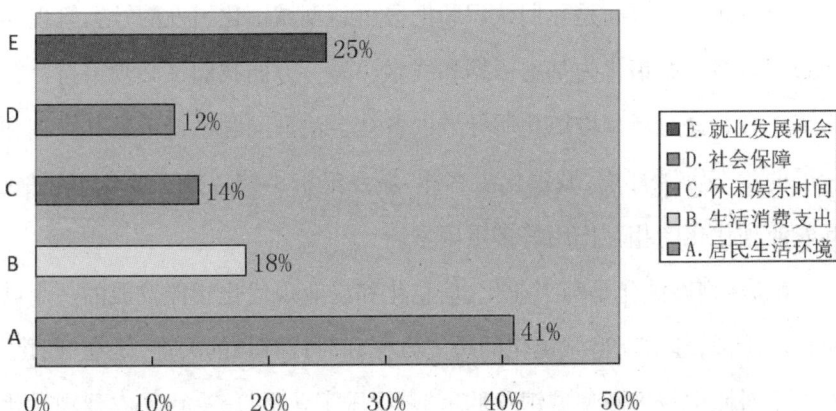

三、新型城镇化的系统性背景考察

　　城镇化是经济社会现代化的必经之路，但传统城镇化在推动发展的同时，也积累了越来越多的问题和矛盾。推行新型城镇化从本质上讲，就是破解传统城镇化累积矛盾的客观选择。从一定程度上讲，新型城镇化的背景是一个复杂的矛盾系统，推动党的群众工作在新型城镇化过程中发挥作用，首先应当对新型城镇化面临的矛盾体系有一个系统的把握。所谓系统把握，即以相对宏观的视角审视新型城镇化所处的历史方位、背景和特征，掌握新型城镇化的大环境和影响因素体系，这对我们认清群众工作在新型城镇化进程中的历史作用和任务，推动群众工作更好地服务于新型城镇化、更好地服务于这一时期党委和政府的中心工作，具有提纲挈领的理论和实践指导意义。

　　新型城镇化是当代中国向现代化迈进所必须和必要经历的一个经济社会发展阶段，在这一历史阶段，社会变迁的系统性特征在由社会结构变迁所带来的社会管理方面的新要求、新挑战方面表现得尤为突出，这体现

新型城镇化背景下党的群众工作模式研究

在两个方面：一方面是我们认识和把握由新型城镇化引发的社会管理问题必须以新型城镇化为基本依据和线索，另一方面我们又必须秉持社会系统思维，针对新型城镇化所导致的各社会治理问题系统考虑其存在和发展的生态资源环境、城镇化主客体、城乡经济结构以及工业化、信息化和农业现代化的相互作用等多重因素。

（1）新型城镇化是与工业化、信息化和农业现代化相伴发展的一个城镇化新阶段，理解新型城镇化的历史方位和时代背景的关键，是在"四化"的关系对照中找准新型城镇化的坐标，我国工业化、信息化和农业现代化发展状况构成新型城镇化发展背景的基本内容。"四化"中，工业化处于主导地位，是发展的动力。目前我国的新型城镇化是工业化发展的客观要求和必然结果，同时也为新型工业化注入了新的动力；农业现代化是新型城镇化的重要基础，同时也是我国实现现代化的根基；信息化具有后发优势，为新型城镇化注入新的活力和发展想象空间，为新型城镇化的社会整合和秩序重构创造了新的基础和条件；新型城镇化是工业化、信息化和农业现代化的载体和平台，承载工业化和信息化发展空间，带动农业现代化加快发展，其超级融合作用不可替代。可以说，"四化"不仅是新型城镇化的背景外延，更是其最重要的背景内涵，它规定着新型城镇化的发展阶段和特征，体现着新型城镇化的发展要求和目标，是开展新型城镇化背景下党的群众工作需要考虑的现实基本背景系统因素。

（2）新型城镇化是在我国经济社会经历了改革开放以来三十多年的区域性快速发展之后，城乡差别、区域差别不断拉大的情况下实施的城镇化转型；是中国城市化推进到一定程度，大中城市快速扩展而资源环境承载不堪重负的情况下，由城市化快速发展转向城市与小城镇发展并重所采取的城镇化推进策略。我们必须看到，一方面，我国地域辽阔，东中西部地区发展水平不尽相同,各地的资源禀赋和区域地理条件不同,实施新型城镇化的基础和条件区别较大;另一方面,改革开放以来,我国大规模加速发展的城镇化付出了巨大的资源和环境代价,在城镇化取得积极进展的同时,城镇人均占地指标居高不下,耕地资源消耗和浪费惊人,水资源供应捉襟见肘,工业废水、土壤等传统污染日趋严重之势难以扭转,城乡生态系统严重退化,城镇人口资源环境的矛盾也日益凸显。当前的新型城镇化所面临的人口资源环境压力是实施新型城镇化的一个倒逼式背景因素,这些环境资源问题最终将反映城乡居民的生存状况问题。因此,这些自然地理条件和资源环境因素,理应成为新型城镇化背景下开展群众工作需要考虑的重要系统性背景因素。

(3)新型城镇化是经过多年城市化进程,土地城镇化进程明显领先人的城镇化,人的城镇化明显滞后的情况下,旨在推动亿万农村生产生活方式真正融入城镇化而实施的以人为本的城镇化,是人的城镇化。我们必须看到,新型城镇化背景下,人的问题才是新型城镇化最核心的问题。"土地城镇化"快于人口城镇化,进城人口市民化面临公共社会服务体系不健全、不完善和供不应求等多重问题,城乡人口管理制度面临现实瓶颈,对农民进城和进城人口的管理形成制约,尽管这在一些地区已经开始试点改革措施,但这个问题仍是城镇化的一个重要制度性因素;新型城镇化是党委领导、政府主导、群众参与、社会协同参与的城镇建设工程,大量进城人口正处于城乡生产生活转换窗口期,部分进城人口在就业、社会生活、城镇公共文化参与等方面还不能完全融入城镇,进城居民的社会保障和服务、生产生活再组织、文化素质教育和群众参与支持新型城镇化的积极性调动等相关问题,都是实现人的城镇化的重要制约因素。新型城镇化的顺利推进,必须把人的因素和解决人的问题作为重中之重,那么满足新型

新型城镇化背景下党的群众工作模式研究

城镇化过程中人的城市化需求与党委和政府推进新型城镇化的实际需要,就不仅是党的群众工作所面临的现实任务,更是新型城镇化条件下开展群众工作的一种大环境和努力方向。因为说到底,新型城镇化是亿万城乡居民的城镇化,党的群众工作既要明确广大城乡群众的工作客体地位,又要充分发挥和运用好群众自身的能量和作用,以人为本就不仅是工作原则问题,更是新型城镇化背景下党的群众工作区别于传统群众工作的重要背景内涵。

(4)新型城镇化是传统的粗放式、片面式、高能耗式城镇化发展方式难以为继,进而不得不向集约、协调、绿色、生态城镇化发展方式转变的科学发展战略转型。集约绿色生态是新型城镇化的基本理念和发展要求,而在实际中新型城镇化不仅是现实推进模式的变化,还是新的城镇化思维和发展战略的转型,这种观念和战略的转型在未来新型城镇化的推进过程中将产生重要力量。"堵城""雾都"以及城市和人口规模的快速膨胀,使得一些城市患上"大城市综合征";人才流失、资源短缺、发展缓慢却成为许多小城镇"成长的烦恼"。传统的城镇化模式难以为继,新的城镇化模式还在不断探索,新型城镇化转型势在必行,广大干部群众对这种城镇化形势的认识还处在不断深化和增强的过程中,但这种形势对新型城镇化过程中的经济社会发展正在产生日益深刻的影响。群众期盼集约、协调、绿色、生态城镇化发展的观念力量,必将转换为支持新型城镇化科学发展的强大推动力,关照和顺应群众的城镇化愿景应当成为我们推动新型城镇化各项工作需要系统考量的社会发展背景因素。

(5)新型城镇化是中国城镇化经历二十年的发展,城镇社会公共设施及服务差距不断扩大,城乡社会迫切需要社会服务均等化,实现城镇城乡发展公平公正的城镇化,是旨在消除社会公共领域的不平等问题的社会协同发展战略举措。新型城镇化是党委领导、政府主导、群众参与、社会协同参与的城镇建设工程。新型城镇化不是市场主导的政策转向,而是由经济社会发展状况所决定的,由党委和政府主导的目标明确、积极主动的政策转向。在新型城镇化动员和启动阶段,党委和政府以及受其影响和指导的广大社会组织是社会行动主体,广大群众是社会行动客体,但随着新型城镇化的深入实施,广大群众必须也一定能够成为新型城镇化的主体和主导力量,新型城镇化最终反映的是广大群众的愿望和要求,群众理所应当成为新型城镇化的依靠力量。

(6)新型城镇化是中国在工业化进行到当前阶段,破除城乡二元结构,解决农业农村农民等一揽子难题已具备一定条件并相当迫切的情况下,党为推进和引领中国农村改革发展,巩固党在基层的群众基础,而采取的旨在解决"三农"难题的一项牵涉中国经济社会政治文化生态发展变迁的战略举措。同时,新型城镇化也是在我国需要塑造新的经济增长引擎,释放农村增长动力和消费需求,推动农民共享改革发展成果的背景下,审时度势而采取的经济社会一体化战略举措。我们必须看到,这样的经济社会现实既是实施新型城镇化的重要背景,也是在新型城镇化背景下开展群众工作必须考量的经济社会现实,而且这种经济社会现实将长期存在,它将为包括新型城镇化政策的制定和实施,以及配套措施的落地和党的政策主张的实现,构成宏观背景和落实基础。

透过上述分析可以看出,从社会发展阶段的维度来说,新型城镇化对于党的群众工作的背景内涵意味着城镇化的转型期、社会矛盾突显期、经济发展方式转变期、城乡一体化加速期、群众利益分化期和调整期;从政党功能的角度来讲,新型城镇化背景下党的群众工作需要更加注重社会整合机制的运用和协调,突出治理和服务功能、动员和组织功能、利益协调和矛盾化解功能，围绕党委和政府的中心工作特别是新型城镇化政策的落实的推动，开展具有创造性的宣传、动员、服务、协调、组织工作。综合相关经济社会发展和社会历史背景因素，新型城镇化对党的群众工作背景内涵可以归纳为图2-6所示：

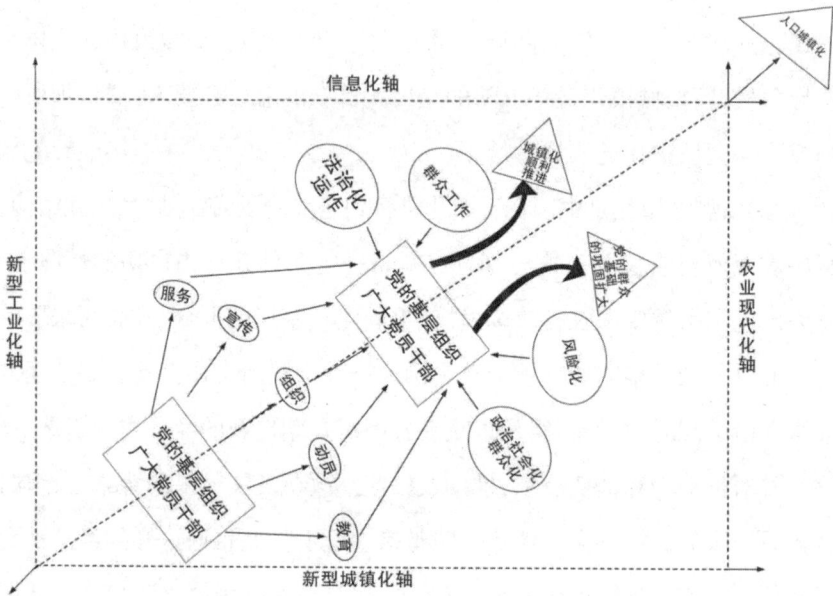

图2-6　党的群众工作新型城镇化内涵示意图

第二节　组织、调适、整合：
党的群众工作助推新型城镇化的职能分析

　　新型城镇化本身是一盘涉及中国现代化建设全局的大棋，面对深刻广泛的经济社会结构和利益调整，面对新的社会历史发展任务和群众期待，新型城镇化这项系统工程的顺利推进不仅需要科学的顶层制度设计，因地制宜、富有创造性的政策实施和组织落实,更需要城乡居民的广泛支持和参与,以及对因城镇化而造成的社会分化的重新整合和凝聚。作为党务和政务的基础工作,新型城镇化方针政策的分解落实要靠群众工作,新型城镇化进程群众的组织动员和安抚要靠群众工作,新型城镇化出现的问题与矛盾的化解要靠群众工作,借新型城镇化契机实现政治社会化和巩固党的群众基础和执行基础同样得靠群众工作,群众工作可以说是新型城镇化的保障机制、落实机制和润滑机制,具体到操作层面,新型城镇化背景下的群众工作担负着由城镇经济社会结构变迁所引发的社会分化—再组织、城镇居民利益深刻调整所引发的社会调整—再适应、社会共同体凝聚力弱化所引发的社会离散—再整合等三重职能和任务。

一、组织职能:社会分化—再组织

所谓社会分化—再组织,是指由于产业结构、人口居住和分布结构、城镇规划布局结构等结构性因素变化所引起的城镇居民组织机构、就业管理模式、城镇建设秩序以社会组织方式的暂时变化后,各方面机构和人员重新恢复正常运转的,由社会暂时分化再走向重新组织化状况的过程。在这个过程中,党的群众工作通过政策执行、工作落实、组织动员、精准服务、机构重建、组织协调等多重职能,推动因城镇化而发生的生产、就业、生活、居住、组织归属暂时分化的城镇居民尽快实现再组织,以保证新型城镇化方针政策的落实到位。具体来说,因为城镇化工作涉及群众切身利益,新型城镇化背景下党的群众工作的组织职能的内容事无巨细、非常庞杂,主要体现在以下方面:

新型城镇化背景下党的群众工作模式研究

(一)城镇居民基层办事机构和相关社会组织的调整与设置

新型城镇化坚持以人为本，为民服务机构和有关社会组织的调整必须在城镇人口、就业规模和结构调整后及时做出安排与设置,这就牵涉大量的基层干部选任和人事工作安排,基层党组织既负有选贤任能的责任,更负有将群众认可与支持的人推荐出来的责任, 基层组织机构设置的合理性以及干部任用,都需要与当地群众进行大量的协商和意见征询工作,这是基层群众工作的一项重要任务, 关系到群众对党委和政府的认识和看法,关系到民心所向问题。

(二)经济生产和发展模式的探索与重构

新城镇化的产业发展目标更高、基层群众的经济发展状况和就业变动成为常态,这势必涉及大量的发展决策转换和企业人员变动问题,很多以产业发展带动城镇化发展的区域,员工和与产业发展关系密切的群众都会产生不同的思想波动,这些问题沟通不好、处理不好、协调不好就会影响产业结构调整和地方经济发展以及社会稳定, 这些都需要基层党组织带领和指导广大公司企业和基层社会组织开展对群众认识、参与、影响本地区产业发展的群众组织和协调工作。

(三)城镇拆迁、建设、还迁的组织实施工作

新型城镇化过程中,各地都会面临大量时间跨度长、涉及群众多的拆建和还迁、安置工作,这些工作量大且烦琐,群众关心、敏感、政策性强,同样涉及大量的动员、组织、协调工作。各级党委和政府和基层党组织要想在这些事关群众切身利益的工作上赢得群众的信任和支持, 就必须开展

大量耐心细致的群众工作,在与群众广泛接触、民主协调、主动征询的过程中，将因为城镇动迁而临时组织表现松散的基层城镇居民重新组织起来,使他们为城镇化建设发挥更大作用。

(四)城镇社区生活的组织和社会组织的指导与管理

新型城镇化所追求的公共服务均等化和社会资源公平公正分配,最终要靠城镇居民的社区自治和完善的社会服务组织的作用,而不论是要实现这种良性社会治理状态，还是为保证各种社会组织初期的建立和运行，城镇社区生活的有序化都离不开城镇基层党组织和党员干部在群众中间的组织、协调和筹划,即便是在社区生活和社会组织进入正轨之后，社区工作和各种社会组织的协调运转和相互配合，仍然需要党组织居中协调和适当的工作指导和监督管理。

(五)城镇居民精神文化生活的组织和管理

城镇居民的精神文化生活在城镇居民定居以后就会显得尤为重要，而越是这种公益性、无盈利预期的社会事业，社会组织的积极性就会越低,这就需要各级基层党组织和党员干部在城镇社区中发挥作用:一方面要组织和带领群众把他们的社区精神文化诉求，包括对软硬件设施的需要,向相关部门进行反映和申请;另一方面要真正在现实生活中与社区群众打成一片,成为社会居民生活的组织者和带头人,成为社区文化组织的倡导者和组织者，在此基础上联合和发挥社会组织的力量为社会群众办好精神文化事业。

(六)城镇居民社会公共服务的组织与管理

社会公共服务和保障服务是进城居民的生产生活急需，也是体现新型城镇化优越性的重要方面。面对数以亿计的进城人口，社会公共服务资源明显不足，这就需要一方面各级党组织要组织党员干部多做解释和群众慰问工作，另一方面要组织党员干部发挥专长为民服务，并带动群众互帮互助，营造有利于城镇化开展的社会氛围。这里就涉及不仅要把广大党员干部组织起来服务群众的问题，还涉及挖掘社会资源，组织群众和社会组织开展社会服务的问题。

(七)城镇化政策调研、制定、实施、反馈、完善的组织

我国地域辽阔，区域发展不平衡，推行新型城镇化必须因地制宜，制定和实施适合各地实际的政策、措施和办法。科学合理的城镇化政策一方面需要高瞻远瞩、科学完善的顶层设计，各级决策机关需要主动深入城乡调研，把握动态，了解情况，一方面需要党和政府组织各地干部群众自觉主动有序地反映新型城镇化实际需要和群众意愿，切实代表、维护和体现基层群众在城镇化实施中的利益诉求，及时对城镇化政策举措的实施情况和效果进行反馈，帮助党委和政府及时调整和完善政策措施。这其中需要党的各级组织面向群众做大量的上情下达和下情上传的宣传组织工作。

二、调适职能:社会调整—再适应

所谓社会调整—再适应，是指群众工作要发挥基层基础工作的作用

和优势，在城镇居民因城镇化结构变迁和利益调整而出现矛盾和失衡的问题时，或者在新型城镇化中相关方面出现关系紧张或衔接协调不够时，积极协调各方面利益关系，积极开展心理疏导工作，努力在涉及群众的各种矛盾关系中充当"润滑剂"和"防冻液"，保证社会各方面利益主体和相关工作尽早尽快适应新型城镇化经济社会发展的现实和要求，在确保广大群众支持拥护党的新型城镇化政策的同时，确保新型城镇化的顺利推进和实施。新型城镇化背景下，党的群众工作面临极其复杂的社会调适工作，归纳起来群众工作的调适职能主要体现在以下方面：

(一)社会关系调整与再适应

新型城镇化是一次由深刻的制度调整引发的深刻的社会关系调整。从关系的双方来讲，这里的社会关系既包括群众中间人与人的关系、群体与群体之间的关系，也包括群众与自然环境、群众与城镇、群众与党委和政府、群众与社会组织之间的关系。从关系的内容来讲，包括经济关系、政治关系、法律关系、隶属关系等，其中最主要的是经济利益关系，也就是生产关系。伴随着城乡人口管理制度的改革、土地制度的调整、人与自然关系的调整、资源和公共服务配置制度等一系列新型城镇化制度的调整，以城镇居民群众为关系方的城乡社会关系进入深刻调整期，这种调整不是单一的社会关系的调整，在一定关系主体之间，这种调整往往环环相扣、连环作用，表现形式复杂多样。社会关系的调整必然带来社会各方面的不适应，比如贫富分化导致社会群体的分化、产业调整导致劳动关系的改变、城镇行政关系的调整导致居民户籍隶属关系的变化、农民进城导致就业模式的改变和谋生手段的变化等。党的群众工作在这些关系调整后的一个重要职能就是要通过做群众工作，理顺各主体间的关系，使各种社会关系趋于稳定和常态化,使因关系调整而变化的多变、紧张和预期性降低的社会关系在经过适当的调整和振荡之后,在党的群众工作的维护和斡旋下,逐渐适应新型城镇化的经济社会发展新常态,重归常态化、稳定化。

(二)矛盾调处和社会关系润滑

伴随城镇化的提速,当代中国进入社会矛盾多样多发期,这种矛盾不仅存在于党群之间、群群之间,甚至人与自然之间的矛盾也日渐扩大。当城镇化进入新型城镇化阶段,我们寄希望于通过新型城镇化的政策转向来化解长期城镇化所累积和形成的各种矛盾和问题,但可以肯定的是,即便是在新型城镇化条件下,由于集中的利益调整等深层次原因,土地征用、房屋拆迁、城市管理、涉访涉诉、环境保护等社会矛盾仍然是影响新型城镇化进程的主要负面因素,一些矛盾关联性、敏感性、对抗性强,有的以案件的形式进入社会稳定领域,既影响社会稳定又阻碍城镇化进程。因城镇化而引发的这些问题很大一部分都不适用于以法制的形式解决,很多问题需要进行深入细致的沟通协调和对群众的体恤安慰,而且很多事情不能事到临头再解决,必须在事前、事中、事后进行全方位的追踪干预,这些工作单靠执法和行政部门根本无法做到,这就需要党的各级组织,尤其基层党组织发动社区、乡村的党员干部以及相关社会组织,对问题涉及的群众和机构进行提前介入和跟踪服务,在帮助群众解决实际问题的过程中以理服人、以情感人,使群众真心实意地理解和支持党委和政府的政策主张。党的群众工作要切实发挥新型城镇化政策推进的"润滑剂"作用,一方面要充分了解社情民意,及时掌握群众中的思想性、苗头性问题,及时有针对性地开展解释和安慰工作,及时反映群众的诉求,将问题解决在萌芽状态,推动各种社会矛盾的调解和妥善处理,有效地提高新型城镇化的推进速度与效率。

(三)社会情绪和群众心理调适与引导

新型城镇化的社会转型特征，新型城镇化进程中的社会资源再配置和利益调整，都会在城镇居民的价值观念、社会舆论、社会情绪和心理上得到反映和体现。而群众思想观念和心理意识上的问题虽然无形，但在现实生活中和具体工作中却具有至关重要的影响力，在很大程度上决定着群众对新型城镇化政策是否拥护和支持。客观上讲，一方面作为一项政策措施，无论政策制定者如何努力，这项政策也不可能令所有人满意，它总会触动一部分人的的利益；另一方面，新型城镇化过程中不可避免地会出现因失地、失业而返贫，甚至是邻里矛盾和公共服务不足、不均等种种引发仇富仇官、贫富不均、贫富分化、不合理利益诉求等社会心理失衡和对抗、危害社会公共利益和安全的不良情绪和行为。这类问题分散地存在于部分群众中，有时表现为激烈的言辞，有时根本无从察觉，但又确实对新型城镇化政策的落实和实施阻力极大，但这类隐性群众心理问题靠行政法律手段解决不合适，政府机构更是鞭长莫及，只有靠与城镇企业和社区群众工作在一起、生活在一起的基层党员干部和基层党组织才能及时发现并有机会有条件来对这部分群众加以影响。基层党组织和党员干部必须真正了解群众、贴近群众，为群众排忧解难，积极解疑释惑，回应群众关切，耐心细致地做好群众的思想疏导工作，才能切实为新型城镇化的实施创造一个良好的社会思想舆论环境。

(四)"四化"协同和新发展理念的倡导和贯彻

新型城镇化是城镇化、工业化、信息化与农业现代化"四化"协同发展才能实现的政策发展目标,在此基础上作为一项国家战略,新型城镇化同样也要贯彻创新、协调、绿色、开放、共享的新发展理念,唯此才能保护新型城镇化政策与"十三五"国民经济社会发展战略同频共振。"四化"协同要求和新发展理念有一个不断深入人心的过程,不仅党委和政府要积极贯彻,广大城乡群众也应理解和认同,这就需要城镇基层党员干部运用多种方式方法,面向基层群众广泛开展新型城镇化政策宣讲和解释工作,并结合城乡发展实际和群众生产生活现实,广泛宣传党的发展新理念,通过让新的发展理念植根群众心底,为新型城镇化政策的实施培养动力。

三、整合职能:社会离散—再整合

所谓社会离散—再整合,是指新城镇化作为一个重要的社会转型阶段,其原有的相对固定的城乡社会组织模式、管理模式和社会共同体伴随居住和人口结构的变化出现解体和离散,但通过以党委和政府主导的社会再整合,构建起新型城镇社会组织模式和管理模式以及新的社会秩序的社会再整合过程,这一社会再整合过程不仅是资源、利益的再整合,更是政治、文化和人心的再整合。整个新型城镇化就是一个社会再整合的过程,既复杂、抽象,又明确具体。说其复杂抽象,是因为它涉及的往往是一些深层社会问题,说其明确具体则是因为社会的再整合又是由一系列具体和社会整合任务组织来实现的。新型城镇化背景下,党的群众工作的整合职能主要体现在以下几个方面:

(一)社会秩序和社会发展目标整合

秩序是社会系统功能整合的先决条件,社会秩序是人类社会存在和发展的前提和基础。同样,和谐有序的社会发展和建设环境以及秩序也是新型城镇化顺利实施的必要条件。新型城镇化因为社会迁移和利益调整等原因,在相当一部分区域表现为原有社会秩序被打破,进而构建新的社会秩序的过程。然而良好的社会秩序的建立和维持从来都是建立在社会发展目标和愿景基础上,社会成员明确自己想要的生活状态,具有开展社会建设的共同理想和目标,人们才能心向一块儿想、劲往一块儿使,良好的社会秩序才能汇成社会发展和建设的强大合力。城镇化过程中大片大片的土地拆迁和乡村城镇化建设,以及大批乡村人口进城带来的直接变化是他们生活秩序的紊乱,这种变化主要体现在生产生活方式和社会发展目标等方面。人们在快节奏的生产生活变化中最容易迷失方向和目标,而这种方向和目标在多数人那里不是自发形成的,必须有适当的引导和培养。党的各级组织和广大党员干部以及团结在党组织周围的各类群众团体和社会组织,明确党委和政府的政策导向,负有组织引导城乡群众的职责使命,在新型城镇化过程中理应为处于变动中的城乡群众讲明新型城镇化发展方向,指出城镇化发展目标,勾勒未来发展蓝图,使城乡居民尽快形成共同的社会发展目标,并在为实现这一目标的进程中维护和恢复社会秩序,为新型城镇化提供良好的建设发展条件。

(二)政治整合

新型城镇化是涉及城乡综合协调发展的一盘大棋,目的不仅是要解决城乡二元经济结构问题,更重要的是要在缓解城乡发展差别的同时促进城乡居民共享改革发展成果,提高城乡居民对党的方针政策的认可度,在使城镇居民获得新型城镇化政策实惠的过程中,巩固党的群众基础和执政基础,从这个角度讲,新型城镇化又是一个重大政治问题。一方面长期的传统城镇化对农村欠账过多,"三农"问题一直是影响全面建成小康社会的重大的问题,新型城镇化政策的实施在一定程度上是对过去传统城镇化政策的一种弥补,这是从政策层面对城镇居民,尤其是对进城农民工和农村进城人口的一种政策支持,是从宏观上对城镇居民的政治争取;另一方面,在新型城镇化的实施过程中,各地面临不同的发展实际,城镇化条件千差别,再加上城镇化本身涉及的利益问题涉及面广,党委和政府要在推进新型城镇化的过程中做到政治社会化,就必须广泛开展基层民主协商、动员和支持广大基层群众和社会组织参与社会治理、社区自治、公共领域治理,进行有效的政治整合。新型城镇化过程中的政治整合任务繁重而紧迫,是关系城镇化成败和党的形象、民心所向的重大政治问题,但必须靠广大基层党组织和党员干部深入城镇居民,在帮助城镇居民尤其是刚进城人口解决诸如教育、就业、社保、医疗等现实困难的过程中实现新型城镇化的政治社会化,以具体实在的群众工作,依托新型城镇化实现对城乡群众进行最广泛的政治整合,将广大城乡群众紧紧地团结在党的周围。

(三)思想文化整合

新型城镇化在经济、政治层面的影响和作用,最终必将在文化层面得到反映和体现,新型城镇化在经济、政治、社会、生态等方方面面产生的深刻影响最终将形成文化的积淀。而这种文化的形成与经济领域、政治领域的变化一样,城镇居民的思想文化同样也会经历一个从纷乱走向有序的整合过程,这个过程同样离不开党的基层群众工作。从城镇群众的精神层面来讲,进城人口文明素质的提升和城市生活方式、生活环境的适应,需要基层党员干部对进城群众进行帮助和指导,帮助进城群众渡过城乡文化差异期,尽快融入城镇文化氛围。从城镇化舆论层面来讲,不仅需要基层党组织和党员干部团结、动员城乡群众认可、支持、完善城镇化政策,更需要城镇群众形成多数人支持、赞成新型城镇化政策措施的社会舆论氛围,从舆论上支持新型城镇化政策。从深层次文化层面来讲,要想让广大城乡群众真正支持新型城镇化,必须努力形成城乡居民对新型城镇化的文化认同,让广大群众从思想上真正认识到实施新型城镇化的意义、作用和目的,真正认识到实施新型城镇化的必要性和紧迫性,并最终将新型城镇化的政策要求和实践理念内化于心、外化于行,积极主动地参与和支持新型城镇化政策的实施。

第三节　共同体、社会行动、群众工作模式: 新型城镇化对群众工作的现实要求

社会结构变迁和社会功能整合统一于有机的社会系统。社会系统的延存和发展不仅要归功于社会系统所特有的社会发展动力和社会整合功能,还因为社会系统具有强大的以社会行动系统为支撑的社会运行模式的构建和维护功能。如果把当代中国作为一个社会系统来看,新型城镇化就是这一社会系统对自身结构和功能的主动调整,而社会系统的运行和维护绝离不开社会行动体系的推动与促进。当代中国致力构建和发展的社会系统是全体社会主义劳动者和建设者共享发展成果的和谐社会,党和政府实施新型城镇化所要努力构建和维护的社会运行模式是关照广大城乡居民根本利益的社会"共同体"。党的各级组织和广大党员干部队伍,以及团结在党和政府周围的各类群众团体和社会组织,是当代中国最广泛的社会行动组织、动员力量。党的群众工作是新型城镇化政策实施的基

础性保障工作，其作用和职能在新型城镇化进程中是不可替代的。这种不可替代性是由群众工作自身的工作职能和新型城镇化所需要的施政条件决定的。党的群众工作的工作目标是为经济社会发展创造一个团结稳定的社会政治局面，群众工作旨在为新型城镇化的顺利推进提供稳定和谐的社会共同体，只有在社会经济政治总体稳定和谐的前提下，新型城镇化的航船才能克服因各种社会变迁带来的社会张力破浪前行。可以说，加强党的群众工作是新型城镇化的现实要求。客观上讲，新型城镇化需要党的群众工作开动社会行动系统巩固既有的社会共同体，并促进因城镇化暂时发生变动的城乡基层社会共同体恢复功能，而党的群众工作要从根本上满足新型城镇化的这一要求，可行的策略就是要在复杂的群众工作实践中发现规律，并将这种规律上升到一定的理论层面，提炼形成可推广可复制的群众工作模式，以为新型城镇化背景下的群众工作提供必要的理论和实践的指导。

一、巩固和重建社会共同体

在现代性语境下，"共同体"是指某一人群共同参与其中，有着共享利益和文化价值观的社会团体或社会联结。在个人—共同体—社会—国家这个连续系统中，没有共同体，个人将成为社会中一个个孤立的原子。[①]社会共同体是以利益、道德为组织化机制的社会成员紧密联结，是社会得以维系的基本保证。以新的城镇社区为聚居区的社会共同体的形成过程是人逐渐从暂时离散的生存状态进入到新的总体稳定的社会生存状态的过

---

① 汪火根：《社会共同体的演进及其重构》，《重庆社会科学》，2011年第10期，第30页。

程,新社会共同体与居民原来赖以生存的社会共同体发生深刻的变化,它是一种超越原有共同体的社会超复合体。而传统社会共同体解体之后,需要重建新的共同体以使社会复位。新的社会共同体并不会自然形成,它需要社会组织以一定的纽带将暂时处于离散状态的群众再组织和凝聚起来。这一方面要靠政府强有力的社会资源配置,使这一社会共同体具备足够的吸纳能力,但另外一个更重要的问题是要让每一名社会成员感受到新的社会共同体对其具有吸引力。新型城镇化建设无疑可以在城镇硬件设施方面使乡村居民的生活设施实现质的飞跃,但要使社会成员感受到新的社会共同体的吸引力就必须靠做人的工作了。党的群众工作从维护和发展群众利益的角度,密切联系群众、服务群众、组织群众,并在宣传和倡导党和政府新型城镇化政策的过程中,为广大群众描绘美好的社会发展蓝图,为新的社会共同体成员指明发展目标,使城镇居民尤其是进城居民产生归属感和社会认同感,这就为社会共同体的重建和社会复位提供了纽带和基础,必将从根本上促进城乡社会的再平衡和新型城镇化的平稳顺利实施。

二、启动群众社会行动系统

我们认为,人是行走、穿越于价值世界与事实世界之间的万物灵长,跳出事实与价值任何一个世界,人类都无以为继。然而,人类社会既不单纯存在于价值世界,也不单纯存在于事实世界,人类社会的发展和进步不是事实与价值两个世界平行发展的结果,而是事实与价值两个世界交互建构的结果。换言之,人类社会是通过结成建立在价值层面的意义分享与事实层面的利益互惠基础上的命运"共同体"而实现其演进与发展的。只有在价值世界实现意义分享与相互信任，在事实世界实现利益互惠与责任分担，才能在实践层面结成共同体，实现行动上的同心同行。①社会动力学理论告诉我们，重构和恢复城镇基层社会共同体，首先需要一个强有力的社会行动组织力量。在当代中国，遍布城乡的党的各级基层组织和与城乡群众紧密联系的数以千万计的党员干部是最主要的社会行动引导和组织动员力量，他们不仅是社会主义精神文明和物质文明建设的中坚力量，肩负着以社会共同理想和社会发展目标凝聚和引导群众的价值取向和思想观念的任务，同时又在新型城镇化进程中帮助和协调城乡建设和生活事宜，与群众的物质世界广泛联系，具备动员城乡群众加入到新型城镇化建设实践的社会动员能力。事实世界和价值世界统一于社会实践，统一于社会行动。党的群众工作沟通事实世界和价值世界，并隶属于社会行动系统，更是启动群众社会行动系统的钥匙。推进新型城镇化，必须全面加强党的群众工作，通过广泛深入的群众工作启动社会行动系统，发动群众支持新型城镇化、参与新型城镇化，为新型城镇化献力、献计、献策。

三、探索新型城镇化背景下的群众工作模式

新型城镇化是党和政府在全面建成小康社会的攻坚时期进行的一项城镇化战略转型，是一项深刻影响当代中国发展进程、质量和水平的社会行动，广大城乡群众是其根本依靠力量。党的群众工作作为党的各项工作的基础工作，是动员群众、宣传群众、教育群众和组织宣传、服务群众加入新型城镇化社会行动的基本手段和支撑。新型城镇化，时空跨度大，实施

---

① 王克明：《价值世界与事实世界高度契合的共同体构筑——论"同心"思想的结构功能、理论内核及其实现路径》，《天津社会主义学院学报》，2013年第2期，第26页。

条件复杂,各地群众政策期盼不尽相同,新型城镇化进程中的群众工作面临前所未有的复杂性、艰巨性和挑战性,迫切需要我们在胸怀新型城镇化社会系统背景全局的同时,从复杂的社会系统环境中走出来,对新型城镇化进程中的群众工作进行抽丝剥茧式的分析和梳理,认真总结各地群众工作经验,系统归纳新型城镇化群众工作的运行规律,积极探索新型城镇化进程中的群众工作模式,以期对新型城镇化中的群众工作给予规律性、经验性、理论性和实践性的借鉴和参照。我们在开展新型城镇化背景下党的群众工作调查(Ⅰ)党员干部问卷时,当问及"您认为在以往群众工作中有无规律可循"问题时,77%的受访者认为有规律可循,所选择的规律性选项如下:

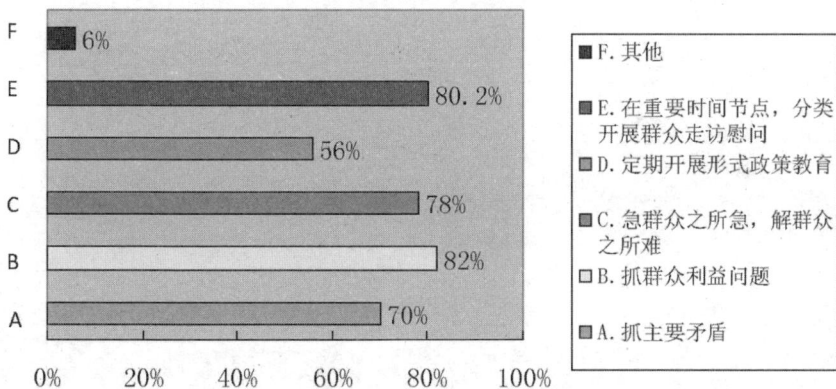

可见,探索新型城镇化背景下的群众工作模式,是深化新型城镇化社会行动的客观要求,也是坚持系统性理论视野,跳出群众工作具体事务,并反哺群众工作服务新型城镇化发展全局的客观要求。探索新型城镇化背景下的群众工作模式,不是群众工作的程式化和凝固化,而是对新型城镇化背景下开展群众工作的规律和经验的抽象化和普遍化,需要在广泛调查研究和案例分析的基础上,对开展新型城镇化群众工作的一些共性

问题和基本要素进行提炼、发掘,形成具有广泛适用性的工作思路和操作模式,它不是对社会系统论的简单化,而是将系统论运用于操作层面的具体化和实践化。

第三章
新型城镇化背景下
党的群众工作的要素分析与模式框架

要素概念有两层含义:一是指构成事物必不可少的因素,二是指组成系统的基本单元。系统是要素的有机联系和构成,要素是系统的组织部分;系统的特征和特性是由要素的有机构成决定的。要素在系统中相互独立又按比例联系成一定的结构,并在很大程度上决定系统的性质。新型城镇化背景下党的群众工作的要素,是特指在新型城镇化推进过程中党的群众工作的构成因素和组成单元。分析新型城镇化背景下党的群众工作的构成要素,是构建群众工作模式的基础工作。因为新型城镇化是一个有机的社会系统,新型城镇化进程中的各种社会因素和要素相互作用、相互影响。新型城镇化背景下党的群众工作是新型城镇化过程中党专门面向城镇群众开展工作的社会行动系统。作为一个有机社会系统中的社会行动系统,探索新型城镇化背景下党的群众工作模式的目的是要将纷繁复杂的社会现象和群众工作有序化,探寻解决新型城镇化进程中的群众工作的操作规律。要达到这个目的,不仅要认清新型城镇化的经济社会背景因素，更要对新型城镇化进程中党的群众工作的构成要素以及各要素的相互关系和作用进行深入分析。

第一节　分析新型城镇化背景下党的群众工作要素的必要性

一、分析新型城镇化背景下党的群众工作的要素构成是认识群众工作规律的基础

把握事物的规律，发现事物的本质，必须对事物的内部矛盾的各个方面进行具体的科学分析，只有把复杂的整体研究对象分解成各个部分和要素，详细考察各个部分和要素的状态、性质和特征，比较它们在整体中所起的作用，确立它们所占的地位，才能去粗存精、去伪存真，达到科学的抽象。新型城镇化背景下党的群众工作，既面临复杂的背景因素，自身也任务繁重、内容庞杂，要素构成复杂多样，要素间的整合性相互作用，发现新型城镇化背景下党的群众工作的运行规律，不仅要认清新型城镇化背景，更要科学分析构建群众工作模式的内部构成要素，只有对新型城镇化背景下的党的群众工作的构成要素进行正确的区别认识和特征识别，明确各要素在群众工作有机系统中的作用和功效，才能对党的群众工作有一个相对准确、系统的认识，也才能在此基础上把握群众工作的运行规律。

二、分析新型城镇化背景下党的群众工作的要素构成是总结群众工作经验的基础

新型城镇化背景下,党的群众工作要素与背景因素相互交织、互相作用,新的工作要求和发展理念也增强了群众工作的复杂性。同时,新型城镇化背景下的群众工作有较强的专业性和针对性,并与不同领域和方面的群众工作多有重叠和渗透。探索新型城镇化背景下党的群众工作模式,需要我们尽可能对新型城镇化背景下的群众工作与其他方面的群众工作区别开来,需要我们专门针对新型城镇化进程中的群众工作的经验做法进行总结和挖掘,以为各地群众工作提供借鉴和参考。这就要求我们对新型城镇化中的群众工作进行专门的总结和分析,针对新型城镇化推进过程中的群众工作进行纵向和横向的解析和辨识,要想真正做到这一点,就必须对新型城镇化背景下党的群众工作进行要素分析,以增强经验总结的科学性和确定性,提高经验做法的说服力和指导力。可见,分析新型城镇化背景下党的群众工作的要素构成,也是总结群众工作经验的一项基础工作。

三、分析新型城镇化背景下党的群众工作的要素构成是构建群众工作模式的基础

构建群众工作模式是从操作层面对党的群众工作关键因素的提炼和整合,也是对决定群众工作实践效果的关键环节的选择与取舍。我们需要从纷繁复杂的群众工作形势和条件因素中找到制约群众工作成败的主要

矛盾和问题,去伪存真,用最能代表群众工作本质的要素来搭建群众工作框架,以增强群众工作的实践操作性。这就需要我们对构成群众工作和影响群众工作的各种因素进行条晰屡清的剖析和梳理,对群众工作的各种构成要素进行界定和分离,尽可能直接了当地把握新型城镇化背景下群众工作各种构成要素和影响因素的内涵和外延;需要我们化繁为简,拨开群众工作中的各种掩饰和干扰,找准不同任务和形势下开展群众工作面的关键方面和重要节点,找准影响群众工作效果的症结和原因;需要我们弄清楚群众工作构成要素间的相互作用和关系,弄清楚群众工作构成要素中的核心要素和外围因素,弄清楚群众工作构成要素中的被动因素和使动因素,进而弄清楚群众工作的动力和驱动系统。只有通过要素分析将这些基础工作做好,探索和构建群众工作模式才具有针对性和实践基础。

第二节　确定新型城镇化背景下
党的群众工作要素需要注意的问题

确定新型城镇化背景下党的群众工作要素有不同的视角和由视角所决定的分类方法,而要对新型城镇化背景下党的群众工作进行要素分析,目的是为了增强对新型城镇化背景下党的群众工作的确定性,从理论和实践两个方面为构建针对新型城镇化的群众工作模式打基础做准备。分析新型城镇化背景下的党的群众工作,是对群众工作组成部分的细分与确定,是从中观抑或微观上认识新型城镇化背景下党的群众工作的必要前提。因此,进行这项工作,我们需要注意如下问题:

既要着眼于可操作性,又要着眼于科学性。构建群众工作模式,最终要落实在实践层面,那么分析新型城镇化背景下党的群众工作的构成要素,就不能纯粹从理论视角入手,而必须从有利于未来对新型城镇化背景下的群众工作要素进行配置和组合的角度,着眼于增强未来群众工作模式的可操作性来对群众工作要素构成进行划分和界定。同时,这种划分和界定必须具有合理性和现实基础,能够得到党员干部、社会各界和基层群众的感性认可,经得起群众工作实践的运用性检验,具有较强的科学性。要想最大限度地避免要素划分的盲目性和不切实际的问题,就需要将未来的可操作性和现实分析的科学性一并来考虑和贯彻于要素分析中,以可操作性和科学化为指导,实施新型城镇化背景下党的群众工作要素分析。

　　既要着眼于全面系统又要着眼于明确具体。新型城镇化是一个历时跨越大、空间分布广的社会行动,党的群众工作是这项宏大而长期的社会行动系统中的一个子系统,群众工作在其中起保障促进作用。认识新型城镇化背景下党的群众工作,不能单纯就群众工作论群众工作,而必须把党的群众工作放在新型城镇化的背景系统中来认识和考虑,这就决定了对新型城镇化背景下党的群众工作进行要素分析,不仅要有全局眼光,从社会系统的角度区分群众工作的要素成分,也要立足现实和实体支撑,对群众工作构成部分做出分门别类的具有实体内容的划分,使群众工作的要素分析不仅具有系统属性,又具有具体实在的内涵和外延。同时,我们不仅要用系统的眼光对群众工作的背景因素作为与群众工作密切相关的要素来看,还要在背景因素与群众工作相互作用的互动中明确群众工作要素的所指,使群众工作要素分析既能全面涵盖群众工作社会行动系统的内容,又能不流于抽象概括,易于把握。

　　既要着眼于内部要素,又要着眼于外部因素。群众工作作为一个相对独立的社会行动系统,有其核心的内部构成要素。同时,党的群众工作又

新型城镇化背景下党的群众工作模式研究

不是脱离社会系统单独存在的,群众工作要受经济社会发展状况、自然资源环境等相关因素的影响,也就是说,新型城镇化背景下党的群众工作的构成因素有内外之别,而在现实工作中,环境因素所起的作用不容忽视,有时甚至是决定性的,分析新型城镇化背景下党的群众工作要素构成,不仅要着眼于群众工作系统内的要素成分,也要对党的群众工作具有限定和约束作用的背景系统进行环境要素认定,要把这种系统因素作为与党的群众工作关系密切的外部要素来看待,对环境和背景因素给予足够的重视。同时,对于内外部因素的分析和认定,又要以构建可供推广和借鉴的群众工作模式为导向,努力弄清楚群众工作因素系统的纵向和横向关系,形成内外部因素相互支撑、相互补充的结构态势。

既要着眼于群众工作视角,又要着眼于新型城镇化视角。党的群众工作是党的政治社会化问题,从本质上讲是个政治问题,群众工作的视角从根本上讲就是政党政治的视角。新型城镇化是我国城镇化的一个新的发展阶段,从本质上讲是个经济社会发展问题,新型城镇化视角从根本上讲就是经济社会的视角。然而,在新型城镇化背景下审视群众工作,既不能以单纯的政治视角来看,也不能以简单的经济社会视角来看,而必须从与政治经济相契合的视角来看,因为一部分群众问题和社会矛盾本是政治问题,却需要用经济的方法来解决,一部分群众的困难和城镇建设发展问题本是经济问题,却需要用政策和政治的方式来解决。因此,分析新型城镇化背景下党的群众工作要素,既要着眼于群众工作视角,又要着眼于新型城镇化视角,尽可能从群众工作服务新型城镇化发展的角度将关系新型城镇化发展的群众工作因素考虑进来,对新型城镇化背景下的群众工作要素进行分层次的、有针对性的、思路清晰的分类和界定。

第三节　新型城镇化背景下
党的群众工作的基本要素解析

一、概述

党的群众工作历来都是历史的具体的,不论是革命战争年代,还是改革发展时期,党的群众工作作为贯彻落实党的方针政策、团结动员群众的基础工作,总是与党和政府在不同时期的中心工作联系在一起,与党和政府在不同背景条件下的使命和任务联系在一起,与处于革命、建设、改革、发展中的群众联系在一起,始终是党和政府联系群众、宣传群众、组织群众、动员群众、组织群众、服务群众的基本途径和手段。各个历史时期,为实现不同的工作任务,党的群众工作具有不同的特点、方法和侧重,不同历史时期的群众工作有不同的时代印迹和背景特征。

新型城镇化背景下党的群众工作, 首先是以实现党的政治社会化为根本目的的群众工作, 这种群众工作具有党的群众工作的共同属性和根本目的;同时,新型城镇化背景下党的群众工作又是以新型城镇化为主要背景和时代要求的群众工作,是为实现新型城镇化战略转型、落实党委和政府的新型城镇化政策措施,推动新型城镇化健康顺利实施的群众工作。新型城镇化既是这一进程中的群众工作的主要背景条件和社会历史规定要件, 又是这一背景条件下党的群众工作的基本工作目标指向和历史使命,它规定着这一时期群众工作的任务、内容、方式方法和工作目的。总的来说,新型城镇化背景下党的群众工作一定要围绕新型城镇化来展开,但

新型城镇化背景下党的群众工作模式研究

新的型城镇化背景下党的群众工作说到底是一个特定社会历史时期和条件下的群众工作，新型城镇化背景下党的群众工作不但具有群众工作的本质规定性，同时具有新型城镇化对群众工作所提出的一系列外部规定性。同时，我国的新型城镇化不是单纯的城镇化问题，正如前文我们对新型城镇化的背景分析，新型城镇化既是城镇化发展到特定历史阶段而需要转型的城镇化，同时这一阶段的城镇化又与新型工业化、社会信息化、农村现代化等社会经济现实密切联系，甚至我们还需要考虑新型城镇化的经济新引擎功能和政府在实施的供给侧结构性改革等经济社会背景和因素。因此，对于新型城镇化背景下党的群众工作的要素分析，需要我们建立一个由本质及表象、由核心及外围、由本身及相关的分析思路。

按照这一思路，结合新型城镇化背景下党的群众工作的基本构成部分，借鉴政治学、社会学、思想政治教育等相关学科的工作要素解析方法，我们从总体上将新型城镇化背景下党的群众工作的要素分为三个层次十二个要素。三个层次分别是：核心层、外围层和相关层。其中核心层涵盖主体、客体、目的、目标、内容、任务等六个要素；外围层主要包括矛盾、关系、时间、空间、策略、方法等六个要素；相关层则主要是环体和介体两个要素。如图3-1所示：

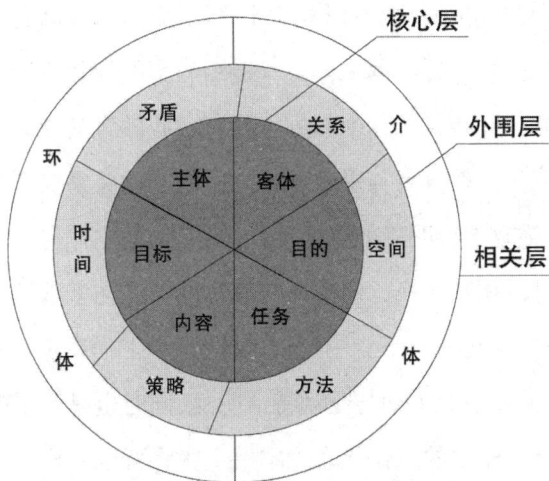

图3-1 党的群众工作要素解析图

接下来我们就对各个要素进行详细解析。

二、要素解析

(一)主体与客体

群众工作最需要也最应该以人为本,因为"群众工作归根到底是做人的工作"[1]。不论是群众工作的实施者抑或群众工作的启动方,还是接受群众工作抑或群众工作的受动方,都是处于不同角色的人或其组织和群体。在传统群众工作中,比如思想政治教育工作中以赫尔巴特的"三中心"[2]为典型代表,主张将教育互动双方进行主体与客体的区别,以便于对教育的

---

[1] 谭和平:《深化党的群众工作需处理好五对关系》,《求实》,2013年第9期,第15页。

[2] 赫尔巴特是德国著名的教育家,其教育理论在世界范围都具有很大影响。"三中心"即以教师为中心,以课堂为中心,以书本为中心。

主客体关系进行明确把握。也有研究者主张,教育者与受教育者都是具有主体性的人,都是教育、教学的主体。[①]诚然,教育的施教方与受教方在一定条件下是可以相互转化的,受教方也具有自我教育甚至对于施教方同样具有教育价值。但教育者与受教育者之间的互动关系在多数情况下是明确的,尤其是施政内容明确的群众工作中,工作的主体与客体关系尽管在一定情况下可以相互转换,但主体与客体的关系在多数情况下是明确的。具体到新型城镇化背景下党的群众工作,这个工作系统具有明确的工作指向性,工作关系中的主动与受动特征明显,同时也是为了明确具体地描述和呈现群众工作中的工作状态,本书主张将群众工作的主体与客体区别开来。

新型城镇化背景下党的群众工作的主体是:各级城乡党政机关、群众团体工作人员,城镇、乡村、社区自治组织的党员干部,以及与广大群众工作生活在一起的广大党员干部。在新型城镇化背景下党的群众工作中,这部分人员力量是群众工作的主体力量。同时,我们还要看到,在很多情况下,党的群众工作不是以党员干部与群众间的点对点接触,而是以机构和组织的形式来开展群众工作,在这种情况下党组织和党组织可以依靠的社会组织和群众团体都是党的群众工作的主体,比如团结在党组织周围的志愿服务机构、业主委员会、社区居民代表大会和社区议事会,物业公司作为一个经济实体在有些情况下也可以成为党开展群众工作的主体力量。

从群众工作对象的角度讲,新型城镇化背景下党的群众工作的客体是处于城镇化进程中的广大城乡群众,这部分群众广受城镇化政策影响,既包括经历城镇征地拆迁、正处于进城过程中的乡村群众,也包括进城但

---

① 张耀灿、郑永廷等:《现代思想政治教育学》,人民出版社,2006年版,第268页。

还处于城镇化过渡和适应阶段的城镇社区居民，从群体角度讲则包括前期进城但未完全享有城镇化待遇的进城务工群体、由乡村迁到城镇社区的非农业人口、受新型城镇化政策影响而涉入和参与到城镇化进程中的城乡居住人口和企业员工。

(二)目的与目标

目的是指想要达到的地点或境地,想要得到的结果。目标是一定时期内所追求的最终成果,是某阶段宗旨和使命的具体化,是奋力争取达到的所希望的未来状况。目的是一个概括性的总体的要求,是要达到的最终效果(结果);目标则只对具体活动起指导作用,是要达到的效果的量化指标。目的是达到某个目标后想要做什么,也就是实现目标的真正动机。比如足球比赛,打败对手,赢得比赛就是目的,而目标就是进球。目的和目标之间的关系是:目标是在特定的时间内所追求的最终成果,目的则可理解为你的梦想与期望,目标要为围绕目的而进行。只有一个个目标实现,才能实现目的的达到。目标要为围绕目的而进行,目的的实现要分解为目标。

目的既定和目标明确是党的群众工作具体性的根本体现。如果说党的群众工作目的是长远的、根本的和深层次的工作追求,那么工作目标就是阶段性的、具体的工作期望。党的群众工作目标围绕工作目的展开,是群众工作目的的细化和分解。只有在根本目的和明确目标指导下,党的群众工作才可能取得预期效果,否则工作过程中将难免被动和混乱。

党在新型城镇化进程中开展群众工作的目的, 是党的群众工作在新型城镇化进程中的目标指向和价值取向, 具体来说是在维护和发展城乡群众利益的基础上巩固和扩大党的群众基础, 其实质是实现党的政治社会化,这一工作目的是宏观的、长远的,对群众工作发挥高屋建瓴的价值指导作用,体现群众工作对党的根本价值和作用。群众工作的目标体现的是群众工作的直接效果,可以分为最终目标、区域目标和阶段目标、节点目标和工作项目目标。新型城镇化背景下,党的群众工作的最终目标是推进新型城镇化的顺利转型和实施,确保新型城镇化进程中政治社会和谐稳定;区域目标是从空间角度来讲的,是指在特定区域推动新型城镇化的工作目标,比如区域性新型城镇化的顺利推进;阶段目标是从时间角度来讲的,是指特定时期党在新型城镇化中的工作目标,比如在新型城镇化动员阶段的工作目标、在城镇化征地拆迁期间的工作目标;节点目标是从静态来讲的,主要是重要的时间节点,比如撤村建居后的社区群众状态、园区股份制改革完成后的职工和群众状态;工作项目目标是指特定工作完成后的预期工作效果,比如实施拆迁补偿的工作目标、某项社会矛盾或群众困难解决后的工作效果。

(三)内容和任务

工作内容是指工作所涉及的方面和包含的情况,工作任务是指担任的工作和承担的责任,换句话说,工作的内容就是这项可以做什么事情,任务是这项工作需要做什么事情。有人打过一个比方,如果说内容是菜单,任务就是点的菜。作为一个工作系统,首先需要明确它有哪些事情需要做和面临哪些需要做的事。这就是群众工作所囊括的工作内容和需要做的工作任务。群众工作的内容是由政党功能所决定的,任务则是由党委和政府的工作内容所决定,从某种程度上讲,党的群众工作的内容和任务就是群众工作本身,因此群众工作的内容和任务是处于党的群众工作核心层的主体构成要素。

第三章　新型城镇化背景下党的群众工作的要素分析与模式框架

党的群众工作有五项传统内容:动员群众、宣传群众、教育群众、组织群众、服务群众,新型城镇化背景下,党的群众工作的工作标准和要求有所变化,开展工作的方式方法有所变化,但是其工作内容仍相对固定。党的群众工作在多数情况下是党委和政府中心工作和阶段性工作的辅助和保障工作,群众工作贯穿到经济发展和社会管理各个方面、各个环节,烦锁复杂的群众工作与党委和政府的各项工作融合在一起,群众工作内容也主要是由群众工作的辅助和保障功能决定的,这也是党的群众工作内容相对固定的原因。

新型城镇化背景下党的群众工作任务从总体上可概括为:推动新型城镇化政策落实、化解城镇化社会矛盾、维护城乡社会稳定、促进社会和谐。但现实工作中新型城镇化背景下的党的群众工作任务较为庞杂,不仅不同区域群众工作任务不尽相同,在城镇化的不同阶段因中心工作任务的变化,比如在城镇化动员、房屋拆迁、村改居、宅基地换房、园区股改、楼房还迁等新型城镇化的不同阶段,以及在出现群众上访涉诉、群体事件、临时性政策落实、社会危机攻关等应急管理中,流动人口和特殊人口管理、群众调解、弱势群体安抚、群众困难帮扶、社会矛盾化解、社区群众的团结和凝聚等项任务,都是新型城镇化背景下党的群众工作所面临的工作任务。

(四)矛盾和关系

唯物辩证法中,矛盾是指事物内部对立着的诸方面之间的互相依赖又互相排斥的关系。矛盾,反映了事物之间相互作用、相互影响的一种特殊的状态,"矛盾"不是事物也不是实体,它在本质上属于事物的属性关系。这种属性关系是事物之间的一种特殊的关系,这种特殊的关系就是"对立",

新型城镇化背景下党的群众工作模式研究

正是由于事物之间存在着这种"对立"的关系，所以它们才能够构成矛盾。经济社会现实中矛盾普遍存在，新型城镇化过程本身就是一个调解长期传统城镇化矛盾积累的过程，这个过程也是一个由一系列矛盾集中显现的转型发展阶段，解决各种各样的矛盾和问题是新型城镇化背景下党的群众工作的题中应有之义。把握新型城镇化进程中群众工作所面临的各种矛盾和问题也是抓住城镇化进程中群众工作重点和本质的切入点。这里的关系是指事物之间相互作用、相互影响的状态，人和人或人和事物之间某种性质的联系。党的群众工作从本质上讲是做人的工作的，做人的工作的本质就是协调和处理人与人之间的关系。新型城镇化背景下，党的群众工作不仅要协调和处理人与人、人与集体、集体与集体之间的关系，也要处理好党委和政府与群众个体和群体的关系，人与城镇建设发展以及各种因社会关系引发的社会发展状况问题。

新型城镇化背景下，党的群众工作需要重点关注和化解以下几个方面的矛盾和问题：一是利益诱发性矛盾。城镇化本身是一场城乡居民利益的深刻调整，新型城镇化既是对传统城镇化长期积累的利益矛盾的纠正，也是对城乡居民既有的利益结构和利益关系的深刻调整，比如因拆迁征地补偿、就业安置、宅基地换房、耕地占补等引发的大量利益性矛盾。二是改革诱发性矛盾。现行城乡管理制度并非简单的社会管制制度，各种制度与城乡群众的利益分配和资源配置挂钩，新型城镇化过程伴随着深刻的社会制度变迁和改革，土地制度、户籍制度、社会保障制度、劳动就业制度等都因新型城镇化的现实需要而积极推进，城乡居民在公共福利和个人权利等多方面的差别更加明显，城乡社会面临巨大的制度改革所引发的社会失衡风险。三是产业调整诱发性矛盾。新型城镇化伴随工业化、信息化和农业现代化，经济结构、产业结构变化以及继之而来的就业结构变化,使农业与工业化、信息化在产业形态上的差异和矛盾加剧,使得与农业产业联系在一起的农民在转变为市民的过程中,陷入不同产业形态、产业属性和生产方式差异的困境。四是社会分化诱发性矛盾。实施城镇化之后,从农民转变而来的城市市民在城市就业上遭遇很大困难,尤其在寻求合适就业岗位方面遭遇巨大困难, 部分城乡居民的返贫或社会财富的使用不当,可能造成新的城市失业人口,造成城市人口中的贫富两极分化,进而引发一系列社会问题,甚至社会冲突和矛盾。五是生产生活方式变化诱发性矛盾。大量乡村农村进城成为市民,但长期的农村生活和进城后的生产生活方式、生活环境的变化容易使进城居民在心理情绪方面失衡,这个时候社区间的居民关系和社会和谐氛围面临考验, 需要党的组织和广大党员多为群众提供贴心的服务和帮助。六是社会组织方式和形态变化诱发性矛盾。从村民自治到居民自治,实际上使得相关居民从生产生活一体化的社会组织方式和组织依托转变为生产与生活分离的社会组织方式,由此使得其生产和生活依托不同的社会组织。与此相应,进城农民的社会交往和社会联系方式也将发生重要的变化。农民习惯的社会组织方式和形态与城市新生活的社会组织方式和形态之间有着巨大的差异,由此生发的社会生活、社会交往、社会联系和心理问题,可能形成隐性甚至显性的社会不满情绪,进而发展演化为社会矛盾。

新型城镇化背景下, 党的群众工作需要理顺和维护好以下四个方面的关系:

一是党群关系。党的群众工作是党与群众的连心桥,在新型城镇化过程中,群众迫切需要党组织的引领和帮助,不仅是在如何实施新型城镇化方面,而且在代表、维护和发展自己切身利益方面也是如此。党群关系和党在群众中的威信,主要是靠党的群众工作来加强,党要通过群众工作体

新型城镇化背景下党的群众工作模式研究

现党作为最广大群众利益忠实代表的政党形象,要通过大量贴近群众、急群众之所急的群众服务和联系工作,真正形成鱼水般的党群关系。在很大程度上讲,各地党群关系搞得好,群众对党的方针政策主张信服,新型城镇化就顺利;党群关系搞不好,新型城镇化的推进也成问题。

二是政群关系。新型城镇化是我国政府在新的历史条件下进一步推动经济发展和现代化进程的重大战略选择,因此政府主导是我国新型城镇化的基本特征。各级政府是党的方针政策的行政机构和执行机关,因为行政效率取向,政府行为具有刚性和强制性特征,在政府主导的新型城镇化进程中,基层政府确定的城镇化目标、社会变迁和制度变迁路径与利益相关者的期望、要求和主张之间容易存在差异和矛盾。这不仅需要各级政府机关和工作机构想方设法站在群众角度定制度、作决策、科学施政,努力维护和发展政府与辖区群众的政群关系,也需要党的各级组织和广大党员干部在新型城镇化实施过程中,甚至是在日常生活中和企业单位的生产工作中发挥群众工作的保障作用,为政府工作优化环境、争取民心、缓解矛盾,促进政府顺利施政。

三是干群关系。各级党委和政府的干部在新型城镇化进程中担负着落实城镇化政策、引领规划城镇化发展、规范城镇化经济社会秩序等多重任务,党员干部是新型城镇化的具体实施者,也是在城镇化进程中与城乡群众联系最密切的党和政府的代表,党员干部是党和政府形象的最直接体现者,因此维护和发展好干群关系,是搞好党群、政群关系的基础和前提。

四是利益主体间的博弈关系。新型城镇化过程中,城乡居民之间、农村群众之间、城市社区群众之间、新市民与原有市民等多种利益主体之间,因社会公共资源、利益分配等问题不断博弈,不同利益主体之间的博弈不仅是由公共资源和利益现实状况所决定的,很多时候利益主体之间的协调和沟通同样决定了博弈的结果和效果。在新型城镇化过程中，党的群众工作担负着整个社会的和谐稳定重任，单纯某一方面利益主体在利益博弈中的胜出都会对相关方产生不利影响，进而也会对和谐稳定的社会局面产生威胁，需要党的群众工作以大局为重，构建利益共赢的良好局面，努力帮助各方利益主体在保证社会整体利益的基础上实现自身利益最优化，努力构建社会各方面合作共赢的利益博弈格局。

（五）时间与空间

时间是与空间相对应的一种物质客观存在形式。如果把新型城镇化这一经济社会发展阶段看作一个大的时间概念，那么我们还必须考虑这一历史时期的群众工作在哪里开展的问题，即党的群众工作的空间问题。之所以说党的群众工作是历史的、具体的，主要原因就在于党的群众工作是在特定的时间段和特定的区域和空间中发挥作用的工作体系，时空因素是党的群众工作必须考虑的要素之一。新型城镇化背景下党的群众工作是特定社会转型背景下的群众工作，我们要把握新型城镇化背景下党的群众工作规律，什么时间开展群众工作和在哪里开展群众工作很重要，这一因素决定着在此空间开展群众工作的方式方法、组织安排等诸多工作条件。

新型城镇化背景下党的群众工作的时间要素：新型城镇化是一个时间跨度较长的经济社会发展阶段，以党的十八届三中全会和2013年国家城镇化工作会议的召开为标志，我国的城市化转向新型城镇化。客观地看，新型城镇化本身时间跨度较长，为此国家专门制定了《国家新型城镇化规划（2014—2020）》，包括在国家"十三五"规划中也专门列出一章对新型城镇化进行了规划，而且可以预见，新型城镇化将是伴随我国现代化建设进程的一个长期历史任务。在这个宏观历史进程中，不同的阶段，新型城镇化的政策措施和重点任务不同，即便是在新型城镇化的某个时段中，在某项具体城镇化任务的前中后各时期，党的群众工作所面临的任务和形势也多有不同，时间是非常重要的历史条件，对在新型城镇化进程中开展群众工作同样如此。因此，对于具体的群众工作而言，我们要探索群众工作模式必须准确把握群众工作的时间条件。这个时间条件可以是城镇化的阶段性时间概念，也可以是历时性的纵向时间概念。

新型城镇化背景下党的群众工作的空间要素：空间要素对应的是在哪里开展群众工作的问题。新型城镇化是一个复杂的经济社会发展历程，涉及复杂的政策落实和制度改革推进过程，党的群众工作的空间涉及从农村到城城镇、从乡村到社区、从农业生产到工业园区等复杂的生产空间、生活空间、生态空间转换，在不同的空间和领域开展群众工作都面临不同的情况和要求，因此对于"在哪里"开展群众工作就成为探索党的群众工作模式的一个重要因素。从空间类型上讲，新型城镇化背景下党的群众工作主要在城乡产业空间、城乡建设空间、城乡生态空间和城乡生活空间四个维度上展开；从具体的群众工作承载空间来讲，新型城镇化党的群众工作主要是在社区和园区两种类型的空间结构中展开，社区空间包括城市社区、村改居社区、城乡接合部社区、乡村社区等四类社区，园区包括工业园区、农业园区、服务业园区和商贸旅游等四类园区。从组织单位的性质来讲，新型城镇化党的群众工作主要是在机关事业单位、社会组织和行会、乡镇企业、非组织化的镇村居民中间开展。

(六)策略和方法

策略是指根据形势和任务制定的一个比较短时期内的行动路线，以及为实现这条行动路线而采取的手段,即斗争方法、组织形式和行动口号等。在革命战争年代,策略多指政党的行动路线。策略具有较强的灵活性,可以根据形势的变化而变化。[①]新型城镇化进程中,党的群众工作需要适应不同时期和不同阶段的任务需要,适时调整群众工作策略。方法一般是指人们认识世界和改造世界所应用的行为方式、程序及手段的总和。在主观认识客观的活动中,是指获得、收集、整理关于对象的经验材料及对所获得的信息进行加工的方法。在改造世界的实践活动中,是指对某一对象进行现实的物质变革的方式。正确的方法来自实践,并随着实践的深化不断发展。在新型城镇化进程中,针对不同的工作对象,要采取不同的工作方法,只有符合新城镇化客观规律的群众工作方法才是正确的方法。

新型城镇化背景下党的群众工作策略包括党在不同时期和新型城镇化的不同阶段的工作方式和工作路线。工作方式包括动员方式:集中组织动员和挨家挨户分散动员,面对面沟通动员和虚拟传媒动员;宣传方式:人际宣传和媒介宣传;组织方式:单位式集约组织、非政府组织和社会化组织;服务方式:组织配置式服务、社会化志愿服务、重点帮扶式点对点服务;教育方式:政策解释宣传教育、潜移默化式教育等。党的群众工作路线主要还要走群众路线,即从群众中来到群众中去,相信群众、依靠群众,把新型城镇化办成群众满意的城镇化。

新型城镇化背景下党的群众工作方法多种多样,以能够取得工作实效,取得城镇化进程中各地群众对党委和政府和新型城镇化政策的认可与支持为标准。具体来讲既包括抓主要矛盾、重点问题,重点突破等带有策略性的工作方法,也包括运用科学的心理学常识、精准的语言表达、

---

① 刘蔚华、陈远主编:《方法大词典》,山东人民出版社,1991年版,第504页。

良好的沟通技巧等具体群众工作方法,方法层面的要用科学理论指导群众工作。

(七)环体和介体

所谓群众工作的环体,是指对党的群众工作以及群众工作对象产生影响的一切外部因素的总和。新型城镇化背景下党的群众工作是在新型城镇化这一特定的历史背景下开展群众工作,群众工作所处的外部环境以及它所受的影响因素在无形中都会对群众和群众工作产生深刻影响。这些影响群众和群众工作运行与效果的环境因素我们称为群众工作的环体。新型城镇化背景下的群众工作环体不仅包括新型城镇化本身的政策因素,也包括与城镇化协同推进的工业化、信息化和农业现代化等经济背景,同时也包括与具体群众工作相关的自然地理环境、历史文化环境、地方制度规范等因素。

新型城镇化背景下党的群众工作的环体包括:一是自然地理环境。群众工作区域的气候条件、资源状况、区域地理位置,这些自然地理因素对当地群众的生活、观念、物质基础都具有深层次的影响,在推进新型城镇化的过程中,这些因素都是制定政策和落实任务的基础条件,当然也是开展群众工作的重要基础条件。二是经济发展环境。新型城镇化是经济社会发展到特定阶段的产物,是党和政府针对经济社会发展状况做出的重大城镇化政策转向,这项战略本身是由经济发展状况决定的,因此在开展群众工作时也必须以当地产业结构、就业结构、经济发展状况等因素为条件,来制定适当的工作举措。三是历史文化环境。群众工作本质上是做人的工作,做人的工作就必须研究与工作对象相关的文化因素,中国地域广阔,各地风土人情差异明显,不仅推进新型城镇化要考虑各地的历史人文

第三章 新型城镇化背景下党的群众工作的要素分析与模式框架

情况,开展群众工作也要考虑各地的风俗习惯、社会风尚、人口受教育水平等人口素质因素,包括各地宗教状况等多元要素。四是政策法制环境。新型城镇化之新首先是通过政府的新型城镇化政策的指挥棒来体现和贯彻的,党和政府的新型城镇化财税政策、土地政策、补偿政策、社会保障政策,以及与城镇化密切相关的民法、物权法等法律制度(依法治理的基础)和社区规章、村规民约等地方制度规范,都是在新型城镇化进程中构成群众工作环体的重要因素。

所谓群众工作介体,是指党组织借以开展群众工作的媒介和载体的总称。新型城镇化背景下党的群众工作处于信息化、工业化和农业现代化等各种社会历史因素交替作用的复杂环境中,在这其中党的群众工作面临前所未有的新的媒介环境。首先,群众工作归根到底是做人的工作,群众工作的媒介和载体首先就是群众工作主体与客体间面对面的人际沟通与交流,党和政府的干部职工开展群众工作首先需要通过各种工作事项,也包括通过各种群众文化活动与群众进行密切接触和互动。在这个过程中面谈(座谈)、工作事项、文化活动等活动形态就成为群众工作的工作介体。其次,群众工作往往需要党员干部以身作则、率先垂范、带头示范,通过干部自身的实际行动和个人品德、威望来实现影响群众、带动群众的目的,这时党员干部的言行举止、作风、形象就成为群众工作的传递介质,因为人们可以通过党员干部的这些具体行为表现感受到党和政府对群众的感情和态度。再次,就是报纸、广播、电视、网络等各种传播媒体。特别是现在正处于传媒生态日新月异的融合发展和全民媒体时代,不仅是短信、邮箱、QQ、微博等可以为群众工作所用,各种自媒体、新媒体、微媒体也都在党和群众中发挥着重要的沟通和桥梁作用,这些媒介不仅是开展群众工作的重要手段,也是传递群众工作内容和实现群众工作目的有效途径,自然是开展群众工作的重要介体。

<h2 style="text-align:center">第四节　新型城镇化背景下
党的群众工作模式的框架构建</h2>

　　党的群众工作是党的群众工作组织在实践当中对群众开展宣传、组织、动员、服务等各项工作的集合，是党与广大群众进行互动、沟通、交流的实践体系，党的群众工作模式来自于实践也必须回到实践当中去。因此，党的群众工作模式的构建必须围绕着实践、围绕着操作、围绕着未来开展新型城镇化背景下党的群众工作的需要来展开。对党的群众工作要素的分析可以使我们明了在不同条件下开展党的群众工作所具备和存在的基础和条件，为我们构建党的群众工作模式和认清党的群众工作的要件奠定基础。但是群众工作条件千差万别，尤其是在新型城镇化背景下，不同的阶段、不同的群众工作任务要求采取不同的群众工作方法，在常态化条件下和特殊情况下采取的群众工作措施方法都不同，因此探索党的群众工作模式，要参照要素分析，但主要还是应当以实际工作需要为主。

　　结合第三章关于新型城镇化背景下对党的群众工作的现实要求，结合党的群众工作的作用与功能，本书认为新型城镇化背景下党的群众工作模式的构建从大的板块上讲主要是从三个维度进行：一是基于新型城镇化带来的社会结构变迁，对党的群众工作进行结构-组织模式的探索。二是基于新型城镇化带来的结构功能性变化，对党的群众工作进行功能-调适模式的探索。三是基于新型城镇化带来的基层城乡社会的暂时的离散化倾向，对党的群众工作进行系统-整合模式的探索。

　　党的群众工作结构-组织模式，是围绕如何把新型城镇化过程中的城

第三章 新型城镇化背景下党的群众工作的要素分析与模式框架

乡群众组织起来进行的工作模式探索。鉴于新型城镇化是一个由离散到社会结构重组和再组织化的过程，立足于这个过程当中所产生的产业结构、就业结构、组织结构的变化，通过多方调研和理论论证，我们主张进行产业链式1+X新型城镇园区群众工作组织模式、阶段衔接式X+4新兴城镇社区群众工作组织模式、线上线下结合式新兴城镇群众工作立体组织模式等三类组织模式，力求通过产业链、新兴城镇社区，以及城乡居民广泛参与的互联网线上线下互动的形式将城镇化过程当中的城乡群众组织起来。对结构–组织群众工作模式框架的构建，我们是在分析相应的群众工作要素构成的基础上，对不同工作模式进行组织结构、职能及其运转程序加以呈现。

党的群众工作功能–调适模式，是在对新型城镇化过程中党的群众工作的基本功能进行考察和论证的基础上分常态化与应急性两类情况开展党的群众工作模式探索。政治社会化是党的群众工作作为政党工作落实系统的基本功能，即便在新型城镇化背景下，其最基本功能也主要是通过联系功能、宣传功能、组织功能、服务功能和团结功能来实现的，因此我们将党的群众工作的这五种功能统一构建起党的政治社会化功能性群众工作模式。然后围绕征地拆迁、村改居等应急性城镇化工作进行功能性群众工作模式构建。对功能–调适群众工作模式框架的构建，我们是在分析相应的群众工作构成要素的基础上，着重呈现不同群众工作功能的实现方式和运行机制。

党的群众工作系统–整合模式，是围绕克服新型城镇化过程当中涌现出来的诸多社会问题和矛盾，充分发挥党的社会整合功能而进行的群众工作模式探索。我们选择基层城乡群众密切关注的利益问题，以利益协调为主线对基层城乡社会利益系统进行整合，并探索党的群众工作在这个

新型城镇化背景下党的群众工作模式研究

过程中的作用和功能模式；立足于发挥新型城镇化政策的制定反馈与实施这一过程，在新型城镇化实施过程当中对基层群众的利益整合和社会凝聚功能，进行城镇化区域政策科学化群众工作模式的探索；同时顺应社会治理法治化的趋势和要求，对基层群众工作进行操作运行制度化的模式探索。对于系统整合群众工作模式框架的构建，我们也是在分析相应的群众工作构成要素的基础上，重点呈现城镇化区域政策科学化群众工作的过程措施与机制，以及群众工作制度化转型在操作层面的执行要求。

第四章
新型城镇化背景下
党的结构-组织群众工作模式

在任何历史条件下,开展党的群众工作首要的是把群众组织起来,把群众团结在党组织周围,这样才能够把党的群众工作意图贯彻到群众中去。因此,把群众组织起来,是开展党的群众工作的基本前提,也是基本途径。

通过对新型城镇化背景的分析我们可以看出,新型城镇化的本质是人的城镇化,表现在形式上首先是以城乡结构、产业结构、就业结构和利益结构的调整为主要内容的社会结构的调整,而社会结构的调整本质上是人的组织形式和组织方式的调整。将党的新型城镇化政策主张和工作意图贯彻到群众中去,动员广大群众积极地参与支持新型城镇化,首先需要顺应新型城镇化带来的这种社会的结构性调整,积极探索适当的工作方式和组织模式。结合新型城镇化、新型工业化和农业现代化调整步伐和相关政策,一是要把因为居住地点和工作调整而分散的群众组织起来,二是把城镇化进程中的群众组织起来,三是把基本完成城镇化区域的群众更加紧密地团结在党组织的周围,使他们都能够成为党推进新型城镇化

新型城镇化背景下党的群众工作模式研究

政策的积极拥护者和有力推动者。因此，循着社会学结构功能的思维向度，新型城镇化背景下开展党的群众工作，首要的是顺应新型城镇结构性变化，探索行之有效的党的群众工作的组织模式，切实把新型城镇化进程中的广大群众组织起来。

城镇化不仅是一个把农村变为城市和城镇的筑城过程，更是一个将亿万农村群众转移到城镇社区，使其成为城镇人口和城市人的过程。新型城镇化不仅是一个"人"的城镇化过程，更是一个"人"借助由乡村变为城镇这样一个载体或者是过程，实现人的自由和全面发展的过程。从这个意义上说，城镇化既是一个党带领和组织广大群众推进当代中国现代化的城乡社会改造成果，也是一幅活生生地反映当代中国人民群众生活状态发生转变的画卷。新型城镇化的群众工作必须看到新型城镇化的历史使命和在党执政兴国过程当中新型城镇化所担负的历史责任，来开展城镇化过程中居民群众的组织工作。结合新型城镇化所带来的人口结构、城乡结构、社会单元结构，以及城镇化推进的阶段性进展情况，我们既需要从宏观上对新型城镇化的初期、中期和后期三个基本阶段的群众工作进行组织调整，同时又要针对新型城镇化推进过程中城市社区、乡村和城中村等不同的城镇化形态和群众工作需要，探索切实可行的、适应社会结构变化的群众组织模式。

党的群众工作研究主要是围绕人来开展工作，因此党的群众工作必须聚焦以人的结构变化为核心的观察视角。以人的结构变化为视角，通过调研我们发现，在新型城镇化过程中，城乡社会结构最典型的结构变迁特征是"三集中"趋势：一是城乡就业人口呈现向城镇主导产业以及主导产业所辐射带动的产业集群不断集中的产业链式结构变化趋势明显。这包括工业企业上下游产业链对农村劳动力人口的吸纳和农业规模化经营园区对农村劳动力人口的吸纳两个方面。在新型城镇化产城融合过程中，具备就业能力的城乡人口日益向当地主导产业及其相关产业集中。尽管被调研各地的主导产业不尽相同，比如山东文昌湖区以发展旅游和贸易为主攻产业方向，当地就业居民在这两个产业集群中的就业人口就趋于集中。再比如山东淄川将军路区域，因为环绕淄川服装城，该区域及周边受辐射区域就业人口近年来日益向服装商贸行业及其配套服务业集中。二是农村人口向城镇新型社区集中，城镇区域人口离散度下降、集中度上升（包括老人和儿童等非劳动力人口），新型城镇社区拥有良好的居住环境和便利的生活设施，区域内乡村人口自然会向此类社区集中，这是城镇化带来的最显著的城乡居住结构和区域人口分布结构变化。三是土地规模经营和农业园区化经营趋势明显，土地租赁经营渐成特色农业园区。比如北京顺义区高丽营镇利用靠近城区的区位优势，动员各村集中村民土地进行集约化经营，以特色种植养殖业和土地租赁经营为抓手，一方面提高了乡村土地利用效率和土地经营收效，另一方面通过引入专业租赁经营者和产业园区经营者，也在一定程度上解决了城郊农村村民的就业问题。

从社会结构变迁的角度讲，新型城镇化是一个社会组织结构由稳定到新的稳定的过程，这中间有一个由离散到重组到再组织化的过程，而新型城镇化背景下的群众工作负责的，就是在这个再组织过程的过渡时期，组织群众按照党和政府的设计，充分吸收群众的智慧和意愿，遵循城市化建设普遍规律，在顺利推进城镇化建设的过程中不断增强党的阶级基础和群众基础。将群众组织起来包括两层含义：一层是要将党组织与广大群众联系起来，使党与群众之间保持密切的意义沟通渠道和共识达成机制；另一层才是要运用适当的社会组织方式将处于离散状态的相关群众凝聚在党组织周围。两层含义互为表里，相互依存，只有保持党与群众正常的意义沟通,才可能将群众团结在党组织的周围;同时,两层含义对党的群众工作而言,又各有内容和形式、各有价值和作用,因为只有将党与群众联系起来才能组成党与群众的社会共同体, 也只有组织起相对稳固的社会组织形式,才可能真正将群众组织起来,凝聚在党组织的周围。

组织社会学理论告诉我们,要将离散性的社会成员组织起来,主要的方式有三种,第一种是工作单位的方式,第二种是在生活社区中,第三种是在社会活动中。三种方式强调的都是人的组织纽带问题,借助具有某种黏性的组织形式, 将群众团结在党组织周围是党的基层群众工作的基本经验。传统党的群众工作组织形式中,第一种方式是借助党委和政府工作与群众工作同步安排部署、检查、落实来组织群众、开展工作,这种方式在"大单位、小社会"的传统社会管理时期是行之有效的。第二种方式是借助党员干部与群众共处同一生活区域和居住环境中, 利用党员在群众日常生活、休息、文化活动中的影响,通过党员参与到各种基层群众组织和社团中,发挥党员各自优势,在群众中间发挥意见领袖等作用,帮助群众解决各种具体问题,让群众感受党的存在,保证党员与群众在一起,进而实现组织群众的目的。第三种方式是在泛化的社会空间中,一方面根据特定目的和任务,通过各种集体活动或集会将群众组织起来,另一方面党组织和党员干部借助大众传播媒介和手段,向群众传播党的理论、政策、主张,同时借助上述两种方式获得反馈,影响群众的主观思想和行动选择。伴随社会信息化程度的提高和现代通讯、传播技术的发展,以互联网为基础的新兴移动传播和自媒体、微媒体等新兴网络社交媒体在社会传播和人际沟通交流中的作用日益增强。2017年8月, 中国互联网络信息中心(CN-NIC)发布的第40次《中国互联网络发展状况统计报告》显示,截至2017年6月,中国网民规模达7.51亿,其中手机网民规模达7.24亿,占比达96.3%。

同时,2016年上半年,中国网民人均周上网时长为26.5小时。在线政务用户规模达1.76亿。①在现代信息社会条件下,社会沟通不仅是在实际社交场合和传统媒体上,更多的是在网络新媒体等虚拟社会空间中,党的群众工作理应把握这种新趋势,研究探索新的工作模式,努力实现在新型城镇化进程中把群众组织起来的工作目标。

新型城镇化最重要的特征之一是,新型城镇化是与新型工业化、信息化和农业现代化协同推进的城镇化,城镇化伴随的是以科技进步为动力,以提高经济效益和竞争力为目标,以可持续绿色发展为价值取向的产业结构调整,以及以生产过程机械化、生产技术科技化、增长方式集约化、经营循环市场化、生产组织社会化以及劳动者智能化为主要特征的农村现代化过程,这其中产业集群化、农业规模化趋势明显,而这一产业进化趋势也成为影响人的组织方式的基本社会基础。新型城镇化背景下,现阶段中国农村基层组织基本包括四种类型:一是政府组织,即代表国家意志、执行国家权力的基层国家行政机关,行使本行政区的行政职能。二是基层党组织,即代表中国共产党的基层党委、党总支。三是农村村民自治组织,即作为村民自我管理、自我教育、自我服务载体的农村村民自治委员会。四是新型农村基层组织,即不依附于政府、在农村活动的新型经济组织、社会组织和合作社组织等,此类组织出现时间较短,形式较为多样。以上四种组织共同构成了农村的组织生态环境。②这是目前农村工作组织主体的基本构成力量,探索新型城镇化进程中的群众工作组织模式,必须充分利用这一基本构成力量,结合新型城镇化工作形势的新变化和新型城镇

---

① 《我国网民总数达7.1亿 日均上网3.8小时》,《腾讯新闻》2016年8月4日,http://news.qq.com/a/20160804/001465.htm。

② 党高辉:《城镇化进程中的农村基层组织建构研究》,《中国农业信息》,2014年第12期,第154页。

新型城镇化背景下党的群众工作模式研究

化为城乡工作带来的新要求,根据城乡群众工作结构性、功能性、系统性因素,探索适应新型城镇化政策要求的新的组织模式。

而要实现上述目的,既要总结过往群众组织工作的规律和经验,也要考虑新的社会条件下,城乡居民活动的新特征。而综合这两方面,需要重点关注的是群众组织工作对基层群众的黏性问题。因为不论采取何种形式组织群众,这种形式都必须先天具有对广大基层群众的吸引力和凝聚力,也就是现代网络社会常讲的"黏性"。对基层群众的组织工作需要根据社会组织形式对群众黏性的强弱,采取适当形式开展组织工作。这就要看到新型城镇化条件下城乡社会结构的三个基本规律:

一是产随城动,人随产动。即新型城镇化政策实施的关键是城镇产业结构必须为城乡结构的调整保驾兜底,农村转移人口实现就业安置最大化,新型城镇化政策才能顺利推进。因此,城乡居住结构的变化,必须辅之以城乡产业结构的调整和变化,而产业调整又是城镇化转移劳动力人口最有黏性的变化动因。因为,就业乃民生之本,在新型城镇化过程中同样是这样,就业意味着生活保障,生活有保障人民群众才会从心底里支持和拥护党的新型城镇化政策。

二是老少进社区、青壮进园区。新型城镇社区具有比农村更便捷优良的生活环境和配套设施,每个人所具有的追求美好生活的良好愿望,促使人们会自觉选择到新型城镇社区居住生活,尤其是那些渐已失去劳动能力和还不具备劳动能力的需要生活照顾的广大城乡老年人和少年儿童,这部分人更倾向于选择城镇化;而具备劳动能力的群众不仅要考虑居住环境的问题,还要顾及生存和发展的问题,他们除了关心社区生活环境,更希望能够进入工厂、企业聚集区,实现良好的就业和职业发展,因此这部分群众相对于城镇生活社区而言,产业园区对他们而言甚至更重要。

三是群众需求决定群众流向。新型城镇化与传统城镇化的根本区别，就在于新型城镇化坚持以人为本。这实际上也为我们组织群众指明了方向，即在城镇化的动员、实施、迁移、安居的各个阶段，群众组织工作都要以群众的需求为指挥棒，群众的需求在哪里，我们就应该在哪个方面组织好群众。党的基层组织必须对群众的需求时刻保持灵敏的嗅觉，对群众在城镇化推进过程中的各种利益诉求、生活需求和表达要求做出积极回应，在满足群众需求的过程中将城镇化进程中的群众组织起来。有鉴于此，我们建议着重针对产城融合、城镇新型社区和城镇化进程中的群众需求探索构建三种基本组织模式。

第一节　产业链式1+X新型城镇园区群众工作组织模式

一、模式概述

根据新型城镇化推进过程中各类组织对城镇化结构中的城乡居民的黏性强弱，我们建议各地积极探索构建产业链式1+X综合群众工作组织模式。所谓产业链式1+X综合群众工作组织模式，即顺应新型城镇产业转移和发展趋势，充分发挥主导产业园区和龙头企业的带动作用，依托产业园区党组织或龙头企业党组织，带动附近园区或上下游相关企业建立一个以主导产业园区党委（总支）为核心加若干相关企业党支部共同构成的，综合运用企业社会组织和现代融合性网络联结方式的综合群众工作组织模式。图4-1为我们展示了产业链式1+X综合群众工作组织模式的组织结构。

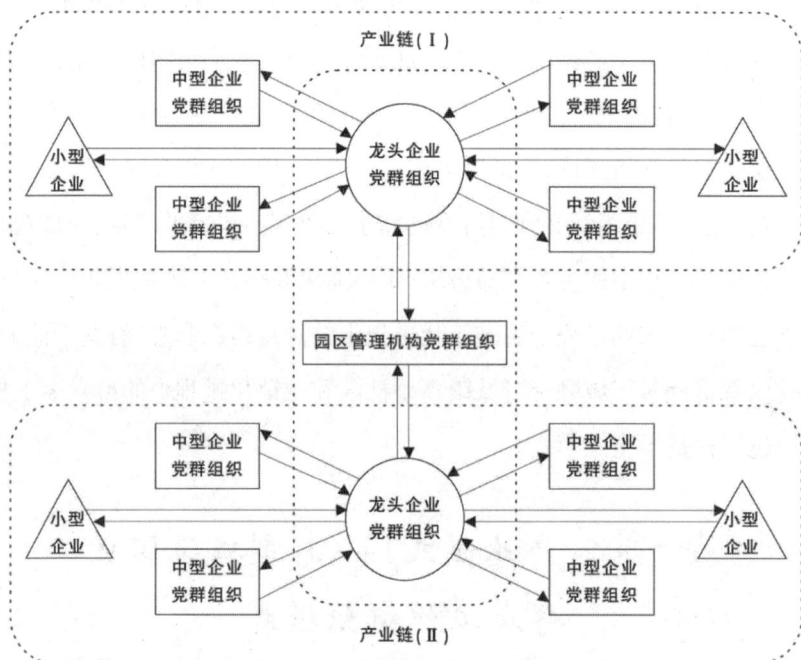

图4-1 产业链或群众工作组织结构示意图

我们主张在城镇产业聚集区探索构建这种综合性群众工作组织模式的基本依据，是产业集群理论和城镇化过程中基层群众可持续发展的基本诉求。其中，主张构建产业链式组织模式的主要动因是基于对企业价值链理论的考量以及龙头企业在产业价值链中的带动作用；同时，之所以强调这种组织模式的综合性，主要是基于现代城镇化背景下，实体社会组织动员以及虚拟网络社交对当前城镇群众思想和行为选择的重要影响，尤其是现代传播媒体所具有的跨界和互通互联属性，是我们在产业领域开展新型城镇化社会动员和组织所必须考虑的重要因素。要了解构建这样一种组织模式的必要性，我们需要深刻地理解产业集群与新型城镇化的相互作用，深刻认识到城镇化的本质是城镇以及乡村资源要素的集聚与再分配,而这种资源要素的集聚与再分配与城镇居民的聚散关系密切。

产业集群理论是吸收诸如梯度推移理论、增长极理论、地域生产综合体理论等区域发展理论的积极因素而发展起来的经济发展理论,该理论除强调区域内各种资源要素的整合能力外,也强调资源整合的协同效应,产业集群理论的核心概念是产业集群和园区经济。所谓产业集群,是指某产业的企业大量聚集于某一特定区域,通过基础设施和产业资源共建共享、企业间共有技术集中开发、产业市场共同培育和开发,形成稳定、具有持续竞争优势的企业集合体,进而为区域内相关企业获得低成本、低风险、高效率的市场效果。国内外产业集群理论研究成果表明,区域产业集群与城镇化存在互动机制。徐维祥博士在其论文《产业集群与城镇化互动发展机制及运作模式研究》中用图4-2[①]展示了区域产业组织及其空间结构演进的城镇化响应与反馈机制。

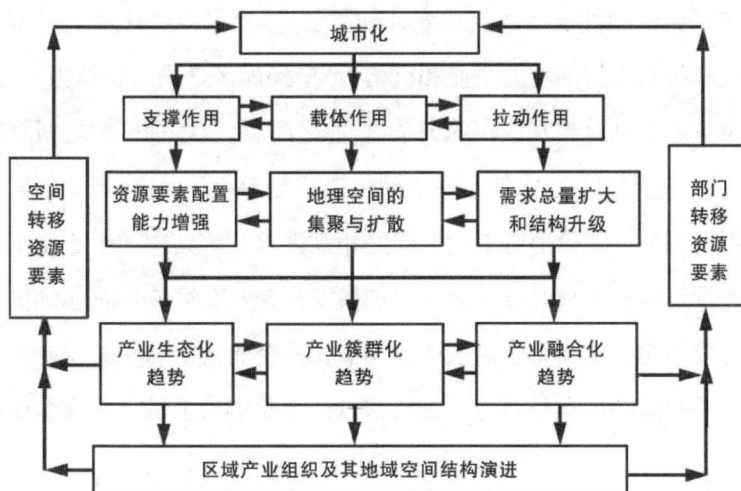

图4-2　区域产业组织及其地域空间结构演进的城镇化响应与反馈机制模式

----

① 徐维祥:《产业集群与城镇化互动发展机制及运作模式研究》,浙江大学2005年博士论文。

这表明,一方面,区域产业集群引起的产业结构有序演变引起城镇化动力机制的变化,使区域城镇化表现出不同的地域模式;另一方面,城镇化对区域产业结构的演变具有支撑、拉动、载体等作用。要最大限度地发挥产业集群在促进城镇化方面的优势,必须遵循产业集群产生和发展的一般规律。[①]

美国哈佛商学院的迈克尔·波特教授言简意赅地指出,产业集群其实就是在某一特定领域内互相联系、在地理位置上集中的公司和机构的集合。[②]事实上,产业集群不仅是一个企业群体的地理集聚概念,产业集群更多是指某个领域内相互关联的(互补、竞争)企业与机构在一定的地域内集中成片,形成上中下游结构完整(从原材料供应到销售渠道甚至终端用户)、外围支持产业体系健全、具有灵活机动等特性的有机体系集群内企业所建立的相互作用和合作关系。产业上下游延伸至销售渠道和客户,并横向扩展到辅助性产品的制造商,同时还包括提供专业化培训、教育、信息研究和技术支持的相关企业和机构。产业经经济学同时还认为,产业集群的企业之间具有相互依存的关系,企业之间、企业各种机构之间具有互动,价值链上的相互需求使企业之间可以相互带动和促进。产业集群的相互作用机制是产业价值链上企业间的相互需求,这其中的核心作用机制是产业价值链,而核心技术企业或规模龙头企业在区域性企业价值链条上起支配作用,此类企业对该产业集群相关企业员工和相关就业人员具有类似的社会动员和号召力。因此,借助产业集群价值链上龙头企业或规

---

① 朱晋伟、詹玉华、韩朝华:《苏南城乡一体化之路——胡埭镇的变迁和创新》,中国社会科学出版社,2008年版,第13~16页。

② 转引自朱晋伟、詹玉华、韩朝华:《苏南城乡一体化之路——胡埭镇的变迁和创新》,中国社会科学出版社,2008年版,第10~11页。

模化企业的产业核心作用,联络产业集群相关企业和产业配套服务企业,借助产业核心企业的党政工团以及企业内的相关社会组织,共同开展园区或区域内的群众新型城镇化组织动员工作既是可行的,也是新型城镇化带来的产业结构和城乡就业结构调整对新型城镇化背景下党的群众工作提出的客观要求。

从产业经济的角度讲,新型城镇化推动城乡产业主要呈现两种聚集:一种是工业和服务企业园区经济,一种是与新型工业化和新型城镇化相伴而行的现代化农村园区经济。这两种园区经济承载了新型城镇化过程中工业、农业以及城镇服务业聚集化发展和规模化经营的主要发展成果,也是城镇化农业转移人口的主要承接方式,更是新型城镇化稳定推进的重要稳定机制和新型城镇化以人为本核心政策取向的重要体现,寄托着城镇居民追求美好生活的良好愿景,园区经济在城镇经济社会生活中的重要作用显而易见。因此,运用新型城镇产业经济链,并重点发挥好产业核心企业的经济社会辐射带动功能,实现新型城镇化进程中的群众组织功能,应围绕承载区域产业链的园区经济建设来进行。我们在本节要探索的产业链式群众组织模式也就是要围绕产业园区实际来进行。

二、模式要素分析

没有哪个领域的群众工作专门以组织群众为工作目的,但在新型城镇化背景下,广大城乡群众,尤其那些农村转移至城镇生产就业的群众,事实上在经历一个由乡村到城镇的选择过程、过渡时期和适应阶段,身处于这几个状态的群众都需要党委和政府给予适当的组织引导和帮助,而在此过程中,组织群众就显得特别关键。鉴于处于动态城镇化过程中的城

新型城镇化背景下党的群众工作模式研究

乡群众对区域主导产业的生存和发展依赖，以及产业链企业对就业群众的组织纽带联结作用，为了尽可能搞清楚产业链式群众工作模式涉及的内外因素，我们结合新型城镇化背景下园区经济的实际情况，从核心层、外围层和相关屋三个方面，对产业链式1+X群众工作组织模式的工作要素进行逐一分析。

1. 主体

园区党组织，包括产业经济园区党工委和农业园区的党工委等园区党组织、行业联合党委(支部)、规模企业党组织，现代化农业园区党委(总支)和产业所属企业党组织，以及上述党组织所属的党员干部；园区行政职能部门和农业园区的行政机构，以及各龙头企业或规模化企业经理人队伍、行政管理部门人员中的党员干部；园区工会、共青团、妇联等群众团体及其工作人员；园区和企业中受党组织深刻影响和与党组织关系密切的相关社会组织，包括各种协会组织、志愿服务组织、行业自助组织和业余文化生活组织等。总体上讲，凡是园区党的群众工作可以运用的主体力量都属于此范畴。

2. 客体

园区经济是新型城镇化背景下主要的产业聚焦区，也是新型城镇化最重要的经济实体和产业经济依托，更是安置农村转移劳动力的主要经济载体。园区就业群体是新型城镇的主要建设者和参与者，他们的价值取向和行为选择关系新型城镇化政策成败，是不折不扣的重点群众工作客体。以园区经济为主要依托开展群众组织工作，须贯彻全员组织的工作原则，将园区经济实体的各类经理人、专业技术人员、生产工人、经营销售人员以及安保、后勤、园区管理等配套服务人员作为园区群众工作的工作客体，对上述职工群众分门别类、分工负责，充分发挥园区群众工作主客体的互动转化功能,实行横向到边、纵向到底的全覆盖式全员组织,将园区全员组织起来,纳入新型城镇化社会动员的体系之内。

3. 目的

将新型城镇园区群众工作客体组织起来的目的很明确,一是动员园区就业群众积极投身城镇化建设,通过这部分群众对城镇经济的推动作用,展示和体现新型城镇化政策的效应和成果,发挥这部分群众的城镇建设主力军作用。二是要将城镇主要劳动群体纳入到新型城镇化有序的动作体系中,通过城镇群众中这部分中坚力量对新型城镇化的积极作用,带动其他群众在新型城镇化进程中发挥正向作用,为新型城镇化建设贡献正能量,最大限度地克服和化解城镇化进程中的负面因素及其影响。三是在达成以上两点目的的基础上,实现协调、顺利推进区域新型城镇化建设的目的。

4. 目标

园区经济群众组织工作的目标有三个层面,首先是要建立全覆盖的、以党组织为领导核心的群众工作组织体系, 切实做到园区就业群众的组织工作无空白, 实现对党员干部以及园区员工的百分之百有效动员和组织。其次要组织园区企业员工搞好安全生产经营,把经济建设和企业效益搞上去,为新型城镇化奠定坚实的基础,为城镇居民安居乐业提供经济基础,也为新型城镇化政策的推广提供示范。再次,将园区企业员工组织起来,使他们成为新型城镇化的积极推动者和建设者,并通过他们对其亲朋的影响和带动,为新型城镇化营造良好的实施环境和群众基础。

5. 内容

群众工作组织模式是群众工作组织视角的模式探索,其主要工作内容理所应当是组织基层群众。组织工作是一项内涵相对宽泛的工作,既指组织与被动员社会成员的联系和沟通,也包括机构对其成员的常规性互动联络。产业链式1+X综合性群众组织工作的基本内容是运用园区群众工作主体和党的群众工作可以调动的资源与力量,通过有计划、有组织的专业组织与松散的、自发的社会组织相结合的方式,以及机构组织工作机制和现代联络组织方式,将产业园区就业群众密切联系起来、组织起来,团结在党组织周围,为新型城镇化各项工作的实施提供切实的组织保障。

6. 任务

构建产业链式1+X综合群众组织工作的基本任务,是依托产业价值链对产业园区企业起纵向和横向带动作用,在组织园区企业员工开展好本职生产、经营、管理、安全等业务工作的同时,结合新型城镇化政策贯彻、新型城镇化推进过程中的群众利益引导和矛盾疏导、城镇居民与农村转换移群众的关系协调、新进城就业安置人员的安置工作以及城镇社会资源分配等新型城镇化所衍生出来问题和工作,根据当地党委和政府的新型城镇化工作安排,组织动员园区广大员工支持新型城镇化举措,妥善处理各种城镇化矛盾和问题,保证当地新型城镇化的推进秩序和社会和谐发展。

7. 矛盾

园区党的群众组织工作的基本矛盾是党的群众工作要求与园区员工思想观念与行为实践方面存在的差距。在新型城镇化背景下,开展园区群众组织工作的主要矛盾则是党的群众组织意图与园区群众组织工作实际状况存在的差距。比如群众工作的最佳组织工作量化指标是百分之百全员动员与组织,而现实工作中我们无法实现这个指标,总有部分员工游离或滞后于群众组织之外。除此之外,党的群众工作在产业链企业中的组织动员与企业管理之间、城镇化政策与企业规划发展等问题与矛盾也应有所兼顾。

8. 关系

园区产业链式群众组织模式具有特殊的关系群体，处理好这些关系是认识和做好新型城镇化背景下园区群众组织工作的关键，这些特殊的关系包括园区管理机构党组织与行政管理部门，工会、团委、妇联等群众团体，以及物业、行业协会等相关社会组织的关系；园区党组织与园区规模企业和中小企业党组织的关系；规模企业党组织及其党员干部与企业内部员工、企业内部机构和组织的关系，规模企业党组织与产业链上其他供应、销售、配套服务企业党组织的关系，其他企业党组织与其员工和企业内部机构和组织的关系等等。这些关系是构成园区产业链组织网络系统的关键，协调和处理好这些关系是能否搞好园区群众组织工作的重要因素。

9. 时间

园区产业链的延展与形成与新型城镇化的推进与发展密切相关，其组织模式的探索在时间维度上与新型城镇化政策的制定、出台、实施和保障工作息息相关。总的来说，园区产业链的形成有一个过程，这个过程又与城乡经济社会结构的调整步伐关系密切。因此，园区群众组织工作应紧扣当地新型城镇化政策的推进脉搏，依据当前新型城镇化政策实施的重要节点，组织策划园区产业链上所属企业员工群众的主题活动和相关工作，在时间上与党委和政府的政策实施相呼应，在事关园区员工和当地居民切身利益的相关问题时，或者在新型城镇建设、施工、搬迁、落实拆迁补偿政策等重要政策落实节点前后，组织园区员工开展适当形式的配合活动，并组织园区员工发挥带动作用。同时，园区群众组织工作也要充分顾及园区企业的生产经营时间因素。

10. 空间

产业链式群众组织模式的空间范围有四个层次，第一个层次是企业范围，即以企业为单位开展群众组织发动工作；第二个层次是产业链范围，即以产业链上相关企业作为开展群众组织发动工作；第三个层次是园区范围，即在整个园区所属范围内开展群众组织发动工作；第四个层次是区域范围，即利用员工的居住、活动影响带动新型城镇周边区域来开展群众组织发动工作。

11. 策略

产业园区产业价值链上龙头企业的产业影响和辐射带动作用是我们开展园区群众工作的重要策略。一方面龙头企业规模大、员工多、影响力强，产业上下游带动作用强，党员干部相对集中、组织机构健全，在产业园区的社会动员系统中举足轻重，抓住了这类企业就抓住了园区员工社会组织和动员的主体和重点，发挥好此类企业的组织动员作用是党组织开展园区群众组织工作的策略性选择。另一方面党组织在产业园区中开展群众组织工作需要搞联合，借助厂方、企业管理层、员工中的意见领袖以及各种社会组织的力量，通过多种渠道和多种途径，汇聚多方面的力量来开展群众组织工作。

12. 方法

在产业园区开展产业链式群众组织工作，本质上是在企业及其聚集区域组织群众工作，在方法上应切实考虑企业的组织结构特点，一是要看到企业尤其是城镇新型企业生产经营管理的班组、厂房、车间等组织结构特点，二是看到产业链上龙头企业在企业集群中的组织辐射作用，三是要考虑园区集中管理和企业办公集中的特点以及企业生产经营管理的客观情况和需要，充分利用园区管理机构，突出龙头企业在产业链上的横向联络优势、企业的高度组织化优势等有利之处，结合企业生产经营和城镇化政策实施节奏，探索能够充分发挥园区产业价值链带动作用的组织工作方式方法。

13. 环体

产业园区群众组织工作的环境因素较为复杂，事实上各种环境因素因为形势的变化都会成为影响群众组织工作的重要因素，一是产业园区的地理环境和资源禀赋等自然生态环境。这对于园区员工认识城镇化与人的关系，以及人们在处理城镇化与自然生态环境的关系方面有重要意义。二是产业结构和行业类别。产业结构的具体情况和园区企业的行业类别，在决定龙头企业在产业集群中的影响力，以及企业间相互关系方面是重要因素。三是园区企业就业人员的受教育状况、党员干部与专业技术人员和生产工人的构成情况。这对党组织及相关组织决定党的群众组织方式方法和具体举措是重要参照因素。四是园区产业政策以及当地新型城镇化政策措施。产业园区是新型城镇化大环境中的一种产业和社会组织形式，产业园区的设立和发展是因应了城镇化政策的落实和推进，因此各地新型城镇化政策对于产业园区及其企业和员工影响都较大。重要的是，我们需要将各种有利于调动园区员工积极性和开展群众组织工作的因素调动起来，兴利而避弊。

14. 介体

在产业园区开展新型城镇化群众组织工作，需要借助三种媒介来组织园区群众：一是园区媒介，即园区、企业自办的各种信息沟通渠道，包括各种工作会议、业务竞赛、墙报宣传栏来向园区企业员工传递新型城镇化政策和举措，传递党组织的群众组织意图；二是通过党组织和广大党员干部对园区各种社会组织的影响力，借助园区各种社会组织来组织群众、发动群众；三是借助园区党组织、管理机构、企业和社会组织举办的各种媒体，包括传统的各种广播电视、报刊、简报，也包括现代信息社会常用的

QQ 群、微信公众号等新媒体。

三、组织模式及其运转程序

从本质上讲，党的群众工作是党的政治社会化的实现机制。具体到新型城镇化政策在产业园区的实施，党的群众工作目的明确，就是要通过适当的组织干预，积极推动新型城镇化政策在产业园区员工及其可影响人群中形成正面共识，从而使产业园区建设成为新型城镇化政策落实的推动力量。党要实现这一目的，必须借助和调动各方面力量，建立运转协调、务实高效的组织结构和组织运转模式。

组织是社会变迁的积极参与者。而要实现组织成员的有序有效的社会参与，构建科学合理的组织结构就极为必要。我们通常所理解的组织结构主要是组织部件的排列组合。比如，在城镇拆迁过程中，群众宅基地补偿的认定，主要是通过地方拆迁办公室或拆迁补偿办公室来实现的，而在拆迁过程中，补偿政策的落实和群众的还迁又主要是通过拆迁办公室和还迁办公室的相关工作完成的。这两类办公室在一段时期内是地方政府的职能机构，或者是地方政府的组成部分，我们可以将它作为地方政府的"部件"。组织结构好比房屋的结构，有的房屋面积小、结构简单，比如我们的车库，一个房间足矣；有的则结构复杂，比如办公大楼，需要分为多个楼层，每个楼层又会分为若干个房间。而这些部件或"房间"的划分主要是依据组织职能分工来确定的。因此，从可推广、便于复制的操作层面上讲，探索新型城镇化背景下的园区经济的产业链式组织模式，我们需要立足群众工作要素配置，搞清楚这一组织模式的组织结构、职能划分和运转程序等问题。

第四章　新型城镇化背景下党的结构－组织群众工作模式

(一)产业链式组织模式的组织结构及其职能

美国组织学家彼得·布劳从学理上将组织结构定义为,"根据不同的标准将人们分配到影响不同社会角色之间关系的社会岗位上"。这一定义的核心有两层,一层是专业分工,另一层是组织内部的等级划分,即组织中的结构划分。按照组织学理论,组织结构的划分需要满足三个条件或原则。第一,结构应有利于产业组织输出并达成组织目标;第二,结构应有利于使个人差异对组织的影响最小化,至少能规制个人差异对组织的影响;第三,结构是运用和配置资源的组织构成部分,是做出决策或形成信息流并进行组织活动的主导力量。组织结构有多种形式,韦伯的理想型官僚制度是一种典型的组织结构形式。伯恩斯与斯托克发展出了一个多重组织形式模型,他们将组织模式区分为"机械形式"和"有机形式",二者在逻辑上基本相反。"机械形式"非常接近于韦伯的理想官僚组织。与权威等级相对,有机形式有着以进行控制为目的的网络结构;与专业分工相对,有机形式可根据任务进行连续的调整与重构;与上级监督下级相对,有机形式有沟通体系对信息和建议进行处理,如此等等。①

产业园区作为一种特殊的经济组织,从群众工作的角度,产业园区的组织结构可以概括地区分为群众工作主体与客体两个组成部分。但在新型城镇化背景下,新型城镇化政策的落实需要全体社会成员的认同与支持,因此从群众工作的客体角度讲并具体到产业园区,园区全体员工都是群众工作的客体。那么在此情况下,一方面我们确定了园区群众工作的主体也就能区别出群众工作客体,另一方面我们明确了主体结构,也就确定

① ［美］理查德·H.霍尔:《组织:结构、过程及结果》,张友星等译,上海财经大学出版社,2003年,第56~58页。

了园区的组织结构。从园区群众工作客体视角来看,在产城融合思维下发展起来的产业集聚园区中,作为各经济组织在地理上的联结,除了产业价值链和党群机构设置之外,经济体间的联系总体上是松散的,园区员工之间的关系也呈现结构性离散化。鉴于这样的组织环境和条件,我们建议构建以产业价值链为有机联结逻辑的组织结构模式。其主要内容包括:三级党群组织设置、园区性专业化产业组织和其他社会组织设置,产业链式组织版块设置等。

三级党群组织设置,即园区管理机构、龙头企业和产业价值链上的其他企业所设置的三级党组织和工会、共青团、妇女组织等群众团体,这是园区群众工作主体的核心组成部分;园区性专业化产业组织,即由园区产业分工状况所发展起来的各种行业性自助组织,比如工业园区的各工种协会组织,或者农业园区的种粮、果疏、养殖专业合作社等组织,这类组织受地方政府专业技术部门支持,或者因为党员中的专业技术能手在其中发挥重要作用,在党委和政府贯彻新型城镇化政策过程中同样可以发挥重要的协助作用;园区其他社会组织设置,即园区中各企业或员工群体自发成立的各种志愿服务组织或文化体育兴趣活动组织,也包括因园区职工生产生活需要而兴起的各种社会服务组织,这类组织虽多属于非正式组织,但与员工日常生活联系密切,往往在员工中较具影响力,是地方党委和政府关注和支持的社会组织,理应成为群众工作的主体力量。

产业链式组织板块设置,即鉴于产业园区的组织现状,我们建议园区管理机构所属党组织和相关组织发挥组织协调作用,而着重依托产业园区产业链上的龙头企业,带动产业链上其他中小企业,建立以产业链为板块的组织结构模式。园区管理机构和地方党委和政府赋予园区起龙头带动作用的企业党组织较大权限,以增强其在产业价值链上的组织动员能力和社会动员覆盖面。

(二)组织运转程序

1. 组织思维

产业链式组织模式是顺应新型城镇化背景下的经济组织方式和经济发展现状,在产业园区和经济组织中开展群众组织工作的模式探索。园区经济是发展新型城镇的重要经济依托,既是发展新型城镇进行产业结构调整的需要,也是发展新型城镇吸纳农村进城群众的需要,是新型城镇经济发展的有效组织形式,也是体现新型城镇化政策优势的有效载体。不论是工业产业园区,还是现代化农业产业园区,都是新型城镇化过程中人的重要注入区域。产业经济因城而聚,经济实体因业而兴。因此,以新型城镇化政策实施为指向,探索产业园区的群众组织模式,必须积极贯彻和体现产业集聚规律的组织社会学思维,立足于产业园区经营和管理现状,探索有效的群众工作组织形式。在当前基层党委和政府框架下,产业园区管理机构力量单薄,人员捉襟见肘,单靠园区管理机构实施全员社会动员不可行,可行之策是利用园区经济中具有天然社会动员优势的机构开展以推进城镇化政策社会化为目的的组织动员工作。在经济集聚区,产业价值链上的规模经济体具有产业吸纳和人员规模优势,这两个优势都是开展社会动员的重要优势。因此,以园区中产业链中的龙头企业为核心,以产业价值链为组织单元,构建以产业龙头企业为核心的群众工作组织模块,构建低复杂性、低正规化、低集权性的,工作人员专兼职相结合、组织弹性较大、社会威信较高的有机组织模式,就成为新型城镇化条件下我们依托园区实施群众组织工作的模式化选择。

2. 组织沟通

组织沟通是群众组织工作的核心机制，也是完成组织沟通的核心任务。产业园区群众工作组织沟通是园区党的群众工作主体与客体之间的信息传达和交流互动，涉及该群众工作模式要素所涉及的主体、客体、环体以及介体等多方面要素互动，是一种网络沟通模式，既包括产业园区企业中党组织（以公司、车间、班组，支部、党小组扩大会等形式）间的新型城镇化政策传达和基层情况摸排，也包括企业间的各种专业化组织、志愿技术服务组织等非正式组织的信息沟通；既是一个依托产业园区的产业链企业的人际沟通网络体系，也是一个个人之间的关系、组织与个人之间关系调整与处理的沟通过程；同时在现代信息条件下，移动网络、各种新媒体在群众工作沟通中的作用正日益普遍和重要，作为城镇化的主要经济实体的聚焦空间，虚拟空间的组织沟通正在成为园区群众工作的主要沟通手段。这样我们主张以园区为空间界限构建一个集组织沟通、非正式组织沟通和网络沟通群为主的群众工作沟通网络，形成实体沟通群与电子沟通群相结合的沟通群落，以克服园区经济生产与群众组织工作的矛盾。这个过程我们可以用下图表示：

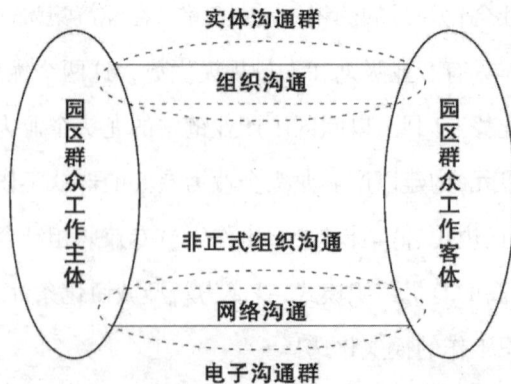

图4-3 产业园区群众工作沟通过程示意图

3. 组织协商

组织协商解决的是组织的过程,是组织群众的实质性工作内容,既包括组织的载体问题,也包括组织群众有针对性地认识问题和解决问题,具体到新型城镇化政策的推动而言, 就是既要正确认识新型城镇化的各种现象、问题以及党委和政府的政策主张,又要结合地方和各自实际,在新型城镇化建设中做出正确的选择, 这个过程体现的是群众工作主体将新型城镇化工作内容与政策举措传达给工作客体之后, 党群组织与园区员工之间进行信息分享、意见整合、群众说服、情绪理顺,是使园区企业员工在接受新型城镇化信息之后逐渐接受并自觉参与的协调商讨过程。这个过程主要是由各种园区党群会议、政策发布、决策咨询、活动方案制订、备选方案磋商、政策推动落实等活动以及园区网络论坛、信息互动平台等认识问题、解决问题的载体和形式构成,目的就是使园区员工对区域新型城镇化政策达成共识,形成正确认识,解决各种思想和认识偏差,做出符合实际的认知选择。

4. 组织反馈

组织反馈的主要目的是为了掌握产业链式群众组织工作的效果,并以此对园区群众组织工作进行改进和完善, 因此组织反馈是园区群众组织工作闭环中的关键一环。新型城镇化背景下的园区经济群众组织反馈包括:一是通过基层组织对群众组织工作的情况调查,掌握基层党群组织的新型城镇化工作参与度和参与率、党的组织工作的群众覆盖面和参与率;二是调查产业链式群众组织工作的有效性,包括新型城镇化政策普及率、城镇化组织活动占比、园区员工的关注度;三是对园区群众组织工作作出评价,包括园区员工对新型城镇化政策的认可度、园区非正式社会组织对区域新型城镇化政策的评价, 虚拟空间中群众对区域新型城镇化政策的匿名评价和认可度;四是根据组织反馈调查,调整组织机构设置、组织活动方式、组织沟通方式和组织调节方式,以实现园区群众的全员覆盖,提高群众组织工作效果。群众组织反馈有多种途径,党的基层组织是一条重要渠道,社会随机调查也是一个重要渠道,社会组织的第三方评价和网络社区、网络社群论坛都是重要渠道。关于组织反馈的指标内容,详见下表:

表4-1　组织反馈的指标

项目内容	具体指标		
组织覆盖面	组织参与率	群众参与率	网络参与率
组织有效性	政策普及率	组织活动占比	员工关注度
组织工作评价	员工认可度	社会组织评价	网络匿名评价
组织工作调节	机构设置调整必要性	活动方式调整必要性	沟通方式调整必要性

第二节　阶段衔接式X+4
新型城镇社区群众工作组织模式

一、模式概述

新型城镇化是一个农村城镇化、农民市民化、乡村社区化的复杂演变过程,这个"三化"过程就意味着新型城镇化是个社会结构不断发生变动的过程,在这个过程中最核心的社会结构变化是农村居民的城镇再组织化,其基本变化过程体现为:农民的乡村组织化——城镇化过渡时期的农村居民离散化——新型城镇社区居民的再组织化。在这个再组织化过程中,处于农村和城镇化交替过程的亿万城乡居民一刻都不能脱离党委和

第四章　新型城镇化背景下党的结构－组织群众工作模式

政府的组织和引领,没有党委和政府的组织和引领,新型城镇化之新能否实现就会成问题,城镇化的走向和进程就会有变数,新型城镇化政策就会走样。而要掌握新型城镇化的主动权,确保新型城镇化政策意图的实现,其基本的条件和基础,就是要切实实现对新型城镇化政策推进过程中城乡居民的组织化,使处于城镇化变动过程中的城乡居民在党委和政府的引领下,有组织地完成新型城镇化的各项政策举措的实施,因此对城镇化过程中城乡居民进行全程不断档的无缝组织,就成为新型城镇化政策成败的必要条件。

在新型城镇化推进过程中,尽管各地城乡居民的情况比较复杂,比如有的地方青壮年外出务工比较普遍,有些地方乡村空心化比较严重,但就我们在吉林延边、黑龙江同江、山东潍坊、山西太原、山东淄博等地的调研情况看,由农村进城到农村市民化的过程中,村庄和社区作为城乡居民的聚居和栖息地,仍然是实现城镇化居民组织化的基本方式。其关键是在农村居民进城的过程中,城乡居民的组织结构变化一波三折,这是影响城镇化居民组织化最大的问题,也是将城镇居民组织起来有序参与城镇化需要克服的问题。而要克服这个问题,最迫切的就是要建立适应城乡居民因城镇化而产生的离散化和再组织化过程的城乡群众组织模式。

城镇居民再组织化必须克服组织断档和组织缺失的问题,这就要针对新型城镇化的实施过程,分阶段、有针对性地开展城乡群众的组织工作,这种针对性一方面是在不同的城镇化实施阶段要采取不同的组织形式并设置对应的组织机构,一方面要实现不同阶段的群众组织工作的有效衔接。这就是我们要探索和建立阶段衔接式X+4新型城镇社区群众工作组织模式的缘由和初衷。

新型城镇化与传统城镇化的根本区别在于,新型城镇化是人的城镇化,也就是说新型城镇化是以进城农民的市民化为考核标准的。与传统城镇化相比，仅仅是农村居民进城定居还没有实现新型城镇化的既定政策目标,帮助进城农民实现安居乐业，并推动进入城镇生活的农村人口适应城镇社区生活并真正融入城镇生活，才是新型城镇化的一个完整的工作闭环。我们分阶段设计新型城镇化过程中的群众组织模式,必须充分考虑到新型城镇化与传统城镇化的这种区别，将新型城镇化过程区分为城镇化动员阶段、实施阶段(农村拆迁、城镇建设、农民进城还迁)、过渡阶段(农村进城安居就业、适应和融入社区)、新型城镇社区常态化等不同工作阶段,并针对不同阶段的特点和工作任务,以组织机构设置和组织工作开展方式的有效衔接为目标,在各阶段的过渡过程中采取积极稳妥的工作办法,避免群众组织工作的真空期,实现对城镇化进程中城乡居的全程组织。

所谓"X+4","X"指的是在城镇化的几个阶段中群众组织工作主体,包括组织机构、群众工作实施者的主要力量,因为不同的阶段组织机构和工作主体有所区别,我们用X来表示;"4"指的是不论在城镇化的哪个阶段开展群众组织工作，除了要做城乡社区这个群众聚居载体的空间中的群众组织工作之外,必须积极协调学校、社会组织、社会企业三种社会领域的群众工作力量,最大限度地做好城镇居民的组织工作。所谓阶段衔接式群众组织模式，根本目的是要克服城镇化变动过程中群众组织工作的缺失问题，将新型城镇化推进的四个阶段中的群众组织工作再进行启动(衔接)、落实、过渡时段的划分，在不同的时段制订不同的群众组织工作预案,使前后不同阶段的群众组织工作实现无缝衔接。我们用图4-4来展示分阶段衔接的群众组织工作分期:

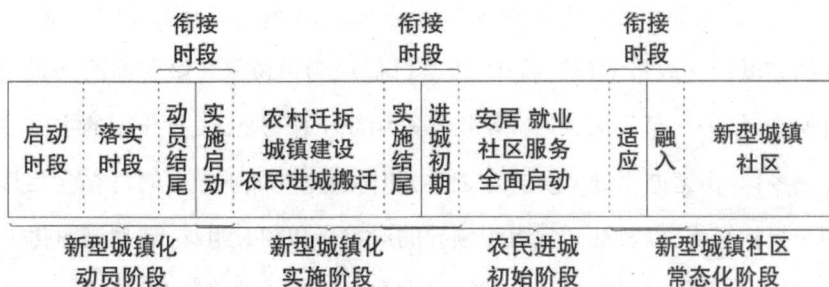

图4-4　阶段衔接式新型成镇化社区群众组织工作示意图

二、模式要素分析

　　构建阶段衔接式X+4新型城镇社区群众工作组织模式的可行性在于,新型城镇化过程中,由城镇化动员至新型城镇建设,再到农民进城镇安居和启动新型城镇社区,城乡群众的组织工作环环相扣,是接续不断的过程,尽管群众组织工作的目的和任务存在阶段性变化,而且群众组织工作的环境和条件也在变化, 但城乡群众组织工作的新型城镇化政策主线没有变,其间的群众工作主体、客体总体上保持稳定,只是在机构设置和各方面配合上针对不同时期的群众组织功能的需要有所变化。只要我们对新型城镇化过程中的社区群众组织工作进行细化的要素分析,我们就可以发现新型城镇化过程中乡村和城镇社区群众组织工作的变与不变,对构建阶段衔接式X+4新型城镇社区群众工作组织模式有一个具体的认知。下面我们从核心层、外围层和相关层三个方面对阶段衔接式X+4新型城镇社区群众工作组织模式的工作要素进行逐一分析。

　　1. 主体

　　新型城镇化政策是国家层面的战略决策, 但鉴于我国各地自然地理条件、发展基础和城镇化条件各不相同,新型城镇化具有明显的区域性。在新型城镇化政策实施过程中,以县(区)域为单位是各级各地的共识和普遍选择。但在某一区域内在基层群众组织工作方面,发挥作用的主体主要是乡镇(街道办事处)党委(党工委)和村级党支部领导下的村委会及其相关自治组织,以及社区党组织领导的居委会和相关组织。新型城镇化推进过程中,部分村级组织随着城镇建设和农民进城整建制"村转居",村级组织设置经过特定的过渡组织形态,比如拆迁安置委员会和村民办事服务机构,最终过渡为城镇新型社区基层组织机构。这部分基层组织在人员上可能会有所变动,但在机构上总体保持平稳过渡。当然,在这个过渡过程中离不开乡镇、街道党委和政府的领导、指引和监督管理。因此不论是在政策推动实施过程中,还是在政策善后阶段,乡镇、街道党委和政府领导下的村级两委及村民会议、村委代表会议、群众自助组织,过渡形态和工作常态的社区党组织、居委会、社区居委监督委员会、社区服务站以及受这些社区工作机构领导或影响的社会组织、企业组织、志愿服务组织,都是基层群众组织工作的主体。

2. 客体

阶段模式是属地化群众组织模式,这一群众工作模式的工作客体毫无疑问是地域范围内的乡村和社区群众,但这个群众群体有两个特殊性,一是新型城镇化过程是农民进城和进城人口市民化过程,在新型城镇化过程中,群众组织工作的客体是区域内动态变化的群体,党的群众工作需要针对这个变化过程中的城镇化推进措施和政策落实的需要,以及群众的状态和生产生活需要,对群众组织方式做出调整。二是本模式虽是属地化群众组织模式,但这个属地化不是单纯的人口户籍等属地政策意义上的属地化,城镇化本身是城乡二元结构的一元转化,城乡人口结构变化是题中应有之义,区域内人口流动和区域内外人口流动也是常态,而且往往城镇化条件成熟的地方, 人口流入流出都很频繁, 因此这里的区域内人群,比如说村庄所属人口和社区所属人口,都是此种群众组织模式的工作客体。因为新型城镇化政策的实施是以城镇社会和谐发展为实施目标,区域内的户籍人口和流动常任人口都对区域经济社会和谐产生了作用。另外,区域化群众工作以生产生活在区域内的群众为工作对象,群众构成的成分较为复杂,不仅包括区域内的男女老少,也包括区域的干部、职工、学生、社会组织成员和自由职业者。

3. 目的

以城乡社区为单位的群众组织工作的直接目的是要把处于新型城镇化进程中的群众组织起来,避免因城镇化而使城乡群众离散化;根本目的则是要借助以聚居区为基本纽带的联系, 将进城群众与城市社会居民团结在党组织周围,在与党委和政府的新型城镇化决策进行互动的过程中,增强群众对党委和政府的拥护和支持,确保新型城镇化的顺利推进。

4. 目标

阶段衔接式X+4新型城镇社区群众工作组织模式的目标是要在新型城镇化政策实施的动员、实施、过渡、社区常态化等不同阶段根据农村拆迁、城镇建设、农民进城还迁、进城安居等任务将区域内群众纳入城镇化政策实施体系中, 实现城镇化政策宣传的全覆盖、政策涉及群众的全覆盖、各类政策目标群体的全覆盖。要在新型城镇化各项政策措施的实施过程中,不仅要将所有的政策涉及的群众一个也不落下地组织起来,使他们处于党委和政府的组织当中, 也要将城镇化政策没有涉及的区域内群众组织起来,让他们了解、认同和支持新城镇化政策,最大限度地为区域内新型城镇化政策的推进和落实创造群众基础和优化政策实施环境。

5. 内容

阶段衔接式X+4新型城镇社区群众组织工作涉及的内容比较复杂,因为在不同阶段组织群众的任务和内容都有所不同,但各阶段都有一些相似的内容。同时,组织群众不一是项单一任务,它本身是一个过程和系统。客观上讲,在推进新型城镇化政策的过程中,凡是能够促进群众与党的紧密联系的工作都在组织工作之列,这里我们仅从组织社会学意义上来归纳阶段衔接式X+4新型城镇社区群众组织工作的内容:运用传统组织手段,借助乡村和城镇党委和政府的组织机构和组织模式,分阶段、有衔接、以乡村或社区为单位、分建制,以新型城镇化工作为主题,做好新型城镇化不同时段的群众组织工作;协同学校、区域所属企业和地方社会组织,组织区域内不同类别群众参与到新型城镇化进程中来;借助乡村和社区既有各种媒体和当前的各种新媒体,依托有形组织,分群体、分功能、分单位、分区域开展网络群众组织工作。

6. 任务

阶段衔接式X+4新型城镇社区群众组织工作,是新型城镇化过程中任务最为集中密集、最为艰巨和难度最大、与群众联系最为直接、具体的群众工作任务,具体来讲包括以下四项具体任务:一是组织乡村和社区群众的基础工作,包括群众人员情况的摸底排查登记等任务,这项工作要将区域内城镇化人口的性别、年龄、职业、经济状况以及以家庭为单位的生活、就业、收入等状况了解清楚;二是针对各阶段人员流动、分布状况和政策落实需要合理设置组织机构,实现党组织与区域内群众的密切联系;三是运用组织机构不间断对所联系群众传播政策信息、开展政策宣传、传递城镇化政策进展和落实情况,增强与所联系群众的黏性;四是各项细致的城镇化政策落实组织工作,比如拆迁补贴的申领和发放、拆迁宅基地面积的确认和出现问题的解决、城镇新型社区居民代表大会的成立,等等,这些具体工作中都需要党的群众工作将群众组织起来,并在其中发挥协调、润滑和黏合的作用,也只有党的群众工作的这种作用发挥得好,才能切实将处于新型城镇化政策选择中的群众组织起来。

7. 矛盾

影响党的群众组织效果的矛盾在这一工作模式中表现最为突出,可以说新型城镇化过程中几乎所有的矛盾都在这一组织工作模式中存在和体现。利益诱发性矛盾、改革诱发性矛盾、产业调整诱发性矛盾、社会分化诱发性矛盾、生产生活方式变化诱发性矛盾以及社会组织方式和形态变化诱发性矛盾,都会在这一模式中对党的群众组织工作产生影响,更甚者是这些矛盾是相互纠结和重叠在一起对党的群众工作发生作用,在新型城镇化推进的不同阶段,不同阶段的主要矛盾会突出,而在这一阶段过去之后,这一矛盾也会退居其次。但在这一模式中,我们始终需要面对的主要矛盾是纷杂的城镇化举措和密集的利益调整对群众结构性的解构与党的群众工作需要将群众组织化的矛盾。因为这一组织工作模式的目的是城镇化过程中群众的组织化。

8. 关系

阶段衔接式X+4新型城镇社区群众组织工作是一个涵盖城乡关系、城镇化阶段转换关系、组织机构调整带来的党群关系、政群关系、干群关系、利益主体之间的关系、群众之间的生产生活关系、复杂的关系体系,在几个阶段各种因新型城镇化引发的社会关系交替或重叠对党的群众组织工作产生作用,比如在乡村社区向城镇社区转换的过程中,党组织对城镇化阶段转换关系的把握,以及党员干部在这个过程中在群众中的服务、影响和带动作用,对党组织号召城乡群众支持和参与城镇化过程都极为关键;

再比如,在诸如乡村拆迁、宅基地换房、占地补贴兑现等重要工作节点,党组织对不同群众群体甚至是个体的利益关系的把握上都会影响组织和发动群众的效果。

9. 时间

阶段衔接式X+4新型城镇社区群众组织工作模式的探索需要注意三个时间概念,一是新型城镇化从动员、实施到过渡、常态化四个阶段的时间段的大致区分,二是关于每个新型城镇化阶段不同时段的划分,三是不同阶段群众组织工作衔接的时间节点。该工作模式最关键的是党的群众组织工作在新型城镇化的不同阶段不能脱节,要有效衔接,那么,对不同工作阶段和时间节点的把握就成为构建这一模式的关键。具体到不同地方的新型城镇化进程来说是四个阶段、十一个时段和三个衔接点。

10. 空间

本模式所讨论的乡村社区和新型城镇社区都是行政区划意义上的城乡居民聚居区,从空间意义上讲,党的群众组织工作是立足于乡村社区和新型城镇社区的四至范围①进行行政区域内生产生活群众的组织工作。我们只有在空间上明确乡村和社区的范围,才能明确不同乡村和社会的组织工作责任。

11. 策略

阶段衔接式X+4新型城镇社区群众组织工作模式,是连续性接续式群众工作模式,是区域性覆盖式的群众工作模式,是分阶段但不间断的群众工作模式,按区划、分阶段、有衔接、不间断是该模式的基本策略。按区划便于明确地方组织的责任,分解基层群众组织工作任务;分阶段是为了

---

① 一般是指乡村或城镇社区的东西南北四个方面的边界。

便于明确各阶段的重要工作,突出不同时期的重点工作;有衔接,是为了消除工作盲点,增强各阶段工作有效接续和延续性,妥善处理各个阶段的善后组织工作;不间断,就是要始终将新型城镇化过程中的城乡群众置于党的群众工作的组织体系之中,避免无组织的被动情况出现。

12. 方法

本模式需要踏实的群众组织工作,需要在确保空间范围内群众的全员覆盖的同时,将新型城镇化涉及的全体社会成员组织起来,新型城镇化过程中探索形成的网格化社区组织方式,将社区成员按楼门、分地段、编组别、按功能组织在一个相对固定的组织体系内,尽管随着城镇化各阶段的推进,城乡社区范围和人员会出现调整,这就需要新的社会管理机构和群众工作机构能够按照相同的机制,将社区居住群众组织在一起。当然这样的组织方法需要较多的、持续的组织和人力支持。事实上,各在地在社区群众组织这一块多是在采取基层各类组织一体化工作机制,将社会综合治理、户籍管理、城乡社区(村)居民服务站、村两委和居委会以及基层党组织等各种基层社会治理力量联合起来开展群众组织工作。

13. 环体

本模式的环体是城乡居民聚居区的环境因素的集合。在新型城镇化各个阶段,城乡社区居民的居住环境会有所不同,但居民聚居区的基本物质环境因素都是类似的,都是相对传统的居民区环境。所不同的是随着农村居民进城,农村与新城镇社区的生活环境和社会条件有明显区别,在社会信息设施,诸如电视网、广播网、宽带网的设施配备上更加齐全和先进,新城镇社区的日常生活配套设施也更加齐全,农村居民和互助式生活习惯与现代社区居民的独立性生活习惯,都会对社区居民的组织状况产生深刻影响。不同阶段的社区群众组织工作应关照到相关环境因素的变化。

14. 介体

阶段衔接式X+4新型城镇社区群众组织工作模式的介体是以将城乡群众组织起来参与新型城镇化为目的的媒介和手段的统称，主要包括三个方面：一是人际组织手段，通过不同层级的人与人之间的召集和信息传递，实现传统人群的组织动员，将社区群众纳入新型城镇化社会组织体系当中；二是传统大众传播手段，社区中的宣传板（墙）、广播台、局域电话网、有线电视网、短信群等各种传递组织信息的媒介和载体；三是现代信息媒介，互联网、移动互联网、各种功能性网络平台和各种新媒体都属于这个范畴。

三、组织模式及其运转程序

（一）阶段衔接式X+4新型城镇社区群众工作组织模式的组织结构及其职能

新型城镇化不是单纯的城乡居民居住结构的变化，但城乡居民居住结构的变化确实是新型城镇化的直接表现和显著结果，不论是农村村庄还是现代新型城镇社区，都是城乡居民最主要的生活聚居场所，社区生活空间也始终是组织群众最主要的结构性空间，而对于新型城镇化过程中的群众社区生活而言，最显著的一个特点是城乡群众的社区生活处于不断的变动之中。这才是组织城乡群众需要面对的最重要的问题。

阶段衔接式X+4新型城镇社区群众工作组织模式的组织工作主体是从农村到现代社区和各种组织管理机构：农村的"两委"、村民代表会议、村民议事会议、村民监督委员会，社区的党组织、居委会、社区居委监督委

第四章　新型城镇化背景下党的结构－组织群众工作模式

员会、社区服务站以及各种社区社会组织,这些组织机构利用各自的资源和方式将生活在社区中的各类社会成员组织在带有重叠性质的组织体系当中。本模式要应对的是由农村社区向新型城镇社区转变的过程中、村民在向城市市民的转变过程中,城乡群众的组织问题。

在社会工作中,一般认为,农村也是一种社区。但在由农村向现代城镇社会过渡的过程中,我们不仅要拆除(城镇化过程中多数旧村落要拆迁)一个旧村落,更要建设一个新型社区。不仅如此,我们既要建设社区的硬件,新型城镇化的重要使命是进城农民的市民化,要秉持以人为本的理念,让进城农民不仅在生活环境方面适应城市生活;更要让进城农民在自身素质方面真正成为城市生活的主人。这个过程存在不同的阶段,而且不同的阶段组织群众的形势和任务都有很大区别,所以新型城镇化进程中的群众组织工作结构不是固化的,而应该是动态的和因时因势而不断调整的。这种调整的本质不仅是组织结构的调整,关键是群众工作责任的适时调整,在不同的城镇化阶段,群众的利益焦点、问题所在、联结方式在变化,但各级党群组织的责任没有变,我们需要用一以贯之的群众工作方式,组织群众解决好这些利益问题、实际困难。为了让群众工作不缺位,我们在确保党群组织始终到位的同时,还需要在新型城镇化的各个阶段设置组织衔接,让党群组织适时调整、前后衔接、有始有终、分工负责地把群众有序组织起来。要按照"不打破原体制、不削弱原职能、不形成两张皮"的原则,将政法干警、综治信访维稳干部、机关干部、社区(村)党员、群众代表、物业人员等各种力量下沉到基础网格,将工作触角延伸到基础网格,实行"定人、定岗、定责"。

新型城镇化动员阶段,群众工作主体要在对辖区范围内群众人口、利益诉求、城镇化关切了解清楚的基础上,利用社区群众工作主体力量,对

新型城镇化背景下党的群众工作模式研究

群众进行责任到人、分工明确、过程留痕、落实有着、阶段分解的全程组织动员工作，阶段后期安排专门的转段组织衔接，结合前一阶段工作改进实施阶段组织方案；进入实施阶段，对农村拆迁、征地补偿落实、城镇建设、农民进城还迁等分阶段开展组织预案、摸排群众情况、逐人逐户建立联系档案、建立问题调查和问题解决制度，在联系群众过程中组织群众，阶段后期要安排专门的转段组织衔接，并结合前一阶段工作改进过渡阶段组织方案；过渡阶段是城乡转换的关键时期，这一时期群众实际困难和问题集中出现，同时各环节也容易脱节，群众组织工作容易出现问题。这一阶段重点围绕农村进城安居就业、适应和融入社区、社区服务跟进等开展，对群众需求既要注意面上多数群众的需求，也要分门别类、个性化提供，注意为困难群众、弱势群体提供保障服务，在服务群众、推动社区配套服务资源均等化中组织群众，促进社区群众组织工作进入常态化阶段，需要针对过渡阶段的群众工作运行情况、对下一阶段群众组织工作方案进行适当调整；新型城镇社区群众生活正常化之后，本模式需要对社区群众进行网格化组织网络编制和落实工作，以长期稳定开展社区群众组织工作。

阶段衔接式X+4新型城镇社区群众工作组织任务的完成，既要立足于社区组织网络，充分发挥社区群众组织工作主体——X（包括组织机构、群众工作实施者等力量），也要高度重视联合学校、社会组织、企业等，因为不同的阶段组织机构和工作主体有所区别，我们用X来表示；"4"指的是不论在城镇化的哪个阶段开展群众组织工作，除了要做城乡社区这个群众聚居载体空间上的群众组织工作之外，必须积极协调学校、社会组织、社会企业3种社会领域的群众工作力量，4个领域协调运转、叠加作用，并发挥4个领域社会成员的相互带动作用，比如可以组织学校学生开展学生家庭成员的动员组织工作，也可以协调企业员工影响和带动其周围群众积极参与新型城镇化，在城乡居民的生产生活领域尽可能无缝式做好城镇居民的组织工作。

(二)组织运转程序

1. 组织思维

阶段衔接式X+4新型城镇社区群众工作组织模式是立足基层社区、区分阶段重点、注重任务衔接的群众组织模式,运用这一模式组织动员群众要把握和体现以下几项组织思维。一是整合社区资源,工作重心下移。社区群众组织工作的重心在最基层的社区,基层社区群众组织工作烦锁、任务重,需要大量的人力物力资源来推进。要切实发挥阶段衔接式X+4新型城镇社区群众工作组织模式的作用, 就要以完善基层社会组织体系为导向,积极整合社区有效资源,真正将群众工作力量下移到群众中去。这就要坚持党政统一领导,综治部门组织协调,有关部门齐抓共管、社会力量和广大群众广泛参与,突出镇办和社区(村)的主体作用,整合各方面视频、信息、人员等资源,最大限度地将各方面力量向网格延伸,调动广大干部群众的积极性,优化管理服务,形成整体合力。二是讲求衔接,无缝覆盖。力求将社区所有群众置于群众组织网络之中,不仅要在空间维度上贯彻无缝覆盖的理念,也要在时间维度上贯彻无缝覆盖的思维,将群众组织工作贯穿到新型城镇化的全部过程；不仅要在具体政策措施落实中贯彻全覆盖理念, 也要在不同工作阶段和任务转换的过程中贯彻无缝覆盖的思维,搞好组织衔接,避免组织缺位。三是突出"严、细、实",规范组织运作。按照标准化的要求统一平台建设、网格建设以及具体管理服务工作标准；按照规范化的要求规范工作流程、工作制度、标识标语、资料档案等,不断提高组织化水平。组织工作要做细、做实,严格按照工作预案和操作规程,全程留痕,可逆、可查询,切实堵塞组织漏洞。

2. 组织沟通

本模式的组织沟通比较复杂,因为在不同的社区形态中,面对不同的工作任务,在不同的城镇化阶段,我们需要进行不同形式的组织沟通。这里列举几种沟通方式:一是网格走访沟通。即在基层网格内进行群众工作者与网格内群众的人际沟通。网格是社区群众组织的一种确定群众组织范围的重要形式,网格内的沟通多以人际沟通为主,主要是包括网格长、网格管理员与网格派驻员与网格内各家各户群众的人际沟通和小众沟通。具体到新型城镇化组织沟通来讲,网格干部负责受理、协调、处置片区内社区(村)民要求代办事项、群众投诉及社区(村)网格上报的事项;负责排查汇总片区内各类不安全不稳定因素;负责指导监督社区(村)网格、基础网格开展工作,定期深入社区(村)听取群众意见和建议,也包括新型城镇化政策宣讲、新型城镇化专项任务落实等治安管理、民事调解、流动人口和特殊人群服务管理等群众具体事务。这些都需要网格干部落实走访制度,与网格内的群众作面对面的交流与沟通,在这个过程中传达党委和政府的意见和主张,把城乡群众组织起来。比如在开展新型城镇化背景下党的群众工作调查(Ⅰ)党员干部问卷时,当问及"在农村居民进入城镇落户后,您觉得党组织该怎么做才能让进城的群众团结在党组织周围(可多选)"的问题时,"B.党组织要围绕群众实际生活需求开展工作;C.党组织必须与群众利益站在一起,代表和维护群众利益;D.关心群众尤其是弱势群众的实际困难,体现党组织维护社会公平正义的主导作用"等选项的选择率都超过了80%,具体情况如下:

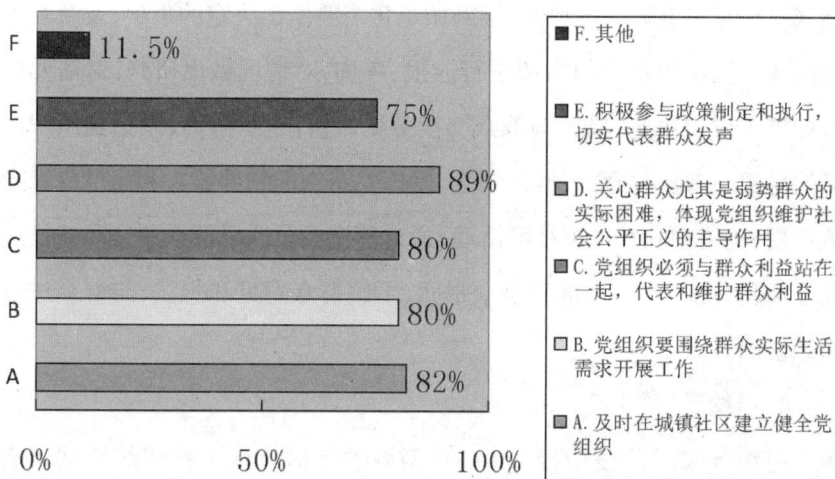

二是会议沟通。社区具有边界,社区群众相对集中,借助社区文化活动设施和场所,组织群众就新型城镇化的相关问题进行沟通和交流,是将群众组织起来的一种行之有效的方式方法。三是信息化沟通。现代社区沟通需要整合现有资源,依托现代信息技术,设立"网格管理体系、信访综治维稳、社会风险评估、矛盾排查调处、视频监控管理、应急指挥管理、监督考核评价"等信息化工作模块,建立集诉求受理、信息采集、综合监管、协调指挥和记录评价于一体的社会管理服务信息系统,为新型城镇化基层沟通提供信息支撑,实现社区(村)群众工作主体与客体、矛盾与关系等群众工作要素的相互融汇。

3. 组织协商

阶段衔接式X+4新型城镇社区群众工作组织模式主要通过以下三种形式开展组织协商。一是社区(村)居民代表会议。以社区(村)居民代表会议为形式,召集村民或社区居民就新型城镇化过程中和各种事务进行商议,通过广泛商议和讨论,组织村民或社区居民决定相关事项。二是新型城镇化专门事项例会制度。遇到城镇化需要做出决定的事项,及时召集村民或社区居民就专门事项进行通报、咨询,对情况做出研判,对需要应对的事项做出决定,借此与群众交换意见,进行组织协商,以达到组织群众的目的。三是党员联系群众制度。发挥党组织的领导核心和党员先锋模范作用,实施在职党员进社区活动。通过落实党员联系群众制度和党员进社区活动,推动党员干部到群众中间,了解群众意见和想法,与群众进行组织协商。

4. 组织反馈

组织反馈对阶段衔接式X+4新型城镇社区群众工作组织模式具有特殊意义。由于本模式应用于新型城镇化的不同阶段,不同阶段的工作重点和情况各有不同,群众组织工作要做好,格外需要针对组织工作开展情况,进行适时调整和改进,只有有效地进行组织反馈才能不断提高群众组织效能。阶段衔接式X+4新型城镇社区群众工作组织模式的组织反馈可按照四个工作阶段进行组织反馈,每个阶段需要注意不同的反馈指标:新型城镇化动员阶段应重点关注群众组织参与率、新型城镇化认知度、群众意愿、组织群众的主要困难与问题;实施阶段应重点关注群众参与率,农村拆迁中的进度、问题与办结率,群众拆迁临时安置情况;城镇建设过程中群众参与率与群众意见建议落实情况;农民进城还迁组织落实进度、安置率、群众满意度测评等;过渡阶段可以关注农村进城安居就业安置率、"村改居"居民选举参与率、群众社区组织参与率、社区文化活动居民参与率等指标。具体内容见下表:

表4-2 阶段指标

阶段指标	指标内容
动员阶段	群众组织参与率、新型城镇化认知度、群众意愿、组织群众的主要困难与问题等
实施阶段	群众参与率,农村拆迁中的进度、问题与办结率等
建设阶段	群众参与率、群众意见建议落实情况等
还迁阶段	还迁组织落实进度、安置率、群众满意度测评等
过渡阶段	农村进城安居就业安置率、"村改居"居民选举参与率、群众社区组织参与率、社区文化活动居民参与率等

第三节　线上线下结合式
新型城镇群众工作立体组织模式

一、模式概述

　　新型城镇化区别于传统城镇化的一个重要方面是，新型城镇化是新型工业化、信息化、农业现代化条件下的城镇化。从社会结构变迁的角度讲,新型城镇群众的组织工作,对应新型工业化——新型城镇园区经济和区域经济结构的变化，我们可以采用产业链式1+X新型城镇园区群众工作组织模式开展群众组织工作;对应城乡居住结构的变化,我们可采用阶段衔接式X+4新型城镇社区群众工作组织模式来开展群众组织工作。但是在新型城镇化过程中,社会结构变化不仅体现在这两个方面,新型城镇化过程中还有相当一部分群众会脱离于经济园区和城镇社区之外。但是在现代信息条件下，这部分群众虽然在现实社会工作和生活中会从形式

新型城镇化背景下党的群众工作模式研究

上游离于群众组织工作视野之外，但城乡一体化进程的推进以及新型城镇的建设和发展与这部分群众的生活和利益息息相关，这部分群众自然会关心自己生活区域的变化，尤其是关心新型城镇化政策的落实和推进。而当园区群众组织工作模式和社区群众组织工作模式不能将这部分群众置于党的群众组织体系之中的时候，我们就需要借助当前社会组织动员功能强大、渗透性极强的现代信息化手段——网络的作用和功能，在虚拟社会空间，对那些活动于虚拟网络空间却无暇参与现实群众组织活动的城乡群众进行组织动员。

随着三网融合提速以及带宽和网速的不断提升，网络社交媒体日益发达，各种微媒体、自媒体层出不穷且方便快捷、成本低廉，为基层党组织运用网络工具开展群众组织工作创造了条件、提供了平台，目前使用较为普遍的诸如各种官网、官方微博、微信公众号、社区QQ群、社区BBS、基层党建平台都是城镇基层党组织开展群众组织工作的有效工具。比如在开展新型城镇化背景下党的群众工作调查（Ⅰ）党员干部问卷时，当问及"党组织在新的城镇环境中，如何更有效地联系群众（可多选）？"的问题时，"充分运用网络、微信等新媒体"选项的选择率就很高，具体情况如下：

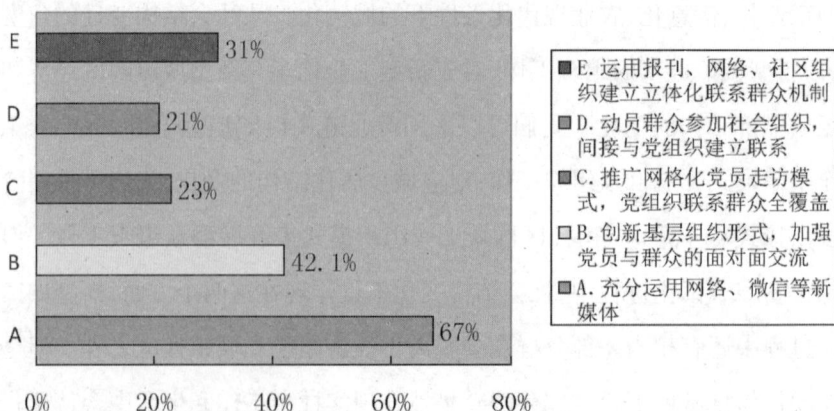

图例：
- E. 运用报刊、网络、社区组织建立立体化联系群众机制
- D. 动员群众参加社会组织，间接与党组织建立联系
- C. 推广网格化党员走访模式，党组织联系群众全覆盖
- B. 创新基层组织形式，加强党员与群众的面对面交流
- A. 充分运用网络、微信等新媒体

E. 31%
D. 21%
C. 23%
B. 42.1%
A. 67%

当问及"您所在的社区党组织都采用了哪些现代化方式来联系和宣传群众(可多选)？"的问题时，新媒体的选择率也很高，具体情况如下：

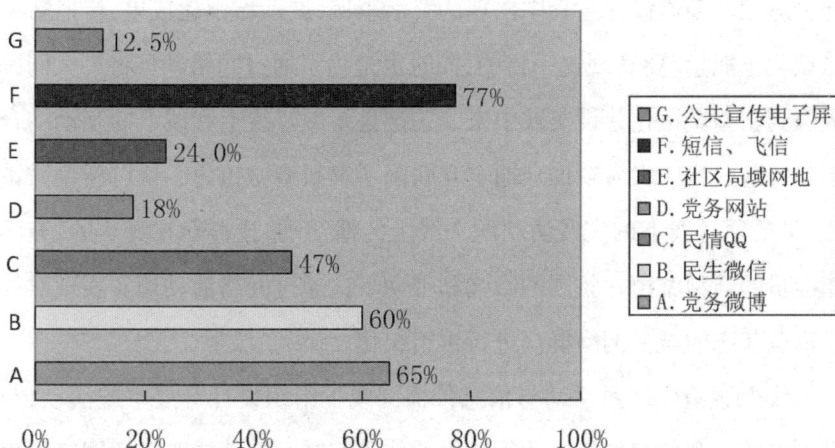

G. 公共宣传电子屏
F. 短信、飞信
E. 社区局域网地
D. 党务网站
C. 民情QQ
B. 民生微信
A. 党务微博

G 12.5%
F 77%
E 24.0%
D 18%
C 47%
B 60%
A 65%

0%　20%　40%　60%　80%　100%

从网络发展趋势来看，移动互联网正在成为主流，以往以PC机为主的网络时代正在被移动互联网所取代，越来越多的群众借助智能手机介入移动互联网。据国家工信部提供的数据，截至2017年6月，中国的移动互联网用户已经突破11.7亿，[①]移动互联网的社会组织功能日益强大，已成为开展基层群众工作不可忽视的工作空间和平台。

同时，我们也要看到，网络本身是一柄双刃剑，而且互联网本身是一个开放的平台，网络信息芜杂难辨，运用得好对群众可以产业正面影响，运用得不好就可能产生负面效应。党和政府可以利用，其他社会力量也可以利用。因此，运用互联网开展新型城镇化群众组织动员，必须针对互联网的特性兴利除弊，既要充分利用网络的开放、共享、自由、便捷、及时等传播和媒体优势，搭建工作平台、开展议程设置、传播意见领袖声音、发布

---

① 《工信部：2017年6月中国人均月移动互联网接入流量已达1.6GB》，199IT中文互联网数据资讯中心，2017年7月25日，网址：http://news.10jqka.com.cn/20170725/c599326669.html。

新型城镇化背景下党的群众工作模式研究

新型城镇化政策措施和推进成效，将广大网民吸引到党委和政府的平台上来，进而将他们组织起来，参与和拥护新型城镇化举措；也要搞好引导，充分运用新型城镇化过程中出现的鲜活事例，展示城镇化成果、传播新型城镇化正能量。要实现这一目的，同时也是为了通过网络动员将广大网民吸引到新型城镇化建设实践中来，关键是要做好线上和线下的互动结合工作，既要让广大城乡群众通过互联网了解新型城镇化、认可新型城镇化，又要通过线下的实践活动配合线上传播活动，让群众在真实的、充满正能量的新型城镇化氛围的影响和带动下，通过网络活动切实实现对处于离散状态的城乡网络群众进行再组织化。

线上城镇化展示活动与信息传播同线下组织设计开展主题活动，与新型城镇化和传统城镇化政策效果的体验相结合，才能既发挥网络的媒体交互功能，又以新型城镇化的网上宣传实施积极导向性影响。因此，搞好线上交互传播与线下的实践体验的结合，是实现对广大城乡网络群众以新型城镇化为导向的组织化的必要组织形式。搞好这个结合要坚持两个原则，一是线上交流互动和信息传播，必须立足于新型城镇化群众生产生活实践的需要和变化，要以能够展现新型城镇化进程的现实状况，把准新型城镇化发展脉搏，使网上传播具有现实依据为执行原则；二是线下活动要突出新型城镇化之新的主题，注重政策体验性，关照基层群众的利益诉求和现实需要，以符合党委和政府的新型城镇化政策规划和设计为执行原则。

所谓立体式，即线上群众工作网络具有不同媒体、不同网络工具、不同功能性网络空间的层次性组织特性，线上群众工作网络同时具有区(县)、镇(街道)、居(村)等不同层级举办的网络媒体，同时不同层级职能部门也会举办不同功能的网络媒体或交流空间，比如街道党工委、居委会党组织会举办以推动党员组织生活正常开展为目的的综合工作平台，将党员干部在这一平台上组织起来，居委会、社区中的服务站也会举办以方便社区群众办事和以服务社区群众为主要目的的网络平台。线上网络平台分为两种：一种是线下各层级共享和共同举办的业务平台，比如区县、街道、社区居委会共同举办和使用的党务通等网络平台；一种是不同实体组织举办的局域性功能网站，比如社区中不同社会企业和组织针对特定用户举办的功能性网站或兴趣交流平台；线下群众组织网络，主要是指各级实体群众工作组织，这些组织本身具有层级性、区域性和功能区分性，线上群众组织工作网络平台事实上都是由线下组织机构举办或支持举办的，线上群众网络平台与线下群众组织机构联系密切或直接由线下群众工作机构承办，线上与线下群众组织机构的工作目标和目的是一致的。可见，线上与线下群众组织体系是结合在一起的立体式群众组织体系，运用线上和线下、虚拟与实体两个空间、两套组织系统的相互结合和相互配合，我们可以实现将尽可能多的基层群众组织起来关注新型城镇化、支持新型城镇化和参与新型城镇化的目的。我们可以用图4-5来简单的揭示这一群众组织模式。

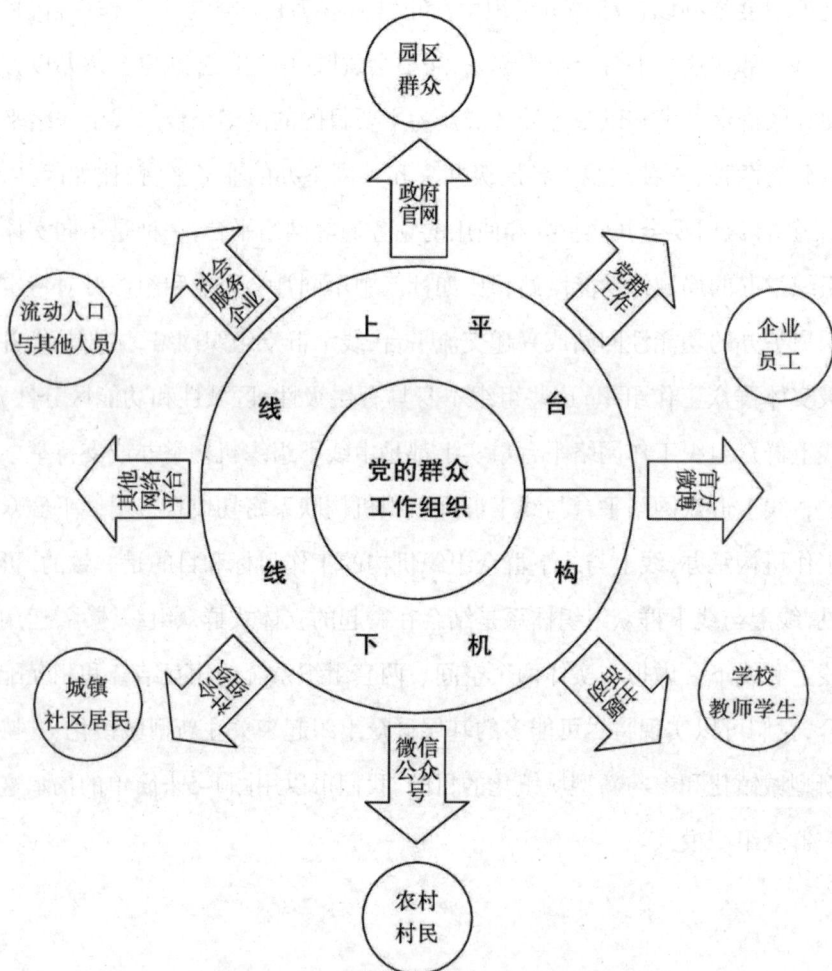

图4-5 线上线下结合式群众工作立体组织模式

二、模式要素分析

线上与线下的结合模式，是现代信息条件下社会组织运行的典型生态模式。新型城镇化背景下党的群众组织工作要最大限度地将城镇化进程中的群众组织起来,线上与线下相结合是大势所趋。线上线下结合式新型城镇群众工作立体组织模式的要素具有特殊性,很多时候我们需要用立体的、结合的视角来看待问题。该组织模式虽有线上与线下的划分,但在工作要素的分析中我们还是应该结合起来立体地加以区别或定义,而不是单纯用线下与线上进行简单化处理。

1. 主体

群众组织工作的主体归根到底是人,是现实工作中参与群众组织动员工作的各级党群工作者。线上线下结合式新型城镇群众工作立体组织模式从一定程度上放大了群众组织工作的主体,因为在某种程度上一些线上网络平台的工作人员、技术人员,严格地讲并没有主观上进行群众组织工作的意识,但由于诸多党群工作平台离不开他们的支持与维护,很多群众组织工作信息和内容要在网络平台上公布和传播,包括党群组织和党员干部要通过网络平台与目标群众进行沟通与互动,同样需要这些技术人员的帮助和支持。因此,线上线下结合式新型城镇群众工作立体组织模式的工作主体,除了各级党委、政府、群众工作机构和广大党员干部,以及受党群机构领导或指导的各类社会组织及其工作人员,这里的工作主体也包括线上各类以新型城镇化为重要内容的网络媒体、平台、空间的管理者、技术支持和相关网络平台的维护人员。

2. 客体

由于网络本身的开放性、普及性和新型城镇化政策在区域内涉及群众的广泛性,线上线下结合式新型城镇群众工作立体组织模式的工作客体主要是指新型城镇化政策涉及区域的网民。理论上讲,区域内网民都是区域新型城镇化进程的利益相关者,这些网民在现实生活中都可能是新型城镇化政策的目标对象。因为总的来说,我们的群众组织工作是要实现全员化社会动员，除去园区组织模式和社会组织模式在现实工作生活中的组织动员，在网络虚拟空间，我们不能假设哪些网民是目标工作对象，哪些不是，而因为网络平台的开放性，我们理应将党群组织机构和相关社会组织举办的各类功能网络平台的参与者和关注者作为本模式的组织对象。当然，在网络平台的运行和操作过程中，我们可以通过用户注册、认证、密码等有条件的网络登录设置来锁定各自平台的目标工作对象。

3. 目的

采用线上线下相结合的新型城镇群众工作立体组织模式的根本目的，就是要最大限度地扩大群众组织工作的覆盖面，利用网络工具尽可能缩小新型城镇化组织工作盲点。其直接目的就是要运用网络空间开放、自由、平等等特点，在网络上了解群众的城镇化诉求和愿望，并运用适当方式加以疏导网民对区域新型城镇化政策的非理性或不良情绪，在不同的网络平台和空间中将本区域网民组织在新型城镇化的航船上，凝聚和团结在党委和政府周围，形成共同推进新型城镇化的合力。

4. 目标

线上线下结合式新型城镇群众工作立体组织模式的工作目标，是将游离于党的群众组织工作系统但又活跃或活动在网络空间的与新型城镇化利益相关的群众吸引到特定的网络平台上，组织这些网络群众结合党委和政府的新型城镇化政策措施的落实和推进，通过发表言论、表达意见、抒发情绪、开展交流、展示场景和进程，在相关网络平台的无意识组织下，形成有序的城镇化参与。线上平台结合线下政策推进协调进行，量化目标是将参与城镇化网络表达的群众组织起来，最大限度地实现网络群众新型城镇化覆盖。

5. 内容

首先是线上网络平台的内容应结合线下新型城镇化实践采取对应性宣传推广,包括新型城镇化的政策措施、措施落实情况、群众反应和新型城镇化成果,总之要将线下城镇化动态在网络平台上全面展现,要通过新型城镇化的网络化真实呈现;其次是线下新型城镇化推进举措要突出新型城镇化之新和以人为本的理念,做好新型城镇化政策的细化落实和推进工作,在新型城镇化政策的具体化过程中,使线上传播互动活动与线下落实推动工作形成相互印证、相互体现的协同效应。再次是要对新型城镇化政策措施进行多方面、多层次、开放性的政策比较和效果对比,推动城乡网络群众对新型城镇化政策的理解和支持。

6. 任务

第一是通过网络大数据功能,强化新型城镇化线上线下活动的数据分析,掌握城乡群众的城镇化参与程度和群众对新型城镇化政策的感受和反应,并利用相关数据增强利用网络组织群众的针对性和有效性;第二是对新型城镇化政策和执行效果进行适当的网络编辑,将网民吸引在新型城镇化的相关网络平台上;第三是开展主体与客体间的互动交流,发挥网络平台的双向传播功能,增强群众工作主体与客体间的黏性,为组织城乡群众提供网络平台。第四是建立基于线下新型城镇化组织动员的线上组织网络,运用不同组织实体举办的不同功能性网络平台,实现党群组织与城乡群众在虚拟网络空间的另一种接触与交流,进而实现对城乡群众的虚拟组织化。

7. 矛盾

一是开放的线上网络平台信息传播与主客体交流的滞后性与相对闭环的线下组织体系的群众组织工作的相对超前性之间的矛盾;二是相

关网络平台关于新型城镇化的舆论倾向与新型城镇化政策顺利推进的社会舆论之间的矛盾；三是新型城镇化政策落实所需要的群众动员对象与网络平台参与群众难以完全覆盖和重合的矛盾；四是网络社会动员实际效果与新型城镇化社会动员需求之间的矛盾。

8. 关系

具体到本组织模式,我们需要着重关注以下几项关系,一是网络化群众组织系统与新型城镇化群众组织体系之间的关系,包括网络平台体系与新型城镇化党群工作部门之间的关系、网络平台与受党群部门支持或领导的社会组织、社会企业之间的关系,二是新型城镇化区域网络群众与相关网络平台的关系,三是相关网络平台运行维护人员与新型城镇化群众组织工作者之间的关系,四是不同网络平台和网络工具所传播信息内容的相互配合。

9. 时间

从时间角度,线上线下结合式新型城镇群众工作立体组织模式必须注重线上网络平台的信息传播、活动推广、主客体互动与线下新型城镇化政策落实与举措推进的相互衔接;注重线上大数据的分析与线下实际群众组织活动的信息及时共享,也就是线上与线下信息的相互反馈;注重线下群众组织工作需求与线上网络平台内容设置的配合时间点的拿捏;注重线上网络平台宣传时间段与新型城镇化现实推进阶段的相互衔接。

10. 空间

线上线下结合式新型城镇群众工作立体组织模式,事实上是线上与线下、虚拟与现实两个空间的相互配合,目的是为将在线下无法纳入新型城镇化群众组织体系的群众通过网络空间,置于党的群众组织工作之中,这是基于新型城镇化条件下群众社会生活结构的变化,开展群众组织动员工作的客观要求。线上与线下两个空间所要展现的其实都是新型城镇化的现实场景和状况,两个空间虽有区别,但实现两个空间的相互再现和实现两个空间活动主体的意见统一，是把握这一组织模式空间概念的重要导向。

11. 策略

采取这一组织模式要注意四项策略。一是协同创新,即不论是线上传播还是线下活动,都应注重方式创新,同时在这一模式中尤其应该注重线上线下的协同创新,要让线上的创新有现实根据,线下的创新能够在网络空间得到具有吸引力的再现;二是上下结合,即线上与线下的政策宣传、活动推广、内容互动要紧密结合,做到及时有效、相互印证;三是交互体验,即线上推广、交流、传播要能够让城乡群众在线下实际新型城镇化活动中得到真实的体验，而党委和政府采取的新型城镇化举措也要让群众在相应的网络空间中得到认识上的提升和深化;四是互动反馈改进,即线上的网络活动要根据线下新型城镇化推进实际情况,及时进行调整改进,线下的新型城镇化政策落实活动也要根据线上网络数据分析，及时进行群众组织工作的形式、策略方面的调整。

12. 方法

因为有线上网络平台的支持,本模式的工作方法相对灵活,比如可以采取比较法,对新型城镇化与传统城镇化的政策内容和效果进行比较,对区域内外新型城镇化推进举措和进度进行比较, 对国内外城镇化发展过程进行呈现和比较等;网络注册与社会网格管理相结合的方法,即运用网络实名注册的方法与城镇化政策落实中群众登记相结合的办法，评估群众参与覆盖率;功能性网络平台组织法,即通过服务项目、居民兴趣爱好、文化体育活动等群众性网络组织，将在现实生活中无法组织起来的城乡群众组织起来。总之,采取各种线上线下组织活动的目的只有一个,就是弥补实际党群组织在城镇化社会动员方面的短板,将尽可能多的城乡群众组织到新型城镇化系统中来。

13. 环体

线上线下结合式新型城镇群众工作立体组织模式所面临的环体不仅包括各地新型城镇化面临的资源禀赋、地理环境等自然环境因素和人文风俗、政策设计等历史文化和政策因素,更需要关注的是现在开放的网络信息环境和自媒体、微媒体层出不穷的网络媒体和信息融汇环境,是开展线上线下群众组织工作所必须考虑的环境因素,也是组成该组织模式环体的重要方面。因此,在考虑该模式环境因素时,党群组织不仅要考虑客观存在的物质环境问题,也要考虑线上各种网络平台运行和信息传播所面临的互联网信息传播环境,包括网络平台的技术支持环境、信息竞争环境、协同体验环境等。

14. 介体

线上线下结合式新型城镇群众工作立体组织模式,是典型的充分运用群众工作介体开展群众组织动员的工作模式。由于是线上与线下相结合,这一模式除了具有党的群众工作所具有的传统工作介体,最突出的是这一模式还直接将党群组织可以调动和影响的各种网上平台和空间作为开展新型城镇化网络群众组织工作的主要手段,政府官网、官方微博、微信公众号、QQ群、各种拍客、播客、区域网络交流群都是本模式可以借重的网络媒介。

三、组织模式及其运转程序

(一)线上线下结合式新型城镇群众工作立体组织模式的组织结构及其职能

线上组织模式的组织结构有不同的区分角度:按网络工具分,指的是运用网站、微信、微博、QQ、社区MSN、BBS等不同的社会功能软件设立的不同功能不同联结方式的网络平台群;按主办单位分,指的是党委部门、政府部门、群众团体、志愿团体等社会组织,物业管理等社会服务企业根据新型城镇化过程中的工作需要和群众需求开办的各种网络平台;按功能分,主要是指党群工作部门设立的业务工作平台,社会服务组织或企业开办的以满足城乡群众生产生活需求的服务平台, 以及城乡群众围绕兴趣族群、群众互助等原因自发设立的网络交流平台。这三个组成部分在网络中多有重叠,比如党委和政府往往共建共享一套网络系统,物业公司往往依托社区服务中心开展网上服务,党委和政府在拆迁、还迁和落实补助政策过程中还会根据工作需要, 借助不同平台开设阶段性网络信息发布平台或群众论坛。这些网络站点、平台、空间按其性质大体上可以区分为职能性平台、功能性平台、群众社交平台三个类别。实践表明,在新城镇化推进过程中,不同的网络平台在群众组织工作中发挥的作用不同,职能性平台多发挥政策公布、信息传达作用;功能性平台主要是服务群众需求,解决城镇化过程中群众的实践问题;群众社交平台往往在群众表达诉求、形成舆论、理顺情绪、疏解矛盾等方面发挥重要作用,而这些功能和作用又是将群众组织起来参与新型城镇化所需要的。

新型城镇化背景下党的群众工作模式研究

　　线下组织模式的组织结构与线上网络平台的举办机构有对应关系，为了便于把握，我们可以将线下组织机构分为三个组成部分：一是各级党群组织和受其领导、支持的社会组织，各级政府机构、部门和基层政府派出机构；二是各种社会组织，既包括社会服务组织，也包括群众自发组织；三是社会企业，比如各种园区企业、社会服务企业等。这三类组织机构在线下实际执行城乡群众的组织实施工作，既是线上各类网络平台的策划和实施者，又是现实生活中新型城镇化政策的实施推动者，在线上线下发挥着核心作用。

　　本模式的组织效果取决于线上线下活动的相互支持、相互呈现、相互体验。线上平台与线下活动相互呼应、互为依据，绝不能各行其是，孤立推进，而应该充分发挥线上与线下多层级平台与组织的优势和资源，线上沟通交流与线下互动体验相结合，线上比较举例与线下事实说服相结合，不同职能的网络平台与部门机构、不同功能的网络站点与组织机构、不同的社交平台与群众团体立体性全方位发挥各自作用和功能，最终形成组织群众、发动群众的合力。

（二）组织运转程序

　　1. 组织思维

　　线上线下结合式新型城镇群众工作立体组织模式的基本组织思维是指，不仅要运用实体组织开展群众组织工作，也要充分运用日益发达和便捷的网络平台对城乡群众进行新型城镇化组织动员；不仅要在新型城镇化政策现实推进过程中组织发动群众，也要在城乡群众日益广泛参与的网络空间开展群众组织工作；不仅要在现实生活中将新型城镇化涉及的利益相关群众组织起来，也要通过互联网将关注新型城镇化和能够对新型城镇化产业影响的网民组织起来；不仅要将便于实际参与新型城镇化的群众组织起来，也要通过虚拟空间将不便现实参与新型城镇化的群众组织到新型城镇化的体系中。在本模式的操作过程中，能否贯彻互联网思维是决定模式成效的关键。为此，一是要树立互联网是开展群众组织工作的重要途径和重要手段的思想观念，切实将运用互联网开展群众组织工作放在重要位置，给以足够重视；二是要重视运用"互联网+"的思维，将新型城镇化政策的推动落实与互联网密切结合起来，不仅要运用互联网宣传推广新型城镇化，还要充分发挥网络媒体的交互功能，促进城乡群众下党委和政府的沟通与对话，充分把握群众的诉求和愿望，在宣传群众、关心群众、体谅群众、维护群众的过程中把群众组织起来。三是不仅要把互联网作为宣传新型城镇化的方式方法和平台，更要把互联网式表达、互联网式推广、互联网式联系与沟通的思维运用到新型城镇化的组织工作当中，把网络空间变成组织群众支持和参与新型城镇化的重要阵地。

2. 组织沟通

线上线下结合式新型城镇群众工作立体组织模式，充分利用网络优势和组织网络，形成了独具优势的组织与群众的沟通交流渠道和平台。一是构建立体的沟通媒介系统。运用现代网络媒介，是党群组织与城乡群众之间的信息传递与信息解码释读的多种选择，使新型城镇化工作与群众实际愿望之间的相互反馈性调适更加准确。二是利用这一模式增强新型城镇化群众组织工作的积极倾听。网络空间的开放性和言论自由，为党委和政府倾听城乡群众关于新型城镇化各项政策措施的真实心声创造了条件，党委和政府得到的信息是真实的，这就为组织群众奠定了良好的基础，也为如何组织群众指明了方向。三是提高沟通效率。这一模式将互联网信息技术优势运用到群众组织工作中，不仅拓宽了组织和动员群众的渠道,网络媒体的即时性、快捷性和网络平台呈现的形式多样性及容量大的特点,都为提高党群工作效率创造了条件,运用这一模式必须充分发挥互联网的这些优势。四是多角度沟通成为可能。现实生活中的组织沟通渠道单一,回旋余地小。而线上线下结合式新型城镇群众工作立体组织模式的一个显著特点就是渠道多样、形式多样,同样一个问题可以通过不同的意见表达者,用被动的、主动的等多种表达形式立体地加以表达和呈现。

3. 组织协商

将群众组织起来不是一个结果而是一个过程。尤其是在新型城镇化这样一个复杂的社会变迁过程中,组织群众的任务和要求艰巨而多变,完成这样的群众工作很重要的一个环节就是组织协商,即要将组织意愿转化为群众行为,将党委和政府的新型城镇化主张贯彻到群众中间去,使各项新型城镇化政策落实下去,把群众组织起来,让他们按照党委和政府的安排有秩序地参与新型城镇化,就必须化解这个过程存在的各种利益矛盾、干群矛盾以及群众之间产生的各种矛盾和问题。组织协商本质上一系列有来有往的意见交流和问题沟通过程,线上线下结合式新型城镇群众工作立体组织模式的优势就在于,这一模式为组织协商提供了便利:一是党群组织间的沟通便利化,二是党群组织与辖区群众和网络群众的沟通双向互动便利化,三是群众之间的意见沟通和交流交互性增强,这些都为问题的讨论和解决创造了条件,避免了矛盾的激化。在线上线下全方位、立体化的组织协商过程中,新型城镇化的决策科学性、政策必要性、实施可行性得到群众的全面认可和认同,将群众组织起来有秩序地参与新型城镇化也就水到渠成。

4. 组织反馈

对线上线下结合式新型城镇群众工作立体组织模式进行组织反馈

的主要目的是为了摸清采取这一组织模式的组织效果，并进一步对群众组织工作进行改进。进行组织反馈的依据是线上网络平台的新型城镇化舆论评价和网民的新型城镇化参与数据分析，以及线下新型城镇化政策措施的客观评价。线上网络平台的新型城镇化舆论评价主要通过官网跟帖评价、论坛网民意见、网络民意测验、政策满意度调查、微信公众反应等指标来掌握；网民的新型城镇化参与数据分析，主要通过新型城镇化网络平台（论坛、微信公众号、QQ群等）注册人数、注册人数占辖区人口比例、注册人员非辖区人口占注册人数比例、网络平台的新型城镇化匿名测评、网络平台参与人员的政策选择倾向、网评人员的政策意见与建议等指标来分析。线下新型城镇化政策措施的客观评价主要通过新型城镇化政策专项调查问卷、党群部门委托线上平台调查数据、城镇化矛盾数量与调处率等方式和统计数据来掌握。为了便于掌握组织反馈的指标内容，我们可以通过表4-3来直观表现：

表4-3　组织反馈的指标

项目内容	具体指标				
线上网络平台的新型城镇化舆论评价	官网跟帖评价	论坛网民意见	政策满意度调查	网络民意测验	微信公众反应
网民的新型城镇化参与数据	网络平台注册人数	注册人数占辖区人口比例	注册人员非辖区人口占注册人数比例	网络平台参与人员的政策选择倾向	网评人员的政策意见与建议
线下新型城镇化政策措施的客观评价	新型城镇化政策专项调查问卷	党群部门委托线上平台调查数据		城镇化矛盾数量与调处率	

第五章
新型城镇化背景下
党的功能-调适群众工作模式

　　新型城镇化带给中国城乡社会最显著的变化是社会结构、城乡结构、产业结构、人口结构、就业结构等等的变化，我们在前面已做过专门论述。通过对中国城乡社会结构变迁的考察我们得出这样的结论，即有什么样的社会结构就需要有什么样的社会功能系统。社会学的结构功能理论也为我们的这一结论提供了论据。结构功能理论认为，社会是具有一定结构或组织化形式的系统，构成社会的各个组成部分，以其有序的方式相互关联，并对社会整体发挥相应的功能；社会整体以平衡的状态存在着，其组成部分虽然会发生变化，但经过自我调节整合，仍会趋于新的平衡。①

　　党的群众工作系统是中国共产党融合于中国社会的政党功能作用实施系统，在新型城镇化这样的社会转型过程中，中国城乡社会结构的变化必然导致城镇化实施之前的社会平衡状态发生变化。因此，维护新的社会

---

① 刘润忠：《论结构功能主义及其社会理论》，《问学记言》，天津人民出版社，2009年版，第203页。

第五章　新型城镇化背景下党的功能－调适群众工作模式

结构变化带来的功能需要党的群众工作系统做出相应的功能调整，而党的群众工作的功能调整，其根本目的是整合新型城镇化过程中各方面社会因素，协调和处理新型城镇化引发的各种矛盾和问题，促进城乡社会克服各种发展中的不和谐因素，实现城乡社会新的平衡与和谐。在这个过程中，当代中国城乡社会所要经历改革开放后几十年所形成的平衡状态——过渡性失衡平衡——新的再平衡的社会变迁，需要必要的社会黏合剂和调节器，党的群众工作系统就是要发挥这样的作用，而党的群众工作发挥这一作用的关键，就是要结合中国城乡基层社会变化实际，对其社会整合功能做出适当的调整。这既是新型城镇化的社会现实为党的群众工作提出的时代课题，也是党的群众工作适应党推进新型城镇化历史使命要求的客观选择。

党的群众工作因党在各个历史时期的使命不同而被赋予不同的任务，但不管群众工作的具体任务如何变换，党的群众工作的本质始终没有变过，那就是在动员和组织群众落实党的政策的过程中，消弭社会矛盾，争取群众支持，夯实党领导团结群众开展革命、改革和建设的群众基础。党的群众工作既是党的各项工作的落实系统，也是党的政治传播系统，是党的工作体系将党的路线方针政策落实到具体的群众生产生活中，在维护、发展群众利益的过程中争取群众支持和拥护的工作系统，如果用一句学术性话语来概括党的群众工作的本质，即党的群众工作的本质说到底是党的政治社会化机制和系统。党要通过群众工作，在具体实现党的政策主张的过程中发展和实现群众的利益，化解这个过程中的各种矛盾和问题，在实现党的政策主张的同时开展党的政治文化传播，将广大群众团结在党的周围，在推动经济社会发展的同时实现党的政策主张的社会化。新型城镇化是党领导城乡群众以新的城镇建设和发展理念推进城镇化的城

新型城镇化背景下党的群众工作模式研究

镇化政策实施过程,在这一过程中,党的群众工作尽管面临城乡社会和群众利益调整等诸多新情况、新任务、新矛盾,但党的群众工作的本质没有变,党的群众工作体系是要在顺利推进新型城镇化政策的过程中,在实现城乡经济社会包括生态系统的新的平衡和健康发展的同时,在使广大城乡群众享受新型城镇化成果和利益的同时,不断巩固和加强党执政的阶级基础和群众基础,实现党的政治社会化。可见,新型城镇化背景下,党的群众工作的本质并没有变,党在新型城镇化过程中开展群众工作,就是要通过宣传、动员、团结、组织群众积极参与新型城镇化,让城乡群众从心底认可和支持党的新型城镇化政策,进而从心底拥护和支持党的领导,这在本质上就是党扩大政治参与和形成政治认同的政治社会化过程。

何谓政治社会化?社会学侧重于人与社会的互动关系,认为政治社会化就是个人逐渐学会被现存政治制度接受和采用的规范、态度、行为的过程;政治学认为政治社会化是一个社会内政治取向和社会模式的学习、融合、传播、继承的过程。李元书指出,政治社会化是社会个体在社会政治互动中接受社会政治文化教化、学习政治知识、掌握政治技能、内化政治规范、形成政治态度、完善政治人格的辩证过程,是社会政治体系的自我延续机制和功能运行机制。刘中民在对国际政治社会化的研究中指出,传统的政治社会化界定存在过于偏狭的缺陷,他从以下三个方面对政治社会化含义进行了界定:其一,政治社会化突出体现为政治的社会性;其二,政治社会化的目标和归宿在于发现并消除由于社会矛盾加剧而凸显的政治冲突;其三,政治社会化的外在表征体现为影响政治发展及其运作的社会性因素不断增加而使政治显现出综合性、多元性、复杂性等特征。他认为,按照马克思主义对人的理解的一个重要的方法论原则——人既是社会关系的客体,同时又是主体——那么人在政治社会化过程中就是社会教化与个体内化的相互统一。个体经过自身的主观能动作用,整合各种政治观点和政治舆论,分析各种政治关系,形成自己独立的政治信念和政治态度并反作用于社会政治;而作为共同体的社会,其政治文化的传递、维持、改变最终也依赖于社会个体成员的参与和努力,这种既接受社会的政治改造,又改造社会政治的政治角色的形成过程,真正揭示了政治社会化的本质。伴随现代社会的发展,政治与其他社会性因素和条件的关系越来越紧密,这是政治人的政治社会产生和发展的有利条件,对于政治共同体的稳定与发展起着不可忽视的作用。①

何谓马克思主义的政治社会化?马克思主义政治社会化的过程,在某种意义上,是党和国家的路线、方针、政策指导中国亿万群众改造中国、建设中国的实践过程,在这一实践过程中,中国共产党领导下的人民群众创造革命、建设和改革的历史经验和现实经验成为经验形态的财富,也为马克思主义的中国化环节提供了素材,这些经验上升到理论的高度就成为中国化的马克思主义。同时,这一理论也极大地丰富了马克思主义的理论宝库。②

从政党本身的功能角度而言,党的政治社会化是党的基本功能,也是党的深层次功能,不管经济社会发生何种变迁,作为一个政党,党的政党属性决定了党的群众工作必须以党的政治社会化作为其基本功能和工作目标。既然政治社会化是党的群众工作的基本功能,那么各级党组织和广大党员干部就必须坚持政治社会化的常态化, 把推进党的政治社会化作

---

① 胡海可、林华蒙:《近二十年我国政治社会化研究述评》,《广东社会科学》,2002年第1期,第20~23页。

② 刘朋:《试论马克思主义中国化进程的基本环节》,《胜利油田党校学报》,2011年第6期,第18页。

新型城镇化背景下党的群众工作模式研究

为党组织的常项工作,始终装着政治社会化这根弦,积极探索在各种社会历史条件下的政治社会化群众工作模式,这在新型城镇化背景下也不例外。

　　新型城镇化不仅是党领导城乡社会克服二元化弊病、推进城镇化协调健康发展的政策部署和制度安排,也是党推进政治社会化的实施过程和实现过程。新型城镇化作为党对新的历史条件下城镇化政策的制度安排,是从制度层面对城乡群众利益的积极维护和发展,是对城乡群众进行政治社会化的政策载体,实施新型城镇化既是对传统城镇化政策的校正和调整,也是对城乡群众进行最广泛的政治动员、组织、争取的政策基础和群众工作工具。新型城镇化本身具备政策工具属性,同时也具有政治功能属性,我们落实新型城镇化政策本身就是要实现党的政治社会化功能,而党制定和实施新型城镇化政策本身也为开展群众工作打开了空间,提供了工具。2005年胡锦涛在省部级主要领导干部提高构建社会主义和谐社会能力专题研讨班上的讲话中指出,构建社会主义和谐社会的大量工作同党的群众工作有密切联系,要求我们把联系群众、宣传群众、组织群众、服务群众、团结群众的工作做得更好。[①]习近平在省部级主要领导干部提高构建社会主义和谐社会能力专题研讨班结业式的讲话中也指出,群众工作是社会管理的基础性、经常性、根本性工作。因此,我们探讨新型城镇化背景下党的群众工作模式,首先就需要总结新型城镇化背景下推进党的政策社会化的工作规律的方式方法,对各项经常性、常态化群众工作进行模式化探索。

　　同时,在具体的社会历史条件下,党的政治社会化功能需要通过党的

---

　　① 胡锦涛:《在省部级主要领导干部提高构建社会主义和谐社会能力专题研讨班上的讲话》,《人民日报》,2005年6月26日。

第五章　新型城镇化背景下党的功能－调适群众工作模式

各种具体群众工作来实现。习近平在省部级主要领导干部提高构建社会主义和谐社会能力专题研讨班结业式的讲话中还强调，各级党委要切实加强基层组织建设，推动基层组织把知民情、解民忧、化民怨、暖民心作为经常性工作，按照情况掌握在基层、问题解决在基层、矛盾化解在基层、工作推动在基层、感情融洽在基层的要求做好群众工作。①尤其是在新型城镇化、工业化、信息化、农业现代化"四化"协同推进的新型城镇化背景下，除了各项常态化工作，党的群众工作必须高度关注易于激发社会问题的矛盾和热点难点问题、具有较强社会效应、牵一发动全身的重点工作，将工作精力投入到新型城镇化的相关重点环节的突发性工作中，并积极探索和把握各种应急工作的规律性经验，探索有效的工作模式。

基于社会结构变化必然带来党的群众工作功能变化的认识，以及党的群众工作作为党的执行落实机制的基本功能必然随城乡社会结构变化产生调整的认识，同时考虑到新型城镇化政策对城乡基层社会产生的显著影响，我们本着突出重点、抓住难点、围绕热点的思路，在本章着重探讨新型城镇化背景下党的政策社会化功能模式和针对重点工作的项目化功能模式探索。政策社会化功能模式是从党的群众工作的基本政党功能出发，对党在新型城镇化过程中的经常性、基础性工作所进行的规律性、模式性探索。鉴于新型城镇化过程中，城镇化推进的各项任务的阶段性、区域性、时效性和群体独特性等特点，我们需要针对新型城镇化过程中普遍存在而又关系群众切身利益、深受群众关注的征地、拆迁、补偿、还迁等重要节点工作进行项目化操作模式进行探索，以期为新型城镇化过程中的相关工作提供指导和借鉴。

---

① 习近平：《在省部级主要领导干部提高构建社会主义和谐社会能力专题研讨班结业式的讲话》，《人民日报》，2005年6月26日。

第一节　政策社会化功能群众工作模式

一、模式概述

新型城镇化背景下，党的群众工作不仅要面对诸多新情况新问题新挑战，即便过去轻车熟路的常态化工作也面临诸多变化，这些变化从根本上讲是衍生自城乡经济社会结构的变迁和党的新型城镇化政策的调整，以及群众工作的新发展对党的基层组织提出的新要求。政策社会化功能性群众工作模式的探索，主要是针对党在基层经常性工作进行的功能调整性工作模式的探索。

政策社会化功能群众工作模式，是基于群众工作的基本功能，针对新型城镇化政策实施过程中群众工作应具有的常态化工作思维、群众观点、工作职能所进行的功能模式探索。新型城镇化背景下的群众工作政策社会化功能模式，是指各级党群组织和党的群众工作力量要从党中央推动新型城镇化的战略高度，落实和推进新型城镇化政策，积极应对传统城镇化对当代中国发展带来的各种难题，积极应对城乡经济社会所发生的各种挑战，在全面建成小康社会的关键阶段实施党的民心工程，巩固党的群众基础，为增强党在城乡群众中的政治影响力的重要功能调整所进行的长期性、基础性、经常性群众工作规律性经验和做法。

政策社会化功能模式是基于党的群众工作所具有的基础功能——政治社会化，同时又针对新型城镇化对党的基层工作提出的新要求而进行的功能性调整。政党必然有自己的执政目标和政治使命，这些目标需要通过政策的制定和执行来实现,因而制定和执行政策是政党执政的直接体现。①在党内,政党的政治社会化主要是通过意识形态的塑造来进行的,但在党外,政党的政治社会化本质上是获得民意的过程,从这个意义上讲,政党为获取民意所采取的举措都具有政治社会化的意涵。新型城镇化政策的社会化,一方面是通过党的群众工作系统推动党的新型城镇化政策深入人心,另一方面则是要通过党的群众工作广纳民智和民意,将基层城乡群众对于新型城镇化政策的期待、愿望和建议纳入新型城镇化政策体系,并在新型城镇化政策执行过程中加以体现。这样,广大基层群众才会从心底拥护和支持党的新型城镇化政策。因此,我们需要以新型城镇化政策的社会化作为党在新型城镇化过程中政治社会化的具体措施,以政治社会化理念为指导探索新型城镇化背景下党的群众工作模式。

政策社会化功能模式的功能调整目标是明确的,即党的群众工作要在扎实做好群众基础工作的同时,不断增强群众工作的党性意识、增强群众工作的政策意识、体现党的群众观念和群众路线,将政治社会化理念贯穿于党的群众工作的各个环节和各项具体工作中,在新型城镇化进程中用具体、有形、细致的群众工作实现党的政治社会化目标。新型城镇化背景下的群众工作政策社会化功能模式,是要将新型城镇化作为宣传、组织、动员、服务基层群众的基本政策依据和政策工具,在体现新型城镇化政策科学性、有效性和政策优越性的过程中团结群众、凝聚群众、服务群众,达到团结引领广大城乡群众积极有序健康地参与新型城镇化的目的。

政策社会化功能模式以群众工作的政治工作本质为基本理念,但又必须跳出政治的局限,积极贯彻党的群众路线和群众观念,通过各项具体

---

①　周建勇:《现代社会中的政党:基本功能与演进趋势》,《中共宁波市委党校学报》,2016年第6期,第83~85页。

新型城镇化背景下党的群众工作模式研究

的群众工作来实现政治社会化目标。新型城镇化背景下的群众工作政策社会化功能模式，是赋予党的群众工作的各项常态化工作以群众动员、组织等政治工作属性，通过对新型城镇化政策的推动落实来实现在新的历史条件下党对群众的动员和再组织，实现将城乡群众紧密团结在党的周围的历史使命。这里的政治社会化不是政治的泛化，而是广大群众一心向党的政治态度、政治意识、政治自觉和政治文化的形成，而这种政治文化的形成不是在政治运动中形成的，而是在党的新型城镇化政策的贯彻落实中形成的，党的新型城镇化政策的贯彻落实过程就是将城乡群众团结动员和再组织起来的过程，新型城镇化政策是新型城镇化背景下实现党的政治社会化的城镇化政策工具包，实施新型城镇化是在妥善处理传统城镇化的各种难题和矛盾的过程中，在组织城乡群众高效、健康推进城镇化的过程中，在兑现新型城镇化政策红利的过程中，实现新的历史条件下的党的政治社会化。

新型城镇化背景下政策社会化功能群众工作模式的功能定位是政治社会化，功能履行主体是包括党的基层组织、党员领导干部在内的党的群众工作队伍，功能实施动力是党委和政府的新型城镇化政策，功能履行背景是新型城镇化与信息化、工业化、农业现代化"四化"背景，功能履行范围涉及宣传、组织、服务、动员、团结群众等工作事项，功能履行的依托是具体细致的群众工作。我们所要探索的政策社会化功能群众工作模式，就是要探索一套基于新型城镇化背景因素，以政治社会化为功能指向，涵盖常态化群众工作内容和范围的工作运行程序和内容体系。

新型城镇化背景下政策社会化功能群众工作模式，旨在新型城镇化过程中探索形成一种常态化的群众工作模式。形塑这种工作模式的目的，是针对新型城镇化与传统城镇化的功能性调整，立足新型城镇化过程中

第五章　新型城镇化背景下党的功能－调适群众工作模式

城乡群众的生产生活实际,探索我们在日常性、常态化状态下,党的群众工作的经常性工作程序和标准,一句话就是要探索新型城镇化的日常工作中我们如何开展经常性的基层群众工作。这是党的群众工作因应新型城镇化的社会变化,在经常性常态化工作中进行功能调整的模式探索。

新型城镇化背景下政策社会化功能群众工作模式的探索,是要将新型城镇化过程中的日常性基层群众工作体系化、标准化、模式化,在新型城镇化过程中开展日常群众工作,按一定逻辑厘清内容、制定体系、分门别类,将琐碎繁杂的日常群众工作系统化,为基层党的群众工作提供一种工作思路和方法上的借鉴。具体来说,我们就是要把城镇化过程中的各种各样的群众工作内容分门别类,归入相应的功能性工作,探索各种功能性工作的操作规程和运行模式。

探索新型城镇化政策社会化功能群众工作模式的一条重要的理念就是要整体性看待新型城镇化条件下党的群众工作。尽管党的群众工作由宣传、组织、服务等各项工作构成,各项工作从内容和形式上也有其相对独立性,但在基层往往是"上面千条线,底下一根针",党的基层组织只有将各项工作统筹协调、通盘考虑、适时推进、有效衔接,才能取得实效。因此,本书认为,党的基层群众工作的各项经常性工作应当"分工不分家",基层党组织及其可以调动的各方工作资源,应当在弄清楚自身的各项工作职责的基础上,通力合作,协调配合,切实按照新型城镇化对党的群众工作提出的新要求,在目标、任务、内容、形式、方法等各方面进行统筹安排,探索形成一个适应当前新型城镇化群众工作需要的综合性工作模式。

新型城镇化政策社会化群众工作模式的另外一条重要的理念就是将创新性贯彻在新型城镇化群众工作全过程。新型城镇化过程中,群众工作的任务的目标没有变,必要的工作内容也没有变,但是新型城镇化条件下

新型城镇化背景下党的群众工作模式研究

的群众工作已经与过去的群众工作有很大的差别，现代信息科技对城乡群众生产生活的影响广泛而深刻，城乡群众对新事物的理解和认识也与时俱进，传统的群众工作方式在群众中已经乏善可陈，党的群众工作必须因应新型城镇化的"四化"协同特征，因应新型城镇化的经济社会变化，因应城乡群众生产生活的新需要，对自身工作机制和方式方法进行大胆创新，从工作内容、工作方式、工作载体、工作手段等各方面引入新思维、采取新举措，使新型城镇化背景下的群众工作体现"新"的气象和格局，创新开展党的群众工作，用创新的办法和措施宣传群众、服务群众、组织群众。

事实上，新型城镇化背景下党的群众工作政策社会化功能的一般实现方式，最终还是通过宣传、组织、服务、动员、团结等具体细致的群众工作实现的，群众对党的新型城镇化政策的认同和拥护，也是通过党组织和党员干部与群众的工作交流实现的，中国共产党作为当代中国最广大人民群众的利益代表，党执政的根本目的就是要通过党的路线方针政策，实现好、维护好、发展好广大群众的根本利益，新型城镇化是当代中国发展到目前阶段，党审时度势对城镇化战略做出的战略性调整，同时也是为最大化保护和发展城乡群众利益做出的战略性抉择，从这个意义上说，党实施新型城镇化政策的根本目的，同样是为了更好地代表和维护广大城乡群众的根本利益，而要代表和维护群众利益，取得群众对新型城镇化政策的支持和拥护，就必须做好群众的各项工作，这就是新型城镇化进程中党的政治社会化的基本逻辑。

新型城镇化政策社会化群众工作模式的核心内容有两个：一是政策落实民主协商，二是要形成基层群众工作链。具体讲，首先，扎实推进政策落实民主协商，就是要贯彻辖区新型城镇化事务"九步工作法"，即镇（街）党（工）委充分调研制定新型城镇化政策事项—基层党组织召开全体党员会和村(居)民代表会议征求意见、形成议案—村(居)两委联席会议讨论通过—镇(街)党(工)委、政府(办事处)审查议案内容及过程—村(居)民会议、户代表或者村民代表会议讨论表决通过—村务公开栏及时公开—整个决策协商过程由村民代表负责监督,在村党组织领导下由村委会组织实施—村(居)两委联席会议向镇(街)党(工)委反馈新型城镇化政策执行情况—镇(街)党(工)委调整和改进新型城镇化政策。在具体新型城镇化政策推进过程中,九个协商决策步骤循环实施,推动决策民主科学化、程序化和制度化,为新型城镇化政策在基层的协商落实和民主议决的有序进行提供了切实可操作的方案。

其次是要形成基层群众工作链。基层群众工作的资源,包括工作机构、工作人员、相关阵地都是有限的,而新型城镇化在基层的推进任务却一样都不能少,基层群众工作在落实新型城镇化任务时有时要"弹钢琴"、有时要重点突破,但在资源与人手有限,而新型城镇化群众工作却需要基层组织更加细致、工作更加到位、任务有增无减的情况下,基层组织必须将有限的资源和人力物力加以科学整合,对基层群众工作力量进行科学调配,这就要将党的群众工作所涉及的宣传、动员、组织、服务、团结等各项工作形成有效的工作链条,将基层群众工作的相关工作组织联系起来,将党的群众工作关口前移,将党的群众工作真正做到群众中去,解决最后一公里的问题,切实形成"镇(街)村(居)一体、上下联动、有效衔接"的工作格局,只有将党的群众工作的各项任务贯穿到有效的群众工作链中去,才能真正做好新型城镇化政策社会化的目标。

二、模式要素分析

新型城镇化政策社会化群众工作模式是以辖区为单位开展的经常性群众工作模式，本模式探索的目的是要以新型城镇化政策的社会化为目标,将日常开展的各项群众工作纳入本模式,形成群众工作链。为增强群众工作模式探索的实践指导性,我们对于本模式的要素分析,主要是基于普遍的经常性的群众工作来开展,以乡镇、街道为单位对新型城镇化日常群众工作进行要素分析。

1. 主体

新型城镇化政策社会化群众工作模式的主体从广义上讲是指新型城镇化政策的制定者与执行者,以及党的群众工作机构和人员。因为从政策社会化的角度而言,政策的制定是政策社会化的源头,从党群关系的角度讲, 新型城镇化政策是党在城镇化过程中开展群众工作的制度性顶层设计,从一定意义上讲,新型城镇化政策的制定者本身也是党开展城镇化群众工作的一部分。但具体到基层群众工作而言,我们这里所讲的群众工作主体,主要还是指以区县、乡镇(街)为单位的一定行政辖区内的党委和政府及其所属干部职工, 这主要是因为一定辖区内的城镇化事务具有特殊性和具体性,基层党委和政府负有因地制宜,将新型城镇化政策在各自辖区具体落实,群众的政策感受主要还是来自基层党委和政府。因此我们讲,这里的工作主体主要是区县、乡镇(街道)党(工)委和政府(办事处)的各级组织机构和党员干部;村(居)两委和政府设立的经济发展服务中心、社会事务服务中心、群众来信来访接待中心以及各村(居)级便民服务站等群众工作机构和各级党员干部都是本模式的工作主体;另外,我们的党员干部来自群众,现实生活中也始终与群众工作生活在一起,因此村(居)社区中的在职或非在职党员干部同样也是开展党的新型城镇化政策社会化的重要力量;还有就是党委和政府及党的各级党员干部积极扶持和参与组建的各种社会组织力量,也是推动党的新型城镇化政策社会化的补充力量。

2. 客体

新型城镇化政策社会化群众工作模式的工作客体相对宽泛,这一客体以新型城镇化政策涉及的利益相关群众为主,但现实社会生活中一项政策的推动落实又是一个社会问题,对处于某社会时空中的社会群体以及群体之间都会产生影响,尤其是新型城镇化政策是党的政治社会化的重要组成部分,新型城镇化政策只有在一定范围内得到绝大多数群众的认可、支持和参与,新型城镇化才能顺利推进。因此,我们将新型城镇化政策的基层群众工作对象定义为某一辖区的居民群体。新型城镇化是"四化"联动的条件下推进的城镇化,处于城镇化进程中的城乡群众或多或少都要受新型城镇化政策的影响,对城镇化进程中的群众开展新型城镇化政策社会化工作,我们需要对工作对象作性别、年龄、经济状况、受教育程度等加以区别,但该模式的工作对象必须树立大群众观念,要将一定辖区内的常住人口和流动人口、农业人口和非农业人口、职工与学生等各类群体都纳入群众工作体系,努力降低新型城镇化政策社会化的空白点。

3. 目的

探索和实施新型城镇化政策社会化群众工作模式的根本目的,是克服传统城镇化对城乡社会带来的资源、环境、人口矛盾,最大限度地发展和维护城镇化为城乡群众生产、生活带来的利益,通过新型城镇化政策的顺利实施和健康推进,努力巩固党的群众基础,实现党在基层群众中间的

新型城镇化背景下党的群众工作模式研究

政治社会化。政治社会化是在城乡开展群众工作的根本目的,但这一根本目的的实现是通过新型城镇化政策的社会化实现的,也就是说新型城镇化背景下,日常群众工作的首要目的是实现新型城镇化政策的社会化,要在紧扣政治社会化这根弦的同时,积极推动新型城镇化政策的社会化。

4. 目标

本模式的直接目标是新型城镇化政策的社会化,新型城镇化政策的社会化体现在新型城镇化政策涉及群众对新型城镇化政策的深入了解,以及在该政策深入人心基础上城乡群众对区域新型城镇化政策的拥护支持和积极参与。换句话说就是要使城乡群众在新型城镇化问题上实现知与行的统一,将新型城镇化政策转变为城乡群众的自觉行动,实现新型城镇化政策在群众认知的广泛性和准确性上以及群众行为的自觉性和有效性的统一。新型城镇化政策社会化群众工作模式是一种常态化群众工作模式,是新型城镇化过程中的日常群众工作模式,其首要目标是要实现新型城镇化政策的家喻户晓,使新型城镇化政策影响范围内的城乡居民都能了解新型城镇化政策的意义、内容、任务、过程以及未来的政策效果,这需要各级城乡党的群众工作组织和党员干部做大量的解释说明和宣传工作;其次是要将政府推进新型城镇化政策的措施、办法和成效及时公之于众,将广大群众参与新型城镇化政策的情况、进程以及需要解决的问题进行宣传和解答,促使广大群众支持和拥护党的新型城镇化政策,积极参与到新型城镇化政策中来;再次是要将面临新型城镇化和已经加入到新型城镇化过程中来的城乡群众组织起来,通过服务、组织、团结等各项工作,促使城乡群众有序参与新型城镇化,并在新型城镇化中发挥主观能动作用。

5. 内容

政策社会化是使公共政策成为人们普遍遵循的非法律化的社会行

为规范的过程。这一过程的实现需要开展的工作内容即是新型城镇化政策社会化群众工作模式的主要工作内容。新型城镇化政策社会化群众工作模式的工作内容可以概括为以下五项：一是探索新型城镇化政策的分解、落实、宣传、贯彻操作办法，总结新型城镇化政策解释说服工作经验；二是探索新型城镇化政策分阶段分任务的群众动员组织工作模式，总结新型城镇化过程中的城乡群众的组织工作经验；三是探索新型城镇化过程中服务群众生产生活的工作模式，总结党员干部和党组织引导和服务城乡群众应对新型城镇化变化的工作经验；四是探索新型城镇化过程中解决各种社会矛盾和问题的工作模式，总结克服因城镇化而带来的各种社会不和谐因素的工作经验；五是探索协调各种城乡群众工作资源的工作模式，总结调动城乡群众支持和参与新型城镇化积极性的工作经验。

6. 任务

新型城镇化政策社会化群众工作模式担负的主要任务是有五个。一是党的广大基层组织和党员干部要负起联系群众的责任，通过与广大城乡群众打成一片，带动城乡群众开展新型城镇化建设；二是要广泛深入地宣讲和推广新型城镇化政策，使新型城镇化政策家喻户晓，使新型城镇化的新理念新思路新办法广为城乡群众所接受认可；三是要广泛开展城乡群众的引导和团结工作，做好群众的疏导润滑工作，将新型城镇化政策涉及的广大城乡群众都团结在党委和政府的周围，齐心协力共同推进新型城镇化；四是要组织广大城乡群众有序参与新型城镇化，克服城镇化带来的城乡居民原有生产生活结构的解构，采取有效措施将城乡居民再组织起来，实现城乡社会的新型城镇化后的结构化；五是要广泛开展城乡群众服务工作，广大党员干部和各级群众工作组织机构通过解决广大城乡群众在新型城镇化过程中的各种生产生活困难和问题，使群众适应新城镇、融入新城镇。

7. 矛盾

在传统城镇化向新型城镇化过渡的过程中，党的群众工作的社会化功能调整步伐跟不上新型城镇化实践发展步伐，是新型城镇化政策社会化群众工作需要面对的根本矛盾；党委和政府关于新型城镇化政策对城乡建设提出的新政策新思路新理念新要求与传统城镇化发展思维模式和城乡群众在城镇化过程中的传统思维定式之间的矛盾，是新型城镇化政策社会化群众工作需要面对的基本矛盾；新型城镇化与传统城镇化在政策、理念、要求、发展目标等方面的差异构成了新型城镇化背景下常态化群众工作在内容、任务方面的矛盾，这是新型城镇化政策社会化模式的主要矛盾。

8. 关系

探索新型城镇化政策社会化群众工作模式除了要以各地党群、政群、干群关系，以及区域城镇化发展程度与经济社会发展状况等关系之外，还需要重点关注新型城镇化政策与传统城镇化政策之间的差别和关系、新型城镇化政策与地区经济社会发展状况和区域历史文化条件之间的契合程度和匹配度、城乡群众的新型城镇化参与度与新型城镇化政策的科学化程度之间的关系等问题。

9. 时间

新型城镇化政策社会化群众工作模式是以新型城镇化为基本社会背景，探索常态化群众工作模式。时间概念主要取决于两个方面，一是新型城镇化这个政策性的时间跨度，它是中央决定实施新型城镇化道路之后，各地因地制宜制定新型城镇化道路，直到中国城镇化达到新的发展阶段这段历史时期；另一个因数是常态化，也就是说在新型城镇化推进的过程当中,各地各区域都应当采取一些工作措施和办法,这就需要将这些做法和经验进行运行规律和操作模式的总结。新型城镇化政策社会化本身是一个长期的经济社会发展过程,由此我们看到,新型城镇化政策社会化群众工作模式的时间概念指的是在新型城镇化背景下各地区根据各自实际而采取的影响新型城镇化政策社会化的群众工作过程,这个过程伴随新型城镇化过程的始终。

10. 空间

新型城镇化政策具有历史性和区域性,在不同的历史条件下,不同的地理区域实施新型城镇化,需要采取不同的推进措施和办法,但新型城镇化政策社会化在空间上是相对模糊的。因为,政治生活的问题本质上是政治社会化,而政治生活就是人的社会化。因此,我们不管是在什么地区开始开展新型城镇化建设,都需要对当地群众进行新型城镇化政策的社会化,使当地人民群众接受这种政策、拥护这种政策,并且积极参与到新型城镇化建设中来。尤其是新型城镇化政策的社会化是一种日常性的群众工作,它渗透在党的各项工作之中,又具有独立的目标指向,它在空间上不是整体的而是分散的,新型城镇化本身所带有的区域性在这里也是相对的而不是绝对的。这也表明新型城镇化政策社会化群众工作模式具有良好的可复制性和推广性。

11. 策略

一是构建大群众工作格局,调动党委和政府社会组织各种力量共同开展新型城镇化政策社会化工作,实施大格局全方位立体化常态化群众工作策略;二是坚决贯彻党的群众工作路线,依靠群众开展党的群众工作,依靠群众决定城镇化各种事宜,依靠群众克服城镇化过程中的各种困难和问题;三是坚持新型城镇化政策社会化先行的策略,坚持以政策的社会化推动新型城镇化深入实施的做法,把思想统一工作做在前面;四是要坚持政治社会化的理念与新型城镇化具体政策具体落实的方法相结合的策略,用政治社会化的理念指导政策社会化的具体实践。

12. 方法

新型城镇化政策的社会化具有运用传统的群众工作方法组织党员干部与广大城乡群众进行互动式传播服务组织动员,更要注重新型城镇化的另一个背景及信息现代化的时代要求,运用新媒体,突出互联网特别是移动互联在现代社会交往和社会生活中的重要作用,充分运用党组织和党组织能够调动的各种资源和社会力量,积极开拓网络平台,积极创新网络工具,用好实体和虚拟两种社交资源,运用线上和线下两种传播方式,用好在职和非在职两种党员身份,通过推动党员干部与城乡群众融为一体,使新型城镇化涉及的群众能切身感受到党员干部和党组织与其站在一起的各种方法,运用群众的事情群众做主,赋予群众城镇化主体地位的方法,推广新型城镇化过程中探索获得的各种经验做法,组织引导工作中群众理解认可支持参与新型城镇化。

13. 环体

新型城镇化政策社会化群众工作模式的环境体系是影响新型城镇化政策社会化的重要因素,主要由以下三个部分组成:首先是区域新型城镇化政策的实施状况,这个状况的优劣直接决定了区域内城乡群众对新型城镇化政策效果的认知和对新型城镇化政策的认可程度,从而也就成为新型城镇化政策进一步社会化的重要环境因子和基础因素;其次是区域经济社会发展情况,包括区域内工业化、信息化和农业现代化的发展状况,尤其是区域内的经济结构和城乡群众的经济状况等因素;第三是区域文化发展状况,包括区域历史文化、乡规民约、风俗人情、居民受教育状况等,都影响人们对新型城镇化政策的认识和行为;第四是党委和政府的施政状况和党的群众工作组织的工作效能,这也是影响新型城镇化政策社会化的重要环体。

14. 介体

介体,即党的群众工作组织借以实现新型城镇化政策社会化的各种载体的统称,包括新型城镇化政策本身,以及党的群众工作组织推动新型城镇化政策为广大群众内化于心和外化于行的各种传播途径和载体。首先是新型城镇化政策本身。新型城镇化政策是一个实体性城镇化政策体系,其内容和推动落实过程本身是实体性政策实践过程,这个政策体系的内容本身是对城乡群众根本发展利益的体现,能够得到城乡群众的高度关注和投入,这项政策及其实施过程本身就是推动社会化的重要介体。二是基层群众工作组织的人际群众工作网络,通过党员干部和党的群众工作网络与城乡群众进行面对面的人际沟通交流,进行新型城镇化政策的宣传推动落实工作;三是线上线下各类传播媒体,包括宣传栏、报刊、广播、电视、网络以及微信、微博、飞信等新兴媒体;四是各种社会机构和组织的辅助传播系统,比如学校、企业、社会团体、群众组织等都是区域内推动新型城镇化政策社会化的有效载体。

三、新型城镇化政策社会化群众工作的"五合一"功能模式及其运转程序

新型城镇化政策的社会化是通过联系群众、宣传群众、组织群众、服务群众、团结群众五项基础性群众工作实现的,而现实群众工作中联系群众、宣传群众、组织群众、服务群众、团结群众这五项功能是相互融合、难

新型城镇化背景下党的群众工作模式研究

以分解的,所谓"五合一"社会化功能模式,即将联系群众、宣传群众、组织群众、服务群众、团结群众五项功能融为一体,借助基层群众工作系统一整套组织体系,综合实现群众工作功能,进而实现推动新型城镇化政策社会化的目的。

(一)联系功能:六步四联户模式

新型城镇化政策是一个政策体系,各项政策的制定、颁布、实施都有一个既各自独立又相互联系的政策落实过程,比如农村拆迁补偿政策与农村拆迁转移之间就既具有紧密的因果联系又具有各自的实施空间和时间,实践上是先有拆迁补偿政策的认同而后才能进行农村拆迁。因此,新型城镇化政策的实施过程本身对于党的群众工作发挥联系群众作用具有客观要求,依据新型城镇化政策的实施规律,探索联系群众的过程和模式具有可行性。

密切联系群众是推动新型城镇化政策落地实施的先决条件,也是新型城镇化政策实施过程中党的群众工作需要开展的一项基本的常态化工作。这一模式的探索涉及两个基本要素,即由谁、在何时联系群众。由谁即工作主体的问题,这里需要联系的群众即工作客体的问题,作为常态化工作,我们在上文分析和论述新型城镇化政策社会化功能模式要素时已经指明,这里的关系是联系群众的时间节点要有所区别。

新型城镇化政策的制定实施从大的环节来讲有这样六个步骤:调查研究——听证咨询——政策制定颁布——政策协商——政策落实——政策善后工作。而且就新型城镇化政策所涉及的各项具体政策实施工作而言,各项工作基本上也要遵循这样的步骤来推进,这就为党的群众工作联系群众提供了可以遵循的规律。即新型城镇化过程中的群众工作可以根

第五章　新型城镇化背景下党的功能－调适群众工作模式

据新型城镇化政策的推进和实施节奏来联系群众。尽管事实上，党联系群众的理想状态是实时的，但在现实工作中，党的群众工作力量和资源决定了我们的群众工作仍是要运用抓重点的工作方法。

在新型城镇化过程中将联系群众工作落到实处，主要有两个模块，即建立以群众工作主体直接联系群众为主，借助虚拟网络联系群众为辅的联系群众模式。首先是直接联系群众模块，就是要在新型城镇化的六个关系节点，党员干部要对辖区群众实施联系到户的联户工作模式。我们以区县作为管辖单位来设计，具体做法是：蹲点联户，即领导干部蹲点住村直接联系群众，定期结合新型城镇化政策进展需要到户走访联系村（居）民。一是区县领导干部每月驻村不少于10天，每名县处级领导干部联系不少于10户村（居）民。二是乡镇办事处科级党员干部每人挂包一个村（居），联系30户村（居）民。三是科级以下党员干部每人固定联系2个村（居），每人固定联系50户村（居）民；四是党政机关联系镇（街）村（居）。每个区县党政机关挂钩联系一个基层镇（街），挂包3个村，安排所属干部在联系点直接联系群众。镇（街）党政机关每个部门固定联系1个村（居），部门干部直接联系挂包村（居）的各户村（居）民。各级党员干部和群众工作部门干部住村时间和结对联系群众户数由基层党委和政府协调，基层党委和政府为各级干部建立联户档案和《民情联系卡》，注明干部姓名、工作单位、住址、联系电话、邮箱及承诺事项，送达所联系群众，便于经常联系。建立《民情登记卡》，记录群众家庭基本信息、生产生活状况、反映的事项、需要解决的问题、落实情况以及基层组织和群众评价，便于掌握情况、组织考核和群众监督。[1]比如在调研中我们了解到，山东省淄博市淄川区将军路办事

---

[1]　黄远固：《完善党员干部直接联系群众制度研究》，《探索》，2013年第5期，第31页。

处就实行了类似的党员联系群众制度。该处发挥党组织的领导核心和党员先锋模范作用,实施在职党员进网格活动。区大班子领导每人联系3~5名不同类型的群众;区直部门主要负责人每人联系3户不同类型的群众,其他党员干部每人联系1户贫困群众;镇办主要负责人每人联系10户以上不同类型的群众,其他科级干部每人联系5~10户,机关干部按照网格化管理要求,走访联系网格内群众;社区(村)党员每人联系3~5户群众;企业党员每人联系3~5名职工。①

党员干部直接联系群众的形式与内容包括:第一,走村入户了解民情,以居民、农户为基础,走访困难户、村(社区)离任干部、老党员、专业大户、孤寡老人、留守儿童,了解群众意见建议。第二,深入调研指导发展,实地察看新型城镇化相关基础设施建设和产业发展情况,帮助村"两委"理清发展思路,制定完善发展规划。第三,宣讲政策、释疑解惑,深入到村组、农户院坝,社区楼院,帮助基层群众理解各项政策,增强群众的法制意识。第四,尽心尽力排忧解难,立足自身实际,从资金帮扶、信息传递、沟通协调等方面,协助村社尽可能帮助解决出行、就学、治病、饮水和社会矛盾等群众关心的具体问题。

其次是虚拟网络联系群众模块,即借助微信、微博、QQ等现代社交媒体和飞信、短信等通信媒体实施组群式群众联系模式。主要是依据新型城镇化政策推动落实的六个步骤,以及涉及的工作内容和地缘区域,组建新型城镇化网信群,从较大范围把握广大群众在虚拟状态下对新型城镇化政策的反应的建设,最大范围地掌握基层舆情;村(居)论坛,即以村或居委会为单位,将辖区内群众利用网络媒体联系起来,通过鼓励大家发表意

---

① 部分做法引自《中共淄川区委淄川区人民政府关于全面实施网格化社会管理服务的意见》川〔2012〕16号文件。

见、表达诉求和相互沟通的方式,针对新型城镇化进行交流,实现党委和政府与基层群众的沟通与联系;建立新型城镇化专项任务群众群,比如针对拆迁、补偿等专项任务建群,加强与工作目标群众的沟通与交流,了解他们的意愿与要求;广泛建立各类村(居)群众兴趣群,这类社交群是群众性兴趣组织,但在这里可以实现与群众的平等沟通与交流,还能掌握群众的真实思想倾向,有助于加强与群众的紧密联系。

(二)宣传功能:"互联网+3"O2O宣传模式

做好新型城镇化政策的群众宣传工作是新型城镇化政策社会化的基础性工作,也是新型城镇化背景下党的群众工作的一项基本职能。鉴于新型城镇化政策的区域性、涉及广泛性和信息化对当前城乡居民的深刻影响, 各地方在推进新型城镇化的过程中不同程度地对网络宣传投注了一定精力,对各种现代传播媒体——网络平台进行利用和整合,在网络宣传方面取得了一定经验。同时,新型城镇化政策作为一项与广大城乡群众切身利益息息相关的公共政策,党委和政府和广大党员干部在现实工作、生活中,运用传统的宣讲、座谈、走访、宣传栏、广播等传统宣传形式,为广大城乡群众进行口头宣讲和传播, 在与广大城乡群众在互动中进行新型城镇化政策宣传,推动新型城镇化政策入脑入心,成为新形势下推进城镇化的新理念,也成为在本质上区别于传统的城镇化新的发展方向。

O2O立体即时宣传网络模式, 就是基层群众工作组织要运用线上和线下两种资源和两种传播方式, 运用新兴和传统两类媒体和两种传播手段,打造以宣传新型城镇化政策为工作目标的即时高效的宣传网络,旨在将新型城镇化相关政策以快速有效的方式传播到城乡群众中去。要将新型城镇化政策及时、有效地宣传贯彻到群众中去,就必须注重网上网下两

新型城镇化背景下党的群众工作模式研究

类渠道、虚拟和现实两个空间，对城乡群众进行广泛深入的宣传。我们通过总结山东莱州、临沂等地的经验做法，主张探索实践"互联网+3"的O2O宣传模式。"互联网+3"，即"互联网+计算机+手机终端+传统宣传渠道"，探索这样的宣传模式目的是要打破时空障碍、管理层级，把传统的宣传渠道和方式以及现代互联网传播终端充分调动起来，将每一名党员和群众运用立体的宣传网络连接在一起，实现"地方党组织+基层党组织+党员干部+群众"的快速、无缝连接，以立体化的渠道优势，加上权威、及时、互动性和体验性强的新型城镇化政策及宣传内容，为新型城镇化政策的社会化打好基础。

一是搭建新型城镇化政策宣传发布网络平台。方案一是鼓励基层党支部积极利用各种网络资源，在腾讯、新浪、搜狐和网易等重点商业网站建立党建网页、网上论坛、BBS、微博群上开辟新型城镇化专栏和精品节目，传播新型城镇化政策、措施、进展、工作典型。方案二是由基层群众工作组织牵头，利用局域网络资源，搭建新型城镇化专业网络平台，传播党和政府关于新型城镇化的声音。方案三是依托QQ群、微信、微博、MSN等现代社交媒体，以地域、行业、商铺、楼宇等为单位建立新型城镇化政策推广交流群，发动区域党的群众工作人员行动起来，将辖区内的城乡群众尽可能覆盖到群中，通过交互式、即时性的交流传播推广方式，推动新型城镇化政策深入人心。

二是加强线下群众宣传工作，巩固传统宣传平台和阵地。充分调动区域内的党组织、政府机构及其领导的群众工作组织，运用宣传栏、报纸杂志、广播电视、有线电视、讲师团以及各群众性组织，包括社区社团、行业协会、兴趣小组等，对影响范围内的群众以网络进行配合宣传贯彻，通过线下的实际宣传工作，把党委和政府关于新型城镇化政策的内容、意义、办法、措施、进度在群众中间进行广泛深入的解读和宣讲,帮助城乡群众吃透新型城镇化政策,认识新型城镇化的益处,了解新型城镇化进程。通过线下与线上的信息对照和相互促进、确认和强化,增强城乡居民对新型城镇化政策的认知与认同。

三是搭建新型城镇化工作移动互动平台,构建线下线上双向互动机制。在信息发布平台的基础上,开设官方微博、微信和飞信公众平台,建立无线城镇政务平台,及时发布需要向社会公布的新型城镇化政策措施,广泛征集各级各类党员干部、群众对新型城镇化建设的意见和建议,完善新型城镇化推进工作措施。要利用各种社交互动平台对关系城乡群众切身利益的新型城镇化及其配套措施,以及群众关切的各种经济社会发展和利益问题,第一时间发布权威信息,消除不实或歪曲报道的影响,澄清涉及党的工作的各种误解和疑虑。利用移动互联网新媒体加大正面宣传力度,唱响主旋律,使符合社会发展方向的主流价值体系和健康有益的信息内容得到充分的呈现,确保新型城镇化政策的顺利推进。

(三)组织功能:城乡群众工作扁平化组织模式

组织城乡群众有序参与新型城镇化和将新型城镇化进程中的城乡群众组织起来,是新型城镇化背景下党的群众工作的基本功能之一。新型城镇化各项政策的实施有赖于党委和政府对城乡群众的有效组织,维护新型城镇化的推进秩序和确保新型城镇化按照顶层设计和区域实际顺利发展,同样要以城乡居民的有效组织为抓手。探索新型城镇化进程中的群众组织模式,应以组织工作的有效性和工作效率为主要目标,结合新的城乡一体化发展实际,实践和形成群众组织模式。

结合现代组织理论和城乡社会的实际,我们可以从理念上借鉴现代

新型城镇化背景下党的群众工作模式研究

互联网的P2O O2O模式,以提高组织效率为指导,减少基层群众组织工作的中心环节,实现基层党委和政府与城乡住户和居民的直接对接。从组织学的角度说,这就是要形成城镇社区的扁平化组织模式,即在城镇社区实行社区群众工作的垂直管理,尽量减少层级,包括改变以往区县—乡镇—村的传统组织机构设置模式,建立镇(街)—社区的行政机构设置模式和社区群众工作组织—社区群众住户的组织模式,构建这一群众工作组织模式的根本意图就是减少群众工作的层级,提高群众工作的效率,借用组织扁平化理论,实现党的群众工作组织与具体群众住户和居民的直接对接。

以基层群众工作组织与城乡居民的直接对接为工作原则,新型城镇化背景下城乡群众工作扁平化组织模式包括两个组成部分,一是现实生产生活中的网格化组织模式;二是虚拟状态下的互联网组织模式,即借助互联网的即时通信软件工具实现党组织与党员与群众的直接联系。

网格化组织模式的运作程序:按照"立体化、全覆盖"的要求,根据一定的地理空间和人口分布,将社区(村)划分为若干基础网格,在网格内实行分片包干、设岗定责、责任到人、服务到户。首先,搭建管理服务平台。利用全区社会管理综合治理工作体系,建立区、镇、村三级社会管理服务平台。一是建立区社会管理服务中心,二是建立镇办社会管理服务中心,三是建立社区(村)社会管理服务室。社会管理服务平台主要负责网格的日常运行管理,安排部署、协调解决网格内重要事项。其次,合理设置网格。以镇办为责任主体,将全区划分为"镇办—片区—社区(村)—基础网格"四级网格,一级为镇办网格,二级为片区网格,三级为社区(村)网格,四级为基础网格。基础网格坚持"方便群众、便于管理、规模适度、无缝覆盖、动态调整"的原则,在农村一般按照每100~300户的规模划分,在城市一般按照500~1500人的规模划分。城区基础网格依托住宅小区、楼栋、街巷等划

176

定,农村基础网格依托村庄划定,人口较少的村庄原则上划分为1个网格。网格划分后,全区统一设置网格编码,便于统一管理。再次,健全管理服务队伍。按照"不打破原体制、不削弱原职能、不形成两张皮"的原则,将政法干警、综治信访维稳干部、镇办机关干部、社区(村)党员、群众代表、物业人员等各种力量下沉到基础网格,将工作触角延伸到基础网格,实行"定人、定岗、定责"。基础网格按照"一格三员"(网格长、网格管理员、网格派驻员三类人员)的标准设置。①网格长。镇办网格长由镇办党(工)委书记担任,片区网格长由镇办党政成员担任,社区(村)网格长由社区(村)书记担任,基础网格长由社区(村)两委成员或镇办机关中层以上干部担任。网格长实行"兼管多格"或"专管一格"的管理制度,对网格内的事务承担第一责任。②网格管理员。每个基础网格配备一名专职网格管理员,从镇办机关干部或社区(村)两委成员中选任。网格管理员实行"一员一格、一员多能、一岗多责"的管理制度,负责政策法规宣传、收集社情民意、组织平安创建、代办居民事务、开展文明创建、做好流动人口和特殊人群服务管理等工作。③网格派驻员。网格派驻员实行"一员多格、一员多能、一岗多责"的管理制度,根据城乡差异和网格具体情况确定,由区直相关部门选派。其中,城区网格派驻员的主要职责为政策咨询、受理诉求、治安管理、民事调解、物业管理、城市管理、流动人口和特殊人群服务管理等;农村网格派驻员的主要职责为政策咨询、受理诉求、治安管理、民事调解、流动人口和特殊人群服务管理等。区直相关部门要积极推进工作职能进网格。

在划分网格、健全队伍的基础上,根据网格的地理位置、楼院分布、群众居住等情况,绘制网格图谱,建立网格数据库。在各网格醒目位置设置公示牌,公布网格工作人员的姓名、照片、电话号码、工作职能等信息,统一制作发放民情联系卡,方便居民沟通联系,自觉接受社会监督。

互联网组织模式的运作程序：一是以大数据提升组织管理水平。要重视大数据在基层群众工作中的价值，重点建好村(社区)干部、大学生村干部队伍、第一书记队伍、基层党务工作者、软弱涣散党组织数据库，广泛收集掌握基层队伍、基层组织基本信息，通过对这些数据进行专业化处理，使数据实现增值，为基层群众工作组织开展自身建设和群众组织工作提供科学依据。二是加强网络党建，推进组织工作在线化。随着越来越多的党员由单位人变成社会人、农村人变为城里人，为确保流动党员"离乡不离党""流动不流失"，需要把"支部建在网上"。这既需要组建"虚拟化"的网上支部，打破时空界限和身份壁垒，把不同领域、不同行业、不同单位的党员通过网络聚集到一起，又需要组建"网络化"的实体支部，把基层党支部搬到网络虚拟社会。通过"网上组织生活大厅"、网络论坛、"恳谈交流室"等阵地，组织党员干部开展"三会一课"等组织生活，实现政治学习网上开展、主题活动网上布置、思想汇报网上进行、发展党员网上讨论。进一步加强"在线选举""在线民主评议"等活动方式，充分听取党员意见，保障党员权利，推动党内民主健康发展。三是以互联网实现群众工作组织与基层群众的组织联络。通过"互联网+计算机+手机终端"，打破时空障碍、管理层级，将每一名党员连接在一起，实现"网络党组织+地方党组织+基层党组织+党员"的快速、无缝连接，解决党组织联系城乡群众的"最后一公里问题"。四是依托QQ群、微信群、微博等载体，以地域、行业、商铺、楼宇等为单位建立网络群，通过网络群实现基层群众工作组织与广大城乡群众的直接联系，及时通过社交媒体发布新型城镇化工作信息，通过社交媒体群和网络平台加大对基层群众的跟踪和组织管理。

(四)服务功能:"4+X"服务代理模式

新型城镇化对于广大城乡群众而言是一次深刻的生产生活方式的转型。通过新型城镇化,数以亿计的乡村居民要进城生活,广大城乡群众要经历由粗放的农村生活环境进入集约化的新型城镇生活的根本转变,在这场转变中广大城乡居民要面临大量来自生产生活各方面的前所未遇的新情况新变化,从拆建还迁到征地补偿等各种新型城镇化政策的落实和兑现,从生活环境到务工就业,从住行娱购到生老病死等各种日常事务,诸多进城前后的操心事和很多不适应的新情况,都会为新型城镇化的顺利实施造成障碍,需要党委和政府组织广大群众工作组织和人员为城乡群众提供更多贴心实用的服务。可以说,服务不但是新型城镇化背景下党的群众工作的基本职能,而且服务工作做得好坏与否更是关系新型城镇化能否顺利实施的关键一环。

新型城镇化的实践表明,新型城镇化中的城乡群众更需要贴心的服务,但从各级群众工作组织的角度讲,服务就意味着责任,只有建立起责任明确的服务管理机制和落实机制,才能为城乡群众提供周到的服务。为此我们在探索新型城镇化背景下党的服务群众工作模式时,不仅要顾及群众需要什么样的服务,还要探索必要的机制将这种责任落实到位。基于这一考虑,我们建议实行"4+X"服务代理模式。

所谓"4+X","4"就是四位一体的机构管理模式,即把原来村街组织优势与社区管理优势相结合,建立以党组织为核心,以居(村)委会、业主(村民)委员会和物业公司为主体的管理模式。这种管理模式可避免部门间相互推诿、扯皮的种种弊端,充分为居民服务。"X"就是各种村(居)民服务需求。新型城镇化是一个社会转变过程,在这个过程中,村(居)民的

新型城镇化背景下党的群众工作模式研究

需求有阶段性变化,比如在城镇化前期,居民在征地政策、拆迁补偿、临时住房、就业安置方面需求迫切,而在后期当乡村居民进入新型城镇以后,劳动就业、养老保险、医疗保险、社会保障、民事调解、户籍办理、售水售电等居民生活的方方面面的需求又上升为居民的迫切需要,为此我们针对这些变化,在确定科学合理的管理机制的同时,也要围绕居民不同时期的需求进行协调安排服务事项,关键是要充分发挥广大基层党员干部的作用,将服务群众的各项工作做实做细。

"4+X"服务代理模式的运作程序:

一是针对新型城镇化动员启动初期城乡群众的需求,探索实行"4+10"服务村民代理模式。即以党支部、村委会、片长、服务队"四位一体"的乡村管理模式为基础,以此为群众工作协调机制,调动基层党员干部和群团组织,开展"政策宣传员""法律讲解员""城镇化督导员""民情联络员""征地联络员""补偿联络员""安置服务员""拆迁协调员""矛盾调解员""发展指导员"等"十大员"进农家活动。以村(居)为单位,发动辖区内党员干部和在职党员干部每人负责5~10户居民,登记群众需求,组织基层党员干部在了解群众需求后,针对每家每户的需要开展不同的"十大员"进农家活动,为村(居)民参与新型城镇化提供贴心的代理服务。

二是针对新型城镇化实施过程中城乡群众面临的实际,探索实行"4+10+5"服务村民代理模式。就是在坚持"4+10"代理服务的同时,充分利用原有村街干部的组织优势,按党总支下设党支部、党小组的组织设置模式,健全完善基层组织,深入到每一位居民。在全社区设立党总支,每个党总支设立若干个党支部,每个支部下设5个党小组,每个党小组分别负责30—50户居民,每个党小组下设便民服务岗、公益奉献岗、治安防范岗、卫生维护岗和救助帮扶岗,每个岗位都落实到人,使社区内事无巨细都可以找到直接负责人，并由各岗为所负责的居民提供相应的代理服务，保证每名居民的需求能够得到重视和落实。

三是针对劳动就业、养老保险、医疗保险、社会保障、民事调解、户籍办理、售水售电等居民生活方面的需求，努力做到不出社区一站式解决。通过在村居设立爱心超市、电子图书室、书画室、乒乓球室、全民健身武术基地、舞蹈室等便民设施和活动场所，并依托这些设施和场所建立群众服务组织，不仅供社区居民休闲锻炼，更为居民在生活聚居区提供各种贴心的便利服务。

(五)团结功能："新型城镇化政策＋"模式

新型城镇化作为国家决策层因应我国诸多深层次经济社会问题而采取的战略性选择，是从根本上扭转多年城镇化所积累的问题与困局的战略性决策，也是从战略角度更好地保障和发展广大城乡群众在城镇化过程中的根本利益的战略性决策。各地新型城镇化政策的制定和实施，是对中央关于新型城镇化政策的贯彻落实，是区域城镇具体情况和问题的工作方案，同时也是对事关区域内城乡群众关切的各种眼前和长远利益问题的机制性解决举措。科学的新型城镇化政策是决策城乡各种二元结构问题和发展差别问题的治本之举，科学地制定和实施新型城镇化政策理应得到广大城乡群众的积极拥护和广泛参与。可以说，新型城镇化政策本身是我们团结和凝聚城乡群众，巩固和增强党的新型城镇化群众基础的"黏合剂"，贯彻落实好中央关于新型城镇化的一系列决策精神，领会运用好各级各部门关于新型城镇化的一系列政策精神，研究制定好本地推进新型城镇化落地实施的一系列政策措施，因地制宜地执行好符合地方实际的新型城镇化政策和办法，是我们将广大城乡群众团结在新型城镇化

新型城镇化背景下党的群众工作模式研究

这驾列车上,凝聚在党委和政府周围,切实推进新型城镇化政策社会化的施策之要。

"新型城镇化政策+"模式,突出了城乡群众关心的切身利益问题,在党委和政府的带领下,这里的利益已经不仅是眼前的经济利益,还拓展到了关系城乡群众长远的发展利益、保障利益、生态利益等各个方面。以新型城镇化政策来团结群众,就是要让群众从心里认识到党委和政府所制定实施的新型城镇化政策是为群众着想、为群众所期盼的城镇政策,做到了这一点,党团结群众的目标就会实现。可见,以制定好、落实好、实施好新型城镇化政策作为党在新型城镇化背景下团结群众的基本策略和方式方法,是党团结群众所依赖最基本的政策性资源。同时,我们也要看到,党在长期的革命建设和改革中形成了诸多行之有效的团结群众的方式方法,面对复杂的新型城镇化政策执行情况,党在新型城镇化政策实施过程中需要通过各种具有润滑、宽慰、鼓励作用的群众工作为改革发展保驾护航。因此,新型城镇化背景下党的群众工作的团结功能,需要实行"新型城镇化政策+"的团结工作模式。

"新型城镇化政策+"的团结工作模式的运作程序:一是以科学合理、缜密可行的新型城镇化政策落实为主体,以新型城镇化政策的实施步骤为基本环节,组织实施群众工作介入式听证、座谈、协商、反馈、改革辅助工作,使广大城乡群众在接受党委和政府宣传、推广、服务的同时,主动认识和体验新型城镇政策,真正使广大城乡群众对政策做到心中有数、诉求有处可诉、难处有人可依。二是对新型城镇化政策的制定和实施坚持问计于民。坚持城镇化动议问计于民,政策制定问计于民,安置方案、户型设计问计于民,疑难问题、历史沿革问计于民,突发事件、矛盾处置问计于民,什么都不背着群众,吸收群众的合理化建议,充分保障群众的知情权。坚持开门定政策，广泛征求村干部和村民代表意见，尽可能让政策更加公平、合理、惠民。制定政策注重政策导向，不让老实人吃亏，不让投机钻营者得利。三是围绕新型城镇化政策的推进落实广泛开展群众凝聚慰问工作。以各种体现党委和政府高度重视和关心城镇化进程中的群众生产生活所急、所盼、所需的"走访慰问送温暖"，五保低保特殊人群关照，关键时期群众情绪疏导，文化、法律、政策进社区（下乡），代表基层群众维权等群众工作样式，以实际行动充分体现党委和政府与群众心连心、始终与群众在一起的姿态和形象。四是扎实组织开展新型城镇化网络群众参与活动，既使城乡群众运用网络表达诉求、汇聚民智，又通过网络充分调动城乡群众参与新型城镇化的积极性和主人翁责任感。其一，通过开展"网上咨询""网上调查""网上征求意见"等活动，把"上网络"作为新时期组工干部"下基层"团结群众的重要方式，在出台重大政策制度、工作部署之前，与网民沟通交流，汲取网民智慧。其二，搭建网络信访平台，实行网上定期接访，对党员群众反映的问题，及时协调相关部门办理和反馈，切实维护党员群众的具体利益。其三，搭建起网上网下互联互动的服务平台，服务发展、服务民生，协同党员服务中心、社区服务中心和志愿者服务组织，做到"有疑问网上查询，有困难网上求助，有需求网上满足"，为党员干部和广大群众提供无界域、"一站式"、全天候的公共服务。①

---

① 夏行、方永军：《网络环境下"智慧党建"的理论模型构建及实现路径》，《领导科学》，2011（12月上），第41~42 页。

第二节　以征地拆迁为中心的
"一线四公三化"群众工作模式

一、模式概述

作为城镇化的一个新阶段，新型城镇化尽管是以土地的集约化科学化利用为目的的城镇化，但是新型城镇化过程中仍然不可避免地要有大量的征地拆迁工作需要完成。据统计，在城建项目总投资中，征地拆迁的费用约占整个工程费用的60%，在人口密集的老城区，这个比例甚至更高。而征地拆迁的工期往往是难以预计和控制的。因此，征地拆迁顺利与否，是整个工程能否顺利推进的重要前提。[1]而在现实工作中，征地拆迁是一项政策性强、敏感度高、涉及面广、利益关系复杂的难点工作。因此，做好征地拆迁过程中的群众工作就成了新型城镇化阶段党的群众工作需要面对的一项重要课题。

征地拆迁不仅是新型城镇化需要经历的一个重要环节，也是新型城镇化政策社会化所要经历的一个重要过程，同时也是实现新型城镇化政策社会化的一个重要工作契机。因为征地拆迁的过程是城乡群众与党委和政府密切接触和新型城镇化政策在群众中间集中落地的一个阶段，征地拆迁既是新型城镇化的一个关键环节，同时也是实现党的新型城镇化政策社会化的一个重要载体。党的群众工作组织为了征地拆迁所开展的

---

[1]　李桂兰：《浅谈征地拆迁工作中的协调技巧问题》，《广东技术师范学院学报》，2007年第4期，第63页。

群众工作都是推动新型城镇化政策社会化的具体举措。鉴于新型城镇化的新的阶段性特征,总结各地征地拆迁、补偿安置过程当中的群众工作的现实要求,我们主张探索实施"一线四公三化"的群众工作模式。

征地拆迁中面临的主要任务是征收土地、拆迁房屋、迁坟,以及征地补偿款兑现和拆迁群众安置等具体的刚性工作。但这些工作任务在城镇化过程中不是孤立的,而是需要综合施策。若想让群众接受宅基地拆迁要求,就必须为拆迁涉及的群众做好还迁之前的临时安置和社会服务工作,这些问题都涉及拆迁能否顺利进行。我们无法预测征地拆迁过程中的一些具体的细节但是我们可以确定的是,整个征地拆迁过程是围绕:宣传发动,普及政策—解释政策,描绘蓝图—调查研究,完善方案—公开政务,感化说服—利益兼顾,依法协调—维护群众权益,监督阳光征拆等关键环节和工作项目展开的,这些任务和要求表明,在征地拆迁这项工作的具体过程中,党的群众工作仍然需要将群众工作的各项常态化功能综合运用。我们在这项具体工作中仍然是要以推动新型城镇化政策的社会化为导向,探索原则性功能模式,而不是实行过程性功能模式,以此为视角来理解"一线四公三化"模式的内涵就是:"一线",是指要坚持一线策略——进驻一线、投入一线、一线服务;"四公"原则是指要坚持公开、公正、公平、公心的工作原则;"三化"要求是指工作中要做到标准化、扁平化、精细化三项要求。

二、模式要素分析

征地拆迁是城镇化必须面对和解决的一项重要工作任务,在这一阶段开展党的群众工作具有特殊的功能指向性,党的群众工作组织需要针

新型城镇化背景下党的群众工作模式研究

对新型城镇化的新要求新部署及时调整自身的功能定位，对新型城镇化过程中的征地拆迁任务做出适当的功能调整。而这一调整的基础就是要对新型城镇化征地拆迁过程中党的群众工作的基本要素加以分析。征地拆迁作为新型城镇化的一个特殊阶段，其基本要素与我们上文所分析的内容没有根本性区别，只是这一阶段的群众工作更加具体，功能指向性更加明确，因此其工作要素也更为具体明确。

从主体来看，各地在推进征地拆迁工作的实践中，大部分地区都是采取集中调配机关党员干部和基层党员干部，集中力量协同开展城乡群众的征地拆迁工作。负责征地拆迁工作的党员领导干部类似于一个临时组建的专业化的群众工作团队，可见征地拆迁过程中党的群众工作主体主要是具体负责这项工作的党委和政府工作机构和为完成这项工作而集中调配的各级党员干部群体。其客体就更具体，主要是接受住房宅基地和集体土地拆迁征收的城乡住户居民，这部分城乡居民的身份因其对土地所有权的需求而具体、明确。

新型城镇化过程中，针对征地拆迁开展群众工作，其目的就是要顺利推进征地拆迁工作，以为新型城镇化集约科学地利用现有的城乡土地提供条件。而其目标是完成党委和政府在区域内实施新型城镇化所需解决的拆迁任务和征地面积，在确保城乡社会和谐稳定的基础上完成区域征地拆迁目标。

征地拆迁过程当中的群众工作内容极为具体繁杂，包括新型城镇化政策的意义和内容、征地拆迁的宣传发动、争取群众支持和理解、对征地拆迁农户土地进行调查、对拟征土地宅基地和地上附着物进行评估公告，接受群众监督，占地附属物的清点、登记、补偿等工作；深入群众与群众协商征地拆迁补偿安置，是以集中兑现补偿资金为主要内容；合理解决群众

第五章 新型城镇化背景下党的功能－调适群众工作模式

迁坟是妥善处置群众丧葬事宜;妥善安置拆迁群众临时居住,对应丈量土地房屋面积发放补偿等问题引起的群众上访和纠纷及时进行处理,疏通居民情绪。维护拆迁群众合法权益,加强对执法执行机构的监督,妥善解决困难群众和特殊人群的生活实际困难,促进城乡社会和谐等。具体的工作任务是要解决好拆迁补偿、拆迁管理、拆迁安置、土地利用、土地流转、土地征收、拟征土地承包和征地拆迁纠纷处置等工作事项。

征地拆迁过程中党的群众工作面临的具体矛盾,是接受征地拆迁的城乡群众对新型城镇化土地补贴政策的期望与新型城镇化政策本身的差距,以及党委和政府对征地拆迁过程中城乡群众的期望与城乡群众的现实表现之间的矛盾。由于工作任务已经具体化,这其中的关系也更为具体,这里的关系双方一方为党委和政府,另一方就是城乡群众,党的群众工作组织在征地拆迁过程中主要就是为了协调党委和政府与征地群众之间的关系和矛盾。

征地拆迁是新型城镇化过程中的一个具体的时间段,这个时间段由党委和政府启动新型城镇化征地拆迁事宜,直到征地拆迁任务完成为止,登记拆迁过程中的群众工作就是以此为时间的起止点。新型城镇化征地拆迁中的群众工作具有明显的区域性,村(居)、乡(镇)辖区单位是其具体的工作空间。

在征地拆迁过程中,各级党员干部和党委和政府工作机构必须坚持与城乡群众在一起,坚持以人民为中心的发展理念,以城乡群众的利益为重,以维护群众的生存利益和发展利益为工作出发点和征地拆迁的最终目的。只有坚持这样的工作策略整体拆迁工作才能够顺利进行,新型城镇化政策也才能够得到城乡群众的拥护和支持。

在方法上,面对接受征地拆迁的城乡群众开展群众工作是直接在第

新型城镇化背景下党的群众工作模式研究

一线对群众开展工作，是一个与老百姓直接打交道和与群众联系最密切的工作，党员干部在征地拆迁过程中应运用言传与身教并重、身教重于言传的方法，用党员干部的实际行动影响带动群众；注重相信群众、依靠群众，运用群众、带动群众、组织群众、教育群众的方法；注重运用典型示范的方法，在工作中注意选树先进典型；注重按政策办事和以情动人相结合，既要严格按照整体拆迁的相关政策落实好整体拆迁补偿事宜，又要处理好原则性与灵活性的关系，针对困难群众和特殊群众的实际困难，为群众提供必要的帮助，用真情实意打动和感动城乡群众。

征地拆迁工作是与群众进行面对面的直接接触为主的群众工作，基层城乡群众所能够接触到的环境系统，是这个过程中群众工作重点考虑的环境因素。其中主要是村居等群众聚居区的社会环境，特别是群众所能够受影响和接触到的直接环境因素。比如当地的水资源状况、矿产资源状况、山林和土资源状况，以及区域内的历史文化传统和良好的乡风民俗、村规民约等传统城乡治理机制。上述资源状况的使用和利用情况，以及当地历史文化传统的因素都会影响城乡群众对新型城镇化的接受程度和执行情况。

征地拆迁工作对群众开展工作，要充分利用基层城乡群众密切接触和使用的各种媒介，既要注重运用传统工作介（主要是两大类：一类是基层党员干部与城乡群众面对面的直接开展工作，一类是以村居为单位的局域性传播系统），同时也要充分考虑到当前城乡群众对各种新兴媒体的广泛接触和应用，综合运用网络传播平台和新媒体传播网络对接受整体拆迁的群众进行思想疏导和政策解释工作。

三、运行程序和要求

(一)"一线"策略：进驻一线、投入一线、服务一线

对于在征地拆迁过程当中开展党的群众工作，一线原则是党的群众工作组织必须坚持的首要策略。所谓一线策略就是党员干部开展征地拆迁工作必须进驻一线、投入一线、服务一线，坚持与接受征地拆迁的城乡群众紧密联系、密切交往、及时协商，真真正正与接受征地拆迁的群众打成一片，真正了解这些群众的想法和愿望，真正帮助这些群众解决实际生产生活困难和问题，能够在第一时间为这些群众提供党委和政府提供的各种便利与服务。

一是组织党员干部深入每家每户提供零距离服务。各级党委和政府在各自辖区内要调动骨干力量，选派得力干部集中开展驻村入户工作，实行区、镇、村"三级联动"，为当地新型城镇化征地拆迁工作的顺利开展提供强有力的组织和人力保障。尤其要选派精力充沛、工作有干劲的中青年党员干部和相关工作人员进驻一线，抽调各部门工作能力强、熟悉基层工作的干部投入一线，对驻村干部协调分组、责任到人，针对征地拆迁群众不愿搬离故土、不愿迁移祖坟、在外租房周转不便等思想顾虑和实际困难，组织工作组将服务阵地前移，始终带着感情工作，坚持不懈地蹲在一线，24小时待命为群众答疑解惑，主动上门讲解政策，和群众交朋友，为群众提供零距离服务，以心换心赢得群众理解与支持。二是按照实际需求提供针对性服务。要对征地拆迁村居群众实际生活状况进行深入调查摸底，对征地拆迁群众的实际生产生活需求进行分门别类的排查摸底，对征地拆

迁目标村(居)在征地拆迁过程中普遍存在的家庭和邻里纠纷,缺乏必要的土地政策和维权知识,需要适当的法律援助和心理干预,针对各种生活实际困难的情况,组织、抽调、聘用律师团、司法工作者、心理咨询师等专业人员,配合驻村干部开展免费咨询和调解服务,在征地拆迁的村(居)建立"流动司法所"调解相关矛盾和问题,法务人员进村入户调解家庭和邻里纠纷,将各种矛盾化解在签约之前,确保征地拆迁工作的顺利推进。

(二)"四公"原则:公开、公正、公平、公心

"不患寡而患不均"是中国传统社会普遍存在的一种社会心理现象。征地拆迁工作中,群众普遍存在着"三怕"思想:一怕补偿政策多变,导致先拆的吃亏;二怕干部办事不公,使得"老实人"吃亏;三怕带头拆迁生事,遭到其他户的反对。不患寡而患不均,实践证明,政策不透明、补偿不公平是造成征地拆迁历史遗留问题的"罪魁祸首"。比如我们在通州区杨凌新城征地拆迁过程中就了解到,对于拆迁,群众普遍担心:一是补偿政策会越来越高,先征收的以后吃亏;二是工作组征收时,办事不公道,老实人容易吃亏;三是带头同意征收,会引起其他农户不满,甚至一些"顽固分子"会对其敌视。[①]由于这些思想的存在,导致一些现象:一是希望征收工作尽量往后拖,等待补偿政策更优惠,获得更多的利益;二是希望工作组让步开口子,期望获得更多政策外的补偿;三是希望拆迁后的安置早日有着落,耗时间寻求照顾。在开展新型城镇化背景下党的群众工作调查(Ⅰ)党员干部问卷时,当问及"您觉得动员您周围的群众响应党委和政府的城镇化号召的关键是什么?(可多选)"的问题时,"公开、透明"选项的选择率是

---

① 赣州市人民政府网:《用群众工作方法推进征地拆迁》,网址:http://www.ganzhou.gov.cn/zwgk/zwdt/qxdt/201308/t20130813_769910.htm,2017年5月22日。

100%,具体情况如下:

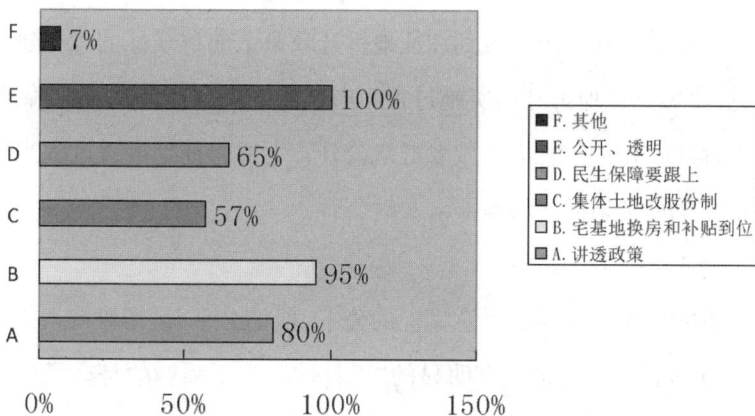

因此,党的群众工作组织新型城镇化征地拆迁过程中,坚持公开、公平、公正、公心四项原则,并通过具体的方式方法将市场原则贯彻到群众工作中去,这一点在保证整体拆迁工作按时顺利完成方面发挥着决定性作用。

1. 公开

征地拆迁工作能不能做到全程公开,是政策执行者能否取信于民,能否顺利贯彻落实区域新型城镇化政策的关键。因为征地拆迁是涉及城乡基层群众切身经济利益和各种生活生产环境的一个重要环节。在这一阶段,城乡群众情绪敏感,易受各种信息和捕风捉影的社会流言的影响。归根结底是因为城乡群众害怕在这一过程中出现舞弊贪腐等寻租行为,使自己的利益受到侵占,自己受到不公正的待遇。一句话,城乡群众害怕在征地拆迁过程当中出现腐败。阳光是最好的防腐剂。解决城乡群众这一顾虑的根本途径,就是将征地拆迁工作完全置于阳光之下,做到政策公开、方案公开、政务公开、征询公开,实施公开、信息公开、结果公开,使城乡群众能够全程了解新型城镇化的推进过程和征地拆迁的各个执行环节。具体的执行要求是：一要政策公开，二要公开征地拆迁方案，三要彻底做到征地拆迁政务公开，四要做到在征地拆迁政策上向群众征询意见建议要公开，五要做到征地拆迁的实施过程面向城乡群众全程公开，六要做到关于征地拆迁的相关信息面向城乡群众公开，七要将征地拆迁过程当中各种决策和执行结果面向城乡群众及时公开。

2. 公平

这里的公平是社会公平意义上的公平。所谓公平，是指对待人或对待事要"一视同仁"。公平带有明显的"工具性"，它所强调的是衡量标准的"同一个尺度"，即用同一个尺度衡量所有的人或所有的事，或者说是强调一视同仁，用以防止对不同的人和不同的事采取不同标准的情形发生。公平强调客观性，带有价值中立的色彩，工具性强，或者从一定意义上讲，它只是操作层面的事情。公平只需遵循"同一标准"的规则。所以有时公平的事情未必是公正的事情。①在征地拆迁过程中贯彻执行公平原则，具体的讲就是要执行政策公平、标准公平、程序公平这三项要求。

一是党的群众工作组织要发挥好党员与群众之间的桥梁与纽带作用，伸开触角了解群众的愿望和要求，帮助群众向党委和政府反馈他们的诉求和希望，协助党委和政府在充分调查研究的基础上，制定符合绝大多数城乡群众希望和要求的新型城镇化政策，尽最大努力使这一政策最大限度地满足城乡群众的发展要求，帮助党委和政府制定一套公平的征地拆迁规则和标准，同时也使这项政策能够公平地对待政策涉及的区域群众。

---

① 吴忠民：《"公正"与"公平"之辨》，《光明日报》，2007年8月14日。

二是在制定拆迁征地补偿标准、补偿办法等政策时，标准要一视同仁，在执行的过程中对城乡群众也要一视同仁，做到一个标准执行到底、一把尺子量到底。比如北京市通州区在阳岭新城征地拆迁过程中，贯彻一把尺子量到底的做法，做到不让先拆的吃亏，不让"老实人"吃亏，不让后拆的占便宜，成为解决征地拆迁难题的关键诀窍。对于积极配合的拆迁户，尽快帮助其解决具体问题，办理手续；对于观望户，不厌其烦、耐心细致地讲解政策，帮其算好"经济账"，促其尽快下定决心拆迁；对于有抵触情绪的拆迁户，认真听取他们的想法和意见，不失时机地加以引导，逐步消除疑虑，使他们变抵触为接受和理解。[①]

三是要注重程序公平。程序公平是体现新型城镇化政策公平的重要指标和形式，群众工作在新型城镇化政策执行过程中要体现程序公平，就应该做到拆迁服务机构人员信息全员公示、公开透明，测绘、评估、拆迁人员与机关干部、村工作人员混合编组、执证上岗、同进同出、全程录像，最大程度挤压寻租空间。要具体地将政策公平、标准公平、程序公平三者结合在一起，各地可以借鉴北京市通州区在棚改过程中执行的"六方认定、五审公示"工作法：六方主体单位（一级开发公司新奥集团、潞城镇政府、村集体、拆迁公司、测绘公司、评估公司）坐在一起共同对被拆迁人、新老宅基地、宅基地面积、被安置人、经营面积五个方面的信息进行审定并共同签字确认，不得单方面更改，以上事项公示三天无异议后方可作为补偿依据。每位老百姓既是监督者，又是被监督者。审计、法务人员全程列席监督，保留音视频档案备查。在六方中最重要的一方是村集体，由村五人小组来代表，包括支部书记、村主任、党员代表、村民代表、有威望的老人，公

[①] 赣州市人民政府网：《用群众工作方法推进征地拆迁》，网址：http://www.ganzhou.gov.cn/zwgk/zwdt/qxdt/201308/t20130813_769910.htm，2017年5月22日。

示信息中特意把村五人小组自家的公示内容标红,便于群众监督。①

3. 公正

公正,就是要"给每个人他(她)所应得的"。公正带有明显的"价值取向",它所侧重的是社会的"基本价值取向",并且强调这种价值取向的正当性。由于公正强调价值取向的正当性,所以它不仅重视事情现有的状况、结果是否符合公正的要求或规则;同时为了保证事情现状、结果的公正性,公正还必须重视造成和产生这种现状、结果的程序公平性问题,而程序公平的一项最为重要的内容便是必须遵循"同一标准"即公平的准则,用以防止某些社会成员以双重或多重标准来满足自身的私利却损害其他社会成员的利益,从而造成一种有所区别对待的不公正的社会状态。②

4. 公心

所谓公心即公正之心,也就是为公众利益着想的心意;它是针对私心而言的社会心理。所有参与新型城镇化的党员干部都必须保持公心,也就是要为绝大多数群众的利益着想。只有让城乡群众真正体会到组织新型城镇化的党员干部是出于公心来推动工作,才能真正取得广大群众的理解与支持,才能在遇到问题时得到城乡群众的信任和拥护。比如在开展新型城镇化背景下党的群众工作调查(Ⅰ)党员干部问卷时,当问及"党组织该怎样做才能进一步增强对群众的吸引力(可多选)"A32的问题时,"改进作风,带动改善社会风气;以身作则,远离腐败"等选项排名居前,具体情况如下:

---

① 高斌:《棚改的"通州模式"》,《前线》,2017年第5期,第80页。
② 吴忠民:《"公正"与"公平"之辨》,《光明日报》,2007年8月14日。

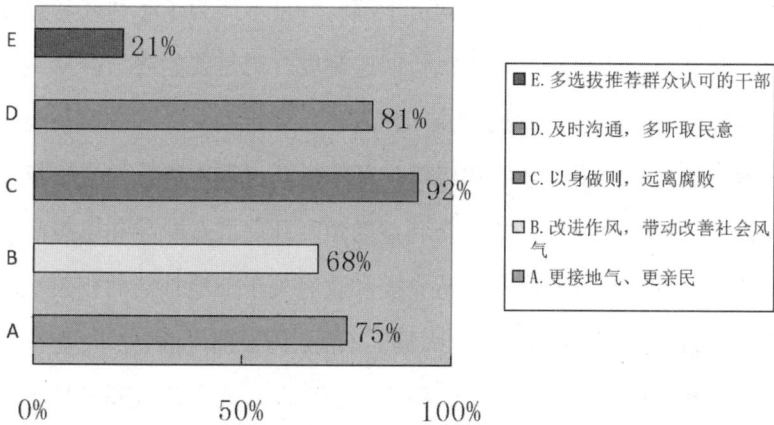

当问及"在农村居民进入城镇落户后,您觉得党组织该怎么做才能让进城的群众团结在党组织周围(可多选)"A.30的问题时,"B.党组织要围绕群众实际生活需求开展工作;C.党组织必须与群众利益站在一起,代表和维护群众利益;D.关心群众尤其是弱势群众的实际困难,体现党组织维护社会公平正义的主导作用"等选项的选择率都超过了80%,具体情况如下:

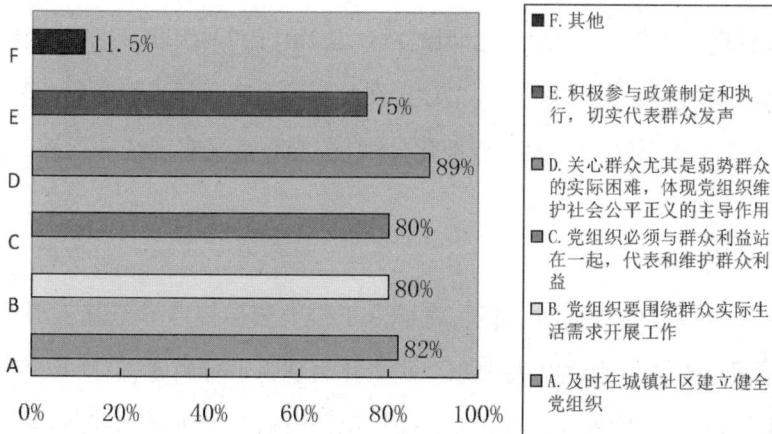

这就要求参与征地拆迁的党员干部，一是不能为了私利或者是亲属朋友的利益而滥用公权，坚决执行回避制度。二是要始终与群众站在一起，为群众的利益着想。党的群众工作者不仅要推动党委和政府新型城镇化政策的贯彻和落实，还要积极维护征地拆迁过程中群众的合法权利和利益，从维护群众权益、保护群众利益的角度开展群众疏导和思想政治工作，使群众打心眼里赞成和支持党委和政府关于征地补偿的相关规定和政策措施，自觉维护新型城镇化大局。三是党员干部说话、办事、作决策都要从维护村镇集体的角度出发，使广大城乡群众切实感受到党员干部所做的工作是为群众利益着想，是为集体利益着想，时时处处体现公心。公生明，廉声威。群众只有认可党员干部的公心，才能真正跟着党员干部为他们指引的方向走。

(三)"三化"要求：标准化、扁平化、精细化

1. 标准化

标准化表现为流程标准化、组织标准化和任务标准化。流程标准化是指征地拆迁全过程的标准化流程，并将每一步工作都细化为若干衔接有效的标准化步骤。组织标准化即设立区(县)镇(街)两级联合指挥、区镇村三级联动的标准化模块式组织结构。在此基础上实现任务标准化，即将各村、各街征地拆迁的任务进行细化分解，按实际情况实现统一指挥、步调一致、协同行动。

2. 扁平化

征地拆迁任务重、时间紧，将群众工作力量尽快传导至基层群众中间，是做好群众工作的客观要求。扁平化表现为平行调度、信息共享和竞争合作。平行调度即在标准化基础上，靠前指挥、力量下沉，区级领导下沉

到镇调度会，镇级领导下沉到村级调度会，村级指挥部成员直接包组包户，区镇指挥部直接对各村棚改进行平行调度。信息共享即借助信息化技术手段，通过建立不同层面的网上信息平台、微信群、局域网及控制中心，在各村各组实现信息实时共享。竞争合作即通过标准化设定、模块化运行、军团化管理，引入竞争机制，形成相互竞争、争先恐后做工作的良性互动效应。

3. 精细化

精细化表现为精准施策和细节管理。精准施策即通过信息技术手段，签约排序时间精确到千分之一秒，实现竞争性签约选房的精准化；签约和选房现场建立局域网，通过数据和音视频传输，实时查看房源销控，实现工作部署和信息反馈的实时同步；搭建覆盖各村的智能化视频指挥监控系统，安装视频探头，对现场进行实时监控，第一时间发现和处理问题，实现对签约现场的实时精准调度。细节管理即多轮次入户调查，多角度宣传政策，建立重点问题、重点人、关系人三本台账，紧盯每一个问题，不放过任何一个细节。[①]

第三节　在"村改居"过程中的功能
衔接式群众工作模式

新型城镇化之新很重要的一个内涵就是新型城镇化是人的城镇化，也就是进城农民的市民化。作为一个人口素质的结构性变化的重要指标，人的城镇化或市民化需要经历一个漫长而复杂的过程，这里既需要进城

---

① 高斌：《棚改的"通州模式"》，《前线》，2017年第5期，第79~82页。

农民的积极适应与调整，还有一个重要的因素就是需要城镇管理者对社会治理、社区居民引导和服务做出适当的调整，从原先的农村社区管理模式改变为城镇社区管理模式，从外在管理和引导机制上促使和帮助广大进城农民尽快适应城镇生活，加快进城居民的城镇化。这里提出了对城镇管理的一个重要命题，即处于农村向城镇转化过程中的基层群众管理和服务要加快实现转型，在进城农村市民化问题上发挥引导和促进作用。经过调研我们发现，在这个复杂的转型过程中，从时间节点和城乡管理模式的转换角度，"村改居"是一个典型的城乡社区转换阶段，在这个阶段不仅在体现农民进入城镇的适应期状态方面具有典型意义，在农村社区和城镇社区的组织机构和功能转换方面同样具有典型意义。尤其是随着城镇化进程的加快，由农村转变而来的城镇社区越来越多，"村改居"是城镇化过程中原有的乡村因城镇化转变为城镇社区的一个较为普遍的过渡阶段。党的群众工作在这个过程中的作用和使命同样面临一个节点式的转变，党的群众工作要在新型城镇化过程中推动人的城镇化问题上发挥作用，就必须以"村改居"为契机，加强对党的群众工作功能转换方面的模式探索。

"村改居"，主要是指是在城镇化过程中地处城市边缘或城镇开发范围内，现已纳入城区管理体系的，因经济社会发展和社区管理的需要，将原村两委管理的农村社区管理模式，改为由城镇社区居委会来管理的社区管理模式的转换过程。"村改居"是一个基层社会管理组织在组织结构、管理方式、社会功能方面复杂的转变过程。比如有研究者指出，"村改居"由原村委在原村委会的基础上，通过基层自治组织改建、集体资产股份化运作、村民身份变更等工作，实现就业非农化、资产股份化、福利社保化、居住城市化、服务公共化的预期目标。①尤其是基层社会管理组织的功能呈现出由以村集体经济建设组织管理职能为主，转而以城镇社区居委会的社区服务为主要功能。不论是原村委会还是城镇社区居委会，都是基层党的群众工作的主要执行机构，因此基层群众处治组织在社会功能上出现大的转变，党的基层群众工作的功能势必也会出现相应的转变，而且这种基层社会管理职能的深刻改变，也决定着基层党的群众工作的功能调整与转变。我们在这里探索"村改居"过程中党的群众工作模式，主要是循着基层社会管理机构功能的转变来开展，我们把"村改居"过程中党的群众工作模式称为"发展经济—社会服务"功能衔接式群众工作模式。

一、模式概述

"村改居"型社区是新型城镇化过程中一种比较典型的城镇化社区过渡过程。这种社区过渡过程最大的特点在一个"改"字，"村改居"是管理体制的改变、组织结构的改变以及组织功能的改变。体制的变化、结构的变化与功能的变化是相互关联、相互影响的。而体制和结构的变化最终要体现在功能的调整与变化上。而这种功能的变化最终要靠作为社会职能执行系统的群众工作系统来体现。

由农村社区过渡为城镇社区，意味着以《村民委员会组织法》为治理原则的乡村将变为按照《城市居民委员会组织法》来组织运转。村民委员会是农村自治组织，社区居民委员会是城市社区居民自治组织。按照《村民委员会组织法》的规定，村委会的主要职责和任务包括：一是宣传贯彻

---

① 戚锡生：《探析江苏村改居》，《群众》，2014年第8期，第83页。

宪法、法律、法规和国家的政策,维护村民合法权益,教育和推动村民履行法律法规规定的义务,发展文化教育,普及科技知识,促进村和村之间的团结、互助,开展多种形式的社会主义精神文明建设活动;二是依照法律规定,管理本村属于村农民集体所有的土地和其他财产,教育村民合理利用自然资源,保护和改善生态环境;三是支持和组织村民依法发展各种形式的合作经济和其他经济,承担本村生产的服务和协调工作,促进农村生产和社会主义市场经济的发展;四是尊重村集体经济组织依法独立进行经济活动的自主权,维护以家庭承包经营为基础,统分结合的双层经营体制,保障集体经济组织和村民、承包经营户、联户或者合伙的合法的财产权和其他合法的权利和利益;五是举办和管理本村的公共事务和公益事业;六是组织实施本村的建设规划,兴修水利、道路等基础设施建设,指导村民建设住宅;七是依法调解民间纠纷,协助维护本村的社会治安,向人民政府反映村民的意见要求和提出建议;八向村民会议或者村民代表会议报告工作并接受评议,执行村民会议或者村民代表会议的决议、议定;九是建立健全村务公开和民主管理制度;十是法律法规规定的其他职责。

而《城市居民委员会组织法》规定了居委会的六项主要职责和任务:一是宣传宪法、法律、法规和国家的政策,维护居民的合法权益,教育居民履行依法应尽的义务,爱护公共财产,开展多种形式的社会主义精神文明建设活动;二是办理本居住地区居民的公共事务和公益事业;三是调解民间纠纷;四是做好生活安全,社会治安宣传;五是协助人民政府或者它的派出机关做好与居民利益有关的工作;六是向人民政府或者它的派出机关反映居民的意见、要求和提出建议。开展便民利民的社区服务活动,可以兴办有关的服务事业。

由此可以看出,居委会与村委会的主要区别有两点,一是村委会改为

第五章 新型城镇化背景下党的功能－调适群众工作模式

居委会后,居委会的主要社会职能更加凸显出社会协调和服务的职能;二是村委会原先所具有的带领村民发展集体经济的职能不复存在,因为村委会改居委会后,原村民即成为非农户口,不再拥有原村民和村集体所拥有的土地及其所衍生出来的经济权利,原则上以前村集体所积累的经济利益要通过股改等形式按村民意愿对村民进行平均分配。因此,作为居委会将不再具有经济建设领导和管理职能。但是"村改居"的过程,就是实现村委会向居委会职能转变的过程,在这个过程中,两套班子事实上往往是由一套人马在开展工作,也就是多数是原村委会的干部改选为居委会组成人员行使居委会职能,并且还要实现经济职能的剥离和服务职能的强化,以化解在农村管理体制转变为城镇社区管理体制之后可能出现的各种经济和社会问题。因此,我们探索"村改居"过程中党的群众工作模式,最主要的就是要抓住村委会与居委会在职能与任务方面的区别,在搞好两种基层自治组织功能顺利交替的基础上,实现党的群众工作职能的主动调整。

"村改居"过程中,党的群众工作的功能转型在整个新型城镇化过程中具有典型意义,这个过程既是一个由原来的城乡二元结构转而实现城乡一体化的过程,也是一个不断克服城镇化过程中涌现出的各种问题与不足,实现人的城镇化或者说是进城农民市民化的过程,这个过程体现的正是如何实现新型城镇化之新的过程。与乡村社区的组织体系相比,"村改居"社区的居委要按居委法开展工作,必须剥离管理集体经济的职能,而乡村社区的村委则能承担经济职能。这意味着:一方面,需要一个相对独立、能合法承接集体经济的组织;另一方面,需要新生的居委会能够承担起办理居民公共事务和公益事业的职责。探索这个过程中党的群众工作模式,就是要以基层组织经济社会职能的变化为前提,明确这个过程中需要党的群众工作组织重点保障和开展的工作，以此为主线展现党的群众工作在"村改居"过程中的脉络和架构，这样就为我们呈现出党的群众工作的模式框架。

要确定"村改居"的工作框架，首先要确定村改居的工作边界，即要确定村改居这个工作阶段的基本起止范围。"村改居"的主要操作依据是《村民委员会组织法》和《城市居民委员会组织法》，对村委会如何转为居委会，需要什么条件，经过什么程序，虽然没有做出明确规定，但分别对设立、撤销村委会或居委会提出了明确要求。《村委会组织法》第八条第二款规定："村民委员会的设立、撤销、范围调整，由乡、民族乡、镇的人民政府提出，经村民会议讨论同意后，报县级人民政府批准。"《居委会组织法》第六条规定："居民委员会的设立、撤销、范围调整，由不设区的市、市辖区的人民政府决定。"事实上在现实操作过程中，各地普遍把农村户口改为居民户口也就是所谓的"农转非"；农村不再以农业生产，农民不再从事劳动，至少有2/3的农民不再从事劳动，不再以农产品收入为生活来源，作为启动村改居的必要条件。党的群众工作在操作层面上也应以"村改居"工作的启动为介入的起点。而我们探索"村改居"过程中的群众工作模式是为村改居工作提供必要的保证，确保"村改居"完成后社区的稳定和谐，因此党的群众工作保障"村改居"应以城镇社区工作的正常化为阶段性工作结点。

为搞清楚从"村改居"动议启动到该社区工作正常化这段时期党的群众工作的重点任务和职责，我们先后到山东淄博文昌湖区马庄社区、天津市东丽区华明镇、江苏省南京市鼓楼区江东街道江东村和清江村、河北省石家庄市桥西区塔谈村社区居委会、河北省石家庄市新华区留营乡东简良村等地实地考察和调研。比如，东简良村是省城石家庄城中村集体资产股份制改革第一村,也是河北省"村改居"的一个成功范例。截至目前,这个有两千多人口的城中村,拥有桥西蔬菜中心批发市场、华北食品城、木材市场、房地产开发中心等企业,净资产总额达五千多万元。东简良村本着"不改革没出路,早改革早主动"的思路,于2001年7月开始,仅用5个月的时间,就将原来村集体资产的所有权和经营管理权从村委会彻底剥离出来,经专业评估机构对资产评估后,全部量化,以股份形式分配给了村民。同时,村里还取消了各种福利补贴,以"股红"作为唯一的分配方式,通过基本股、劳力股、工龄股、配送股、风险股五种股份一次配置完成,并规定持股人无论身份、居住地如何变化,其股东身份不变,所持股份可以继承、转让。因为村民利益得到了保障,不用再担心集体资产没有自己的份,所以"村改居"得到了广大居民的大力支持。另外,村内剩余的土地转为国有后,由股份制公司统一经营管理,所有取得的收益由全体股民按股分享,消除了村民的后顾之忧。东简良村推行的集体资产股份制改革成功突破了农村城市化综合改革的瓶颈,彻底解决了村集体资产的权属分配难题,为企业引入了科学民主的管理决策机制和监督约束机制,实现了农村管理体制和城市管理体制、集体经济体制和市场经济体制的对接。

通过调研我们认为,"村改居"中党的群众工作需要重点做好的是"三改协商"和"两化服务"。所谓"三改协商",就是党的群众工作要在决定"村改居"成败的三个关键环节——集体经济组织股份制改革和村经济、集体企业与村委会剥离的过程,农民的农业户口转为非农户口的过程,村委会改居委会的过程这三个对农村经济社会现状具有根本性改变的关键环节,发挥政府与村民、村委与村民、村民与村民之间的民主协商和经济协商纽带和桥梁的作用,为"村改居"的顺利实现发挥保驾护航的作用。抓住了"三改"环节,要为"村改居"营造顺利推进的社会变迁环境,必须将群众工作做细,积极提供"两化"服务:以政策服务为主线,在推动城乡一体化过程中促使农村群众适应城镇社区生活,同时创新帮助新社区居民提高素质的服务方式,积极推动进城农民的市民化。"三改协商"与"两化服务"体现了党的群众工作体系在"村改居"过程中的主要目标和内容,但其根本的职能是保证和促进村级组织"发展经济"主要职能转为"社会服务"功能,并保证基层组织在这两项社会职能衔接中发挥润滑和保证作用。我们用下图来展示"发展经济—社会服务"功能衔接式群众工作模式内容体系:

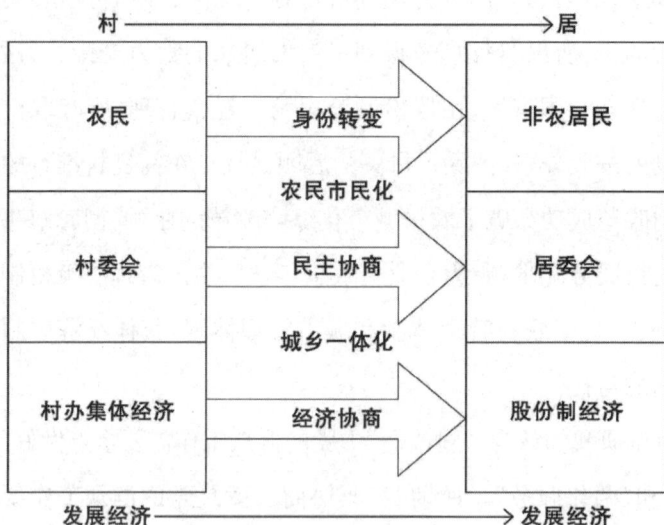

图5-1 三改两化"发展经济—社会服务"功能衔接式群众工作模式内容示意图

二、模式要素分析

"村改居"既是新型城镇化过程中的一个典型的城乡变迁的过渡阶

段，也是一个考验新型城镇化过程中的党委和政府和党的群众工作体系的社会功能能否顺利转换的典型过程。探索这一阶段"发展经济—社会服务"功能衔接式群众工作模式，需要我们对做好"三改协商"与"两化服务"的相关工作要素进行一个解析与梳理，为理清"发展经济—社会服务"功能衔接式群众工作模式的实际运作程序奠定基础。

1. 主体

党的基层群众工作可以依靠的主体力量主要是农村和社区中的基层党组织、村民委员会及其所属的党员干部和工作人员。在"村改居"过程中，由于多数农村村委会改为社区居委会，社区居委会的主要构成人员是由原村委会成员改选而成，或者是由附近村庄村委会成员联合改选而成，在"村改居"过程中党的功能衔接式群众工作模式的主体具有一定延续性。尽管由于村委会和居委会在职能和任务上有所区别，但从主体上讲，村委会时的群众工作主体与改为居委会后党的群众工作主体有部分的重合，且事实上村委会依靠的村民中的村民党员干部也多数进入城镇新型社区成为居民党员干部，包括在对村集体经济职能的剥离和农村群众身份的转换等项工作中，党的群众工作主体是村民委员会及村支部及其所属的党员干部和受党支部和村委会领导的村集体经济负责成员等党员干部。可以说，在"村改居"的群众工作功能转换过程中，党的群众工作的主体力量是相对稳定的。

2. 客体

"村改居"尽管是一个带有城乡转换意义的重要社会变迁过程，但党的群众工作客体在这个过程中并没有大的变化，主要是原村民变成社区居民，有部分村民因为社区居住位置的原因，会出现居住社区的变化。除此之外，群众工作客体的变化主要出现在"村改居"完成之后，进入社区的群众主要由三部分组成,一是大部分社区群众是由村民转变而来居民,二是部分商品房购房者进入新型城镇社区成为群众工作客体,三是部分外来经营和务工人员。

3. 目的

探索"发展经济—社会服务"功能衔接式群众工作模式的根本目的是要确保在"村改居"这个城镇化变迁阶段能够顺利过渡,这个根本目的规定了这个阶段党的群众工作的价值取向,有这样的价值取向和根本工作目的将指导制定党的群众工作在"村改居"各个阶段的工作策略,同时有这样的工作目的,也就规定了党的群众工作在"村改居"各个关键阶段的目的也是为各个关键阶段保驾护航,而所采取的各种方法策略都要围绕这个目的来选择。

4. 目标

"村改居"是新型城镇化过程中一个比较典型时间短、任务重、头绪多的集束城镇化转型阶段。"村改居"最终工作目标的实现应该以农村管理体制向城镇新社区管理体制的顺利过渡,以及进城农民市民化的实现。但这个最终目标的实现是以若干阶段性目标的实现为前提和基础的,也就是说这个目标是一个过程性目标,在这个阶段所涉及的"三改""两化"都要有其阶段性目标,每个阶段性目标的实现就是下一阶段工作目标实现的前提和基础,每个阶段性目标的实现共同勾勒出"村改居"工作既定目标的实现。比如我们只有做好政府对"村经""集企"为进城群众的量身股份制改造过程中的群众工作,使"集体经济股份制改革"顺利完成,同时将村民户籍农改非之后,我们才能动议"村委会改居委会"。但在此之后,还要面临进入新型城镇社区群众可能出现的各种生活诉求。

5. 内容

"发展经济—社会服务"功能衔接式群众工作模式的主要工作内容是五项，即"三改"+"两化"。"三改"群众工作内容包括：村集体经济的股份制改造过程中的群众工作、农民转非农户籍过程中的群众工作、"村改居"新一届居委会选举过程中的群众工作；"两化"群众工作内容包括：消除"二元"体制，实现真正意义的城乡一体化服务工作，逐渐完善由"村民"转为居民后子女上学、医疗、养老保险、最低生活保障等社会福利待遇，使进城居民真正享受上"城里人"的待遇；既关注"村改居"后的新社区在基础设施方面，比如社区居民的水、电、暖、气、路等方面出现的问题，也要关注社区居民的居住环境，在社区绿地、广场、园林建设方面发挥党组织的作用，让社区居民远离脏乱差的生活环境；还要关注失地农民的就业服务、居民素质提升服务、村改居群众对城镇社区生活方式不适应的问题、对城市生活环境不适应问题、在文化生活上难以融入城镇问题、因收入差距拉大等问题产生的情绪失衡问题、各种盲目攀比风气、因二次贫困导致的生活困难问题等。

6. 任务

宣传新型城镇化政策和"村改居"政策，为"村改居"营造良好的实施氛围；动员和组织村民理解、支持"村改居"政策，积极参与"村改居"各项改选和推进工作；在"三改"和"两化"各项工作中广泛联系城乡群众、服务城乡群众，及时了解和把握"村改居"过程中，尤其是在"三改"等关键时点农村和社区群众的思想动态、社会舆论、情绪波动，及时化解倾向性和苗头性问题；协助推动各项改革措施的落地实施；为"村改居"过程中基层群众的实际生产生活需求提供切实有效的服务，形成推动和保障新型城镇化背景下"村改居"的顺利实施。

7. 矛盾

"村改居"不是简单的村委会改居委会,而是城乡二元问题的一揽子集中打包解决,基层群众工作在"村改居"过程中首先要正视的矛盾就是工作任务集中而工作力量有限的问题,因此要正确处理时间紧而任务重的矛盾。其次是工作主体与工作客体基本稳定,而工作主题与重点不断转换的矛盾;"三改"任务有时是独立的,而有时则是叠加的,要结合不同的工作任务,需要调整方式方法;再次是基层群众的现实需求与党委和政府所提供资源有限的矛盾,这是基层群众工作面对的一种常态,也正是因为这个原因,党的群众工作在"村改居"过程中就显得尤为重要;第四是农村居民市民化程度低与新型城镇社区对居民素质要求较高之间的矛盾。

8. 关系

"村改居"要面对的主要关系是城乡关系,是城乡二元关系转变成一元化的问题。为了实现这个改变,党的群众工作需要重点处理好村改居过程中的经济发展与社区转型的关系、基层自治组织功能转换与有序衔接的关系、"三改"的关系以"两化"服务的关系,这其中还涉及广泛而复杂的党群关系、党政关系和干群关系等社会关系。

9. 时间

"村改居"是新型城镇化过程中的一个区域性特殊工作阶段,其时间概念边界相对清楚,大致上是从村委会改社区居委会动议提出开始,至村委会改为社区居委会这段时间,实际操作中村改居之前,党的群众工作就应该提早介入,对城中村村民或拆还迁群众进行宣传员;村改居基本结束后,党的群众工作组织还应加强对居委会群众的跟踪服务,为社区居委会的顺利运行提供保障。

10. 空间

"村改居"的空间也相对明确,主要是部分城中村或城郊接合部已具备农改非条件的农村区域。"村改居"是一个由农村社区过渡到新型城镇社区的过程,党的群众工作是为村改居过程保驾护航。村改居多是在农村原址上建设新型城镇社区, 或者是在相邻农村社区就近还迁组成的新型城镇社区,党的群众工作在空间上相对稳定,这意味着该区域党的群众工作基础的环境的基本稳定,对于党的群众工作在"村改居"过程中发挥作用具有正向积极的意义。

11. 策略

村改居过程中党的群众工作首先要保持工作的连续性, 要利用空间变动不大、工作客体相对稳定和熟悉、工作主体具有一定连续性等特点保持工作的连续性,在服务社区群众"农转非"和社区"村改居"选举、农村进城居民民生需求等方面保证工作不断档、有接续,保证基层党的群众工作组织始终与农村群众密切联系。其次是要充分体现基层群众工作的服务保障作用。不论是基层群众还是居委会和办事处等基层社区机构,对于基层群众工作的最大需求还是来自于服务和保障的需要, 基层群众工作组织必须抓住这个契机,想群众之所想,办群众之所需,组织党员干部和可以调动的资源, 为村改居过程中基层群众的实际生活要求和政治参与过程服务,在为基层群众解决实际问题的过程中体现群众工作的价值。再次是党的群众工作要抓住关键环节,顺势而为。村改居过程有其固有的程序和节奏,党的群众工作组织在这个过程中必须因时而动、因势利导、顺势而为,把群众关心的问题作为重点,配合基层自治组织,把各个环节的群众工作做好。

12. 方法

一是多注意发挥街坊旧邻的熟人社会开展群众发动工作，这是党的群众工作者在"村改居"过程中可以借助的优势之一，应充分发挥这个优势将村改居的各项任务宣传好、贯彻好、落实好；二是多运用联合借势的工作方法，社区片警、基层社区居委会、社区中的在职党员和退休党员，以及各种社区组织和服务企业等社会力量，整合起来形成工作合力；三是注意运用现代新媒体开展群众联系和动员说服工作，尤其要注意运用微信公众号、微信群、社区QQ群和MSN，保持与新老社区成员的联络和沟通，促进村改居工作信息的上传下达，并及时沟通民意；四是注意将党的政治社会化与群众利益引导结合起来，在集体经济改股份制或者村集体经济利益兑现的过程中，提高群众的政治参与积极性，把"村改居"的相关程序和社区居民市民化和相关步骤协调起来，提高党的群众工作的效率。

13. 环体

由于"村改居"过程中党的群众工作的空间相对稳定，所以党的群众工作在"村改居"过程中的环境体系也相对稳定，尽管各项工作时有交替，但就环境而言，"村改居"过程中党的群众工作要面对现代信息社会各种传统媒体和新媒体对群众工作客体的交织作用，基层群众工作在现代信息社会条件下不论是政策了解渠道，还是群众间的交往都极为便利，人们都处于一个开放的媒体环境中。同时，人们的行为和思想观念又受周围亲属和熟人社会的影响极大，党的群众工作处于一个联系紧密的熟人文化环境之中。同时处于由"农转非"或"集改股"过程中的群众工作面临较为复杂的居民经济条件变化环境，由此引发的相关社会问题的涌现也必须成为党的群众工作要考虑的环境因素。

14. 介体

"村改居"过程中党的群众工作介体主要有三种：一是传播媒介，即各种媒体，通过这些媒体，实现对基层群众的联系沟通与宣传发动。二是政策媒介，即党委和政府关于失地农民进城、户籍改革、集体经济改股份制、新型城镇社区居民的民生社会保障政策的落实，这些政策都应该成为党的群众组织开展城乡群众工作的介体。三是服务，即群众工作本身。进城农民需要各种贴心的服务，这些服务可能是为满足群众日常生活方面的需求，也可能是为满足与群众就业和保障相关的需求，但通过提供各种服务，党的群众工作实现了工作目的，将群众团结在党的周围，促进了新型城镇社区的和谐稳定。从这个意义来讲，基层群众工作还应该将基层党组织在"村改居"过程中提供的各种服务作为开展群众工作的有效介体。

三、功能衔接式群众工作模式的组织结构及其运转程序

在诸多城中村，村委会是村集体经济的管理者，而为了便于实施经济管理职能，村委会一般通过组建村委会实际控制的集体经济组织，来实际履行村集体作为出资人的经济管理职能。在这类经济实体中，多为村委会负责人兼任村企业集团负责人。在这样的村庄社会经济组织模式下，村委会的群众工作在很大程度上是依托村集体经济组织实现的。开办集体企业既是村委会组织村民的主要方式，也是服务村民、联系村民的主要方式，村民通过集体企业获得收入来源的同时与村支部建立密切联系，村党支部组织村所属党员干部，为村集体企业员工也就是村民提供他们所需要的经济生产组织和日常生活、文化活动、社会保障等服务。可见，村集体企业不仅是城中村的经济支柱，更是村委会、党支部联系群众、组织群众、

服务群众的主要载体。在村集体企业是农村群众主要就业经济组织或经济来源的情况下，村集体企业事实上也肩负着基层党组织开展群众工作的职能任务。

而在城镇社区中，原来的农村村民通过户籍变换由农业户口变为非农户口，社区居民的经济来源多元化，社区居委会的经济管理职能被剥离，基层党组织在社区已无法通过所属企业组织来联系和组织群众，而且这时居住于城镇社区的居民对党组织的主要需求，也由经济来源需求变为进入城镇之后就学就业、保障医疗、生活服务等多元化生活服务需求，社区基层党组织就必须变换组织方式，通过社区党员干部、群众组织以及社会组织机构、社会服务企业将社区群众联系和组织起来。这是"村改居"过程中"发展经济——社会服务"功能衔接式群众工作模式组织运行机制产生变化的社会现实基础。

(一)接二连三功能转换组织模式

在这个过程当中，党的群众工作的职能不是由以经济管理为主跳崖似的转向社区服务为主，而是还要经历"农转非""集该股"等过程，要实现两个目的：一是推动原有的城乡二元结构迈向一元化，二是推动进城农村户口的市民化。这一系列的转变和任务都需要有持续不断的群众工作来保障，我们称之为"接二连三"功能转型群众工作模式。

这一模式的组织方式是以街道或乡镇党委统一组织筹划，指导帮助乡村党组织和社区党组织接续性实施，实际上就是上级党组织统一指挥协调的群众工作模式，因为在此期间基层党组织正处于转换的过程中，它在形式上和功能上有时存在障碍性，需要上一级党组织加以组织指导和引领。因此，这种群众工作模式的组织方式是街道党工委和乡镇党委指导下的基层党组织功能转换群众工作，街道党工委或者乡镇党委的指导则多是通过驻村帮扶干部实现的。上级党组织的这些努力是为了保证基层党组织的正常运行和功能发挥，因此以村党支部为核心的农村群众工作体系和以社区党支部为核心的社区基层群众工作体系在"村改居"的过程中除了短暂的过渡和交替，党的基层群众工作系统仍然是党在"村改居"过程中的保障系统，农村党组织和社区党组织依靠党群干部和社会群众组织履行群众工作的联系、动员、组织、服务群众的功能作用。

在"集改股"过程当中，党的群众工作的主体是以村党支部为领导核心的村两委以及村党员干部和村集体经济当中的党员干部和领导成员，工作客体是村集体经济所覆盖的村民职工以及享有村民集体经济待遇的村民成员，工作主体在农村和村集体企业当中宣传"集改股"的相关做法和意义，"集改股"是以集体企业为纽带，以广大村民与村集体之间的经济关系为联结，通过对集体企业的股份制改造解除村民与村集体的经济关系，在这个过程当中将广大村民团结在以村党支部为核心的党群组织周围，通过维护和发展村民经济利益将广大村民组织起来。

在"农改非"过程当中，基层组织应组建政策宣传队伍，集中一段时间向农村群众讲清楚、说明白城镇化对于农村群众的重要意义和区域新型城镇化发展的过程与步骤，讲明白农民户籍转非农户籍对于农村居民进城的意义和作用，发挥街镇驻村干部、村两委成员和基层民警、村民议事协调机构和村民代表会议等干部群众的作用，从政策上解除群众的疑虑，以户籍转换为契机，摸排走访群众情况，搜集整理群众数据，通过户籍登记和非农业户口情况核实，实现与群众的直接密切联系，并在此过程中了解户籍登记群众的实际生活困难和问题，协调基层组织给予解决，将"农转非"变成基层组织团结基层群众的一个重要契机。

新型城镇化背景下党的群众工作模式研究

在"村改居"过程中,要以新型社区居委会组成人员的协商、确定以及新一届居委会的组织选举等工作为抓手,动员新型社区居民积极参与到社区居委会的组建、人员确定和选举工作当中。要参照农村村民议事协调机构的办法,在新型城镇社区中围绕社区居委会的组建成立各种社区居民议事协调机构,比如居民代表会议、物业管理协调委员会、业主委员会等,广泛建立社区居民文化生活兴趣小组等群众性精神文明生活组织,要将原村两委担负的农村管理服务职责转移到社区居委会的同时,依据新型城镇社区居民的生产生活实际,增强和扩大社区居委会的服务和协调职能。以社区居委会服务职能的扩展和强化为抓手,充分组织动员社区党员干部和社会组织、社会服务企业,按照现代社区网格化管理为主和社交媒体为辅的组织管理模式,将社区居民以及各种社会组织联系起来、组织起来。

居委会与原有的集体经济和村办企业脱离关系,但并不表明社区居委会不能再通过居委会辖区内的企业组织实现对社区居民的联系和组织。社区居委会应当在处理好与辖区企业关系的基础上,组织社区组织和社会企业组建相应的社区居民自助服务组织和联系沟通渠道,将其纳入社区治理服务体系当中,建立健全完善的社会企业和非公组织党群组织,通过与社区党群组织的对接联系实现社区所属企业对其职工和社区居民的联系与组织。

同时新型城镇社区居委会、党支部在做好实体网格化居民服务的同时,应充分运用社区局域网和新型社交媒体网络群,比如微信群、QQ群等现代通信工具,最大限度地拓展社区组织覆盖面,努力实现对社区所辖居民的全天候、动态化、全覆盖组织。在实现对社区居民组织全覆盖的基础上,扎实推进社区服务全覆盖和全天候,强化针对性和个性化服务,增强对社区居民城市化素质的提升和教育引导。

(二)运转程序

"村改居"过程所包含的"三改两化"工作在程序上和时间维度上有先后之分和相互关联性、衔接性,比如说"村改居"就是在"集改股"与"农转非"这两项工作完成之后才能进行的一项工作。因此,在"村改居"过程中,党的群众工作运转程序主要还是按先后顺序来展开的,具体来讲,"三改"的工作顺序就是"集改股—农转非—村改居",两化的工作顺序是"城乡一体化在先,进城农民的市民化在后"。我们通过对淄博文昌湖区马庄社区、石家庄市桥西区塔谈村社区等新型城镇改造还迁社区或城中村的村改居过程进行调研,对"村改居"涉及的几个关键环节的运转程序进行了总结,具体做法如下:

1."集改股"的运转程序

首先,推动村集体经济或村办企业股份制改造的前提,是村务公开和村集体经济和村办企业厂务和财务公开。党的群众工作要在村务公开和集体经济财务公开过程中做好村民群众的宣传发动工作, 在真正使村民知情的情况下,积极参与和监督村集体经济组织改股份制的各项进程。其次,村两委要组织村民议事决策机构,积极参与村集体经济财务审计和现代企业制度建立健全的各项准备工作和实际操作过程, 在保证村集体经济利益不流失的条件下,针对村民实际情况进行适合的股份制改造。为村民提供持股和兑现等不同的经济利益实现方案。第三,广泛开展村民群众的组织发动工作,广泛宣传"集改股"的方案和实施过程,在公开、公平、公正的村务公开和厂务公开环境下, 组织村民根据各自实际选择不同的利益兑现方式。第四,广泛开展"集改股"群众宣传动员说服解释工作,及时做好"集改股"过程中村民群众表现出的苗头性、倾向性问题,为"集改股"的顺利实施营造良好的氛围,提供组织保障。

2. "农转非"的运转程序

首先,在乡镇政府和街道办事处的统一部署下,由村两委调动党群组织、派出所户籍民警和党员干部对所属村民进行全覆盖式的农村户口转非农户口政策宣传普及工作,确保全村群众都能够准确了解"农转非"的政策内涵和操作过程;其次,协助乡镇政府或街道办事处以及派出所户籍科进行详细的全面的户籍人口调查摸排工作,组织群众进行仔细的户籍转换登记工作;再次,要重点做好违反社会抚养政策和家庭特殊困难群众的"农转非"工作,将群众工作关口前移,在全面推行"农转非"政策之前,将情况摸准,并协助户籍部门做通做好相关群众的思想工作,为全面推行"农转非"扫清障碍,保驾护航;最后,协助户籍部门完成大量耐心细致的档案核对和情况核实工作,确保"农转非"工作不出纰漏,落实到位。

3. "村改居"的运转程序

"村改居"是在原有农村社区居住的村民进入新成立社区之后,在社区中建立基层自治组织的过程。在这个过程中,党的群众的组织需要在以下五个方面的工作中发挥作用:

第一是对社区居委会组成人员的生成组织群众进行广泛的协商。部分居委会成员是由原农村村两委成员改选而来,但是这并不表明村两委成员就是居委会成员的当然人选。必须针对居委会工作的实际需要和居委会组成人选的基本要求,组织群众对居委会构成人选进行人选资格和实际履职能力方面的广泛讨论,确定具有广泛群众基础的社区居委会组成人员。

第二是在上级的正确指导下,协助居委会对社区居民进行广泛准确的选民登记，努力使社区居民当中具有选举权和被选举权的所有居民都能够参与到社区居委会成员的选举工作当中来。

第三是按照《居委会选举法》的相关规定，组织社区选民按程序对提名的居委会成员进行选举，并协助主持居委会选举的上级派出人员做好社区选民选举的组织工作和秩序维护工作。

第四是做好选举工作期间社区群众的政策解释、舆情了解和矛盾疏解工作，确保居委会选举工作的顺利推进。

第五是在社区居委会选举结束后及时开展居委会选举结果入户宣传工作，帮助新一届社区居委会迅速打开工作局面，深入到社区居民群众中去。

4. 城乡一体化保障措施

村改居也好，"农转非"也罢，都是在城乡二元结构难以为继的情况之下，推动城乡一体化发展的必经阶段和政策选择。经过城镇化的洗礼，城中村或者是城区近郊村庄，人口资源环境关系紧张，乡村居民的土地拥有量已不足以支撑其正常生活和发展需要，农民面临进城的重要抉择。与此同时，区域性城镇资源包括教育、医疗卫生、交通、住房、就业、社会保障等城市化资源难以完全满足城乡群众的需要，在此情况下党的群众工作必须为城乡一体化提供必要的保障。

一是广泛开展群众舆情收集，掌握群众在城乡一体化进程中的实际困难和现实需要，为党委和政府新型城镇化决策提供必要的依据。

二是锁定区域内的突出问题和所涉及群众，对其开展以解决实际困难为主要内容的帮扶解困工作，最大程度地为党委和政府推进城乡一体化争取时间、开拓空间。

三是积极反映基层群众的愿望和诉求，积极维护城乡基层群众的合法权益,代表基层群众为党委和政府提供可行的合理化建议,促进城乡一体化政策实施的科学化和可行性。

四是紧紧围绕党委和政府推进城乡一体化发展计划的具体安排部署,广泛开展对群众的宣传、说服教育工作和环境营造工作,助推城乡一体化发展。

5. 农民市民化推进措施

提升进城农民的文明素质,推动进城人口的城市化,是新型城镇化区别于传统城镇化的一个重要着眼点。党的群众工作在这个过程中需要采取四个方面的措施:

一是广泛开展城镇社区生活知识普及和宣传,广泛宣传城镇就业就医就学、交通邮政购物、创新创造创业等方面的政策、方法、途径,帮助进城农民尽快适应城市生活环境。

二是组织动员社区党员干部和救援服务组织,广泛开展城镇社区居民娱乐文化兴趣活动,在寓教于乐的同时,教育引导社区居民自觉维护社区生活环境,提高文明素养,丰富日常文化生活,积极开展精神文明创建活动。

三是通过入户走访、网络社交广泛建立生活互助组织,同时组织调动社区服务组织和社区服务企业广泛开展上门入户生活帮助,为进城农民解决生活上的各种后顾之忧,帮助他们增强对城镇社区的归属感。

四是广泛开展就业实用技能培训和创业组织辅导,帮助进城农民尽快转换身份,提高就业技能和素质,增强就业能力,早日融入城镇经济社会发展大环境,从根本上为进城农民的市民化奠定经济基础。

第六章
新型城镇化背景下
党的系统-整合群众工作模式

    城镇化无疑是一个复杂的社会系统转变过程或者说是一个社会变迁系统。在这个深刻而广泛的城乡社会系统转变过程中，顺应社会变迁需要，从功能上满足社会变迁的要求，推动社会系统的功能性升级，当然是社会治理所要解决的主要问题。但在这个过程中，作为社会治理的核心——各级党委和政府，还需要考虑一个极为重要的问题，就是在推动社会变化的过程中，采取有效措施，保持社会和谐繁荣、稳定有序，这既是稳步推进新型城镇化的前提和基础，也是实施新型城镇化的目的和归宿。

    作为一场深刻的社会变革，城镇化是由社会功能的变化导致社会结构的变化，反过来由社会结构的变化推动社会功能变迁的社会发展过程。诚如我们上一章所探讨的问题，与社会结构和社会功能转变相伴随的，还有各种社会矛盾和问题的涌现。如果说党和政府的新型城镇化抉择是城乡社会一体化发展新模式的动力系统，那么这套动力系统的顺利运转就不能缺少保障系统和辅助系统——社会整合系统的润滑与扶助。政党理论

新型城镇化背景下党的群众工作模式研究

研究表明,政党的社会整合系统主要是通过党的群众工作系统来实现的。

中外学者对政党功能的研究不尽相同,但对于政党所具有的比较普遍和共性功能的看法却较为一致,认为世界上的政党普遍具备利益表达、利益综合、政治录用和政治社会化四项功能,而利益表达和利益综合往往融合在一起,表现为社会整合的功能。比如有学者就认为,无论何种体制,政党尤其是执政党,必须要发挥利益表达与整合的功能,这是其最基本的功能。利益表达并非都是经过直接参与实现,更多的时候,是通过间接的方式来达成的,这就需要借助政党的力量。政党将不同利益直接传输到政治系统,并在这一过程中对信息进行加工、综合,将零散的、不成体系的利益整合为系统的、可以转化为实践的利益,这就是利益的表达和综合。[1]而所谓社会整合,就是通过多种方式,在协调和保证各群体利益的基础上,使社会各部分组合起来,构成一个社会利益共同体。[2]那么我们党如何履行社会整合功能呢?有学者认为,很重要的一条就是建立和拓宽利益表达和信息沟通渠道。"既然社会整合首先是利益的整合,那么获得关于利益的信息,无疑是履行整合功能的前提,这就要求在党的公众、政府和公众有足够的沟通渠道。通过这些渠道,公众的利益、愿望和要求及时、准确地得到反映,执政党才能有效地综合这些利益、愿望和要求,社会整合才能真正得到实现。"[3]在党的利益整合实践中,这一功能的落实无疑是通过作为党的触角的基层群众工作组织和广大党员干部来实现的。基于这一认识,我们认为在对基层城乡社会的系统整合方面,首先应该把握党的新型

---

① 周建勇:《现代社会中的政党:基本功能与演进趋势》,《中共宁波市委党校学报》,2016年第6期,第83~85页。

② 王长江:《政党现代化论》,江苏人民出版社,2004年版,第175页。

③ 同上,第332页。

第六章　新型城镇化背景下党的系统－整合群众工作模式

城镇化是一个城乡基层群众利益集中兑现的过程这样一个基本事实逻辑,坚持抓住利益整合这条主线,对基层城乡群众在新型城镇化过程中的价值观念、行为选择和利益倾向进行影响和带动,规避因利益矛盾而导致基层城乡社会的离散,以构建基层城乡社会利益共同体为目标增强基层城乡社会的凝聚性和基层城乡群众对党的新型城镇化政策的拥护和支持。

城镇化的顺利实施,不仅需要强有力的政策推动,事实上从系统论的角度讲,基层城乡社会作为一个有机系统,各种以利益关系为主的社会关系的理顺和协调,在城乡社会系统局部环境中,城镇化变迁中的关系调整和利益变化都会对稳定有序的城乡社会秩序产生牵一发而动全身的影响,这些影响对城镇化的实施有正面积极的影响,也有负面消极的影响,尤其是在城镇化过程中伴随集中的利益关系调整,社会矛盾和纠纷集中出现,城乡各种社会问题也会集中出现,这些既有赖于城镇化的科学施策,也离不开党的群众工作体系的细致工作,需要大量的群众工作对各种矛盾、问题包括情绪问题进行化解和疏导。群众工作在这个过程中发挥的是社会黏合剂的作用,其直接作用是化解社会发展过程中的不良反应和矛盾冲突,维护和促进社会和谐稳定,为城镇化创造条件营造氛围;其更深层次的作用是克服经济社会结构性变迁对基层城乡社会的离散化倾向,增强基层社会的向心力和整合作用,保障党委和政府恰当应对城镇化这一深刻社会变革和过渡阶段的压力与挑战,充分发挥党的社会整合功能,最大限度地发挥城镇化战略决策在经济社会发展引擎和解决长期城乡化发展造成的深层次问题方面的正向积极作用。

新型城镇化背景下,党的群众工作的社会整合功能的有效发挥,群众工作的基本功能发挥得如何是基础,但是在不同的历史时期和社会发展背景下,党的群众工作基本功能的发挥往往有赖于群众工作所要保障和

新型城镇化背景下党的群众工作模式研究

服务的党的社会历史任务和实现这一任务的政策目标和体系。事实反复证明，党的群众工作作为党委和政府的保障系统，其地位的赋予和作用发挥的源头首先是党的中心工作，其次才是群众工作的工作体系的自身作为。党的群众工作的社会系统整合作用的动力源泉是党赋予群众工作的中心任务和党在不同历史时期的顶层政策设计。具体到城镇化问题，党的群众工作发挥功能作用的基础和源头是党的城镇化政策，让城乡群众在城镇化政策实施中得到利益发展和权益保障，在城镇化政策的推动实施过程中落实政策解民忧，党的群众工作才会得到基层群众的响应和参与，群众工作的作用和功能才能得到有效发挥。

同时我们也要看到，在依法治国逐步深入人心的大背景下，党的基层群众工作的规范化、制度化、标准化要求也应运而生。党的群众工作在基层的情况千差万别，当然需要灵活应对、因地制宜，但是伴随着基层城乡群众法治意识的逐步提升以及对于相关业务透明度和阳光化操作的不断提升，党的基层群众工作同样不能忽视以制度为核心的法治化建设和法治化设计。事实上，在新型城镇化过程中，很多群众工作都是在为政策性很强的城镇化落实工作做保驾护航和辅助性工作，党的群众工作在这个过程当中要想赢得基层群众的信任和支持，就必须顺应新型城镇化政策落实的规范化、制度化和阳光操作的要求，努力提高自身的规范化建设。事实上，在实践中，不少地区在这方面已经做了很多探索。比如，山东淄博文昌湖区马庄社区、陕西省咸阳市礼泉县村袁家村。为此，在系统——整合工作模式的探索中，我们在充分调研山东淄博文昌湖区马庄社区、天津市东丽区华明镇、江苏省南京市鼓楼区江东街道江东村和清江村、陕西省咸阳市礼泉县村袁家村等地区和单位的经验、做法和相关制度的基础上，着重总结探索新型城镇化政策体系本身的社会整合功能，将新型城镇化制度本身作为群众工作的核心资源和动力，进行的新型城镇化区域政策科学化和法治化群众工作模式，作为群众工作对社会整合系统工作要求的回应。

第一节　新型城镇化区域
政策科学化群众工作模式

一、模式概述

新型城镇化政策是特定历史条件下为解决特定的社会经济发展困局，矫正传统城镇化带来的各种矛盾和问题而实施的，旨在通过不同于传统城镇化新的政策导向和措施来开动新的经济增长引擎，解决城乡结构带来的各种差别化扩大问题，使广大城乡群众在城镇化中得到实惠，共享发展成果，在实现、维护和发展基层群众利益的过程中，巩固党在基层的执政基础。新型城镇化政策是党的上述执政意图实现的核心策略和办法，新型城镇化政策的科学与否，与各地实际结合的恰当与否，以及受基层群众认可与支持的程度，是党的上述执政意图实现的关键。因此，因地制宜地制定设计好区域性新型城镇化政策，以及配套的实施办法，对于做好城镇化过程当中的群众工作，具有顶层设计性的重要意义。

调研中我们发现，各地在推进城镇化的过程当中，大多数都是在采取政策先行的办法，也就是在对区域城镇化条件和状况进行充分摸底的基础上，相应开展城镇化的政策蓝图绘制，使城乡群众明确区域性新型城镇化发展目标，使基层群众行动有目标、思想有指引、落实有方向，这样新型

新型城镇化背景下党的群众工作模式研究

城镇化工作推动起来才能够有的放矢,才能够有计划、有步骤、有秩序。在调研过程当中,我们走访了陕西省咸阳市礼泉县袁家村,袁家村借助其独特的旅游资源优势和关中浓厚的民俗风情特点及其发展特色旅游新城镇,不仅解决了城镇化和土地资源集约利用的问题,而且使新兴城镇保住了文化特色,抓住了产业命脉,形成了独特的发展模式,实现了由三农向新兴城镇的转变。袁家村带头人郭占武最根本的贡献就在于对特色城镇发展的制度性顶层设计。这是一个典型的农民依靠自己的资源和文化优势设计吸引资本下乡,推动乡村饮食文化进城发展,实现转型的案例。

党的群众工作服务新型城镇化建设,首先服务的就是城镇化政策的贯彻落实。所谓党的群众工作要围绕党的中心工作开展工作,在城镇化背景下就是要围绕新型城镇化政策的贯彻落实来开展工作。因此,在新型城镇化背景下党的群众工作的任务、动力、目标、措施都是围绕着新型城镇化政策的内容和要求来设计的。新型城镇化的顶层制度设计是党在基层开展群众工作的基础和工作本源。

从党的群众工作的功能角度来讲,党的群众工作不仅仅是服务于新型城镇化政策的贯彻和落实,事实上在新型城镇化推进过程中,党的群众工作首先要服务于新型城镇化政策的科学制定。党的各级基层群众组织就像党和政府在基层的触角,它们首先要了解群众对于新型城镇化政策的期盼和诉求,把这些诉求和期盼传达给党委和政府,党委、政府才具有了制定切实可行、规划科学的新型城镇化区域政策的依据。新型城镇化政策推进的实践也表明,只有区域新型城镇化政策制定得科学,群众对城镇化政策拥护支持,新型城镇化政策在基层的推进和落实才会顺利和有成效。为此,在新型城镇化基层调研过程中我们发现,着眼于城镇化政策的顶层设计开展党的群众工作,也是做好新型城镇化背景下党的群众工作的一种重要模式。

党的群众工作组织是党在基层社会的触角和传感器，不论是党对基层社会的信息收集，还是党的大政方针政策的制定实施，都离不开党的基层群众组织的协助和保障，同时也是党实施社会系统整合和凝聚功能的基础作用系统，而党的基层群众组织要充分发挥这种对基层社会的整合作用，非常重要的一个方面就是推动党组织制定和实施适应基层社会现实需要与基层群众现实利益的方针政策。因此，具体到城镇化政策的贯彻和实施，党的群众工作在新型城镇化顶层设计当中有发挥其在基层城乡社会的社会整合功能，最基本的也是极其必要的是协助和推动党委和政府制定出台群众满意的因地制宜的新型城镇化政策，做好对新型城镇化政策的顶层制度设计，为新型城镇化政策的设计提供决策依据和现实遵循。

事实上由于历史的原因和国情的原因，以及城乡二元体制机制等深层次原因，我国传统城镇化在快速推进的同时，其发展水平、发展方式、结构布局以及基层管理等方方面面也暴露出许多问题和缺陷，中央城镇化工作会议坚持以人为核心的理念进行新型城镇化顶层设计和总体规划，制定路线图和时间表，推动城镇化继续科学、有序、可持续地进行。可见城镇化的顶层设计不仅包括新型城镇化制度层面政策本身，也包括区域新型城镇化的总体规划，以及新型城镇化推进实施的路线图和时间表等一系列关系新型城镇化全局的问题和制度。

从传统意义上讲，我们通常把党的群众工作看作是党的中心工作的落实系统，进而把群众工作定位为党的工作系统的末端和基层段，事实上党的大政方针的制定也离不开党的群众工作的保障和推动，广大基层党组织作为党在基层的触角，群众的所思所想所盼所急，以及群众的实际困难和利益诉求都需要通过党的群众工作系统来感知和反映，而这个感知和反映的过程的质量高低就决定着党的各种方针政策的科学与否。具体到新型城镇化政策的制定和实施,我们可以发现,凡是新型城镇化推进顺利、群众拥护的地方,就是这个地区城镇化政策制定得合理、科学,深受群众满意;凡是在推进新型城镇化过程中,不断遇到阻力、不断受到群众质疑的,都是在政策的前期调研论证过程当中没有充分发挥党的群众路线和群众观点观念,没有念好"人民群众这所大学"导致的。因此,我们在探索党的群众工作的社会系统凝聚功能模式的时候,必须把眼光放到党的群众工作功能和作用的上游,从党的群众工作对新型城镇化政策的调研到制定实施这一阶段的重要作用,深刻认识群众工作在这个过程中所发挥的凝聚民意、传递民情、维护基层城乡群众发展权益的重要作用和功能,探索党的群众工作是如何推动区域新型城镇化政策科学制定、因地制宜的。这也是各地在推进城镇化政策过程当中需要着重解决的一个问题,值得我们在模式上加以探索。

新型城镇化顶层制度设计包括土地制度、土地利用制度、保障制度、财政和税收制度、经济改革制度、环境保护制度、城市规划制度、人口资源协调发展制度,还包括产业制度、资源开发制度、文化特色保护与发展制度、融资和招商制度等。事实上各种制度的设计与确定决定了新型城镇发展的目标、思路和路径,这对于新型城镇开发建设和未来群众管理具有决定性意义。因为我们要看到新型城镇化是以人为本的城镇化,更是"四化"协调发展的城镇化。新型城镇化绝不是简单的拆农村建新城这么简单,我们要杜绝千城一面、毫无文化个性的城镇化推进套路,就必须在区域城镇化政策的因地制宜上下功夫,而要做到这一点,党的群众工作在城镇化政策的顶层设计、制定和实施过程当中大有可为。

城镇化政策具有显著的区域性,必须因地制宜根据各地实际情况来制定科学合理的城镇化政策措施。这就要求党的各级基层群众组织要从本地实际出发，在城镇化政策制度的制定过程中充分联系群众、动员群众、组织群众，做好党的城镇化政策的意见表达和民意反馈。在这个过程中，党的群众工作要围绕区域新城镇化的总体规划、城镇化的推进实施路线图和时间表以及具有区域化特征的新型城镇化配套制度和办法的制定三个方面，发挥基层群众工作组织的作用，使城镇化的规划设计更为科学合理。

区域新型城镇化的总体规划：广泛宣传中央城镇化工作会议精神，密切联系群众，了解群众对城镇化实施的愿望和诉求，及时将这些情况传递给地方党委和政府，为党委和政府开展区域新型城镇化总体规划提供决策依据；对于党委和政府制定的区域性城镇化总体规划进行群众问询和征求意见，集思广益、群策群力，积极主动地向当地政府反映群众的意见建议，推动区域性城镇化总体规划的科学化实施。

城镇化的推进实施路线图和时间表：广泛深入了解民情民意以及基层群众的实际问题，为党委和政府制定实施路线图和时间表提供决策依据，广泛了解基层群众在新型城镇化事实过程当中存在的问题和困难，及时了解群众对新型城镇化政策实施的过程和推进进度的反应，为当地党委和政府制定城镇化举措，调整落实时间和执行进度提供依据。

区域化特征的新型城镇化配套制度和办法的制定：将城镇制度建设与新型城镇发展结合起来，与推动城镇的活化和兴旺结合起来，与新型城镇的发展模式探索结合起来，积极反应区域经济社会发展实际要求和群众愿望，推动地方政府制定适合区域化新型城镇推进的财政、金融、生态、产业、社会保障等相关制度体系建设，在区域化制度体系建立过程当中积极反映群众诉求，向有关部门传递民情民意，推动相关制度和办法的科学化。

二、模式要素分析

党的群众工作在区域新型城镇化政策选择的制定过程当中负有重要职能与作用，同时也是党的群众工作在各地实施新型城镇化的前期工作中发挥社会整合和凝聚功能的重要途径。通过走访陕西省咸阳市礼泉县村袁家村、浙江省金华市婺城区汤溪镇等新型城镇建设先进单位或试点单位，我们发现在新型城镇化区域政策制定和选择过程中，做得好的单位都是推动城镇化政策选择科学化教育成效显著的地方，这些地方具有一些共同的特点和制度。我们将其概括为城镇化背景下区域政策选择科学化群众工作模式的要素内容，以期通过掌握这些要素内容来把握党的基层群众工作组织在城镇化区域政治选择过程当中发挥作用的操作模式和工作规律。

1. 主体

该模式的工作主体是以地方党组织为核心的党的群众工作组织，包括党组织、党的群众组织，以及党组织广泛联系且能够组织和调动的各种社会组织和广大基层党员干部。从个体层面讲，基层党员干部既包括在职的党员领导干部，也包括社区当中在职和离退休的党员群众，这些人在群众的日常生活当中具有意见领袖的地位和作用，在基层群众新型城镇化政策选择和建议过程当中具有重要的发言权和建议权，他们的意见和建议能够得到受其影响的基层干部群众的认可，对于区域性新型城镇化政策的宣传调研，以及相关的基层舆情收集具有主体作用。从组织层面讲，社区和农村的基层党群组织集体经济和非公经济的党群组织，以及作为基层党与政府重要触角的各种社会组织和志愿社团群体，在新型城镇化区域政策的选择中都可能发生重要作用，因而也在本模式的主体要素范畴之列。

2. 客体

本模式的工作客体有两层含义。从实体意义上讲，党的群众工作在新型城镇化政策选择职能当中的工作对象仍然是广大基层城乡群众，因为政策选择和技术的主体还是新型城镇化政策所汇集的广大城乡群众，这一点没有变。但是从形式意义上讲，党的群众工作在这一阶段发挥社会整合和凝聚功能的主要工具和途径是区域性新型城镇化政策，引导和服务基层群众选择适合区域性新型城镇化推进的政策、制度、办法，是这一阶段党的群众工作的主要内容，因此从形式上讲党的群众工作在这一时间段，是围绕新型城镇化政策这个系统来开展工作的。也就是说，这里的客体在形式上是城镇化政策。

3. 目的

推动城镇化的区域实施政策科学化的根本目的，首先是要保证新型城镇化与地方实际的契合，推动城镇化政策在各地的顺利实施；其次是要促进基层城乡社会的稳定和谐，通过新型城镇化政策最大限度地整合基层社会利益关系和实体，增强基层城乡社会的凝聚和团结。而要实现这个根本目的就必须组织动员城乡基层群众，群策群力，发挥主观能动性，对区域性产业、生态、管理和民生就业等各方面的政策的制定和选择，发表自己的意见和建议，提出对地方有益的城镇化政策措施和建议，在这一过程当中体现党的领导核心作用，巩固党的执政基础和群众基础。

4. 目标

新型城镇化政策的顶层设计高瞻远瞩，是原则性的经济社会发展良方，但我们国家地域广阔，区域间的发展状况差别很大，推动城镇化的区域实施政策科学化，首要的目标是要使新型城镇化政策与地方资源禀赋和经济社会发展状况以及城乡基层群众发展诉求有机统一起来，使区域性新型城镇化政策真正符合当地群众的利益诉求和发展愿望，使新型城镇化所实施的土地集约化利用、城镇规划建设及实施、城镇主导产业和工农业发展方式、产业结构调整和方向性选择、区域性地方性财政转移支付制度和财税鼓励发展政策一系列城镇化政策、办法，与区域新型城镇化实际在契合度、协调性、群众满意度上得到提升，切实增强政策对地方新型城镇的匹配和适应，切实增强城镇化政策体系的科学化程度。

5. 内容

党的群众工作在这一工作模式中的基本职能没有变化，还是要广泛的联系、动员、组织、服务广大群众，所不同的是其内容是组织动员群众对即将制定和实施的地方性城镇化政策内容进行广泛深入的座谈讨论、协商咨询、建言献策，通过政策选择载体的党群互动式对话和交流，让群众对新型城镇化政策发表自己的意见和建议，通过这种形式让群众增强对党委和政府新型城镇化政策的认可度和支持度，从而自觉地积极参与新型城镇化政策的落实。党的群众工作组织通过对区域城镇化政策体系的制定与选择，组织群众开展调研并及时向上级党组织、向党委和政府反馈社情民意，在广泛征求意见、建议和民意传递过程当中，推动新型城镇化政策的科学化、针对性和有效性。

6. 任务

党的群众工作组织在区域新型城镇化政策制定和实施过程中所担负的责任和职责可以概括为几个方面：一是在城乡群众中广泛宣传新型城镇化政策以及相关的配套措施，让广大群众及时了解和认识在区域实施新型城镇化的意义和作用；二是组织群众了解和讨论区域新型城镇化的实际和问题，包括优势和困难，并及时向相关的舆情和情况上报党委和政府；三是组织党群组织和相关的社会组织广泛开展新型城镇化政策论证和咨询服务活动，及时总结新型城镇化实施过程当中的问题、经验和对策，在对新型城镇化推进的政策进行广泛深入讨论的基础上，及时向党委和政府提供决策咨询和情况汇报，及时将基层群众的政策诉求传递给党委和政府，为党委和政府的新型城镇化政策决策提供服务。四是广泛开展新型城镇化政策群众协商工作，通过群众座谈、召开新型城镇化政策意见征求会和听证会，为城镇化相关政策的实施积累民意基础，争取民心支持。五是抓住有利时机对拟采取的相关政策措施进行群众意见征询，为党委和政府调整和完善新型城镇化政策措施，增强城镇化的可行性、操作性、区域适宜性提供决策依据。

7. 矛盾

党的群众工作在这一阶段面临的基本矛盾是党的城镇化政策及其配套措施与区域城乡群众的期盼之间有差距的矛盾。具体的矛盾有很多，比如高层级新型城镇化政策与地方城镇化实际情况之间的矛盾、新型城镇的发展定位与现有产业结构之间的矛盾、农民失地与就业渠道不畅的矛盾、征地补偿定额与群众要求有差距的矛盾、城镇化拆迁进度与部分群众搬迁速度缓慢之间的矛盾、涉及群众要求良好保障与社保力度不够之间的矛盾等。这些都涉及新型城镇化的政策选择和实施进度，同时也是影响城乡基层社会稳定与和谐的重要矛盾。这中间当然也有党群关系矛盾、政群关系矛盾以及干群关系等矛盾，但这些矛盾不是本模式涉及的主要矛盾。

8. 关系

科学的新型城镇化政策的客观要求是因地制宜，是国家新型城镇化政策与地方资源禀赋和经济社会发展状况的结合，是国家城镇化政策的区域性具体落实,在这一模式当中,中央与地方的关系、新型城镇化与传统城镇化的关系、上级党委和政府与基层街镇的关系、政策制定选择与群众利益博弈的关系、多数群众与少数群众的关系等,都是党的群众组织在谋求区域新型城镇化政策科学化过程当中所要考虑和处理的关系内容。

9. 时间

从区域性城镇化的角度来讲,新型城镇化政策的科学化是在新型城镇化工作实施的起始阶段就应介入和实施的一项工作。事实上,为了确保新型城镇化的科学有效和顺利推进,新型城镇化政策制定过程当中的群众工作属于城镇化的前置工作内容和时段。但是实践当中城镇化政策的科学化并没有严格意义上的时间限制,为了确保新型城镇化政策的适宜和科学,拟推进新型城镇化而采取的一系列政策措施应当因时因地因事而适时调整。在这一过程当中党的群众工作也应当应政策调整的需要及时开展群众工作。

10. 空间

城镇化区域政策科学化群众工作的空间概念有两重含义,一重指的是新型城镇化的区域范围,也就是区域新型城镇化政策能影响和覆盖的地理空间,即一定的行政辖区。党的群众工作组织为区域城镇化政策科学化所做的工作就是在这一范围内开展的;另一种含义指的是城镇化政策与传统城镇化政策之间的空间,在新型城镇化规划、新型城镇化资源土地利用,以及生态环境保护和经济社会发展政策方面,群众工作组织可以组织党员群众开展适当的区域性政策争取和建议工作,为获取更适合本区域城镇化推进的政策和举措开展工作。

11. 策略

要树立正确的群众工作理念和策略,一是要树立服务新型城镇化制度建设是对基层群众最大的服务理念。政策是重要的利益导向,新型城镇化政策从根本上要代表和维护城乡基层群众的切身利益,科学的新型城镇化政策对于增强处于深刻变迁当中的基层城乡社会的凝聚力和向心力具有重要作用。二是要树立服务新型城镇建设规划与管理同样是服务新型城镇化建设的重要内容的理念。新型城镇怎么建设,区域资源怎么利用,最终都是群众利益的分配和实现,组织群众对新型城镇的规划建设开展建言献策,就是对群众切身利益的负责任。因此,基层群众的组织,要把建立科学的城镇建设规划和配套政策措施,作为党的群众工作服务新型城镇化、服务城乡群众的重要事项。三是组织群众开展城镇化政策讨论和建言要讲策略,要站在群众的角度思考问题,组织工作,开展讨论,从维护和发展群众利益的角度,发动群众参与新型城镇化政策的制定和完善。

12. 方法

一是用好以点带面的工作方法。组织群众参与新型城镇化政策的制定和完善,要尽可能广泛,但难以全覆盖,所以要尽可能地利用有影响的人和事,针对有代表性的政策措施,形成有影响力的舆论导向,用典型示范的方法,将好的意见和建议吸收进来,将党与政府对群众意见的重视程度体现出来。二是要用好线上与线下相结合的工作方法。基层城乡群众广泛使用互联网,而了解社情民意也必须深入群众中间面对面交流,因此在组织动员群众进行政策制定参与的过程当中,既要充分用好网络工具,也要广泛开展与群众面对面的交流与互动。三是要注重运用引导与疏导并重的方法。既要引导城乡群众正确地认识和看待党委和政府采取的政策措施,引导城乡群众站在正确利益立场和全局利益上来认识党委和政府采取的新型城镇化政策,为党委和政府提出可行的政策建议;也要想方设法疏解群众对这些政策的偏差性认识和情绪化思想观念,切实为新型城镇化政策的实施夯实群众执行基础。

13. 环体

政策是经济社会发展的客观要求，它有主观性也有客观性。群众工作组织在城镇化政策完善和调整过程当中的主要环境就是区域的经济社会发展状况，这一状况决定了当地群众思考问题认识城镇化的起点和倾向，也是制定调整和完善新型城镇化政策措施需要着重考量的现实基础。群众工作组织组织干部群众参与新型城镇化政策调整与完善，首先就要考虑到当地经济社会发展状况，同时还要考虑以往城镇化在推进过程当中形成的问题和积累的矛盾有哪些，以及当地地理资源、人口和环境条件，对于城镇建设规划路线图、时间表以及具体配套措施的制定都要从区域的实际情况出发。

14. 介体

基层党群工作组织要充分认识和用好互联网以及各种新兴的传播媒体来开展群众的联络组织和宣传工作，尤其要重视运用地方政府官方微博和微信公众号、区域社会服务网站、群众自发举办的各种微媒体和自媒体，包括微信群和QQ群等，广泛开展政策传播和信息交流互动。同时也要用好平常工作当中常用的召开群众代表座谈、面对面征询意见、进村入户走访交流、发放政策明白纸、开展区域广播和电视宣传，畅通民意表达途径，拓宽党群郑群交流渠道，用好各种传播和交流媒介。

三、"33345"模式内容及其运转程序

组织群众开展新型城镇化政策及其配套办制度调整与完善、建言献策的工作过程，就是争取民心、凝聚民意的过程。这一模式有一条主线，就

是新型城镇化政策及其配套办制度的制定和完善。党的群众工作的任务
就是要尽可能地把群众的智慧以及群众的所思所想所盼，凝聚到党的城
镇化政策当中去，努力使党的新型城镇化政策成为未来群众贯彻落实城
镇化措施的自觉行动。在广泛调研的基础上，我们研究和抽取各地在这方
面的经验做法，认为为实现上述工作目的和意图，地方党委和政府和基层
党群组织应按照"33345"的工作模式，扎扎实实地组织动员群众参与到新
型城镇化政策的制定和完善过程中来。我们可以用图6–1来展示"33345"
群众工作模式的内容：

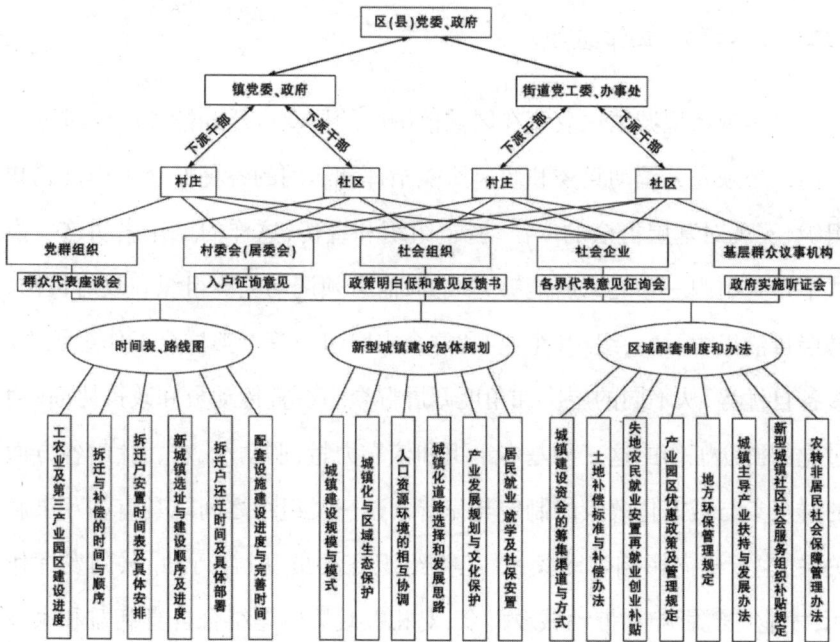

图6–1　"33345"群众工作模式

新型城镇化背景下党的群众工作模式研究

(一)三级组织联动

本模式涉及上情下达和下情上传两个方面的信息传递与沟通,简单地说也就是要把上级的政策意图传达到基层城乡群众中间,反过来再把基层城乡群众对新型城镇化的意见、建议和想法传递给上级党委和政府。在此情况下,某一级组织,比如单纯的社区和村庄基层组织就难以实现这一意图,实际工作当中必须是区县、镇街、社区(村庄)三级组织有效运转、联合操作,才能有效实现政策措施在党委和政府与基层群众之间的传达与反馈。这是对本模式实践操作的基本要求。

(二)三类群众工作组织

要实现新型城镇化政策在区域范围内的群众广泛知情和广泛讨论与协商,必须充分调动党委和政府所能指挥和运用的各种群众工作资源和组织,实现对基层群众的广泛动员、组织和宣传,这样的工作表明这一模式不是党组织一家之力所能够完成的,而必须调动党群组织和政府机构、基层自治组织、社会组织(企业)和群众志愿组织等三类群众工作组织,发挥各自优势,从不同的层次和角度开展群众组织宣传动员和政策协商。通过党的群众工作的这三种基本组织和依靠力量,调动工、农、商、学各方面的群众参与城镇化政策的制定与完善。这三类组织之间既具有相互隶属关系,也有横向影响带动关系,三类组织齐动员、联合行动、共同发挥作用,才能广泛影响和带动城乡群众,对相关政策问题结合自身利益和家乡未来发展开展深入讨论。在这三类组织机构中,党委和政府是信息源,是政策发布的源头,基层社会自治组织是组织城乡群众讨论和协商的主体,社会组织和社会企业以及相关志愿服务组织是广泛组织动员城乡群众的有效组织载体，党的组织在这三类社会组织和机构当中发挥上情下达和下情上传的组织核心作用。

(三)三项重点协商内容

　　具体来讲这三项基本内容是新型城镇建设的总体规划、城镇化实施的路线图和时间表、区域新型城镇化配套制度和办法。本模式与其他模式的主要区别就在于，其群众工作内容是围绕新型城镇化政策的制定和完善来开展群众工作，它是一项通过政策调整与协商来消解政策实施阻力，增强群众执行积极性和自觉性的群众工作。这三项基本内容是党委和政府推进和实施城镇化最重要的利益导向和政策体现，桩桩件件都与城乡基层群众的切身利益密切相关。首先是关于新型城镇建设的总体规划。城镇建设的规模和建设模式、城镇化与区域生态保护、人口资源环境的相互协调、城镇化道路选择和发展思路、农业工业以及第三产业的发展比例、城镇居民未来就业就学住房和社会保障的安置办法、新型城镇特色文化的挖掘与保护等，都需要广聚民智、科学决策。其次是关于城镇化实施的路线图和时间表。怎么建设、如何建设关系群众共享城镇化发展成果，什么时候建，建设的顺序与步伐同样是城镇化过程中影响群众切身利益的重要问题，也是需要广泛征询群众想法，集中多数群众意见的重要决策。就新型城镇建设的先后路线与时间安排，与当地群众进行广泛交流沟通，同样也是开展城镇化的必要准备工作和群众思想工作的一个重要方面。尤其是关系城镇化建设的各个重要节点，比如从哪里开始拆、在哪里开始建、什么时候搬迁、什么时候还迁？重点需要征求群众意见确定的重要事项包括：村庄拆迁与补偿的时间与顺序、拆迁户安置时间及具体安排、新兴城镇选址与建设顺序及进度安排、拆迁户还迁时间及具体部署、社区配套设施建设进度与完善时间、农业和工业以及第三产业园区建设进度安排等。再次是关于区域新型城镇化配套制度和办法。主要涉及城镇化建设资金的筹集方式与渠道、土地补偿标准与补偿办法、失地农民的就业安置和社会保障办法、地方环境保护管理规定、城镇主导产业扶持与发展办法、再就业与创业财税补贴优惠办法、产业园区优惠政策及其管理规定、新兴城镇社区社会组织服务补贴管理规定、农转非进城居民就业医疗保险等社会保障管理办法等。

(四)四个基本工作环节

群众工作机构与人员应该做好四个基本环节的政策协商与沟通工作。一是政策草案宣传。即在政策制定起草阶段形成政策草案之后,借助党群工作机构的功能和各种宣传渠道,面向基层群众开展宣传工作,使广大群众了解城镇化政策内容和新型城镇化的意义和目的,为城镇化政策草案在城乡基层群众中进行广泛深入的讨论奠定基础。二是政策意见征询。通过群众代表、各界人士代表座谈或书面征询意见书,将政策草案在群众代表中间和适当的范围内进行广泛征求意见和协商讨论,围绕新型城镇化正常的三项基本内容,组织不同层面的群众或是代表开展意见征询。三是政策意见反馈。党的群众工作组织承载的一个很重要的职能就是收集城镇化区域覆盖群众对于城镇化的意见建议和期待,将不同职业、不同层面、不同群体关于实施新型城镇化的意愿和期望反馈给党委和政府,供党委和政府进行政策意见吸纳,将群众的心声表达在政策措施中,体现在文件报告中。四是政策公布与宣讲。经过充分的意见征询和政策制定群众协商,将党委和政府确定实施的区域化城镇化政策办法公之于众,及时准确地传达到基层群众中间去,并及时组织开展基层政策宣讲,对城镇化政策进行必要的解释说明讲解，使广大城乡群众深入了解和掌握城镇化政策内容、实施程序以及维权办法与渠道。

（五）五种组织方式

一是群众代表座谈会。根据不同的议题，随机邀请或选择性地邀请具有代表性的基层群众，就相关议题进行座谈讨论，通过这种形式了解基层群众的真实意愿和对即将实行的政策的意见和建议，这也是党的基层群众工作常用的一种调研方式和工作制度。二是党员干部上门入户征询意见。作为党委和政府密切联系群众的一种重要途径和方式，这种方式是由党委委派党员干部主动进村入户与村民进行面对面的沟通交流，就相关城镇化政策征询群众意见、采纳群众建议。这种与基层群众进行面对面一对一的沟通与交流的方式，避免了其他人的干扰，能够获得群众的真实想法。三是政策明白纸和意见反馈书。因为党员干部人数不够以及作为面对面沟通交流的一种补充方式，通过发放政策明白纸在群众中间宣传讲解党的新型城镇化政策，让群众在充分了解的基础上提出书面的意见和建议，有利于扩大政策协商的覆盖面，并获得关心政策实施的群众的个性化建议。四是党员干部和各界人士代表意见征询会。这是党委和政府进行政治协商的一种必要的征询意见的形式，主要是选择不同行业、不同社会阶层的代表人士进行座谈交流，可以得到各行各业比较专业的具有行业代表性和群体代表性的意见与建议，同时这些各界人士代表在基层城乡社会也具有广泛影响，他们的意见的提出以及采纳具有较强的层面代表性，有利于城镇化政策的科学性提升，也有利于为未来新型城镇化政策的实施奠定基础。五是地方新型城镇化政策实施听证会。这种形式是地方党委和政府在新型城镇化政策开始实施之前，正式的面向区域内全体群众进行的政策实施听证意见征询会议,具有为城镇化政策征询意见的作用,也有为城镇化政策的实施做准备、造舆论的意义与作用,同样是地方党委和政府进行政策协商不可缺少的一种组织形式。

第二节　基层城乡社会利益系统整合群众工作模式

新型城镇化是肩负新的历史使命的城镇化,党的群众工作在新型城镇化背景下要实现对城乡社会的系统性整合,就必须充分发挥党的群众工作的社会整合功能,使处于新型城镇化进程中的社会系统不断增强向心力和凝聚力。党的群众工作作为党影响和带动基层社会发展的基本依靠力量,不论是在革命战争年代还是在改革开放进程中,党开展群众工作的实践经验一再告诉我们,不论情况发生何种调整,不论条件产生哪些变化,党的群众工作要想发挥好其社会整合功能,履行好党交给的使命,最根本的一条就是要坚持始终与群众在一起。与群众在一起不是抽象的而是具体的,最根本的就是要与群众的利益站在一起。说得具体一点,就是要代表好、维护好、发展好、保护好群众在各个时期各个阶段各个领域的切身利益。

不论历史条件发生怎样的变化,只有让群众切身感受到党组织始终代表群众的利益来想问题、办事情,群众才会拥护党的主张、支持党的政策,新型城镇化政策的推进同样如此。现代社会学理论也告诉我们,没有强有力的社会整合力量持续发挥作用,变迁中的社会系统所面临的离析风险将急剧扩大。城镇化是中国实现现代化的必由之路,但是城镇化带来的各种弊病也已经在各个方面突显出来,比如资源的急剧消耗、环境的不断恶化、城乡差距的不断扩大、居民贫富程度的扩大趋势难以改观，还有很多因为城镇化的实施而产生的社会不和谐现象，这些问题和现象中间掺杂着大量的群众利益问题，处理不好就会影响群众对党的新型城镇化政策的态度和看法。比如，《新型城镇化背景下党的群众工作调查（Ⅰ）党员干部问卷》在问及"您觉得新型城镇化背景下的群众工作应包括哪些内容（多选）"时，41%的被调查者选择了"组织群众维护合法权益"选项，52%的被调查者选择了"代表群众表达利益诉求"；在问及"在新型城镇化过程中，您觉得组织发动群众最大的困难是（可多选）"时，80%的被调查者选择了"群众对利益问题格外敏感，利益协调工作最难"选项，40%的被调查者选择了"群众政治参与意识明显增强，代表群众利益、表达群众诉求最难"；《新型城镇化背景下党的群众工作调查（Ⅱ）群众问卷》在问及"您对党员干部有什么期望（可多选）"时，57%的被调查者选择了"带领群众维护自身权益"。因此，从系统整合的角度讲，党的群众工作必须高度重视基层城乡群众的利益问题，充分发挥群众工作的利益协调和社会整合功能，带领基层群众从经济、政治、文化、生态等各个方面关注、关心和维护、发展新型城镇化进程中广大群众的切身利益。

探索可以推广和复制的群众工作模式，极为重要的一条经验就是捕捉群众工作系统当中与群众切身关系紧密且具有普遍性和广泛性的主题。新型城镇化背景下，各地的地理资源环境、生态气候条件、人文风情民俗、经济发展状况虽然各不相同，但是基层城乡群众的利益关切是相同的。抓住了群众利益这条主线就抓住了新型城镇化进程中党的群众工作的规律和主线。鉴于新型城镇化是在传统城镇化长期推进基础上实施的城镇化，群众利益矛盾和问题在经年累月地推进过程中累积问题突出，要想真正实现新型城镇化推进过程当中的社会凝聚，党的各级组织必须牢

新型城镇化背景下党的群众工作模式研究

牢地抓住维护群众利益这一根本和主题，从各地情况出发积极探索和实践以维护基层群众利益为主题的群众工作模式。

我们在对北京市高丽营镇、天津市华明镇、山西太原马兰镇、吉林延边红旗村、黑龙江八岔乡等地区新型城镇化推进实践进行社会状况调查，并对其群众工作经验进行深入总结分析的基础上得出结论也认为，在新型城镇化背景下，党的群众工作要发挥凝聚基层群众、团结城乡居民、整合城镇社会的功能和作用，更应突出抓好群众利益这个主题，并以整合城镇化群众利益为主线，实施具有广泛基础的群众利益整合群众工作模式。

一、模式概述

利益整合是政党的基本功能之一。政党是现代国家中有着特定政治理念的社会团体。作为国家和社会的中介，政党"一端连着民众，因为只有得到相当一部分民众的支持，政党才能生存和发展；另外一端连着国家、政府、权力，因为只有掌握权力，或对政府的运作施加影响，政党才有存在的价值"[①]。鉴于政党分别对接国家和社会，巴特里尼和彼得·梅尔将政党功能分为代表性功能和程序性或制度性功能。代表性功能主要表现为政党与社会、公民之间的关系，即进行公民利益的表达、整合和政策的制定等。程序性或制度性功能主要表现为政党与国家之间的关系，其中包括对政治领导的录用、议会和政府的构成等方面。从理论上看，两种功能类型正好与政党—国家、政党—社会关联起来。多数学者在对政党功能进行分析时指出，政党连接国家和社会的核心机制就是利益协调，他们认为利益

---

① 王长江：《政党现代化论》，浙江人民出版社，2004年版，第39页。

第六章　新型城镇化背景下党的系统－整合群众工作模式

表达与整合是政党的首要功能。比如中央党校的王长江教授就指出："无论何种体制,政党尤其是执政党,必须要发挥利益表达与整合的功能,这是其最基本的功能。在代议制下,利益表达并非都是经过直接参与实现,更多的时候,是通过间接的方式来达成,这就需要借助政党。政党将不同利益直接传输到政治系统,并在这一过程中对信息进行加工、综合,将零散的、不成体系的利益整合为系统的、可以转化为实践的利益,这就是利益的表达和综合。"①尽管相关学者在分析政党功能时着重强调其某个或某几个功能,但政党的利益整合功能都是其共同认识,如亨廷顿突出了利益整合功能:"政党的功能在于组织参与、综和不同利益、充当社会势力与政府之间的桥梁。"而且中外学者的研究表明,政党的利益整合功能是与生俱来的,马克思主义更是认为,政党本质上是特定阶级利益的集中代表者,是特定阶级政治力量中的领导力量,是由各阶级的政治中坚分子为了夺取或巩固国家政治权力而组成的政治组织。而在当代社会条件下,尤其是我们党作为当代中国的执政党而言,面对新型城镇化进程中的利益多元化势头日强,以及大量利益矛盾的集中涌现,利益整合作为党的基本职能就更显得重要而迫切。

社会整合功能是现代政党功能调适的主要内容。"整合"一词作为社会学和文化学意义上的专有术语,最早是由英国学者赫伯特·斯宾塞在1862年首先使用的。20世纪,"社会整合"概念由美国社会学家结构功能主义大师帕森斯明确提出,并被纳入结构功能主义理论框架中。社会整合一般是指通过多种方式,以社会公正为准绳,以保证社会各阶级、阶层、集团和群体利益为基础,组合社会各个部分,使之构成一个利益共同体。社会

---

① [美]亨廷顿:《变化社会中的政治秩序》,王冠华等译,上海世纪出版集团,2006年版,第70页。

新型城镇化背景下党的群众工作模式研究

整合能力，是指政党通过各种方式把各种社会群体的不同利益表达转化为政治意见或公民的制度化支持，从而使得社会各个部分组合成为一个利益共同体的能力。"社会整合"作为一个科学概念，其内涵是指在承认社会利益高度分化的现实和不同群体利益并存的正当性的前提下，将兼容并蓄众多的宗教、种族和语言群体以及各种不同的社会因素组合成为一个统一的、协调共生的整体的过程及结果；其外延则包含了利益整合、思想整合、组织整合等内容。执政党的社会整合，就是指执政党通过法定程序，把代表阶级的意志转化为国家的法律与公共政策，并通过强化执政意识、创新执政理念、规范执政行为，平衡不同社会主体的利益，不断扩充自己的执政基础，实现利益均衡和社会稳定的过程及结果。社会整合功能是政党功能调适的主要现实内容，社会整合能力是党的执政能力的基本指标，是政党执政的根本性原则，也是和谐社会建设的基本内容。[1]党的群众工作是我们党在基层社会的基本作用发挥机制，也是进行社会整合的基本工作机制。面对新型城镇化如此广泛而深刻的社会变迁过程，从应对社会结构变迁而进行功能调适的角度讲，党的基层群众工作也必须将社会整合作为首要任务。

整合新型城镇化进程中的群众利益，既是党作为执政党的执政使命，也是党系统解决传统城镇化积弊，顺利推进新型城镇化的客观要求。执政党掌控着国家的政权，处于政治格局的中心位置，整合功能是其维系政党运作的基本功能，是发挥社会整合功能的主导力量，很大程度上决定了"整个社会整合的目标和方向"[2]。新型城镇化是我们党在我国城镇化发展

---

① 朱前星、陈果、梁煌、李佳金:《社会整合功能:中国共产党政党功能调适的主要现实内容》,《湖北社会科学》,2011年第9期,第21页。

② 赵理富:《政党文化探析》,《湖北行政学院学报》,2002年第5期,第13页。

到中期而进行的发展模式调整。在新型城镇化背景下,党进行社会整合的基本功能没有根本改变,所不同的是利益问题在这一阶段表现的更加突出,党在这一阶段所要解决的各种群众利益问题既是党实现其执行使命所必须克服的一个重要问题,也是顺利推进城镇化的转型发展所必须解决的一个重要问题。我们党只有通过大量耐心、细致、具体的群众工作,将新型城镇化进程中的各种各类群众利益问题化解好,才能充分体现党的新型城镇化进程中的执政能力和领导核心作用,才能引领新型城镇化的发展走向,也才能在这个过程中增强自身在基层群众中的凝聚力的号召力。而要实现这一目的,迫切需要探索一种可以广泛借鉴和运用的群众工作执行体系和操作办法,以指导广大基层群众工作组织在新型城镇化进程中妥善处理遇到的涉及群众利益的矛盾和问题。

新型城镇化背景下城乡基层群众的利益问题是一个内涵丰富的概念。因为新型城镇化调整的广泛性和深刻性,从土地、宅基地、土地承包权和集体经济所有权,到城乡生态资源环境、群众居住条件、生活配套设施,再到群众公共文化服务供给和基层群众自治形式和群众公共事务参与等,群众利益涉及方方面面。因为实施城镇化的目的是改善人的生活水平,提升人的生存状态,那么从这个角度讲,新型城镇化的实施涉及的人的利益就不仅是物质生活方面的,也包括精神生活方面的,不仅包括生态环境方面的现实状况,也包括城乡居民作为基层自治成员的政治权利的实现状况在内,群众利益的多维性在基层城乡社会变迁的大舞台上呈现多种多样的表现形式。

新型城镇化对于基层城乡社会最大的影响也在于利益关系的调整。基层群众因为城镇化征地拆迁获得经济补偿,并得以进入新型城镇居住,多数进城农民需要放弃对集体土地的承包经营权,进入新型城镇工作生活,这其中是一个社会财富的重大转换和调整过程,一大批进城农民因此获益成为有"有钱人",但在这个过程中,人们对政府的补偿办法和补偿标准各有看法。而获得补偿的进城农民对其资金的安排使用也需要党的群众组织多加引导,通过广泛的宣传和教育,使广大进城居民将资金用在其创业就业发展上,投入到社会保障购置以及有效的生活条件改善这些有意义的事情上,避免有的群众因不擅长理财或其他问题而返贫。这些问题事实上都是可以预见的社会问题。不论是从广义上说还是从狭义上讲,我们党都主张群众利益无小事,涉及群众利益的事就应该成为党的群众工作关注的事。但是从群众工作模式探索的角度,以及从可操作便推广的角度,我们建议将城镇群众利益问题设定在经济、政治、文化和生态四个维度上,以此为架构来把握城乡群众利益概念的内涵。我们需要将上述四个维度的利益内容放在广阔的社会层面来把握,在新型城镇化的具体实施条件下真正维护好、发展好、实现好基层城乡群众的经济、政治、文化、生态利益。

新型城镇化背景下,基层城乡社会利益整合呈现新的特点,探索相关群众工作模式必须对这些特点有所把握。一是伴随新型城镇化进程的日益推进,城乡群众利益多元化发展趋势愈加明显,城乡居民不仅关注因城镇化建设中因土地、房屋、股权等经济权利的兑现和交换,也对与其生存和发展密切相关的生态资源环境更加关心,同时对作为体现现代城镇居民生活品质的文化生活的要求也更高,而且上述利益关切呈现方式也日益多元。二是利益关联性强。一方面因为现代信息时代的到来,区域与区域群众的联系更紧密,群众利益的相关性也相应增强;另一方面,因为土地征补产生的利益关系以及后续产生的住宅回迁,因为土地集体经营带来的经济利益分配和相关群众"集改股"的关联性,城镇建设而带来的区域生态环境影响与区域内群众关系更加密切，社区生活环境的变化而带来的文化服务设施配套以及学校、医疗、便民服务等要求更高，城乡群众各方面利益的关联性更强。三是利益整合的系统性强。城乡群众的利益考量日益综合，单纯从经济利益角度来认识和解决经济利益问题的思维已经过时，对单一利益矛盾的解决必须从多维度进行认识和化解，城乡群众的利益系统进一步融合。四是以经济利益为主的利益体系日益复杂。城镇化进程中的群众利益仍然是以经济利益为主这一点没有根本改变，但以经济利益为内核的附加利益内容日益增加，农村进城群众在进城共享城市发展成果的同时，对就业、就学、医疗、社保、文化以及发展等相关问题的要求也在增加，而且很多时候经济利益与政治权益和文化权益交织在一起，解决经济利益问题就必须着眼于解决基层治理问题，解决发展问题就必须兼顾生态环保问题。上述问题是新型城镇化背景下城乡社会利益关系的重要特征，是我们探索新型城镇化进程中的群众工作模式必须考虑的因素，也是我们着手解决相关具体群众利益问题需要注意的事项。

　　党的群众工作对城乡群众利益进行整合，不仅需要兼顾利益问题的上下游相关问题的解决，也要考虑到利益问题的相关性和利益整合的合理性和恰当性，还要顾及党的群众工作在群众利益整合中的适当作用与可操作性。鉴于利益整合问题的复杂性，同时也是在充分总结被调研地方的经验做法的基础上，我们主张从利益整合流程的角度来构建城乡群众利益整合群众工作模式的总体框架，我们认同一个完整的模式化工作体系，整合群众利益至少应当建立以下五个方面的工作机制：利益观念导向机制、利益表达和综合机制、利益流向确定机制、利益激励和约束机制、利益冲突调解机制。[①]

---

① 李清华：《利益整合：构建和谐社会的关键》，《理论前沿》，2005年第1期，第23~24页。

新型城镇化背景下党的群众工作模式研究

（1）建立利益观念导向机制的目的是从价值层面、从思想道德层面引导城乡居民在新型城镇化化过程中的求利行为。这一机制主要包括利益目标导向、利益价值导向和利益道德导向三个方面的内容。

（2）建立利益表达和综合机制有两方面的内容：一是利益表达，是指城乡群众向党委和政府提出利益要求，并要求得到满足的利益表达行为。二是利益综合，是指把各种利益要求转变为政策要求的政治活动过程。

（3）建立利益流向确定机制是为新型城镇化过程中群众追逐利益制定规则的过程，就是要确定社会利益在城镇化涉及群众中间的分配形式和份额，这是确定新型城镇化利益整合机制的核心内容，也是采取有力措施解决城乡群众之间和利益矛盾问题的客观要求，建立群众工作介入利益整合秩序的关键。合理确定利益在社会成员之间合理流向关乎社会公平与效率的实现，因而也就关系到党执政的社会基础。

（4）利益激励和约束机制。所谓利益激励机制是指社会根据各利益主体的状况所建构起来的，旨在最大限度地调动城乡群众追求自身利益和社会利益的积极性和主动性的管理体系或制度体系。激励机制主要解决一个活力和效率的问题。所谓利益约束机制是指社会基于现实利益关系所建构的，旨在约束规范城乡群众求利行为的管理体系和制度体系。利益约束机制大体上由利益规范机制、利益制衡机制、利益惩罚机制所构成。约束机制主要是解决一个规范和公正的问题。保证利益主体求利行为的正确方向，仅仅靠观念形态的褒扬和道德上的约束是不够的，还必须从制度形态上、法律形态上建立有效的激励和约束机制。

（5）利益冲突调解机制。利益冲突是利益相关方基于利益矛盾而产生的利益纠纷和利益争夺现象，是利益相关方的矛盾积累到一定程度所产生的一种激烈对抗的态势。当利益冲突超过一定限度、得不到控制时，势必对社会政治稳定构成威胁。因此,建立利益冲突的调节机制至关重要。利益冲突的调解方式有多种,包括法律调解、行政调解、社会自我调解等。

基层城乡社会利益系统整合群众工作模式的内涵可以从以下四个方面来解读:

一是该模式应坚持以利益问题为主题, 具体讲就是要瞄准城乡居民因新型城镇化而衍生而来的各种利益问题, 以协调新型城镇化的利益主体的利益分配和推动群众利益均衡为目标, 使城乡居民在获得新型城镇化利益实惠的同时,实现基层城乡社会的和谐稳定。

二是以维护和发展城乡居民的城镇化利益为主线。党的群众工作要促进城乡社会的凝聚和团结,必须坚持与群众站在一起,而与群众站在一起,最根本的体现就是与群众的利益站在一起。不仅要急群众之所急、做群众之所盼,更要把群众的利益作为党委和政府、党员干部自己的利益来维护和发展,使广大群众真正感受到党与群众的血肉联系和鱼水之情,自觉自愿地与党站在一起,自觉自愿地支持和参与新型城镇化。

三是要秉持大利益概念和思维, 即这里的利益不仅是指城乡居民因城镇化而产生的经济利益, 也包括因新型城镇化而可能获得的经济、政治、文化、生态等方面的利益,要将社会和谐稳定作为基层群众工作工作目标,从实际出发,努力维护好、实现好、发展好城乡群众的各方面利益。对利益的认识要坚持开放观念和政治经济思维,不能局限于经济利益,要从大处着眼,全方位维护和发展城乡群众的利益。

四是该模式的基本框架是“四维”利益和“五项机制”。实施基层城乡社会利益系统整合群众工作模式的根本目的是实现基层城乡社会的团结稳定和谐,这是顺利推进新型城镇化的基础条件,也是城乡居民的根本利益所在,以此为指导,我们要将新型城镇化过程中的基层群众的经济、政治、文化、生态四个维度的利益纳入模式工作内容和目标体系,通过利益观念导向机制、利益表达和综合机制、利益流向确定机制、利益激励和约束机制、利益冲突调解机制五项工作机制,最大限度地维护、发展和现实好基层城乡群众的各项利益。

二、模式要素分析

基层城乡社会利益系统整合群众工作模式的主轴和中心就是要抓住基层群众最关切的切身利益这个根本问题来调整群众各方面关系,调动群众积极推进新型城镇化的积极性,增强城乡基层社会的稳定和谐。以维护和发展群众利益为核心开展群众工作是党的群众工作的一条经过实践检验的重要工作经验, 也是新型城镇化过程中广大基层群众工作组织经常采用的工作措施,但因利益问题复杂多样,不同地方以及在新型城镇化的不同阶段,基层群众利益问题也复杂多样,多数没有形成稳定的工作模式,亟待在基层探索的基础上提炼总结,形成模式,并为基层开展类似群众工作提供指导和借鉴。这一模式主题突出、目的明确、切中要害、广泛应用,但与其他群众工作模式在要素构成方面还有许多特点和不同,只有深刻把握这些要素区别,才能在实际工作中准确运用这一模式。下面我们就从以下方面分别来对其构成要素进行解析:

1. 主体

基层城乡社会利益系统整合群众工作模式是以协调和整合城乡基层群众现实利益为指向的群众工作模式,鉴于党委和政府对"群众利益无小事"的深刻认识,以及群众具体利益问题的协调难度较大和对组织权威性要求较高的现实状况, 同时因为大量群众利益问题需要多方面的说服和服务工作,我们主张对本模式的工作主体分层次设定,即是以基层党委和政府以及基层党组织和村委会、社区居委会等基层自治组织为核心主体;以党的群众团体,包括受党组织直接领导的共青团和妇女组织作为本模式工作主体的辅助主体;将接受党组织领导,帮助党群组织开展群众工作的群众社会组织,包括城乡行业协会、专业合作社、群众代表组织、群众议事协调机构、志愿服务组织等组织和机构作为开展基层城乡群众利益协调与整合的相关主体。利益问题除了组织协调,很多时候需要权威组织的引导和决策,核心主体具备这样的条件,理应在基层群众利益整合工作中发挥综合协调和主要领导功能;外围主体由其组织功能所决定,在群众中间具有良好的群众基础和话语权,对相关群众群体的影响大,但缺乏利益分配职能和决策功能,可以在基层群众利益整合工作中发挥重要辅助作用;外围主体深深地植根于城乡基层群众中间,事实上属于群众的一部分,但在利益协调机制中也发挥重要作用,也是开展基层城乡群众利益协调的重要主体力量。

2. 客体

基层城乡社会利益系统整合群众工作的工作客体,就是利益整合工作面向的利益相关群众。新型城镇化是涉及众多群众的社会变迁过程,实施新型城镇化的区域内群众利益具有整体性,比如涉及征地拆迁的群众的补偿具有统一性,区域内生态环境的保护也具有统一性,在诸如这些问题上群众工作客体具有整体性和群体性。同时,鉴于城镇化过程中群众利益的具体性和多样性,这里的相关群众是特指那些新型城镇化进程中具体利益关系中的城乡基层群众。在新型城镇化向前推进的征地、拆迁、安置、还迁以及农村群众进城之后等不同工作阶段,群众的利益关注不同,而且即便已经进入下一个阶段,此前阶段的群众利益问题也可能会有遗留问题,因此这一模式中的工作客体也比较具体,此时党的群众工作客体可能是具体利益事件中单一个体或部分群众。

3. 目的

整合新型城镇化进程中基层城乡群众的利益,根本目的是以利益为抓手和突破口解决新型城镇化推进过程中的矛盾和纠葛,避免基层城乡社会因利益矛盾产生社会不和谐因素,避免社会离散,使广大城乡基层群众在共享新型城镇化发展成果的同时,自觉拥护和支持党的新型城镇化政策,进而巩固和增强党在基层城乡社会的群众基础。因此,探索基层城乡社会利益系统整合群众工作模式的目的,就是通过对整合新型城镇化进程中群众利益工作的内容、机制及具体操作的总结提炼,为广大基层群众工作组织提供相关工作指导,增强基层城乡社会的向心力和凝聚力,确保党的新型城镇化的顺利推进,在推进新型城镇化的过程中将广大城乡群众紧密团结在党组织的周围。

4. 目标

开展基层城乡社会利益系统整合群众工作的总目标是实现基层城乡社会的和谐稳定,确保党的新型城镇化政策的有序推进。实现这一目标需要以实现四个方面的目标来支撑。一是要实现和维护好城乡基层群众因新型城镇化而产生的经济利益,带领群众维护合法权益,公平公正获得土地征补、宅基地换房、失业救济、集体经济股份制改造、社会保障等各项经济利益;二是带领群众做好选区居民身份转换和选民登记、村委会改居委会选举、基层自治和群众经济社会事务治理,帮助新型城镇化中的基层群众依法当家做主;三是带领群众争取政府公共文化服务配给设施和待遇,组织群众开展群众精神文化创建活动,活跃基层群众文化生活,使新型城镇化成为基层城镇群众提升文化生活品质的重要契机。四是组织基层城乡群众保护好区域生态环境,可持续利用区域自然资源,处理好产业发展与资源人口环境的关系,维护好广大城乡基层群众的生态利益。

5. 内容

涉及群众利益的事是群众最关心的事,涉及群众利益的事内容庞杂,也是群众最需要帮助和引导的事,因此这类工作内容也比较复杂。从基层城乡社会利益系统整合群众工作模式的目的和目标的分析来看,开展群众利益整合工作应紧紧围绕表达群众利益诉求、维护群众合法权益、为群众争取正当利益、协调群众之间以及群众与党委和政府和相关组织之间的利益关系、为群众提供省心的代理服务、处理群众矛盾纠纷以及上访等工作。相关工作的履行和完成还需要辅助宣传、组织、服务和说服沟通等耐心细致的群众工作。

6. 任务

对基层城乡社会利益系统实施整合的根本任务是整合群众利益目标,统一群众利益诉求,将基层群众的切身利益统一到新型城镇化的整体利益和全局利益上来,是将群众在城镇化过程中应得的权益公平公正地分配给群众,将个别群众的特殊利益要求整合到城乡居民的整体利益上来,确保新型城镇化进程不因利益的不协调或利益纠纷影响新型城镇化进程和大局。具体来讲有这样四项任务:一是服务群众公平公正地获得新型城镇化带来的利益,使群众在公开公平的氛围中实现各自合理合法的权益;二是引导群众在新型城镇化过程中管理好使用好自己通过新型城镇化获得的权利和资金,为群众用好自己获得的利益提供建议和参考;三是处理因新型城镇化而产生的利益纠纷。这是新型城镇化推进过程中的一项重点工作,理应成为党的群众工作为新型城镇化保驾护航的重要任务。四是理顺新型城镇化群众情绪,营造新型城镇化良好社会舆论氛围。

从点点滴滴做起,将涉及群众利益的大事小情解决好,让群众得利益实惠共享新型城镇化益处,让群众心情舒畅、情绪理顺,真心拥护党的新型城镇化建设。

7. 矛盾

基层城乡社会利益系统整合群众工作模式是以解决新型城镇化过程的基层群众利益矛盾为基本功能和主线的群众工作模式,这类群众工作的基本矛盾是利益矛盾,根本矛盾是党的新型城镇化政策所能给基层城乡群众创造和带来的利益与实惠与城乡基层群众的期盼之间存在差距,主要矛盾是传统城镇化与新型城镇化在发展模式上不一致、群众的个体利益与区域新型城镇化发展目标不尽一致、区域人口与资源环境之间的矛盾、群众之间利益关系不尽一致等问题在一定发展时期还难以消除,同时在整合群众利益的过程中也要重点关注可能产生的干群矛盾及群众之间因利益产生的矛盾和纠纷,这些都会对新型城镇化发展局面造成不利影响。

8. 关系

基层城乡关系体系错综复杂,但基层城乡社会利益系统整合群众工作模式重点需要关注的是这一体系中的利益关系,只有把握准基层城乡社会的利益关系,才能找到整合群众利益的切入点。在不同工作情况下,要在准确把握相关利益关系,比如农村群众与原农村两委的关系以及与村集体经济组织的关系、村集体与所属经济组织的关系、基层自治组织与群众议事决策机构的关系、区域产业发展状况与自然地理环境之间的关系、新型城镇化产业结构调整与区域新型城镇化发展规划之间的关系,以及地方的党群关系、干群关系和群众间关系,才能抓住解决问题的脉络和钥匙。

9. 时间

基层城乡社会利益系统整合群众工作模式的时间要素决定着党的群众工作组织在什么时间开展工作，以及在多长的时间段开展群众利益整合工作，这里的时间概念既具有阶段性又具有一贯性。其阶段性体现在一些具有明确起止点的利益事项中，比如征地补偿金的发放，这个利益兑现过程就是一个时间并不太长的工作过程；拆迁群众的安置和还迁，这项工作也不可能持续很长时间；还有集体经济改股份制，原村民按其在集体所占经济份额获得到相应股权利益，这类工作也具有明显的完成时限。其一贯性体现在一些公共利益实现过程中，比如群众文化利益的实现，这就不是一个阶段性问题，而是一个需要不断实现并不断提升的过程；新型城镇化过程中区域自然环境的保护与开发，也不是一件能够一蹴而就的事。把握利益整合的时间要素是为了便于制定切合实践的操作程序，时间的长短决定着我们开展利益整合的节奏与策略，是我们制定具体利益整合工作必须考虑的因素。

10. 空间

基层城乡社会利益系统整合群众工作模式的空间要素决定着党的群众工作是在什么地方，以及在多大的区域范围内开展工作，这是开展基层城乡社会群众利益系统整合的必要前提。开展群众工作，尤其整合群众利益，必须搞清楚党的群众工作是在农村还是在城镇社区开展工作，是在城市还是在城乡接合部开展工作，是在单一社区或农村开展工作，还是在区域范围内开展工作，这些空间因素决定着党的群众工作需要调动的人员多少以及所要采取的工作措施。在相对有限的空间内开展群众工作适宜采取网格化、面对面、一对一的工作方式，而在区域范围内开展党的群众工作就需要多借助媒体的力量，从政策宣传到工作组织开展，都需要量力而行,采取合适的方式开展工作。

11. 策略

凡事关己则乱,尤其是事关群众切身利益时,群众的心情焦急、敏感、易受不良言论影响。因此在新型城镇化过程中处理群众利益问题,群众工作策略极为重要。我们主张基层城乡社会利益系统整合群众工作模式要坚持郑重、亲切、快速。首先是郑重,群众利益无小事,尤其是牵涉到具体人的利益,对于群众反映的相关问题,或者与群众利益相关的日常工作,党的群众工作者必须郑重对待,让群众感觉到党组织对群众的事的重视。第二是在处理群众利益相关问题时,群众工作者的态度一定要亲切,让群众从心里对党组织有亲切感,真心愿意向党组织反映问题、表露心意,真心希望到得党组织的关心和帮助。第三是处理群众利益相关问题要讲求效率,及时快速地落实相关事项,尽快给群众反馈和答复,对能办结的事情要尽快办结,对一时不能处理完毕的事情要及时向相关群众讲明情况,及时将跟进情况反馈给相关群众,避免群众因久等或不明情况对党委和政府、对基层两委产生不良情绪。

12. 方法

在关于基层群众利益的群众工作中,方式方法非常重要,关系到群众工作效果和群众利益整合效率,需要广大基层城乡群众工作者在实践中积极探索和创新。本模式的要义是整合,主线是利益,群众工作方法需要因事而定、灵活应对,但从利益主题入手,这类群众工作在方法方面也有一定规律可循。

一是统一群众利益选择要用好抓两头带中间的方法。群众对各自的利益主张不同,因此对相同的利益问题反应不一,行动也不尽一致,对相同的利益问题做出的选择有先有后,有迅速的也有缓慢的,而顺利推进新

第六章　新型城镇化背景下党的系统－整合群众工作模式

型城镇化相关工作需要使相关群众步调一致起来，这就需要对工作对象使用抓两头带中间的方法，对积极的群众要鼓励，对工作困难户要重点关注，着力多做工作，解决好他们的顾虑，推动相关城镇化工作顺利实行。

二是推动群众加快利益选择要用好模范示范带动法。基层群众工作往是群众看党员、党员看干部、干部看先进，推进新型城镇化，要解决新型城镇化进程中群众的利益问题，一定要选树典型，用典型树立群众对待和处理各自利益问题的标杆，去带动多数群众拥护和支持新型城镇化的相关举措。

三是推动群众做出正确利益选择要用好沟通交流法。与群众的沟通交流是开展群众工作的看家本领。在涉及群众利益的问题上更要注重与群众多沟通多交流，努力将群众关心的利益问题及其相关因素沟通清楚，使群众在充分了解政策的基础上明确自身的利益范围，在党委和政府的指导帮助下争取自己的合法权益。

四是整合群众利益要用好综合协调工作法。利益问题错综复杂，而且群众之间的利益多有交叉，不同的利益问题涉及项目因为在同一区域也多有交集，对城镇化过程中的群众利益问题的处理必须统筹考虑，而不能单一化简单化处理，在处理群众利益诉求时，要考虑到其他群众的感受和诉求，也要顾及其他事项的利益相关性，要在统筹城乡群众利益格局的基础上，协调处理相关利益问题，避免群众因处理问题不够全面引起群众的相互攀比，衍生其他利益问题。

五是要广泛运用好以情感人和以理服人的工作方法。群众提出的利益诉求有的合理有的不合理，不能一概而论，但处理这些问题很重要的一个方法就是以情感人和以理服人，要通过及时贴心的服务和客观公允的摆事实讲道理，让群众从心里接受群众工作的协调的处理结果，为新型城镇化的实施的创造良好的群众基础。

13. 环体

环境既影响人,也塑造人,环境对人们在利益选择方面的影响也是显而易见的。新型城镇化是一个利益变动集中的社会变迁过程,涉及利益的群众工作的外部影响因素比较复杂,一方面针对群众利益问题开展群众工作不可避免要受区域自然环境、经济发展状况以及文化风俗等因素的影响,这是大环境。另一方面,因为利益问题的具体性,以及利益问题本身的群体性和个体性区别,涉及利益的相关群众之间的相互影响至关重要,比如对于拆迁补助,多数群众的认可与否,以及部分群众的意见和建议,尤其是在群众中间具有意见领袖地位的群众所持的意见对其他群众的影响就极为重要。再者,在利益问题处理过程中,社会舆论氛围对处于利益选择中的城乡群众也极为重要。新型城镇化之新,以及新型城镇化对现实城乡社会发展的重要益处,都应成为基层群众组织营造良好城镇化实施氛围的重要内容。同时,基层城乡群众对于新型城镇化相关政策措施的反应和行动,以及新型城镇化实施过程中利益相关群众中的群众典型效应和选择行为对其他城乡群众都是影响极大的环境因素。

14. 介体

基层城乡社会利益系统整合群众工作模式的介体就是用来传递新型城镇化利益整合相关信息的各种媒介。新型城镇化进程中,凡是能够向城乡基层群众传递利益选择信息和利益价值观念的载体都可以作为基层城乡社会利益系统整合群众工作模式的介体因素。具体包括:一是人的因素。新型城镇化过程中,群众与群众之间的沟通与交流对群众的利益选择至关重要,因此群众之间在利益问题上互为介体,包括广大党员干部等新型城镇化政策推动者、群众工作者,各种工作典型,各种座谈访谈、政策宣讲和面对面的群众沟通与交流；二是各种媒体，即一系列让城乡基层群众进行利益选择的信息传递系统，既包括传统媒体也包括各种新媒体，传统媒体包括各种新型城镇化政策宣传单、宣传栏、广播电视、意见征询会和听证会，也包括各种用来传递基层城乡群众关心的政策信息的新媒体，如微信、微博等。

三、基层城乡社会利益系统整合群众工作模式内容框架和操作办法

基层城乡社会利益系统整合群众工作模式的主题是群众利益，但最终要落脚到"整合"上。所谓基层城乡社会利益的整合，就是要避免基层城乡社会群众在利益上的分化，避免基层城乡社会因利益的分化而离散，理想的方式是使城乡群众在获得新型城镇化利益与实惠的同时，形成新型城镇利益共同体。要形成这样一个利益共同体，我们就必须首先要搞清楚，整合基层城乡社会利益系统主要从哪些方面入手，换句话说，就是要整合基层城乡社会群众的哪些利益，这个系统的利益包括哪些方面。其次就是要拿出可操作性的方案，也就是我们该怎样来整合基层群众的这些利益，搞清楚了这些问题也就搭建起了基层城乡社会利益系统整合的模式框架。基于模式综述和模式的要素分析我们可以用下图来展示基层城乡社会利益系统整合群众工作模式的框架：

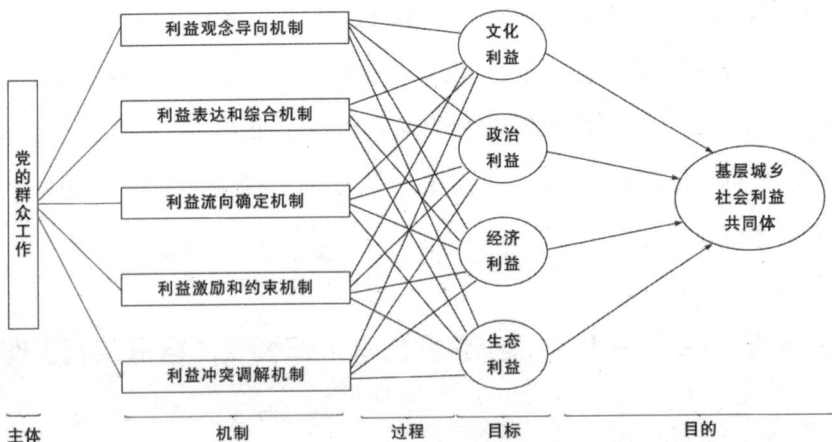

图6-2　基层城乡社会利益系统整合群众工作模式框架

(一)基层城乡社会利益系统整合群众工作模式的内容

利益系统本身是一个以经济利益与核心的利益体系。从基层城乡社会群众的利益现实出发,我们可以总体上从城乡群众的经济利益、政治利益、文化利益、生态利益,以及四个方面的利益实现的综合体——社会利益来把握整合城乡社会利益系统的内容。这其中,经济利益是基础,其他几个方面的利益大体都能够从经济利益方面得到体现。但是城乡基层经济社会发展到今天,基层群众的利益体系仅仅用经济利益已经难以囊括。在新型城镇化条件下,群众利益不仅涉及经济利益,也包括群众日益关心的政治利益、文化利益、生态利益等。基于对群众工作模式内容体系的可操作性来考虑,我们在这里将新型城镇化背景下基层城乡社会的群众利益体系概括为四项内容,而将这四项内容的实现作为基层城乡社会利益共同体实现的前提和条件。下面我们就从四个方面来归纳分析基层城乡社会的利益系统。

第六章 新型城镇化背景下党的系统－整合群众工作模式

1.带领群众实现合法利益——维护群众经济权益

我们常讲的经济利益是指群众物质财富的增加和物质生活质量的提高。比如在推进农村集体资产产权制度改革的过程中,农民变成股民,农村集体资产产权得到盘活,农民的收入得到提高。再比如农村居住的群众进入城市,完善的公共基础设施将有效提高进城农民的生活水平,进入城市居民家庭接入天然气、安装太阳能和有线电视等生活必备设施,并对接城市医疗、教育、邮政储蓄、社会保障等便利化社会资源,从根本上提高进城农民的生活品质。因此,城乡基层群众的经济利益主要是指物质财富。

新型城镇化背景下基层城乡群众的经济利益总体上来源于三个方面,即"房、地、钱"。"房",包括农村居民的自有住房以及作为地上附着物的住房可以获得的相应拆迁补贴, 以及城镇化居民进入新兴城镇的安置用房之类住房,主要是由群众的自有住房和宅基地兑换而来。这成为农村居民进程后重要的财富组成部分。"地",包括进城农民的原有宅基地、自留地以及要村集体中拥有的土地承包经营权。这些土地权益在农民离开土地进入新城镇这个过程中将陆续兑现为相应的权益和经济利益。"钱",作为基层群众在推动新型城镇化过程中获得经济利益的重要体现, 包括群众在征地补偿、房屋拆迁补偿、临时安置补助、新城镇居民进城安置补助、集体经济股权确认,以及农民进城附带的政策性社会保障和福利补贴等各方面的资金来源。

事实上新型城镇化为基层城乡群众带来的经济利益是全方位多方面的,除上述"房地钱"三个主要方面,还包括新型城镇在产业结构调整以及集体土地集约化经营管理,创造就业岗位吸纳城乡居民就业,新城镇增加多元化社会保障,以及增加城镇综合社区配套基础设施、服务设施等社会服务资源。具体表现为加强城镇供水供气供电、公交和防洪防涝设施等建设;积极建言献策,推动政府优先建设发展县级医院,完善以县级医院为龙头、乡镇卫生院和村卫生室为基础的农村三级医疗卫生服务网络,向农民提供安全价廉的基本医疗卫生服务;完善农村最低生活保障制度;健全农村留守儿童、妇女、老人关爱服务体系;坚决治理污染,完善基层路网体系,让出行更方便、环境更宜居。有序推进基础设施和基本公共服务均等化,在公共教育、公共卫生、公共文化体育、公共交通等四项基础服务以及生活保障、住房保障、就业保障、医疗保障等公共服务领域推进城乡统筹发展,不断提升城镇规划建设和管理水平;为基层城乡群众在城镇社会救助、低保救助、医疗保险、文化、体育、教育、卫生、市场建设等方面条件的改善和实施争取利益,维护进城群众直接或间接的经济利益。

同时我们也要看到,新型城镇化作为国家经济带动战略的一部分,新型城镇化在建设资金和财政金融等方面都与国家相关经济政策密切相关,在维护群众经济利益方面,各级群众工作组织要主动把握国家宏观经济政策,积极反映地方微观经济状况,为地方政府管控好新型城镇化过程中的区域融资环境、财政状况和债务水平,用足用好国家新型城镇化开发的相关金融财税政策,保证新型城镇化成为群众财富积累的正向推力,避免因地方举债不慎为城镇化群众带来财政包袱,侵害群众的经济利益。

2.支持基层群众自治——维护群众政治权利

新型城镇化在推动基层城乡群众物质财富流动、交换和增长的过程当中也促进了基层城乡群众民主政治意识的增强,广大基层群众在经济利益得到不断满足的同时,也比任何时候更渴望政治利益的满足。按照建设中国特色社会主义民主政治的内涵来理解,人民群众的政治利益一般是指人民当家做主参与国家和社会公共管理事务的权利,也就是常讲的民主政治。就政治利益而言,政治利益源于经济利益,新型城镇化在给人

第六章　新型城镇化背景下党的系统-整合群众工作模式

民群众带来巨大的物质利益的同时，也为人民群众的政治利益的实现提供了坚实的基础。在基层城乡群众所拥有的经济利益、政治利益、文化利益、生态利益中，政治利益是核心，因为政治利益是经济利益、文化利益以及生态利益的集中体现，人民群众对于经济利益、文化利益和生态利益的需求主要还是通过政治利益得以表达和保障的。只有基层城乡群众的政治利益得到良好的维护和实现，他们的经济利益才能真正得到保障和加强。新型城镇化过程中，基层城乡群众的政治权利主要是指人民群众在政治生活中政治地位的提高和民主权利的行使，具体地讲就是通过各种途径和形式管理新型城镇化事务、管理新型城镇的经济和文化事业、管理基层社会事务，这一权利集中体现在"人、事、权"三个方面。"人"，是保障基层城乡群众真正在新型城镇化事务当中当家做主的关键。作为一种政治权利，城乡基层群众有权把自己认为靠得住、有本事、肯干事的人推荐上去，把那些吃、拿、卡、要、暗箱操作的腐败分子撤换下来，监督党委和政府和领导干部在新型城镇化过程当中勤政为民，为区域新型城镇化发展作好带头人。"事"，就是既要让基层城乡群众在新型城镇化过程中真正成为主体，又要让群众真正参与到新型城镇化实施过程当中，不能以权代法、以言代法、行政命令、"家长式"等形式侵犯基层群众的政治利益。"权"，包括基层群众自治组织的用人权，也就是群众的选举权和被选举权等政治权利，也包括城乡基层群众所享有的对新型城镇化政策措施的知情权、建议权、监督权和决策权，引导基层群众通过适宜可行的方式行使上述权利。凡是宪法和法律法规赋予人民群众的涉及管理新型城镇化相关群众公共事宜的权利和义务都在此列。

政府整合"社会力量"的能力不仅是民主、制度化建设的表征，同时也体现了一种"执政能力"。像这种社会性、公益性、事务性的社会管理，如果统统都由党委和政府来管,那么因为条件的限制,它们管不了也管不好。因此,各类社会组织,应当也必须成为党和政府推进社会管理的重要资源。这就是胡锦涛同志在论及社会管理时所强调的"社会协同"。有学者就指出,保障城乡基层群众的政治权利,需要搭建一个宽敞的平台,充分发挥社会组织自我管理、自我服务、自我约束的精神,不断培育新的社会整合组织的创新能力,发挥它们社会调谐的作用,并赋予它们一定的话语权,真正做到为人民服务,为人民办事。①由此可见,维护城乡基层群众政治利益最根本的措施就是支持群众自治,让群众自己决定自己的政治事务、自己维护自己的政治权利,真正满足人民群众当家做主的愿望,实现人民群众管理公共事务的民主政治要求。我们在总结各地群众工作中维护群众利益的经验做法和有效举措的基础上得出的结论是,党的群众工作支持群众自治可以从以下五个方面具体化:支持城乡基层群众建立健全自治组织机构、维护群众的参政议政权、维护群众参与新型城镇化政策制定的权利、维护宪法赋予群众的基本权利、维护群众依法依规依程序决定新型城镇化事务的权利。

(1)支持城乡基层群众建立健全自治组织机构。基本内容就是要在支持村民进行村民自治的同时,支持进城居民进行居民自治。实现这一目标的基本途径是支持群众建立健全村(居)自治组织,健全村两委、村民会议和村民代表会议、村民理财小组、村(居)务监督委员会、农民说事制度、民情恳谈会等议事机构,使处于新型城镇化进程中的基层城乡群众能够有组织地参与新型城镇化事务。

(2)维护群众的参政议政权,就是要让普通公民通过各种合法的途径

---

① 朱前星、陈果、梁煌、李佳金:《社会整合功能:中国共产党政党功能调适的主要现实内容》,《湖北社会科学》,2011年第9期,第24页。

和方式,参与政治过程,直接或间接对政治体系的构成、运行方式和政策决策施加影响。村民自治和社区自治,其本质是还政于民,让民众有更多的自主性,能够自我管理,自我发展,自我服务,是主权在民的制度安排。

(3)维护群众参与新型城镇化政策制定的权利。完善深入了解民情、充分反映民意、广泛集中民智、切实珍惜民力的决策机制,推进区域新型城镇化决策科学化民主化。深入了解民情就是要知道群众想什么、盼什么?有什么期望,有什么忧虑?这里的关键是要深入,不仅要明察秋毫,更应感同身受。不同社会群体之间的利益落差、资源竞争、价值错位,必然促使社会阶层之间的矛盾由内潜而外化,这就要求我们要兼顾不同社会群体的具体利益,同时要特别关注普通群众的利益,关心、体察他们的各种愿望和需要。广泛集中民智就是在决策时及时把群众的智慧集中起来,健全民智的表达机制,疏通民智的传递渠道,用法律的形式将民智参与决策方式、途径和内容固定下来,并通过有序的制度安排来影响决策。珍惜民力就是要坚决反对劳民伤财、华而不实的"形象工程""政绩工程""献礼工程",精打细算,反复论证,把纳税人的钱用在关系到国计民生最需要的地方;殚思竭虑,克勤克俭,少花钱多办事;开源节流,补偏救弊,不花钱也办事。

(4)维护宪法赋予群众的基本权利。依法治国的核心是宪法治国。宪法对政府权力进行了限制,宪法还规定了公民的权力,给公民保护自身财产权、自由权和生命权提供了最高法律依据。城乡基层群众工作组织应以维护城乡群众的宪法赋予群众的政治权利为己任,为群众合理合法行使其政治权利提供指导和帮助。

(5)维护群众依法依规依程序决定新型城镇化事务的权利。新型城镇化事务事事关系群众切身利益,也最能体现群众政治权利的实现程度,从根本上维护群众利益的方法就是让群众自己决定相关事务，应通过帮助建立健全基层群众议事决策机构，选齐配好带头人和领导班子，扩大基层协商民主，还权于民，切实维护基层群众在新型城镇化进程中的选择权和决定权。

3.组织群众发展文化事业——维护群众文化权利

新型城镇化之新在很大程度上是因为，新型城镇化是以人的城镇化为基本定位的城镇化，人的城镇化既包含对进城群众的市民化要求，也要求城镇文化建设的全面进步。事实上，文化是凝聚人心的精神纽带，是民生幸福的重要体现，同时也是增强基层城乡群众对党的新型城镇化认同的精神黏合剂，只有切实保障和增加城乡基层群众的文化利益，才能真正推动人的市民化，也才能不断增强基层城乡社会的凝聚力与和谐度。在人民群众的经济、政治、文化三大利益中，如果说经济利益是基础，政治利益是核心，那么文化利益则是经济利益和政治利益的反映或表现，只有充分享有文化利益，才能实现人的全面发展，人民群众才能更加自觉、更加科学、更加有效地追求和实现经济利益和政治利益。①而事实上，我们在调研中发现，很多地方的城镇化都存在重群众经济利益而忽视群众文化利益的问题，甚至在一些新型城镇化走在前边的地区，对城乡基层群众的文化利益兼顾得也很不够。我们认为，维护基层城乡群众的文化权利需从以下四个方面着力：

一是加强文化保护与传承。新型城镇化是一个推动农民进城的过程，也是一个推进土地集约利用建设新型城镇的过程。在这个过程中，既要创新城镇文化资源，更要注重强化文化传承创新，强化乡土文化的保护与传

---

① 习近平：《使人民群众不断获得切实的经济、政治、文化利益》，《求是》，2001年第19期，第32~33页。

承,努力把新型城镇建设成为历史底蕴厚重、时代特色鲜明的人文魅力空间。文化利益是新型城镇化进程中基层城乡群众根本利益的一部分,新型城镇化要从根本上抛弃绝对经济利益导向的大拆大建,更多地从城镇文化传承和城镇记忆延续的角度考虑城镇的建设与改造。党的群众工作组织在这个过程中务必要克服急功近利思想和盲目拆建行为,带领群众在旧城改造中保护历史文化遗产、民族文化风格和传统风貌,促进功能提升与文化文物保护相结合;注重在新城新区建设中融入传统文化元素,与原有城镇自然人文特征相协调;培育和践行社会主义核心价值观,加快完善文化管理体制和文化生产经营机制,建立健全现代公共文化服务体系、现代文化市场体系。鼓励文化多样化发展,建设传统文化与现代文化、本土文化与外来文化交融、多元开放的现代城镇。党的群众工作组织尤其要重视对新型城镇化建设中历史文化名城名镇、历史文化街区、民族风情小镇文化资源挖掘和文化生态的整体保护,传承和弘扬优秀传统文化,推动地方特色文化发展,保存城乡文化记忆,要对历史文化心存敬畏感,防止大规模的旧城改造对历史文化街区和文化传统的破坏与湮没。不仅要保护历史文化遗存自身,还要保护其周围的整体环境,保护和鼓励民间自发地培育和发展出多层次、多样化的文化生态环境,调动民间参与文化自我建设、自我修复的积极性,建立起一个丰富多样的、和谐发展的、良性互动的文化生态环境;坚持"整旧如故,以存其真"的原则,在保留古建筑基础上原样原修,让老建筑"延年益寿"。避免把旧城中的居民全部迁出,把民居改为旅游和娱乐场所,导致历史文化街区失去传统的生活方式。①要尊重民间的习俗和做法,尊重民间的首创精神,不能采取拔苗助长或移花接木

---

① 刘立峰:《对新型城镇化进程中若干问题的思考》,《宏观经济研究》,2013年第5期,第36页。

的方法，用科学主义和理性主义的方法将民间的思路和做法引导上正规的发展道路。

二是提升公共文化服务。新型城镇化进程为公共文化服务体系一体化进程的加快提供了强劲动力，农村公共文化服务体系作为我国整体社会公共服务建设的重要组成部分，坚持公共文化服务范围全覆盖，真正构建起区域立体化服务体系，加快一体化进程、城镇化进程中农村公共文化服务体系的建设，党的基层群众组织要组织和动员基层城乡群众积极完善公共文化服务网络，加强文化服务设施、场地等的管理和使用，组织基层群众用好城镇文体设施。随着互联网在城乡社会的普及以及互联网在群众文化生活中的地位和作用日益增强，群众工作组织要呼吁党委和政府推动公共文化服务体系向互联网延伸，加强网络文化建设。坚持以社会主义核心价值观为引领，组织基层群众创作更多优秀文化作品，将文化服务积极落实到城镇居民生活的方方面面。要积极推动地方政府认真贯彻落实加快构建现代公共文化服务体系的相关政策和标准，确保城乡基层群众获得城镇公共文化服务提供的相关服务。积极协调地方党委和政府加大公共文化产品和服务供给力度，引导社会资本更多投向农村公共文化服务领域，增加产品和服务总量，使公共文化服务成为培育和促进文化消费的重要推手，推动互联网与传统公共文化服务的融合，进一步增强公共文化服务的可及性。创新公共文化服务管理运行机制，推动城镇基层开展公共文化服务参与式管理，健全民意表达和监督机制，引导和鼓励社会力量参与公共文化设施建设，对城镇居民自发开展的文体活动给予支持。另外，立足区域群众工作队伍实际，加强城镇基层公共文化队伍建设，对公共文化机构人员编制标准提出意见和建议，设立适量的城乡基层公共文化服务岗位，为基层城乡群众享受公共文化服务提供必要的人力资源保障。

三是加强文化产业开发与利用。首先要在依托特色文化发展文化产业的过程中,带领地方群众正确认识其文化资源和产业发展条件,避免对特色文化的粗放开发、过度开发、截取式开发、剥离式开发、篡改式开发、破坏式开发、竭泽而渔式开发等不当开发;其次要避免以"硬件思维"代替"人本思维",如不考虑受众、消费者和"文化富民"的需要而盲目兴建豪华大剧院、大型主题公园等硬件设施;要避免以"面子工程""政绩工程"代替"民生工程",如建设徒有其表的人造景观、无人光顾的园区、闲置废弃的会展中心;要避免以经济效益代替社会效益,如只重视经济效益好的特色文化开发,而将经济效益低的或者不易、不能产业化的视为无用。再次,为了形成特色文化产业竞争优势,应在科学论证的基础上,创新特色文化的开发利用模式,构建特色文化开发利用服务平台,营造集聚资源、集成服务的产业支撑系统,在全面评估区域文化经济价值、历史价值、文化价值、审美价值、研究价值的基础上,从经济、社会、生态的综合效益出发,探究发展文化产业的路径。①

四是配合新型城镇化,为城乡基层群众配备和提供更多更好的教育资源和机会。结合新型城镇建设布局与规划,建议政府合理配置教育资源,重点向教育条件差、师资力量弱的区域倾斜。因地制宜推进新型城镇义务教育学校标准化建设,提高农村和城镇义务教育质量和均衡发展水平,保障进城农民子女受教育的权利。为地方争取政策积极推动学前教育,加强区域教师队伍建设。挖掘群众工作组织的人才和资源优势,推动建立健全新型职业化农民教育、培训体系,充分发挥群众工作者中的科技人才优势,为提高进城农民的就业创业技能提供服务,维护城乡群众接受

---

① 王光文、王敬超:《新型城镇化背景下的文化产业新常态研究》,《开发研究》,2015年第2期,第88页。

职业技术教育的权利。

4.代理群众生态环境诉求——维护群众生态利益

城镇化的实施过程是我国工业化高速发展时期，也是当代中国的社会转型期，实施新型城镇化的初衷之一就是要应对传统城镇化给基层城乡社会带来的环境污染和资源消耗问题。因此，在新型城镇化发展过程中,党的群众工作必须高度重视生态环境问题,自觉维护城乡居民的生态利益。生态利益是与经济利益、文化利益、政治利益和民生利益相并列的概念,是与诸多生态要素和环境要素相关的利益的总称。由于生态资源和环境资源的稀缺性和有限性,人们必然对其展开激烈的争夺,从而导致人与自然、人与人关系的紧张。事实表明,能否切实有效地化解生态利益矛盾,不仅关系我国经济发展的可持续性,而且关乎社会的稳定和国家的长治久安。党的群众工作在新型城镇化进程中要全面维护基层城乡群众的利益,通过维护群众利益来凝聚群众和实现基层城乡社会的稳定与和谐,就必须把化解生态利益矛盾问题, 维护城乡基层群众生态利益作为维护城乡社会系统利益的重要内容。

首先要推动党委和政府完善城镇化绿色循环低碳发展的体制机制,实行最严格的生态环境保护制度。通过积极向党委和政府建言献策,推动地方把资源消耗、环境损害、生态效益纳入城镇化发展评价体系,完善体现生态文明要求的目标体系、考核办法、奖惩机制。

其次要积极介入区域国土空间开发保护,帮助政府完善空间规划体系,落实主体功能区制度,监督生态保护红线制度的落实,加快完善城镇化地区、农产品主产区、重点生态功能区空间开发管控制度,帮助政府落实资源环境承载能力监测预警机制。

再次要推动实施区域资源有偿使用制度和生态补偿制度。在新型城镇化过程中推动政府加快自然资源及其产品价格改革，提供政府需要的反映市场供求、资源稀缺程度、生态环境损害成本和修复效益。推动实行居民生活用电、用水、用气等阶梯价格制度。帮助政府制定并完善生态补偿方面的政策法规，切实加大生态补偿投入力度，扩大生态补偿范围，提高生态补偿标准，为城乡基层群众争取合法的生态补偿。

复次是发动群众帮助政府落实环境监管制度。广泛宣传建立和完善严格监管所有污染物排放的环境保护管理制度；帮助政府实行环境监管和行政执法，对造成生态环境损害的责任者严格实行赔偿制度。[①]

最后是支持群众建设生态经济，提高城镇化产业转型的生态效益。生态经济是人类按照生态规律、运用生态理论构建的经济体系，广义上包括环保经济、低碳经济、绿色经济、循环经济等经济形态。其中，环保经济侧重于发展环保产业、减少环境污染；低碳经济致力于提高能源利用水平、优化能源利用结构、减少不可再生能源的使用和碳排放；绿色经济倡导绿色生产、绿色消费、绿色发展；循环经济强调"减量化"（节约资源、降低物耗和能耗）、"再循环"（资源循环利用并自我再生、自我复制、自我选择、自我优化）和"再利用"（废物利用、一物多用、资源共享、延长产品使用周期）。组织城乡群众将生态治理、生态教育和生态旅游有机结合，加快建设农业循环经济示范区、文化产业示范区和创意沙产业园；加快城镇产业结构优化转型，增强城镇的实力、动力、活力和魅力，推动绿树成荫、花草遍地、库水清澈、果实飘香生态旅游经济；降低高污染、高消耗、低效益、低水

---

① 《国家新型城镇化规划（2014—2020年）》，国家发展和改革委员会官网，http://ghs.ndrc.gov.cn/zttp/xxczhjs/ghzc/201605/t20160505_800839.html。

平产业的比重,为基层城乡群众提供持续改善的生态环境。[①]

(二)基层城乡社会利益系统整合群众工作的"五个机制"操作模式

新型城镇化是一个城乡基层社会利益系统集中调整的过程,也是需要广大基层群众在利益面前做出理性选择和对各种利益资源进行合理化整合的过程。经济学的理性选择理论告诉我们:第一,个人是自身最大利益的追求者。第二,在特定情境中有不同的行为策略可供选择。第三,人在理智上相信不同的选择会导致不同的结果。第四,人在主观上对不同的选择结果有不同的偏好排列。理性选择可以概括为最优化或效用最大化,即理性行动者趋向于采取最优策略,以最小代价取得最大收益。[②]这说明,群众在利益面前的选择具有明显的倾向性,这是人们在利益面前做出各自选择的规律,但这样的个体选择在很多时候并不会与我们所倡导的集体利益、大局利益以及新型城镇化的整体利益相一致。这就告诉我们,在新型城镇化背景下,基层城乡群众的利益选择需要党的群众工作的主动介入式引导。我们在分析研究《新型城镇化背景下党的群众工作调查(Ⅰ)党员干部问卷》和《新型城镇化背景下党的群众工作调查(Ⅱ)群众问卷》所得数据的基础上,对山东、河北、河南、山西等多地在维护和整合群众利益方面的做法进行了归纳总结,实践告诉我们,党的群众工作对基层城乡社会利益系统的整合不仅必要,而且对群众的利益选择行为的作用不能采取单方面介入,需要从思想到行为、从表达到引导、从激励约束到冲突调解进行系统化调节,我们将这种操作模式概括为以下五个方面。

---

① 王光文、王敬超:《新型城镇化背景下的文化产业新常态研究》,《开发研究》,2015年第2期,第88~89页。

② 来源:百度百科,https://baike.baidu.com/item/%E7%90%86%E6%80%A7%E9%80%89%E6%8B%A9%E7%90%86%E8%AE%BA/11035261?fr=aladdin。

第六章　新型城镇化背景下党的系统－整合群众工作模式

1.建立利益观念导向机制

思想是行动的先导。要让城乡群众在面对因新型城镇化而产生的利益调整时做出符合新型城镇化整体利益的行为选择，首先要让基层城乡群众树立正确的利益观念，让城乡群众具有符合区域新型城镇化大局要求的义利观，在城乡基层群众中间形成正确的利益观念导向，从价值层面，从思想道德层面引导城乡居民在新型城镇化化过程中的求利行为。总结各地在利益观念引导方面的经验做法，实现这个群众工作目标主要须从三个方面着手：

一是广泛宣传新型城镇化之"新"，在城乡基层群众中间倡导和树立符合区域城乡群众整体利益的城镇化利益目标导向。要以区域为单位，向区域群众广泛宣传区域新型城镇化政策，使群众明确区域新型城镇化的发展方向和目标，树立新型城镇化目标的顺利实现既是个人利益实现的保障和基础，也是个人具体利益实现的最大化。要让区域群众在利益面前树立大局意识、全局意识、整体意识，并通过村（居）民大会、村（居）民代表会议以及村（居）民说事机构和基层群众自治组织和监督机构，将这种观念导向贯彻到拆迁、征地、补偿等各项新型城镇化利益兑现活动中。从思想上和环境上，使群众树立新型城镇化利益共同体意识，最大限度地避免因部分群众无限放大个人的利益而阻碍新型城镇化的实施进程。

二是结合具体新型城镇化政策落实，通过制定和执行新型城镇化相关利益兑现制度和规则，确立利益价值导向。通过党的群众工作系统，将党委和政府的新型城镇化政策价值选择要求明确传递给基层城乡群众，通过制定政策执行时间表和确定激励机制的办法，树立利益选择标竿，对做出符合新型城镇化利益选择的群众给以适当奖励，明确传递党委和政府鼓励什么样的利益选择、拒绝什么样的利益要求，传递党委和政府的新型城镇化利益价值导向。

三是通过在群众工作中贯彻普遍认可的利益道德准则，倡导树立符合新型城镇化政策目标的利益道德导向。作为新型城镇化政策的落实和执行保障系统，党的基层群众工作组织要在具体工作中积极倡导符合区域整体利益的新型城镇化利益选择公德，以维护大多数基层群众的利益作为道德准则，组织动员群众在具体经济利益选择、基层群众自治和区域环境治理中，在实现自身利益的同时要充分考虑身边群众的利益。

2.建立利益表达和综合机制

利益表达与整合是政党的基本功能。党的群众工作是我们党感知基层群众冷暖和需要的触角，也是代表群众表达和反映其利益要求的基本工作机制。要整合新型城镇化背景下基层城乡群众的相关利益，首先就要将党的群众工作的利益表达功能履行好。面对复杂的城镇利益系统，基层群众的利益和要求复杂多样，情况也各不相同，在这种利益环境条件下代表群众进行利益表达就不仅是表达和反映的问题，还要将群众各种各样的利益要求综合起来，形成相对统一的利益要求。因此，建立利益表达和综合机制有两方面的内容：一是利益表达，二是利益综合。利益表达，就是要充分发挥党的群众组织的广泛群众基础，了解、发现、获得、接受群众因新型城镇化而产生的相关利益要求和愿望，并将这些要求和愿望及时向上级党委和政府反映，使党委和政府真正了解基层群众在新型城镇化过程中的利益想法，为党委和政府制定和调整新型城镇化决策提供依据。这一功能落实在党的群众工作实践中，主要做法包括：广泛开展面对面的群众访谈、新型城镇化各阶段群众座谈会、针对具体政策落实和实施群众利益愿望和要求调查，接受群众因新型城镇化而产生的利益诉求表达代理，并通过群众工作组织渠道和咨政报告等形式向上级党委和政府反映。

利益综合,就是要通过耐心细致的群众工作,对群众因新型城镇化而产生的利益要求的愿望进行整合,使大家的利益差别趋于一致,对某些群众的不合理利益要求进行规劝和限制,使城镇化过程中的困难群众得到关照,使具有不同利益主张的基层群众的利益要求统一到区域新型城镇化的总体利益和大局利益上来,同时将这些利益要求整合到新型城镇化相关政策意见中去。作为一种政治活动,利益综合比利益表达要复杂得多,这是一个将多种利益诉求整合为一种主流利益主张的活动,其主要做法包括新型城镇化工作恳谈会、新型城镇化工作通报会、村(居)民说事制度、新型城镇化财务公开制度、村(居)调解委员会,主要目的是让基层群众将各自利益诉求表达出来,并将各自利益诉求统一到区域新型城镇化政策安排上来,形成区域新型城镇化利益共同体。

3.建立利益流向确定机制

新型城镇化过程时间跨度长、人员涉及面广、利益问题节点多变化大,是一个复杂的利益调整系统,在这一复杂的利益系统中整合广大基层群众的利益必须靠制度。制度在这个过程中发挥两个基础性作用:一是为新型城镇化利益的分配和调整制定规则,确立广大基层城乡群众的利益获得预期;二是确定利益流向,为基层群众的利益获得制定分配办法和交换原则,使纷繁复杂的利益变化规范化有序化。总结各地确定利益流向的经验做法,结合新型城镇化实施过程中城乡群众所关注的主要利益环节,我们认为建立新型城镇化过程中的利益流向确定机制,需要抓住新型城镇化过程中与城乡居民经济利益、政治利益、文化利益和生态利益挂钩的几项基本权利开展制度建设:一是根据农民所具有的土地经营权的承包权,积极宣传贯彻各地《新型城镇化规划建设目标》,落实好区域《土地征收管理办法》《国有土地上房屋征收与补偿规定》,按照保护和开发土地资源,合理利用土地,切实保护耕地,保障土地所有者和使用者的合法权益,促进经济和社会的持续、协调、健康发展的新型城镇化要求,遵循决策民主、程序正当、补偿公平、结果公开的原则,确保每一位参与新型城镇化的基层群众获得应得的利益。

二是针对城镇化居民对其土地,包括宅基地、自留地、基本农田等及地上附着物的所属权利,在地方党委和政府领导下将各地《征收(征用)土地青苗及地上附着物补偿办法》或《征收土地地上附着物和青苗补偿标准》等政策落实好,在充分考虑农村集体及个人利益前提下,按照国家、省、市有关征地补偿安置标准,明确货币补偿、用地补偿及安置补偿的原则、范围和标准,并以征地补偿安置"两公告一登记"、抢种抢建"不补偿"、征地补偿款的使用和收益分配"定期张榜公布"等细化安排,建立群众知情、参与、监督的阳光落实机制。三是针对农村村民在村集体经济中的集体收益分配权,按照股份制改革的现代管理方式,对集体经济资金、资产进行合理分配。四是结合进城农民的户籍转换,以及因取消农业户口与非农业户口性质区分和由此衍生的蓝印户口等户口类型,配合户籍管理部门做好居民户口登记工作,做好与统一城乡户口登记制度相适应的教育、卫生、就业、社保、住房等制度的实施工作,坚持以人为本、以人民为中心的工作原则,保证基层村(居)民的各项民生权利。五是结合区域公共文化服务体系建设和精神文明创建活动安排,组织基层群众积极争取政府支持,在新型城镇建设过程中建齐建好文化生活配套设施,组建文化活动队伍,选好文化活动带头人并组织开展相关文化创建活动,为基层群众提供丰富多彩的精神文化生活服务。六是组织群众对区域生态建设提出意见主张,发动群众开展区域生态环境保护的落实和执行监督,组织群众开展植树造林、护林护水、生态破坏检举揭发工作,发动群众用群众的力量保护生态环境。七是广泛宣传贯彻新发展理念,在新型城镇化推进过程中,用新发展理念指导区域产业结构调整,因地制宜推进工业化、信息化和农业现代化建设,用科学的发展维护和实现好广大基层城乡群众的各方面利益,用发展的办法解决新型城镇化进程中出现的群众利益矛盾和问题。

4.建立利益激励和约束机制

整合新型城镇化过程中基层城乡群众的利益,既需要激励也需要约束,建立利益激励机制,就是要制定工作制度,采取措施办法,使广大城乡群众在拥护和支持党委和政府的利益分配方案与政策的基础上, 积极主动按党委和政府制定的办法和方案获取自己应得的相关利益。建立利益激励机制的目的在于激发广大城乡群众按正常秩序获利的积极性和主动性。建立利益约束机制,就是要抑制部分群众因错误的新型城镇化义利观或单纯对个人利益的追求而不顾集体和其他群众利益的倾向和行为,而采取的群众工作举措和办法。建立利益约束机制的目的在于提高群众参与新型城镇化利益分配的理性程度, 增强城乡基层群众获取正当利益的自觉性。这是一个问题的两个方面,在实践操作中往往具有相互促进的作用和效应。主要做法包括:一是在群众中间广泛营造遵纪守法、支持新型城镇化光荣的社会氛围,在基层城乡社会营造新型城镇化利益共同体,其本质是运用群众的力量影响和规范群众的获利行为。二是结合新型城镇化政策实施, 制定旨在提高群众利益选择效率的惠民政策。三是树立典型、带动群众。对新型城镇化过程中走在各项工作前列的群众通过光荣榜或通报和会议表扬的方式给予鼓励,并注重扩大其影响,带动其他群众在利益选择上与大多数群众保持一致。四是利益规范机制。推动利益事项公开,对补偿标准、补偿数额、村务财政、集体经济审计结果、村民城镇化积分等事关群众切身利益的问题做到尽可能公开, 努力推动各项城镇化利益相关事宜在阳光下运行。五是建立利益制衡机制。通过组织有威信的群众代表,如"五老"(老党员、老干部、老军人、老教师、老工人)等群众意见领袖组成基层群众议事协调机构和新型城镇化决策和执行监督机构,在对党委和政府以及基层"两委"进行建言和监督的同时,对群众中存在的过分利益要求者和不顾集体利益的群众进行说服和影响,对部分群众提出自己的利益要求进行制衡。六是利益惩罚机制。对因提出过分利益要求和一味追求自身利益最大化而阻碍新型城镇化顺利实施,对区域城镇化顺利实施以及其他群众利益造成负面影响的群众,要通过群众批评教育、适当减少群众利益实惠等方式对这部分群众进行惩罚。

5.建立利益冲突调解机制

调节和整合群众利益必须从平常做起、从点滴做起、从小做起,这也是党的群众工作在整合城乡基层群众利益方面的基础性作用,但党的群众工作也包括有准备做好利益冲突调解工作。利益冲突是利益相关方基于利益矛盾而产生的利益纠纷和利益争夺现象,是利益相关方的矛盾积累到一定程度所产生的一种激烈对抗的态势。在新型城镇化过程中,党的群众工作是化解群众因利益问题和冲突的基本途径,因而针对性地建立群众工作利益冲突调解机制需要面向基层、务实高效、具有问题意识。利益冲突的调解方式有多种,包括法律调解、行政调解、社会自我调解等。党的群众工作应在法律调解和行政调解中发挥重要作用,但主要是侧重于社会自我调节,而不是硬性制裁性调解。主要做法包括:一是组织群众建立群众矛盾调解机构和利益表达平台,组织和发动群众解决群众中的利益矛盾和问题,在为解决群众利益问题搭建平台的同时,发挥群众的力量化解利益纠纷和矛盾。二是主动开展上门解调,立足于调节群众情绪,做好基层群众的舆情调查,及时针对群众利益问题的苗头性倾向在群众中进行走访慰问，及时疏导群众因经济利益得不到完全满足或怀疑别人获得更大利益而产生的不满情绪和置疑态度。三是辅助法律调解和行政调解做好润滑说服工作，通过基层群众工作者与利益相关人的贴心交流和沟通，消解法律调解和行政调解的生硬程度，提高法律调解和行政调解的成功率。四是建立党员干部接访调解制度。组织各级领导干部在固定地点和固定时间接受基层群众的利益问题上访，现场办公，能解决的现场解决，不能解决的给群众以解决方案和相关答复。

（三）开展基层城乡社会利益系统整合群众工作的原则

1.整合城乡群众利益要立足于构建城乡社会利益共同体

新型城镇化过程对群众而言从根本上讲是一个受益的过程，但要看到在具体利益关系中或具体群众相对于新型城镇化举措的利益实现过程中，群众的利益并不是单纯的只获得不付出，事实上在整个新型城镇化过程中，群众的利益处于此消彼长的不停的变动过程。因此处于新型城镇化过程中的城乡群众在城镇化的不同阶段，或在针对新型城镇化的不同问题上的利益获得感以及行为取舍有很大差别。要想让广大群众始终支持并积极参与新型城镇化，最有效的策略就是要始终让广大城乡群众成为城乡社会利益共同体的一分子，让广大群众由衷地认为，新型城镇化的顺利推进就是其根本利益所在，阻碍新型城镇化就是妨碍其根本利益，让群众自觉反对和抵制在新型城镇化过程中只顾个人利益而不顾城镇化整体利益的行为。同时，构建城乡社会利益共同体，党的群众工作应做好群众利益的平衡和协调工作。在推动新型城镇化工作阳光运行的同时，党的群众工作组织要善于把握群众对相关利益问题的态度和情绪，通过上传下达和说服教育等方式，将群众的利益和感受平衡好，从思想上心态上增强群众对新型城镇化的认同感,促进城乡社会利益共同体的稳固与和谐。

2.整合城乡群众利益要坚持以群众利益为中心的工作原则

习近平在党的十九大报告中强调:"人民是历史的创造者,是决定党和国家前途命运的根本力量。必须坚持人民主体地位,坚持立党为公、执政为民,践行全心全意为人民服务的根本宗旨,把党的群众路线贯彻到治国理政全部活动之中,把人民对美好生活的向往作为奋斗目标,依靠人民创造历史伟业。"[1]在整合城乡群众利益的过程中,坚持以人民为中心的具体体现就是要坚持以群众利益为中心的工作原则。只有"以百姓之心为心",真正代表群众的根本利益,群众才会真正团结在党的周围,协调和整合群众的利益问题时才有底气、才有威信。党的基层群众工作组织和广大党员干部要把基层群众的利益当作自己的利益,把群众的利益诉求当作自己的要求和愿望,在新型城镇化的推进过程中让群众真心感受到党的群众工作组织与群众始终在一起,让群众在遇到利益问题难以解决时主动向党的群众工作组织靠拢,帮助群众表达利益诉求,实现合理合法的利益主张,推动形成和谐有序、群众满意的社会氛围。

3.整合城乡群众利益要努力提高群众工作本领

党的十九大提出要把提高党的群众工作本领作为党全面增强执政本领来加强,报告指出:"增强群众工作本领,创新群众工作体制机制和方式方法,推动工会、共青团、妇联等群团组织增强政治性、先进性、群众性,发挥联系群众的桥梁纽带作用,组织动员广大人民群众坚定不移跟党走。增强狠抓落实本领,坚持说实话、谋实事、出实招、求实效,把雷厉风行和久久为功有机结合起来,勇于攻坚克难,以钉钉子精神做实做细做好各项工

---

① 习近平:《决胜全面建成小康社会 夺取新时代中国特色社会主义伟大胜利》,人民出版社,2017年版,第21页。

作。"①整合基层群众的利益是一项复杂的群众工作,归根到底要靠广大党员干部在日常工作中通过耐心细的群众工作来推进和实践,不同的工作情况和不同的利益问题需要采取不同的工作方式和方法,也需要基层党员干部结合实际和社会经济现实,创新与群众打交道和开展工作的途径与办法。在现实工作中,尽管协调群众利益问题困难较多,但各地最终都能将这类问题化解,可见,解决问题的时机与办法是关键。整合群众利益矛盾和问题尤其要重视提高群众工作本领。

4.整合城乡群众利益要突出搞好基层群众利益协商

新型城镇化进程中,群众的利益问题说至底是基层群众自己的事。群众自己的事主要还是要通过群众的方式自己协商解决。有事好商量,众人的事由众人商量,是人民民主的真谛。尤其是在涉及基层群众利益的问题上,必须经过广泛的协商和酝酿,即使如此,在新型城镇化实施过程中整合群众利益同样也要注重发扬民主,充分发挥党的群众工作组织在基层的民主协商桥梁作用,组织和发动群众搞好利益协商,对能够达成一致意见的利益问题尽快推动解决,对一时难以达成一致的利益问题要尽量搞好协商沟通,使利益相关群众了解客观情况,解除疑惑和猜度,推动问题向可以解决的方向发展,最大限度地将群众团结起来,避免因利益分歧造成基层社会的隔阂,努力促进基层城乡社会的利益共融与废和谐共生。

第三节　操作运行制度化群众工作模式

党的十八届四中全会通过的《中共中央关于全面推进依法治国若干

---

① 习近平:《决胜全面建成小康社会　夺取新时代中国特色社会主义伟大胜利》,人民出版社,2017年版,第69页。

新型城镇化背景下党的群众工作模式研究

重大问题的决定》指出:"全面推进依法治国,基础在基层,工作重点在基层。"①群众工作是党扎根基层,赢取民心,履行政党功能,实现党的政治主张和党的领导的基础性工作。各级党组织和广大党员干部通过各种群众工作与广大群众打交道,发挥党组织在基层社会治理中的战斗堡垒作用;广大群众也通过党的群众工作直接感知和体会党治国理政的方式与理念,在党的领导下实现人民当家做主与依制度治国的有机统一。因此,群众工作不仅是党与群众联系互动的交流界面,更是党的政治生态和国家治理理念面向群众的直接体现场域。然而传统来讲,党的群众工作主要是发挥党员先锋模范作用带动群众和情理交融感动群众来开展党的群众工作,一直以来党的群众工作的制度化、规范化、程序化属性没有得到充分的强化和体现。在新型城镇化过程中,在依法推动当代中国全面改革、深入推行法治理念、加快建设社会主义法治国家的现实要求和宏观背景下,作为党领导广大人民群众运用法治思维和法治方式全面推进改革开放和现代化建设的最前沿和最具体的工作——党的群众工作能否切实贯彻依法治国理念,实现传统群众工作的制度化转型,是全党能否自觉贯彻依法治国理念的重要标志和根本体现, 也是党在新型城镇化过程中凝聚基层城乡社会、团结广大城乡群众的客观要求。

一、模式概述

党的群众工作的制度化是相对于党的群众工作的传统工作模式而言的,党的群众工作的制度化最根本的就是要强化"办事依制度、遇事找制

---

① 《中共中央关于全面推进依制度治国若干重大问题的决定》,人民出版社,2014年版,第36页。

第六章　新型城镇化背景下党的系统-整合群众工作模式

度、解决问题用制度、化解矛盾靠制度"①的制度化群众工作理念和思维，强化运用法律法规以及各种群众工作制度来开展群众工作的方式和方法，有效提高党的群众工作的法制化、制度化、规范化和程序化，形成依制度、依规、依程序来联系、组织、宣传、服务、发动群众的工作模式；就是要发挥法治在群众工作领域的引领和规范作用，切实推进社会基层的依法治理，坚持系统治理、依制度治理、综合治理、源头治理，通过具体细致的群众工作引导和支持各类社会主体自我约束、自我管理，发挥好市民公约、乡规民约、行业规章、团体章程等各种群众认可的社会规范在社会治理中的积极作用。

在新型城镇化背景下探索党的群众工作的制度化，是中国共产党对新型城镇化背景下中国基层社会治理现实的积极应对，是党组织在基层新型城镇化社会治理中具体贯彻依法治国基本方略，将党依法治国的政治主张贯彻于党的城镇化群众工作的基础和前沿，加强和体现党对依法治国领导，建设重心下移、力量下沉的基层法治体系的基础性工作。

党的群众工作的制度化转型，核心是坚持依制度开展群众工作的原则和规范，要求广大党员干部自觉贯彻依法治国基本方略，自觉树立和践行依据党纪国法和党的各项群众工作制度指导和开展群众工作的工作原则和行为规范；前提是对群众工作所依之"法"的认识与把握，要使广大党员干部认识到，"法"在基层群众工作领域不仅是指受国家强制力保证执行的国家和地方的法律法规和一系列党纪党规，也是指得到广大群众认可与支持的各种基层制度和约定，同时还包括开展群众工作的必要程序，从制度和程序两个角度贯彻法治理念，规范开展群众工作；主题是转型，

---

① 刘树成:《新一轮改革的突破口》,《人民日报》,2013年6月13日。

新型城镇化背景下党的群众工作模式研究

即党的群众工作要摒弃人治思维,代之以法治思维,实现传统群众工作由以人为本的主观性群众工作模式向以人为本和以制度为准并重的客观性群众工作模式的转变;关键是党员干部要牢固树立依制度开展群众工作的法治思维,即要强调党员干部在群众工作关系中的主体作用,在增强党员干部先锋模范作用的同时,推动党员干部自觉将法治的诸种要求运用于认识、分析、处理群众工作相关问题,以法律规范为准绳的逻辑化的理性思考方式指导群众工作实践;具体体现是党员干部依制度引导和推动群众化解社会矛盾和现实利益以及生产生活实际问题的法治工作方式;根本方法是各级党组织和广大党员干部在群众工作过程中自觉坚持群众路线,充分开展民主协商,依照群众普遍认可的制度和办法来实施群众自治;根本目的是为了提高党员干部在新型城镇化进程中运用法治思维和法治方式深化改革、化解矛盾、推动发展、维护稳定的能力,加强党对依法治国的领导,提高党依法治理基层社会的能力,增强党组织在群众中的凝聚力、号召力和政治动员力,运用法治理念巩固和扩大党的群众基础。

二、模式要素分析

第一,主体与客体。操作运行制度化群众工作模式的主体与客体,是一对工作关系上的主客体关系,而不是法治或者是法律意义的主客体关系。这里的主体是一个综合体,它是以制定和执行群众工作制度的主体来界定的,从这个意义上说这里的主体包括以基层党委和党的基层组织为核心的党的群众工作组织,包括区、街镇党委和基层党支部、基层社区(村)自治组织以及党领导的各类群众团体和社会组织,还包括参与群众工作制度制定的村民代表大会、村民代表、基层群众议事协调机构等群众自治组织和人员。这其中党组织在制度制定过程当中发挥领导核心作用，其他各种组织和人员按照法治化的要求以及党的群众工作制度化的相关要求，在党的领导下制定并执行各种群众工作制度。这里的客体指的是党的群众工作制度的工作对象，它包括两层含义，一层指的是制度制定完善之后上述主体也就成为要遵守和执行相应的群众工作制度的客体，另一层含义是，这些群众工作制度所服务或者是指向的基层群众也是该模式的主要工作客体。

第二，目的与目标。实施操作运行制度化群众工作模式的主要目的就是要增强党的群众工作在群众中的权威性和可信度，运用正规的操作程序和运行模式来取信于民、服务于民，最终达到党凝聚基层城乡社会的目的。而实现这个目的要靠群众工作制度制定和完善这一目标的实现程度来保证。因此本模式的主要工作目标就是要深刻调整基层群众工作者的习惯思维，用法治思维替代人治思维，通过制定和完善执行系统的程序和标准的群众工作制度来开展基层群众工作。该目标可以分解成三个层次：一是要因地制宜制定符合民情的、尽可能全面的新型城镇化群众工作制度，实现党的群众工作的制度化、程序化、规范化；二是要抓住基层群众工作者这个主体，解决其思想观念的问题，使其真正树立法治思维，并且将这种法治化、制度化的要求贯彻到现实群众工作中去；三是要推动基层群众工作组织和广大基层群众工作者切实贯彻执行各种群众工作制度，按程序、按规程、按标准落实群众工作举措，开展群众宣传服务和组织引导工作，推动各种新型城镇化举措的贯彻落实。

第三，内容与任务。探索和执行操作运行制度化群众工作模式，其核心内容仍然是要通过制度化的群众工作，推动新型城镇化的各项工作落地，这里所不同的是，党的群众工作要达到凝聚群众团结群众的目的，就必须按制度、按规程、按标准去落实上述工作内容。这里的群众工作任务与常态化群众工作也没有本质的区别，关键在于我们去完成这些群众工作时候必须秉持法治化思维，认真贯彻党的群众工作制度要求，运用制度化、标准化的方式来贯彻执行新型城镇化群众工作所要完成的各项工作任务。

第四，矛盾与关系。探索和实施该模式面对的主要矛盾，是党的群众工作的制度化、标准化、规范化要求与基层群众组织和群众工作者法治观念不强、制度化意识不强、日常工作随意性大这些问题之间的矛盾，也就是制度化群众工作要求与传统群众工作思维之间的矛盾；是群众工作的规范化、制度化、程序化与群众工作的灵活性和效率之间的矛盾；是新型城镇化要求与现行群众工作制度不配套的矛盾；是党的群众工作意图与基层群众意愿或者是群众自发组织的议事协调机构所持意见之间的矛盾，这在群众工作制度的制定和实施过程当中也是一个需要注意解决的矛盾。在认识到这些工作矛盾的基础上，我们要探索和实施操作运行制度化群众工作模式，就必须关注和解决好以下几对工作关系。一是党委和政府与基层党组织和群众自治组织之间的关系。区县和街镇的党委、党工委应该站在更高的高度，指导基层党组织和群众自治组织制定好适合新型城镇化发展要求的因地制宜的群众工作制度。二是党群组织与群众议事机构之间的关系。党的群众工作组织应努力实现对群众意见或群众议事协调机构意见的包容与吸纳。三是党的群众工作组织与广大基层城乡群众之间的关系。要通过群众工作的制度化将更多的基层群众团结在党的周围，使他们对党的群众工作更加信任，并且能够积极地投身新型城镇化建设。四是要正确处理党的群众工作制度化、规范化和标准化之间的关系。要将群众工作制度的制定与群众工作日常执行的规范运行，以及操作程序和工作标准的制定结合起来。

第五，时间与空间。从保障新型城镇化政策贯彻落实的角度来看，推动党的基层群众工作的制度化，不是一项阶段性的临时性的或者是应急性的工作，而是一项需要渗透在新型城镇化党的群众工作全过程的一种操作运行模式。因此这一模式在时间概念上不需要做刻意的界定。但是从空间的角度讲，党的群众工作制度具有区域适用性，必须因地制宜。因此，这一模式在空间上依然是区域化的，甚至是以行政辖区为单位的个性化操作运行模式。

第六，策略与方法。操作运行制度化群众工作模式必须在各个环节注重贯彻从群众中来到群众中去的群众路线，也就是依靠群众、发动群众来制定群众工作制度，进而将这种制度应用于服务群众、组织群众、宣传群众的策略，换句话说，也就是要运用群众的智慧和力量来实现党的群众工作制度的科学化和可操作性。具体来说就是要注意运用这样五项策略和方法：一是要坚持因地制宜，对于群众工作制度和执行标准都要根据各地不同的情况而定；二是要坚持以制度建设和以制度管理群众工作、规范群众工作的理念，发挥制度在群众工作中的治理核心作用；三是要坚持从群众中来到群众中去的策略，注意将群众以及群众议事协调机构的意见和建议吸纳到党的群众工作制度中来，并将这些建议和办法转化成党的群众工作制度，再回到群众中去。四是要将公开公平公正以及一视同仁等方法和策略贯彻到群众工作中间去，充分用好"公"字诀，在不偏不倚的制度执行中，在客观公正的工作贯彻中，增强党的群众工作的权威性和公信力。五是要将党的群众工作制度与群众中间普遍认可和公认的民约良俗结合起来，注重运用群众易于接受和认可的方法与制度来开展党的群众工作。

第七,环体与介体。党的群众工作制度的完善程度和执行情况、党的群众工作制度执行的社会氛围和群众基础,以及群众工作在群众中间的地位和作用始终都是在新型城镇化背景下探索和实行操作运行制度化群众工作模式的最重要的环境因素。同时实行这一模式要格外重视各地区的风俗民情、文化传统及其经济基础和地理资源环境,要将这些作为执行党的群众工作制度的重要基础性条件来考虑。强调制度在基层新型城镇化群众工作中的作用,当然也要注重运用各种工作媒介来宣传党的群众工作制度,营造用制度来开展群众工作的良好社会氛围。除此之外,这一模式要格外重视党的群众工作制度本身作为一种群众工作载体的突出作用,要将党的群众工作制度作为传递党风政风和营造良好干群关系的重要介体,将我们党服务群众和真诚维护群众切身利益的执政理念,通过适宜的制度内容和严谨的制度执行传递给新型城镇化进程中的广大基层群众。

三、党的群众工作制度化转型在操作层面的执行要求和操作模式

(一)党的群众工作制度化转型在操作层面的执行要求

思想理念一经实践掌握就会焕发出强大的现实力量。法律的生命力在于实施,法律的权威也在于实施。同样,党的群众工作的法治化思维只有付诸实践才能真正发挥法治对基层社会治理的强大功效。新型城镇化是当代中国城镇化发展的新阶段,面对新型城镇化过程中基层社会治理的客观要求,以及长期以来党的群众工作的法治化探索,诸如“枫桥经验”等群众工作实践表明,实现党的群众工作的制度化转型必须将法治理念

和法的精神贯彻到具体群众工作中，以法治方式来开展群众工作，具体讲就是要在群众工作操作层面做到办事依制度、遇事找制度、解决问题用制度、化解矛盾靠制度。

1.办事依制度

所谓办事依制度，是指各级党组织和广大党员干部在统筹社会力量、平衡社会利益、调节社会关系、规范社会行为等群众工作事务中，以及在组织、宣传、发动、服务、动员群众等群众工作环节中，无论办什么事情都要依制度行事，要依据具体事宜所涉及的法律法规和规章制度以及党的纪律来开展工作、为民办事。办事依制度，强调的是"依制度"，而依制度强调的是"依"，即以制度为据、以制度为准、以制度为群众工作的行动指引，切实尊重法律规定，切实将法的精神贯彻到处理群众工作事宜的具体过程中，目的是增强群众工作的客观性，提高群众工作的规范化和说服力。这里所依的"制度"是国家和社会所认可的各种行为规范和行事规则的总称，既包括党纪国法，也包括各种市民公约、乡规民约、行业规章和团体章程等社会规范，同时还包括党组织为开展各项群众工作所制定的一系列制度办法。办事依制度是法治思维和法治方式相结合的基本要求，也是广大党员干部将法治理念内化于心之后再外化于行的具体体现，它既反映了党员干部对法治精神的真诚信仰，也体现了广大党务工作者厉行法治的积极性、主动性和自觉性，是群众工作的思维理念层面与实践操作层面的具体对接。

2.遇事找制度

所谓遇事找制度，是指各级党组织和广大党员干部在新型城镇化实施过程中遇到涉及群众切身利益的诸如土地征用、房屋拆迁、劳动社保、环境保护、交通运输、城市管理、教育卫生、涉制度涉诉等具体事宜时，要

新型城镇化背景下党的群众工作模式研究

主动从繁杂的法律法规和规章制度中确定最适宜的处理依据，推动具体群众工作事宜与律法和制度的对接，促进群众工作尽快走上法制轨道。遇事找制度，强调的是"找"制度，而"找"字强调的是群众工作主体在工作实践中执行制度和使用制度的主动性与制度意识和法治素养，遇事能找到相应的工作制度以及能不能找到完全适用和群众认可的法规依据，不仅关系到法治观念在群众中间的树立和增强，更关系到群众对党和政府的信任与信心。要在实践操作中真正做到遇事找制度，首先，各级党员干部要具备较高的法律素养和法制运用、解读能力，不断加强对涉及群众利益的各种法律法规的学习和掌握，不断加深对法的精神的理解和领会，确保能够准确地理解和适用法规制度；其次，各级党员干部要加强对群众工作尤其是在新型城镇化过程中涉及群众切身利益的各种群众工作业务的学习，明确各种常见群众工作所适用的法律法规和制度办法，不仅能及时实现群众事宜与法律法规的对接，还能让群众心服口服、满意认可，切实增强群众对党委和政府工作的满意度和信任度。第三，针对群众利益的复杂化，以及由此引发的突发性普通个案和群体性事件时有发生的复杂群众工作形势，各级党员干部增强工作定力，牢固树立法治思维，主动推动各种涉诉涉访群众工作事宜适用法规制度，以制度服人、据制度工作，推动各种涉诉涉访事件尽快步入法制轨道。

3.解决问题用制度

所谓解决问题用制度，指的是在解决群众提出或反映的各种问题的工作过程中，各级党组织和广大党员干部要将"制度"作为解决群众问题的手段和利器，自觉运用法律法规和规章制度解决群众通过各种渠道反映的各种诉求愿望和实际问题，或运用法律法规促进各种群众问题的解决。解决问题用制度，强调的是"用"制度，用制度之"用"，强调的是法律法规在实践操作层面作为解决问题的方法途径与工作原则的价值和意义，一方面是制度在社会治理中的工具属性，通过正确运用法律法规帮助群众解决实际困难和问题，比如运用法律帮助群众追讨补偿款或讨还各种合法权益，切实维护公平正义的社会环境，优化群众工作环境；一方面是制度在社会治理中的底线意义，解决群众问题是运用法律和制度抑制和解决群众提出的各种不合理要求或无理诉求，坚决维护公平公正的群众工作环境，坚决抵制各种歪风邪气，让遵纪守制度的群众不吃亏，让试图通过冲击制度底线获取不当利益的人没有便宜可赚，有效预防不同群体间的相互攀比引发的政策执行"翻烧饼"等群众工作中可能出现的恶性循环。要通过用法规制度解决群众反映的问题，体现党所秉持的公开公平公正的社会价值主张，形塑开展社会治理所必需的中允正义法治的新型城镇化社会环境和氛围。

4.解决矛盾靠制度

所谓解决矛盾靠制度，是指面对因社会转型、经济转轨、利益调整等原因引发的各种社会内部矛盾，党的各级组织和广大党员干部要以法律法规为准绳、以规章制度为依据，依靠法律和制度划定的原则和办法，依靠法规和制度所体现的权威和公正，依靠公开公平公正执行法规制度所体现的廉洁和正气，促使新型城镇化过程中矛盾相关群众正确认识各种矛盾关系和矛盾产生的原因，正确对待实际情况和各自诉求，引导广大群众发挥能动作用解决各种社会矛盾。在工作实践中应从三个层次上做到靠制度化解矛盾：一是各级党委和政府要靠严格执行法律法规，靠制度规定和制约地方政府与群众的利益边界，将党和政府的工作自觉置于制度律的监督制约之下，在土地征用、房屋拆迁、社会保障、历史遗留问题处理等容易引发社会矛盾的问题中，按照法律规定制定符合群众利益的政策措施,让改革发展成果更多惠及群众,杜绝与民争利的情况发生,使党委和政府始终代表群众利益,使人民群众始终与党委和政府站在一起,从根本上防止党群、干群矛盾的发生,从源头上预防和减少社会矛盾;二是认真执行社会稳定风险评估等社会治理制度,以及公示、听证、协商等群众工作制度,拓展对社会风险和矛盾的评估范围,加强与群众的沟通、协调,在执行制度的过程中倾听民意、化解民忧、解决矛盾,赢得群众理解和支持;三是靠有效完善的群众工作机制,通过矛盾纠纷排查、预警、化解、处置机制,加强对常态下社会矛盾纠纷的预防化解,把源头治理、动态管理和应急处置有机结合起来,扎实做好矛盾纠纷源头化解和突发事件应急处置工作,对各种社会矛盾做到发现在早、防范在先、处置在小,防止碰头叠加、蔓延升级。

(二)操作模式及其运转程序

党的群众工作的制度化转型,是将依法治国的治国理念贯穿于群众工作的过程,是将法治精神和法治理念贯彻于群众工作的过程,也是将法治思维外化为群众工作的法治方式的过程,要实现党的群众工作制度化转型的任务和目标,必须在深刻理解群众工作制度化的理论内涵和实践要求的基础上,通过强化群众工作的法制化、制度化、规范化和程序化以及党的自身建设等路径来推动群众工作由传统模式向制度化模式的转变。结合上文分析,我们可以用下图来展示操作运行制度化群众工作模式的框架:

操作运行制度化模式内容体系

法制化　　制度化　　规范化　　程序化　　党员干部素质和能力建设

有法可依　　有制度可依　　克服随意性　　按程序办事　　法制思维和依法办事

各部门法律法条法规集篇

基层群众生产生活相关民生保障制度

汇集群众智慧推进地方科学方法

营造法治参与氛围和全民守法意识

联系组织宣传服务群众的各项群众工作制度和纪律

带头遵守制度执行制度增强群众意识

建立多层次制度执行机构和落实机制

制度化：按制度和规定办事和开展工作

标准化：分解群众工作环节实行阳光操作

细化：制定并实施操作和处理监督评价指标体系

制定操作程序：启动管理人员分工办理时限结果

公布反馈

设定必要程序：责任倒查事后监督

建立工作台账：责任人程序贯彻办理结果群众反映

纳入政绩考核体系增强法制思维

加强监督检查增强党员干部法规执行力

选树典型 强化法治理念 鼓励依制开展群众工作

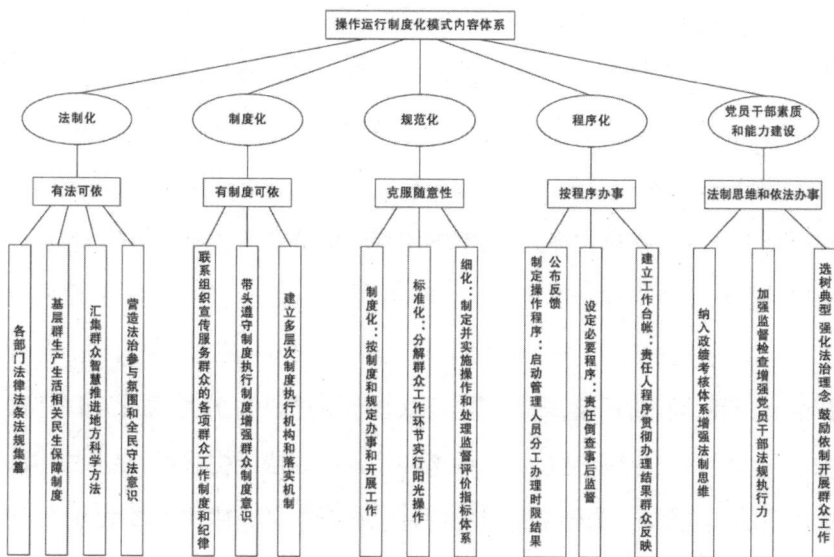

图6-3　操作运作制度化群众工作模式

1.群众工作法制化

法制是法律制度的简称,法制所要解决的是有制度可依的问题,法制化则是一个加强以法律为代表的制度体系建设的过程。从法制与法治的关系上讲,法制是法治的基础和前提,法制是包括立法、执法、守法和法律实施、法律监督的整个法治系统得以运行的基本条件,是法治的一个必备的方面,也是实施法治的必经之路。群众工作的法制化,要解决的也是群众工作有制度可依的问题,即针对复杂的群众工作形势,完善和健全群众工作所依据的一系列法律法规的过程,包括群众工作所涉及的社会保障、医疗卫生、就业创业、民政救助、纠纷调解、利益协调、社会服务等方方面面,要努力使党的各项群众工作都能从制度体系中找到依据,实现党的群众工作有制度可依。具体到新型城镇化进程中的群众工作,这一方面可以通过梳理现有的法律法规, 对新型城镇化实施过程中开展群众工作所可能涉及的各种法律法规进行归纳和梳理,对群众工作自身制度更加完善,从制度体系上为工作法制化奠定基础。要按照党的群众工作所能适用的法律、行政法规、地方性法规三个层次,宪法、民商法、刑法、经济法、行政法、诉讼与非诉讼法等各部门法律进行完善的法条和制度集纂,为党的基层群众工作开展提供法律武器,基本实现党的群众工作有法可依,为建设基层社会法治治理体系奠定法律制度基础;另一方面,各级党委和政府要扩大群众的立法参与, 积极掌握和研究群众工作开展过程中遇到的各种新情况、新问题、新现象,多方汇集群众智慧推进科学立法,强化全民守法意识和法治参与氛围,通过适当渠道和途径向立法机构建议,促进法律法规体系的建立健全,为健全完善中国特色社会主义法律体系贡献力量,使党的群众工作真正有法可依。

2.群众工作制度化

建设社会主义法治社会必须推进多层次多领域依法治理。法治精神的核心要义是制度化,制度化既是实现法治的题中应有之义,也是法治实现的一种形式和特定层次。新型城镇化进程中,党的群众工作事无巨细、内容繁杂, 很多工作内容上升不到法律的层面,无法用法律法规加以规制,而只能以具体的工作制度为办事依据和行为规范。为此,党的十八届四中全会指出:"深入开展多层次多形式法治创建活动,深化基层组织和部门、行业依法治理,支持各类社会主体自我约束、自我管理。发挥市民公约、乡规民约、行业规章、团体章程等社会规范在社会治理中的积极作用。"①群众工作制度化的实质是依靠由制度规范体系构建的具有客观性的工作机制开展群众工作, 就是要在具体群众工作过程中以相关制度为办事依

---

① 《中共中央关于全面推进依制度治国若干重大问题的决定》,人民出版社,2014年版,第27~28页。

据,遵守制度规定,按制度办事,遇事找制度。在新型城镇化进程中,实现党的群众工作的制度化,一是要坚持走群众路线,针对新型城镇化涉及的各领域工作建立健全各种群众工作制度,以群众参与、群众认可、群众满意为导向,制定完善各种联系、组织、宣传、服务、发动群众的工作制度,建立健全党的各种群众工作纪律, 建立起既接地气又能体现先进性的党内外群众工作制度体系,确保党的群众工作有制度可依。二是要立足新型城镇化进程中的具体工作任务,通过党员干部以身作则率先垂范,在群众中带头遵守制度、执行制度,带动广大群众都来增强制度意识,都来参与制度的制定和执行,在群众工作中广泛营造遵守制度的良好氛围。三是要在广大城乡单位、企业、社区、村庄和新社会组织中,以广大党员干部和群众代表为骨干,建立各种自治管理机构和机制,建立起立体化多层次的制度执行落实的机构和机制,确保党的群众工作制度能够得以贯彻执行。

3.群众工作规范化

群众工作绝大多数是与老百姓就具体事宜进行沟通和协调, 这使党的群众工作体现出面广、繁杂、具体、随机性强等特点。法治精神体现在基层群众工作中很重要的一个方面, 就是要增强广大群众对党员干部行为以及党的各项群众工作的行为预期和效果判断的确定性, 尽最大可能克服群众工作的随机性、盲目性和不可预期性。因此,推进群众工作法治化的基本路径之一就是强化群众工作的规范化运行和操作, 推动党的群众工作各个环节的规范化建设。推动新型城镇化背景下的群众工作的规范化有三层内涵:一是制度化,二是标准化,三是细化。首先,关于制度化我们在前文中已论及,在规范化语境下,这里的制度化就是按制度、按规定办事,这是进一步拓展和深化规范化的基础。其次,要以群众满意、群众认可为导向,对日常各项涉及组织、动员、服务群众的工作事项进行工作环节分解,根据实际情况因地因事因时,制定、发布并实施细化的工作操作规程和统一的处理标准,对群众反映的问题可以受理的情况、受理后的办理标准进行详细规定,以增强群众工作事宜的透明度,促进党务公开,提高群众对党的群众工作的理解、信任、参与和支持,提高党组织在群众中间的威信指数。日常群众工作事项的处理标准可以结合以往工作制定统一操作标准,尽量推动党的群众工作的标准化和操作模式化,增强党的群众工作的可控性;对于因突发事件引起的群众工作事宜,应尽可能有针对性地制定详细的处理预案,遇有突发事件发生,应在尽快结合实际需要完善预案的基础上,根据相应操作要求和处理标准加以应对。再次,对应群众工作规定和处理标准,制定针对群众工作操作和处理的监督评价指标体系,对群众工作进行事中、事后的监督和评价,使群众工作在实际操作过程中具备自我完善和救济机制,尽最大可能对群众工作的各个环节进行规范化处理。

4.群众工作程序化

所谓程序,即事情进行的先后次序,也就是按时间先后或依次安排的工作步骤。[①]从法理上讲,程序正义才能保证内容正义,按照公正、合法的程序办事是实体内容合法的基础和前提。程序的设置是为限制自由裁量和任意行事,现代法治所强调的程序公开原则是为了将权力运行公之于众,防止权力的滥用和权力运行走样。为此在法律体系中专门制定了为保证实现实体制度所规定的权利义务关系而规定诉讼程序的法律——程序法。[②]将法治精神运用于群众工作领域,群众工作程序合理合规,是保证为

---

① 《辞海》,上海辞书出版社,1979年版,第4012页。

② 《制度学词典》,上海辞书出版社,1984年增订版,第914页。

民办事客观、公正、合法的必要前提。因此,党的群众工作的程序化也就成为法治化的题中应有之义。推进群众工作的程序化实质上是实现党的群众工作的非随意化、非人情化,限制群众工作的任意专断和自由裁量,要实现这一目标需要采取三项措施:

一是通过走群众路线,充分听取群众的意见和建议,就常项群众工作制定尽可能详细的操作程序,就群众工作事项的启动或受理、人员分工、办理时限、结果公布、反馈调整等工作步骤和办理次序加以固化,并面向群众予以公布,使广大群众清楚各项群众工作的办理程序,既方便群众参与,又便于群众结合相关工作程序对党的群众工作开展监督,从而最大限度地克服群众工作中存在的随意性。

二是对关涉群众切身利益的突发性、紧急性群众工作事项,除执行民主协商、群众听证、意见反馈、执行结果公示等必要工作程序外,制定责任倒查机制和事后监督机制,保证紧急情况下的群众工作的工作质量,尽可能限制群众工作的随意性。

三是建立群众工作台账制度,由专门党员干部对各项群众工作的过程、工作责任人情况、工作程序贯彻情况、办理时限执行情况、办理结果、群众后续反映等进行登记,使群众工作程序可控制、可核查、可追究,推动群众工作程序化落到实处。

5.提高党员干部依制度开展群众工作的素质和能力

《中共中央关于全面推进依制度治国若干重大问题的决定》指出:"党员干部是全面推进依法治国的重要组织者、推动者、实践者,要自觉提高运用法治思维和法治方式深化改革、推动发展、化解矛盾、维护稳定能力,高级干部尤其要以身作则、以上率下。"①党员干部是党的群众工作的执行主体,更是顺利推进新型城镇化,实现党的群众工作制度化转型的直接实施者。推进党的群众工作的制度化转型,不仅要从客观上推动群众工作的法治化、制度化、程序化,而且要从主观上建设一支秉持法治思维、依法办事能力强的党员干部队伍。为此各级党组织一是要把法治建设成效作为衡量各级领导班子和领导干部工作实绩的重要内容,纳入政绩考核指标体系。把能不能遵守法律、依制度办事作为考察干部的重要内容,优先提拔使用法治素养好、依制度办事能力强的干部,对特权思想严重、法治观念淡薄的干部要批评教育,把依制度开展群众工作作为各级推进新型城镇化的一项基本能力来加强,在各地方营造依制度开展群众工作的浓厚氛围。

二是通过加强党内法规制度建设,完善党员干部群众工作纪律和制度,注重党内制度规同国家制度律的衔接和协调,提高党内法规执行力,运用党内法规把党要管党、从严治党落到实处,发动各级人大、政府、政协、审判机关、检察机关加强对各级党组织和各级领导干部依制度办事的监督检查,督导本单位模范遵守法律法规和各项工作制度,促进党员干部带头遵守国家法规和制度。

三是充分发挥工会、共青团、妇联等人民团体和社会组织在依法治国中的积极作用,在各条战线、各个行业、各个领域依制度选树群众工作的党员干部先进典型,发动党的各种群众工作力量,采取不同方式方法和途径增强群众工作的法治化程度,在从工作制度层面推动党员干部实践群众工作法治理念的同时,从精神和理念层面鼓励广大党员干部将依制度

---

① 《中共中央关于全面推进依制度治国若干重大问题的决定》,人民出版社,2014年版,第36页。

第六章　新型城镇化背景下党的系统－整合群众工作模式

开展群众工作的要求内化于心、外化于行。

党的群众工作的制度化转型是建立重心下移、力量下沉的法治工作机制，是把党的领导贯彻到新型城镇化全过程的客观要求。群众工作的法治化既是一个传统群众工作逐步向现代法治化群众工作模式转变的过程，也是群众工作在当代城镇化进程中的存在方式。推动党的群众工作制度化转型已成为我们党推进基层治理法治化的一项基础工程，也是增强党的基层群众工作生命力和战斗力的必然选择。但可以肯定的是，这一转型将经历一个长期过程，这一基础工程还需要不断从各个方面加以探索完善和加强，它既需要集中全党智慧加强顶层设计，又需要广大基层党组织和党员干部在践行法治理念的过程中不断探索。复杂而艰巨的新型城镇化群众工作形势和任务表明，无论何时何地，也无论形势怎么发展，党员干部的主观努力在群众工作中的作用都无法取代，但随着国家建设现代化进程的推进，尤其是党的执政环境和社会主义民主政治的不断发展，自由、平等、公正、法治日益成为社会层面所追求和倡导的核心价值观念，大量群众现实利益问题和社会内部矛盾正在以多种形式不断涌现，从50年前毛主席批示"枫桥经验"到当前党中央全面推行新型城镇化，我们积累了不少基层工作经验，现代社会治理形势要求党的群众工作不断提升法治思维和法治方式的质和量，这既是党的群众工作制度化转型的原因，也是推进群众工作制度化转型的目标。

附　录

新型城镇化背景下党的群众工作调查（Ⅰ）
党员干部卷及其数据统计结果

一、问卷说明

1.本问卷被调查对象为党员干部。

2.凡题目后标有"可多选"提示的题目，可单选也可多选，未标有"可多选"提示的题目为单选题。见选项后有"下划线"的选项，可以填写自己认可的内容，也可以直接从前面选项中选择认可的选项，请在认可的选项英文字母下打"√"。

3.请如实填写问卷内容。

二、被调查者基本信息

1.年龄：　　岁

2.性别：A.男　　B.女

3.民族：　　族

4.您是否是党员：A.是；B.否。

上述四个问题的调查数据统计结果：

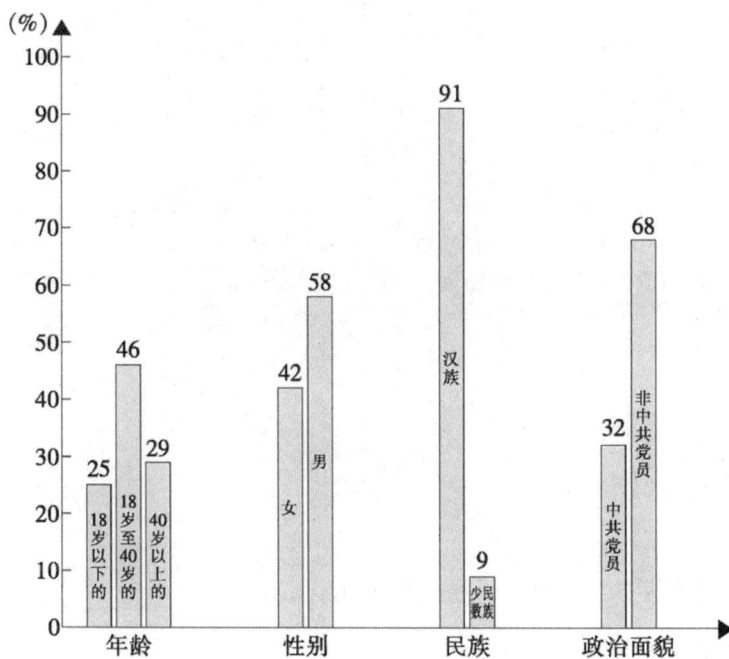

5.如果您是干部,那您是:

A.区级以上党政机关或事业单位领导干部

B.区级以上党政机关或事业单位普通工作人员

C.镇(街道)党政机关或事业单位领导干部

D.镇(街道)党政机关或事业单位普通工作人员

E.村两委成员

F.社区两委成员

数据统计结果:

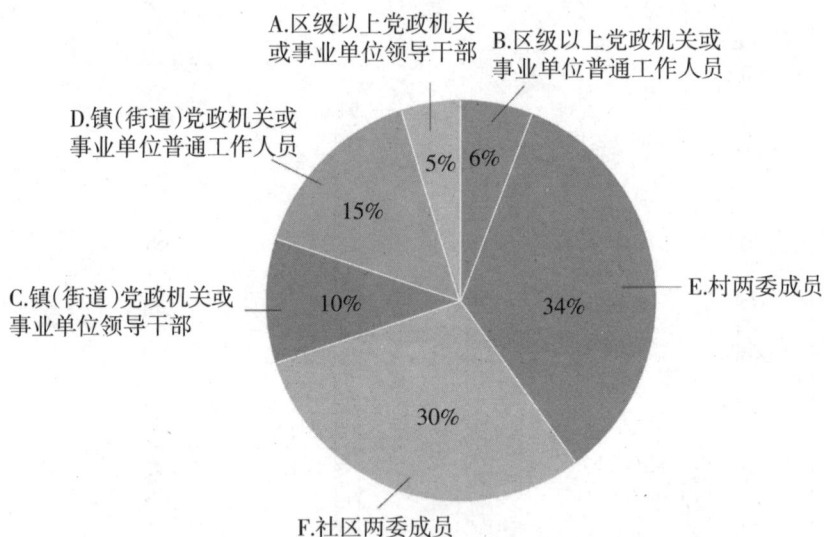

5.您本人是否在农村居住或工作过:A.是 B.否。

数据统计结果:

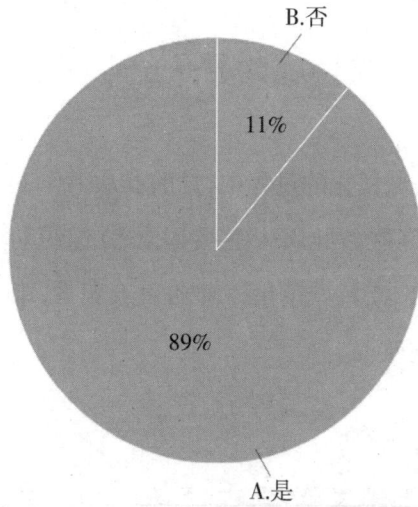

6.您现居住在:A.城市社区;B.城郊社区;C.新兴小城镇社区;D.农村。

数据统计结果:

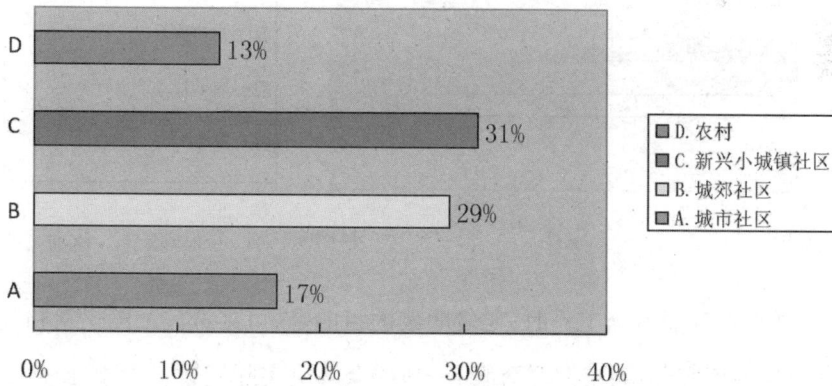

三、问卷内容

1.您觉得在推进城镇化的过程中,党的群众工作主要有哪些功能(可多选):A.联系群众;B.服务群众;C.宣传群众;D.组织动员群众;E.扩大党的群众基础,争取群众支持城镇化;F.把握社会舆情,维护社会和谐稳定;G.落实城镇拆迁搬迁政策。

数据统计结果:

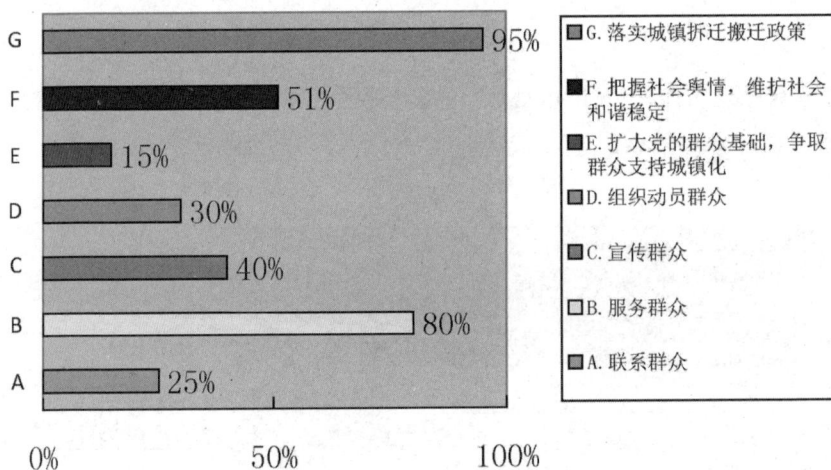

2.您在开展群众工作时,比较明确的目的是(可多选):A.优化党和政府的政策落实环境;B.为群众服务,帮群众解决实际问题;C.了解群众需求,调节群众情绪;D.优化执政环境,扩大群众基础;E.贯彻党的理论和政策,促进政治社会化;F._____。

数据统计结果:

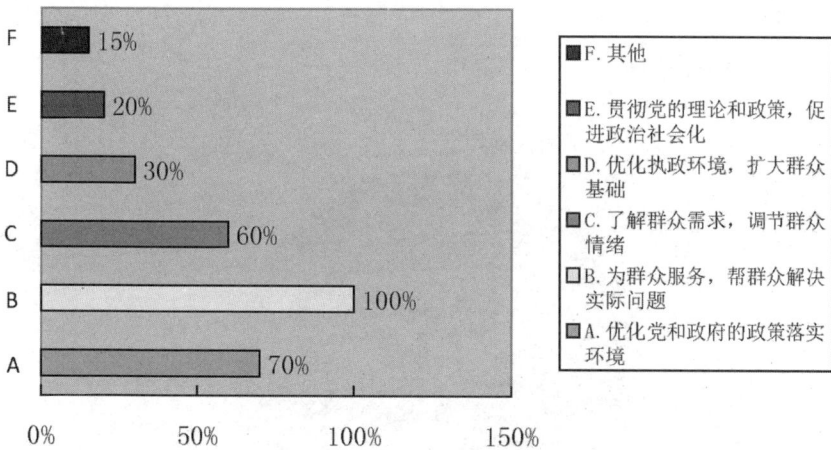

图中图例：
F. 其他
E. 贯彻党的理论和政策，促进政治社会化
D. 优化执政环境，扩大群众基础
C. 了解群众需求，调节群众情绪
B. 为群众服务，帮群众解决实际问题
A. 优化党和政府的政策落实环境

3.您觉得党的群众工作应包括哪些内容(可多选)：A.宣传党的理论路线方针政策；B.帮助群众解决实际生产生活问题；C.帮助群众用足用好党的政策；D.解决社会矛盾，理顺社会情绪；E.带领群众参与社会治理；F.＿＿＿＿＿＿＿。

数据统计结果：

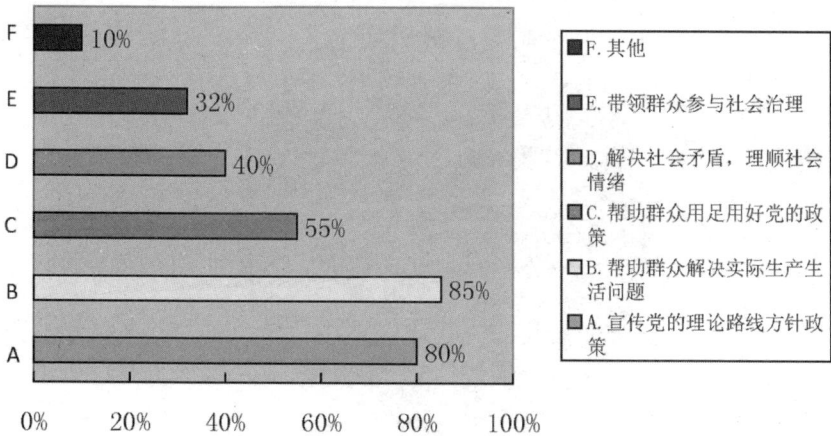

图中图例：
F. 其他
E. 带领群众参与社会治理
D. 解决社会矛盾，理顺社会情绪
C. 帮助群众用足用好党的政策
B. 帮助群众解决实际生产生活问题
A. 宣传党的理论路线方针政策

4.您觉得社会管理与社会治理有区别吗：A.有区别；B.没有区别；C.不

太清楚。

数据统计结果：

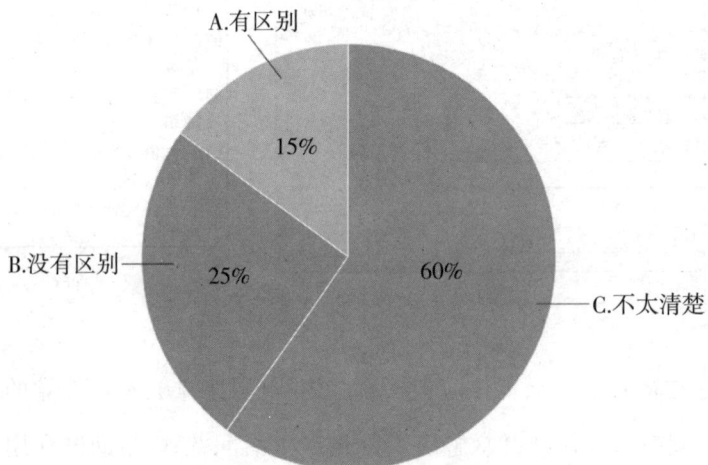

5.在您的印象当中,党的群众工作重点或主题有无变化:A.有;B.没有。

数据统计结果：

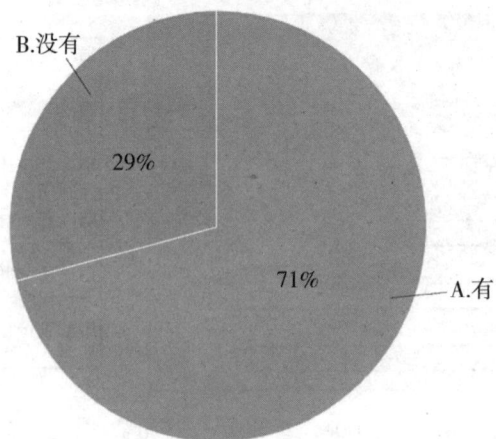

6.就您的经历而言,您参与过哪些城镇化专项群众工作(可多选):A.
"三改一化"(集改股、农改非、村改居和城乡一体化);B."三集中"(人口向
城镇集中、工业向园区集中、耕地向种田大户集中);C.宅基地换房;D.群
众上访;E.还迁安置;F.＿＿＿＿＿＿＿。

数据统计结果:

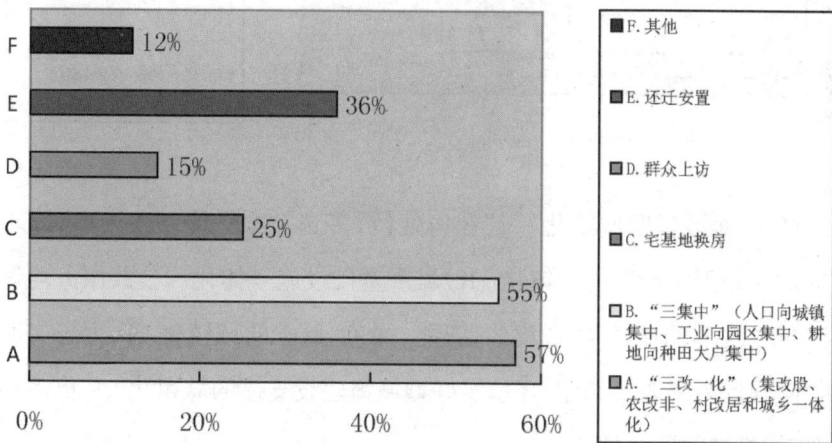

7.您了解新型城镇化的含义吗(可多选):A.以人为核心的城镇化;B.
转移人口市民化;C.城镇建设用地高效化;D.生产、生活、生态空间结构合
理化;E.城镇布局和社会治理现代化;F.＿＿＿＿＿＿＿。

数据统计结果:

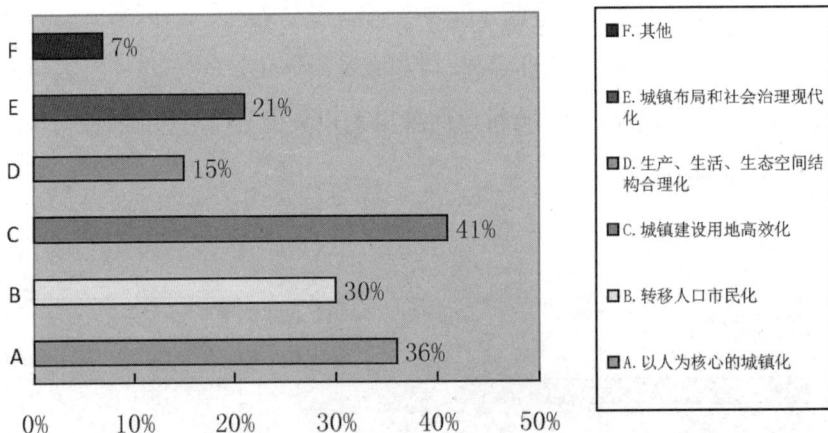

图例：
- F. 其他
- E. 城镇布局和社会治理现代化
- D. 生产、生活、生态空间结构合理化
- C. 城镇建设用地高效化
- B. 转移人口市民化
- A. 以人为核心的城镇化

（F: 7%，E: 21%，D: 15%，C: 41%，B: 30%，A: 36%）

8.您觉得新型城镇化"新"在何处（可多选）：A.坚持以人为本，谋求"人的无差别发展"的城镇化；B. 城乡基础设施一体化和公共服务均等化，城乡统筹的城镇化；C.集约、智能、绿色、低碳的城镇化；D.生态文明贯穿全过程，资源节约型、环境友好型城镇建设支撑的城镇化；E.更多利用市场机制的城镇化；F._____。

数据统计结果：

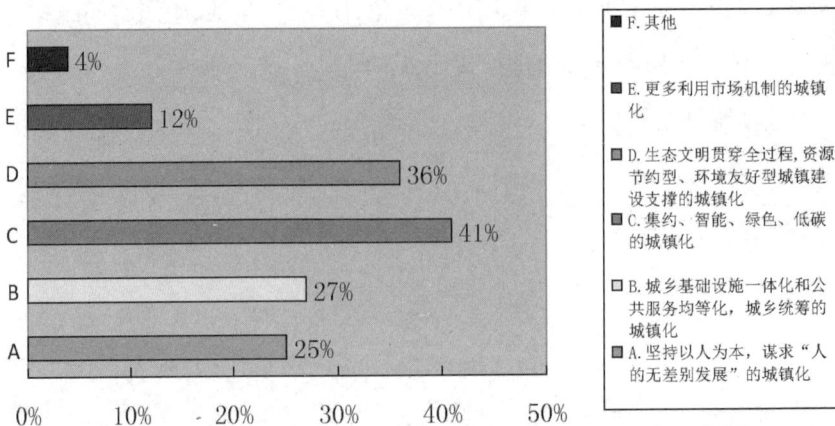

图例：
- F. 其他
- E. 更多利用市场机制的城镇化
- D. 生态文明贯穿全过程，资源节约型、环境友好型城镇建设支撑的城镇化
- C. 集约、智能、绿色、低碳的城镇化
- B. 城乡基础设施一体化和公共服务均等化，城乡统筹的城镇化
- A. 坚持以人为本，谋求"人的无差别发展"的城镇化

（F: 4%，E: 12%，D: 36%，C: 41%，B: 27%，A: 25%）

9.您知道城镇化与城市化有什么区别(可多选):A.城镇化是城市与城镇协调发展,城市化是以发展城市为重点;B.城镇化是以人的发展为优先目标,城市化是以城市的扩张为基本指向;C.城镇化相较城市化,更加注重城乡统筹发展和城乡一体化;D. 城镇化是中国城市化的一个特殊阶段;E.城镇化与城市化本质上没有很大区别;F._____。

数据统计结果:

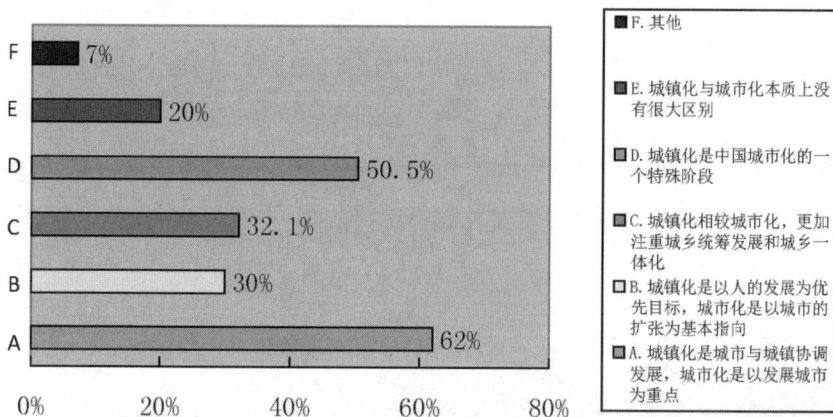

10.1您觉得新型城镇化对您的生产生活有哪些显著影响(可多选):A.政策在向小城镇倾斜,居住设施明显改善;B.医疗卫生、教育、生活保障水平明显提高;C.宅基地正在拆迁或面临拆迁,即将进入城镇生活;D.仅宣传口径有所变化,生产生活并无本质变化;E.尚未感觉有明显变化。

数据统计结果:

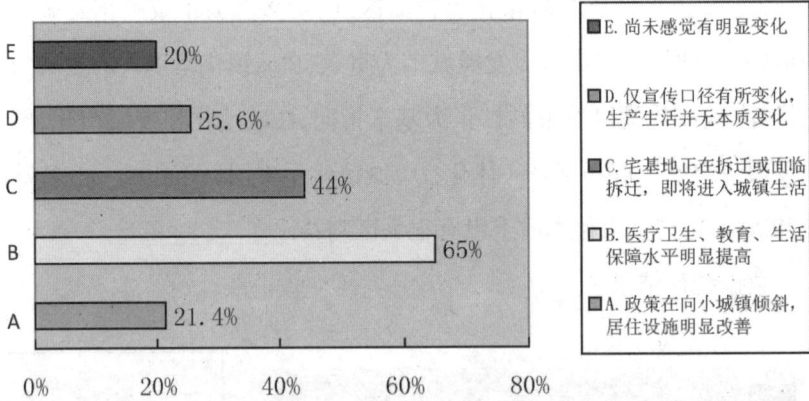

图例：
- E. 尚未感觉有明显变化
- D. 仅宣传口径有所变化，生产生活并无本质变化
- C. 宅基地正在拆迁或面临拆迁，即将进入城镇生活
- B. 医疗卫生、教育、生活保障水平明显提高
- A. 政策在向小城镇倾斜，居住设施明显改善

10.2对您身边的群众有哪些影响(可多选)：A.生活保障水平有所提高；B.收入有所提高；C.农民进城且有了钱；D.赋闲时间增多；E.居民幸福指数相应提高；F.文化生活更加丰富；G.＿＿＿＿＿＿＿＿。

数据统计结果：

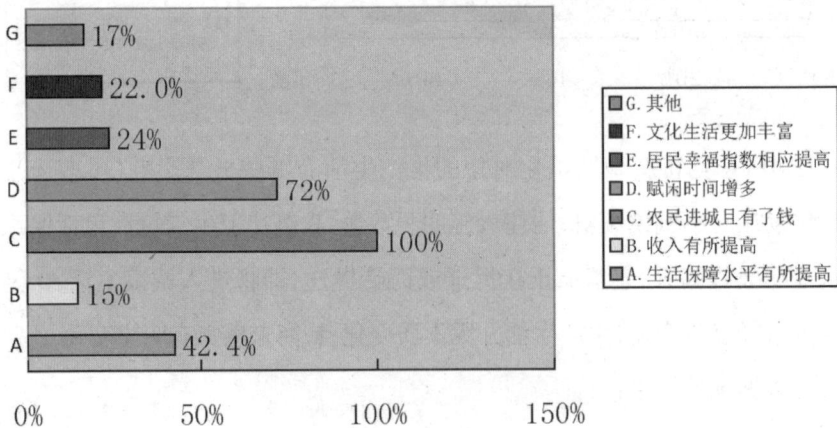

图例：
- G. 其他
- F. 文化生活更加丰富
- E. 居民幸福指数相应提高
- D. 赋闲时间增多
- C. 农民进城且有了钱
- B. 收入有所提高
- A. 生活保障水平有所提高

11.您觉得新型城镇化背景下的群众工作应包括哪些内容(多选)：A.组织群众维护合法权益；B.代表群众表达利益诉求；C.支持群众开展社会自治；D.关心困难群众生活，为群众提供日常生活服务；E.灌输党的理论

方针政策;F.＿＿＿＿＿＿＿。

数据统计结果：

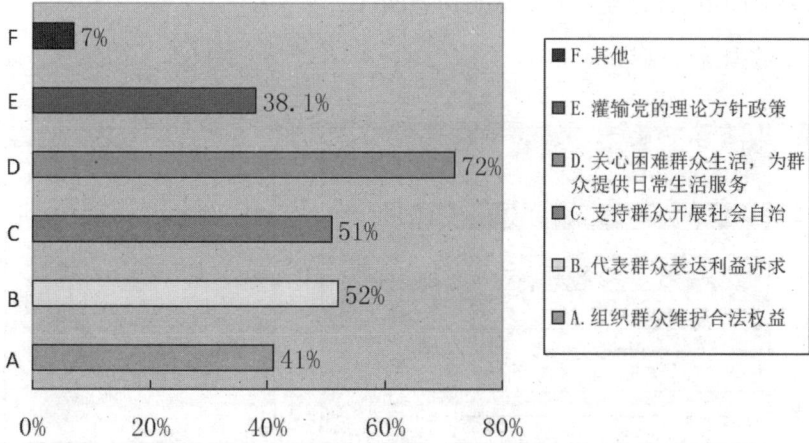

图例：
- F. 其他
- E. 灌输党的理论方针政策
- D. 关心困难群众生活，为群众提供日常生活服务
- C. 支持群众开展社会自治
- B. 代表群众表达利益诉求
- A. 组织群众维护合法权益

条形图数据：
- F: 7%
- E: 38.1%
- D: 72%
- C: 51%
- B: 52%
- A: 41%

12.1您认为在以往群众工作中有无规律可循:A.有;B.无。

数据统计结果：

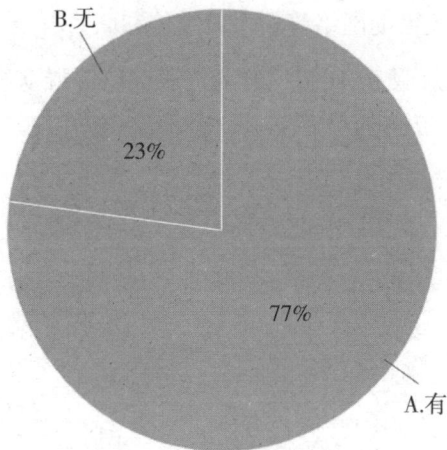

B.无 23%

A.有 77%

12.2如果有,您可以列举几条吗(可多选):A.抓主要矛盾;B.抓群众利益问题;C.急群众之所急,解群众之所难;D.定期开展形势政策教育;E.在重要时间节点,分类开展群众走访慰问;F._____。

数据统计结果:

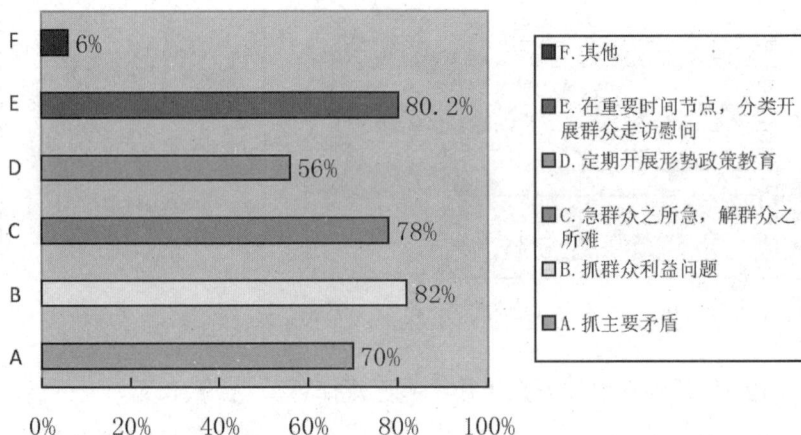

13.您在以往的群众工作中有哪些经验(可多选):A.多与群众进行面对面沟通交流;B.积极借助网络等新手段宣传和联系群众;C.实施网格化管理,尽可能细化群众服务;D.组建群众代表会议等群众组织,依靠群众做群众工作;E.信访责任到人,干部多下基层主动接访;F._____。

数据统计结果:

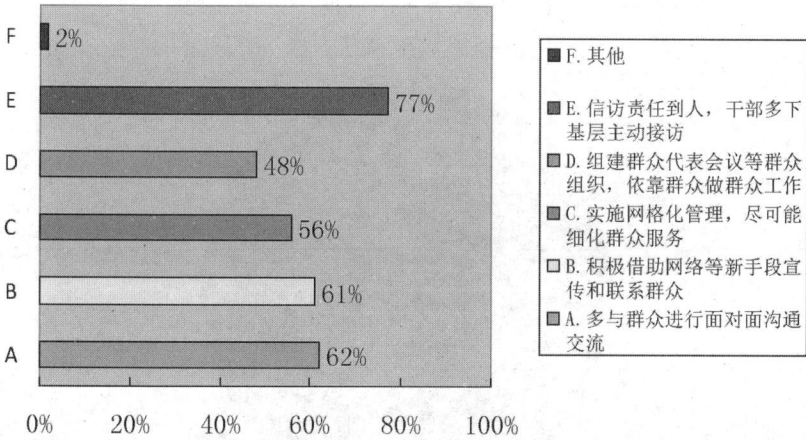

条形图例说明：
- F. 其他
- E. 信访责任到人，干部多下基层主动接访
- D. 组建群众代表会议等群众组织，依靠群众做群众工作
- C. 实施网格化管理，尽可能细化群众服务
- B. 积极借助网络等新手段宣传和联系群众
- A. 多与群众进行面对面沟通交流

各项数据：F. 2%；E. 77%；D. 48%；C. 56%；B. 61%；A. 62%

14.1您比较认可或者说您认为哪里的群众工作做得比较好：A.（区县、街道和社区、乡镇和村庄）。

14.2其群众工作好在什么地方：＿＿＿＿＿＿＿。有什么特点：＿＿＿＿＿＿＿＿＿。

14.3其群众工作模式可以被其他党组织借鉴或复制吗：A.可以复制；B.可以借鉴；C.要求比较高，无法借鉴。

数据统计结果：

C.要求比较高,无法借鉴

A.可以复制

2%

44%

54%

B.可以借鉴

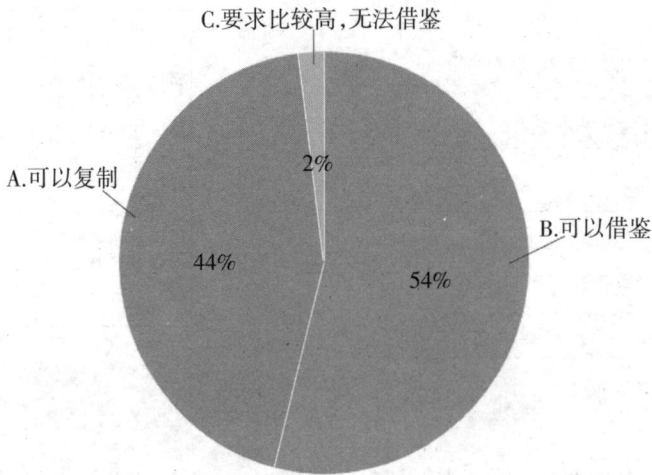

15.1您觉得在现实生活和工作中,有哪些人和组织在做群众工作(可多选):A.区县及乡镇、街道办事处党委领导干部;B.单位党支部一班人;C.身边的普通党员;D.工会、共青团、妇联等群众组织和成员;E.某些由党组织支持的社会组织及其成员。

数据统计结果:

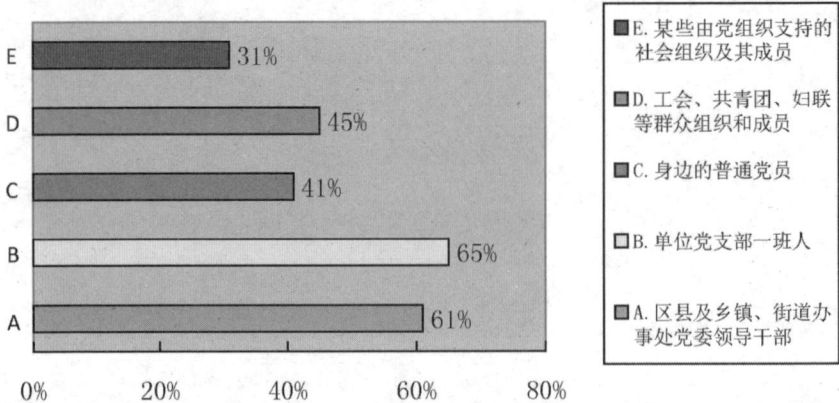

E 31%

D 45%

C 41%

B 65%

A 61%

0%　　20%　　40%　　60%　　80%

E. 某些由党组织支持的社会组织及其成员

D. 工会、共青团、妇联等群众组织和成员

C. 身边的普通党员

B. 单位党支部一班人

A. 区县及乡镇、街道办事处党委领导干部

15.2这些人和组织中，哪些更受群众欢迎，其工作成效更好一些呢（可多选）：A.区县及乡镇街道办事党委领导干部；B.单位党支部一班人；C.身边的普通党员；D.工会、共青团、妇联等群众组织和成员；E.某些由党组织支持的社会组织及其成员；F.＿＿＿＿＿＿＿。

数据统计结果：

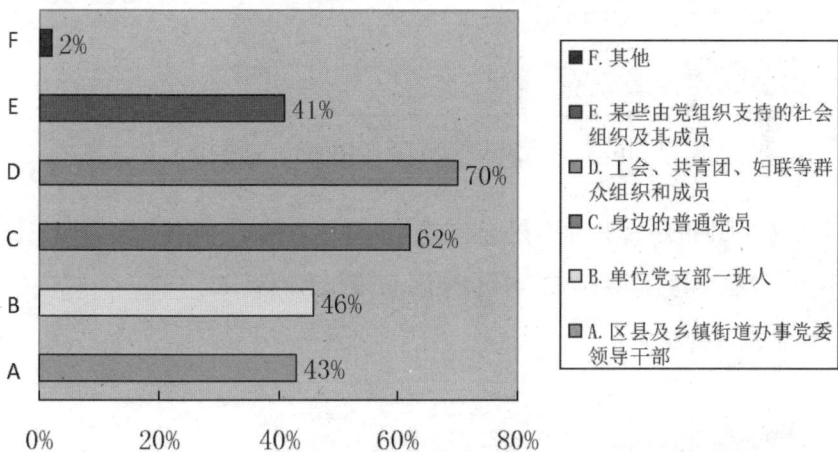

16.1您觉得在发动群众离开自己的故居进入城镇生活的过程中，哪些群体更需要帮助(可多选)：A.低收入群众；B.身有残疾群众；C.鳏寡孤独群众；D.流动民工；E.留守人员。

数据统计结果：

E 70%
D 31%
C 95%
B 100%
A 45%

■ E. 留守人员
■ D. 流动民工
■ C. 鳏寡孤独群众
□ B. 身有残疾群众
■ A. 低收入群众

0%　20%　40%　60%　80%　100%　120%

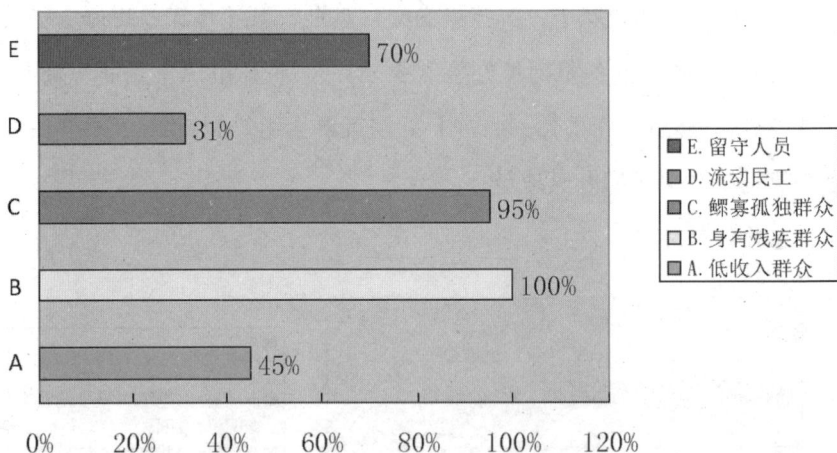

16.2他们的主要困难有哪些(可多选)：A.收入低、生活困难；B.日常生活不便；C.缺少家庭温暖；D.缺少社会交流；E.维权有困难；F.＿＿＿＿＿＿＿。

数据统计结果：

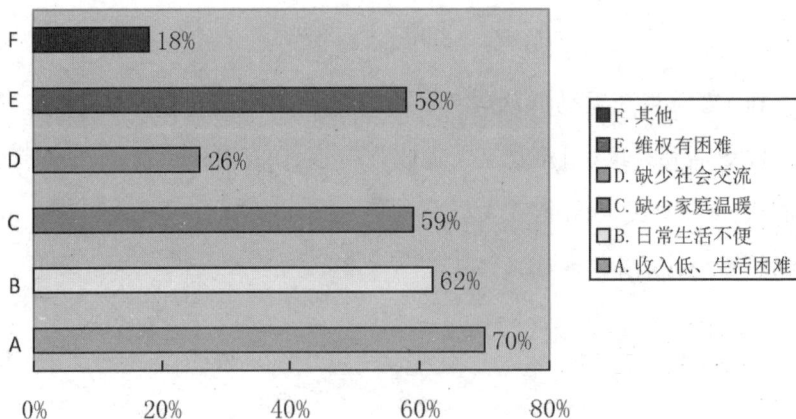

F 18%
E 58%
D 26%
C 59%
B 62%
A 70%

■ F. 其他
■ E. 维权有困难
■ D. 缺少社会交流
■ C. 缺少家庭温暖
□ B. 日常生活不便
■ A. 收入低、生活困难

0%　20%　40%　60%　80%

16.3党委和政府应采取什么样的措施帮助他们(可多选)：A.多为弱势群众送温暖；B.多开展针对弱势群众的文化、科普宣传活动；C.成立专门社会组织帮助弱势群众；D.经常走访了解弱势群众需求；E.加强弱势群众的利益代表和维护；F.＿＿＿＿＿＿＿。

数据统计结果：

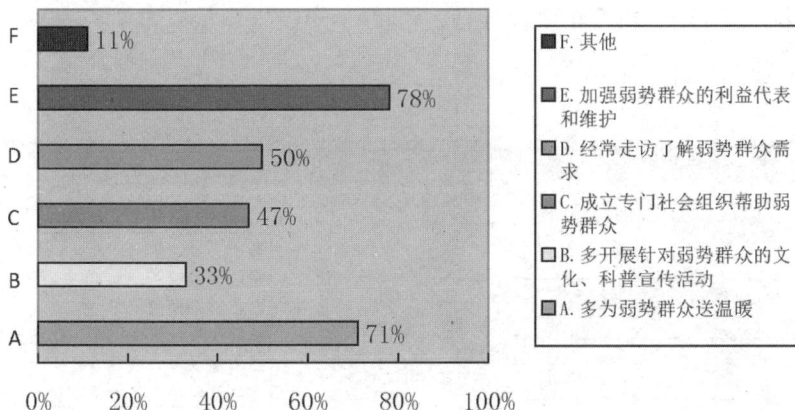

17.您觉得在推进新型城镇化过程中党的群众工作有哪些区别于以往群众工作的地方(可多选)：A.群众利益更加分化，需求也呈多样化；B.组织方式多有不同；C.联系群众的内容和形式多有不同；D.群众的民主参政意识更强；E.群众对就业、教育、卫生等民生问题更关心；F.＿＿＿＿＿＿＿。

数据统计结果：

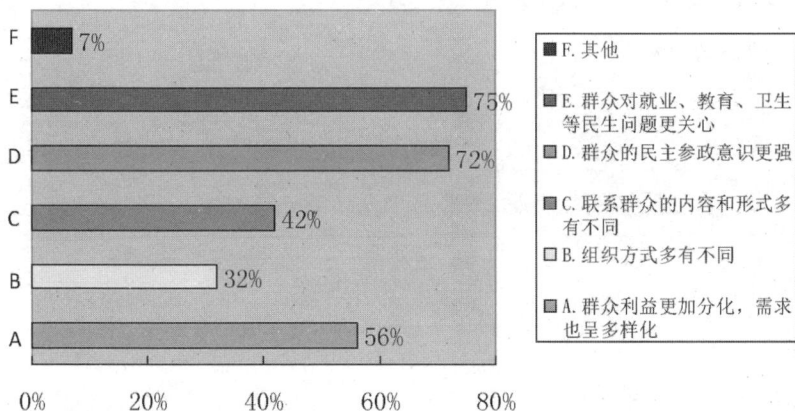

18.您觉得在动员群众参与和支持城镇化的过程中最难的事情是什么（可多选）:A.宅基地换房政策落实;B.进城群众就业安置;C.民生保障头绪多、任务重;D.群众情绪疏导;E.个别钉子户;F._____。

数据统计结果:

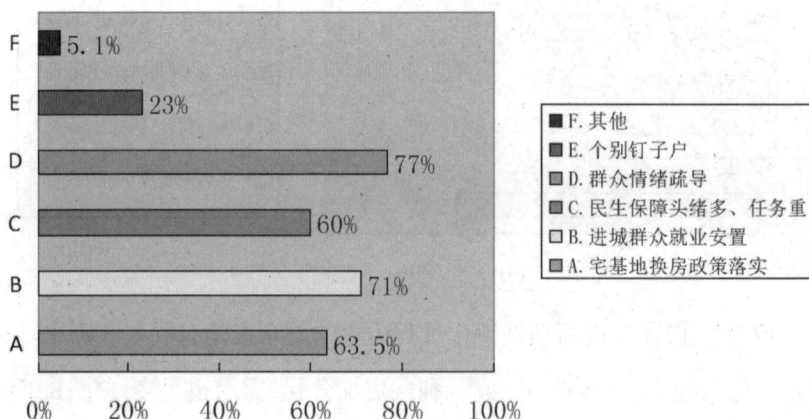

19.1您觉得动员您周围的群众响应党委和政府的城镇化号召的关键是(可多选):A.讲透政策;B.宅基地换房和补贴到位;C.集体土地改股份制;D.民生保障要跟上;E.公开、透明;F._____。

数据统计结果:

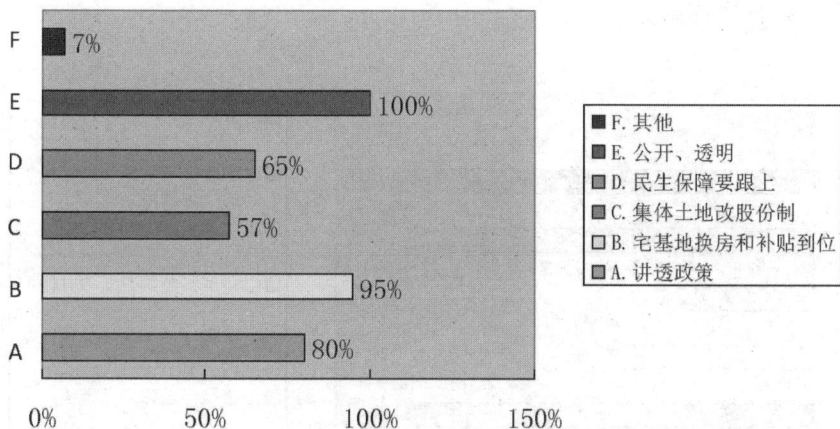

图例：
- F. 其他
- E. 公开、透明
- D. 民生保障要跟上
- C. 集体土地改股份制
- B. 宅基地换房和补贴到位
- A. 讲透政策

（A. 80%、B. 95%、C. 57%、D. 65%、E. 100%、F. 7%）

19.2困难有哪些（可多选）：A.部分群众的思想保守,难以认同城镇化的益处；B.政策落实不够到位；C.群众协商难；D.群众利益要求多元；E.进城后续工作难。

数据统计结果：

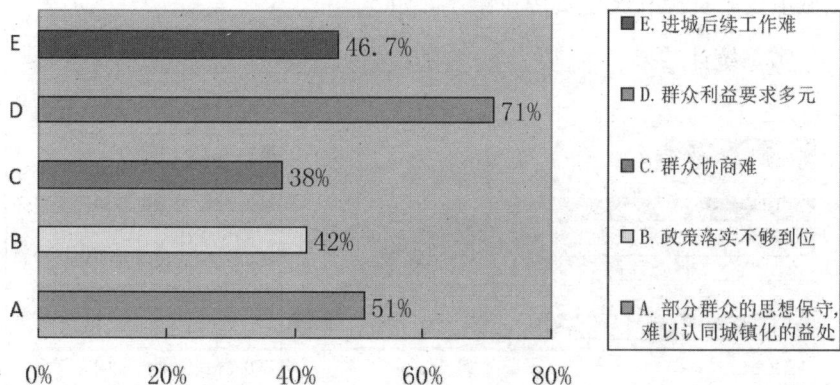

图例：
- E. 进城后续工作难
- D. 群众利益要求多元
- C. 群众协商难
- B. 政策落实不够到位
- A. 部分群众的思想保守,难以认同城镇化的益处

（A. 51%、B. 42%、C. 38%、D. 71%、E. 46.7%）

19.3群众的顾虑有哪些（可多选）：A.进城没工作,花销大；B.进城生活不适应；C.进城后照顾子女不方便；D.失地后补偿利益受损；E.农转非后后辈失去维持生计的土地保障；F._____。

新型城镇化背景下党的群众工作模式研究

数据统计结果：

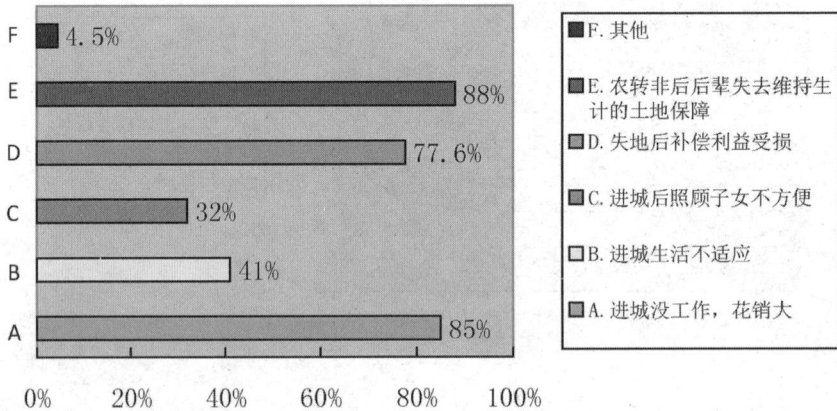

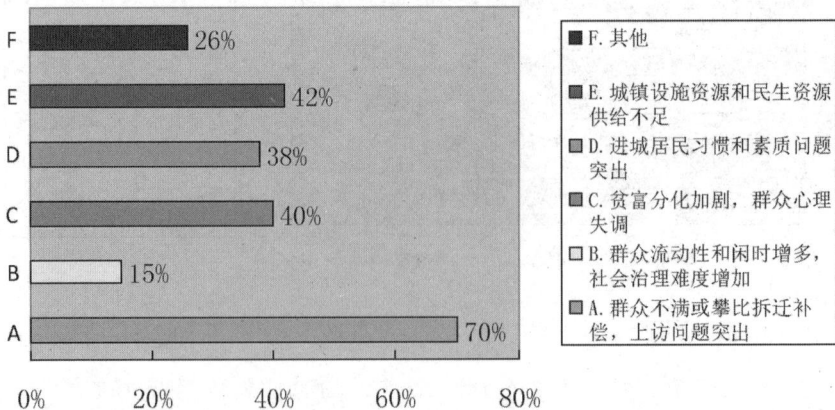

图中数据（横向条形图）：

- F. 其他：4.5%
- E. 农转非后后辈失去维持生计的土地保障：88%
- D. 失地后补偿利益受损：77.6%
- C. 进城后照顾子女不方便：32%
- B. 进城生活不适应：41%
- A. 进城没工作，花销大：85%

（横轴：0% 20% 40% 60% 80% 100%）

图例：
F. 其他
E. 农转非后后辈失去维持生计的土地保障
D. 失地后补偿利益受损
C. 进城后照顾子女不方便
B. 进城生活不适应
A. 进城没工作，花销大

20.1实施城镇化容易引起哪些社会矛盾（可多选）：A.群众不满或攀比拆迁补偿，上访问题突出；B.群众流动性和闲时增多，社会治理难度增加；C.贫富分化加剧，群众心理失调；D.进城居民习惯和素质问题突出；E.城镇设施资源和民生资源供给不足；F._____。

数据统计结果：

图中数据（横向条形图）：

- F. 其他：26%
- E. 城镇设施资源和民生资源供给不足：42%
- D. 进城居民习惯和素质问题突出：38%
- C. 贫富分化加剧，群众心理失调：40%
- B. 群众流动性和闲时增多，社会治理难度增加：15%
- A. 群众不满或攀比拆迁补偿，上访问题突出：70%

（横轴：0% 20% 40% 60% 80%）

图例：
F. 其他
E. 城镇设施资源和民生资源供给不足
D. 进城居民习惯和素质问题突出
C. 贫富分化加剧，群众心理失调
B. 群众流动性和闲时增多，社会治理难度增加
A. 群众不满或攀比拆迁补偿，上访问题突出

20.2这些矛盾主要会强化哪些矛盾关系(可多选):A.党委与政府;B.政府与群众;C.干部与群众;D.政府与社会组织;E.城镇建设与生态环境;F.群众之间;G.城镇原居民与新居民。

数据统计结果:

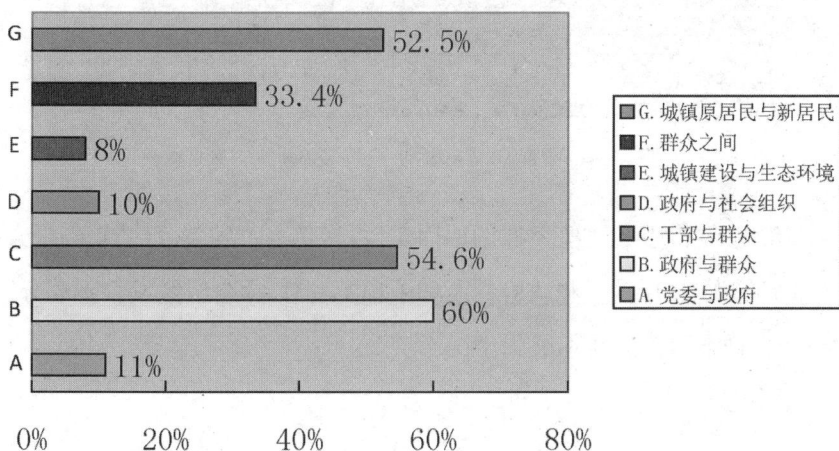

图例：
- G. 城镇原居民与新居民
- F. 群众之间
- E. 城镇建设与生态环境
- D. 政府与社会组织
- C. 干部与群众
- B. 政府与群众
- A. 党委与政府

G: 52.5%
F: 33.4%
E: 8%
D: 10%
C: 54.6%
B: 60%
A: 11%

20.3这些矛盾关系中最激烈的一项是(可多选):A.党委与政府;B.政府与群众;C.干部与群众;D.政府与社会组织;E.城镇建设与生态环境;F.群众之间;G.城镇原居民与新居民。

数据统计结果:

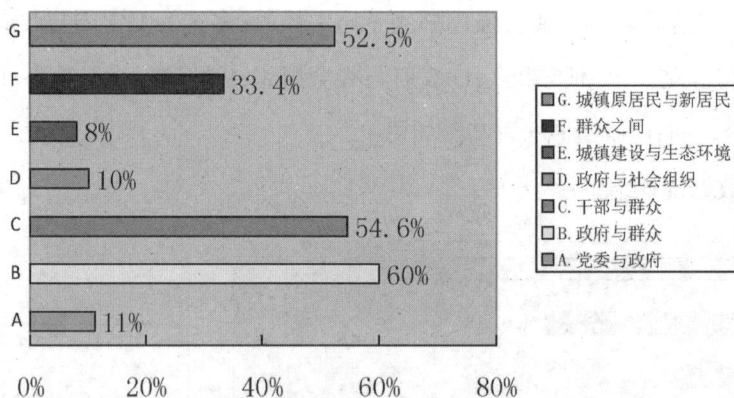

20.4 您觉得引起这些矛盾的原因是(可多选):A.利益分化;B.心理失调;C.舆论误导;D.党委和政府判断和干预不利;E.社会组织发育不充分。F.党委和政府服务工作不够到位;G._____。

数据统计结果:

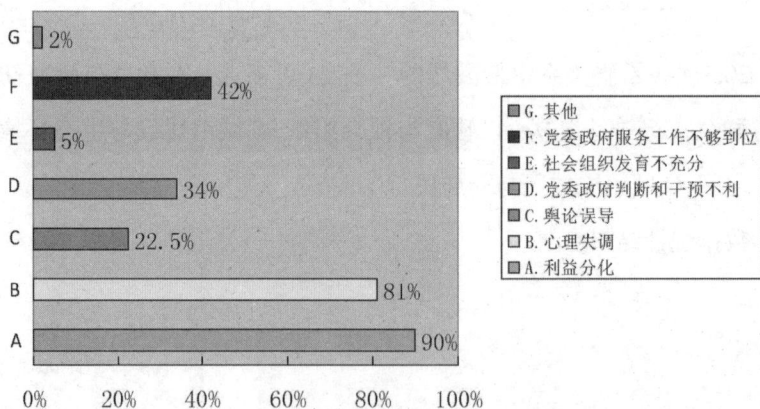

21. 您觉得对于新进入城镇生活的群众而言,什么才是最主要的问题(可多选):A.钱不够用;B.没有工作;C.生活环境不适应;D.无法融入新的生活圈子;E.生活方式急需转变;F.文化生活急需提升;G._____。

数据统计结果:

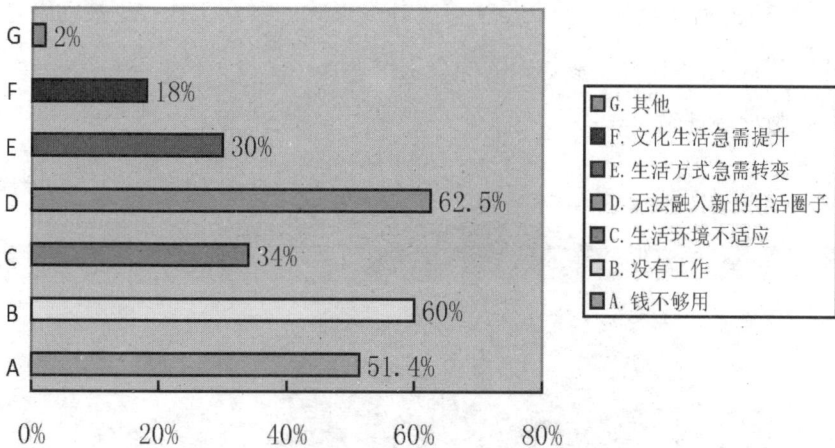

図例：
- G. 其他
- F. 文化生活急需提升
- E. 生活方式急需转变
- D. 无法融入新的生活圈子
- C. 生活环境不适应
- B. 没有工作
- A. 钱不够用

G 2%
F 18%
E 30%
D 62.5%
C 34%
B 60%
A 51.4%

22.党组织在新的城镇环境中,如何更有效地联系群众(可多选):A.充分运用网络、微信等新媒体;B.创新基层组织形式,加强党员与群众的面对面交流;C.推广网格化党员走访模式,党组织联系群众全覆盖;D.动员群众参加社会组织,间接与党组织建立联系;E.运用报刊、网络、社区组织建立立体化联系群众机制。

数据统计结果:

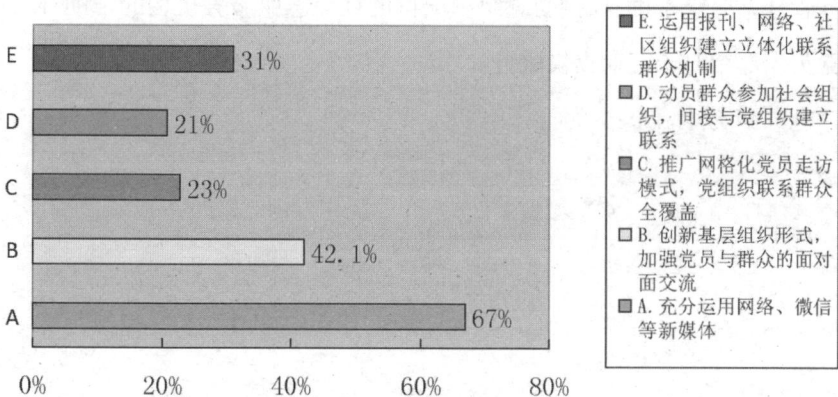

图例：
- E. 运用报刊、网络、社区组织建立立体化联系群众机制
- D. 动员群众参加社会组织,间接与党组织建立联系
- C. 推广网格化党员走访模式,党组织联系群众全覆盖
- B. 创新基层组织形式,加强党员与群众的面对面交流
- A. 充分运用网络、微信等新媒体

E 31%
D 21%
C 23%
B 42.1%
A 67%

23.1您所在社区的群众易于接受什么形式的群众工作:A. 被动管理式的群众工作;B.自主参与式的群众工作。

数据统计结果:

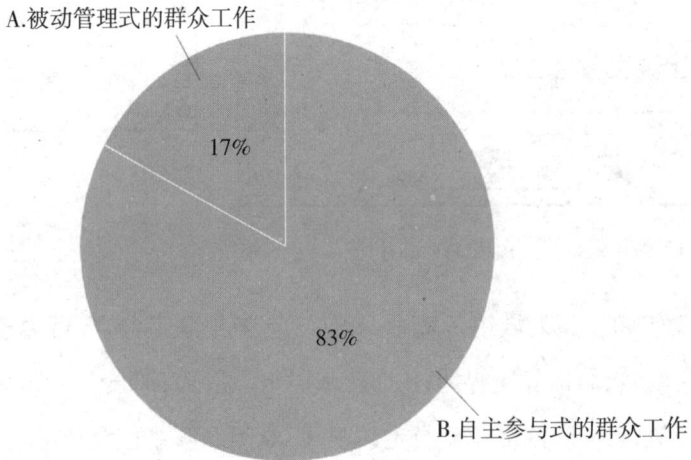

A.被动管理式的群众工作

17%

83%

B.自主参与式的群众工作

24.您觉得您所在社区群众更倾向于接受下列哪种服务方式:A.直接上门服务;B.在民情QQ等网络平台寻求党组织帮助;C.主动到基层综合服务管理站寻求帮助;D.接受党组织支持的社会志愿服务机构的帮助;E.与党员干部结对子定期提供服务。

数据统计结果:

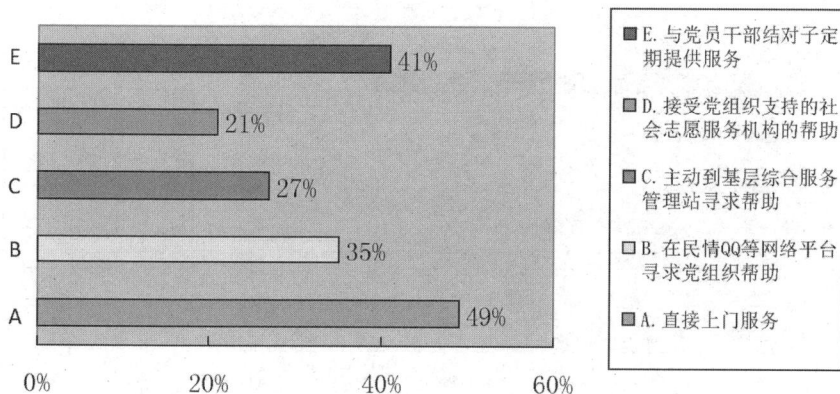

E. 与党员干部结对子定期提供服务

D. 接受党组织支持的社会志愿服务机构的帮助

C. 主动到基层综合服务管理站寻求帮助

B. 在民情QQ等网络平台寻求党组织帮助

A. 直接上门服务

25.您觉得党组织在什么时候出现最受群众欢迎:A.日常工作生活中;B.群众遇到困难时;C.群众利益面临挑战时;D.红白喜事及各种公益活动中;E.弱势群众需要帮助时。

数据统计结果:

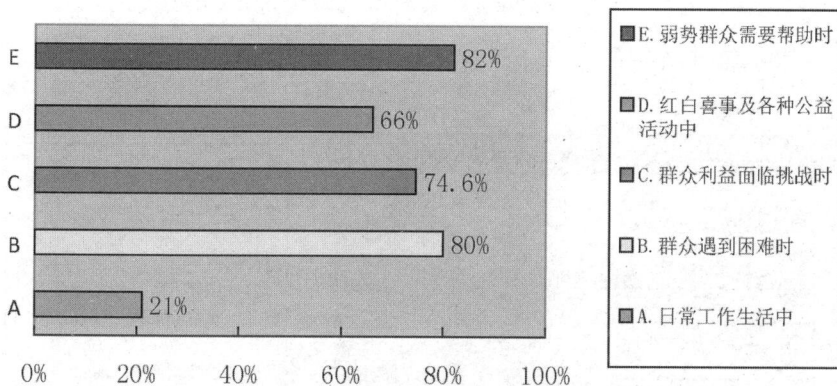

E. 弱势群众需要帮助时

D. 红白喜事及各种公益活动中

C. 群众利益面临挑战时

B. 群众遇到困难时

A. 日常工作生活中

26.您所在的社区党组织都采用了哪些现代化方式来联系和宣传群众(可多选):A.党务微博;B.民生微信;C.民情QQ;D.党务网站;E.社区局域网地;F.短信、飞信;G.公共宣传电子屏。

数据统计结果:

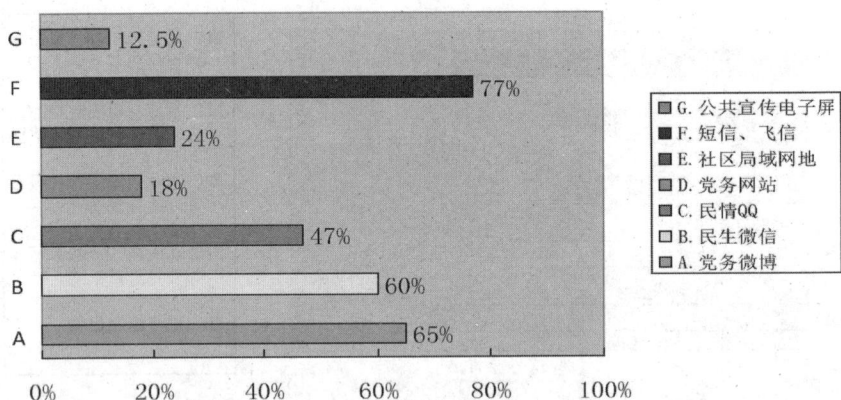

27.在推进新型城镇化的过程中,您及您所在的党组织采取过哪些措施组织发动您周围的群众(可多选):A.印发新型城镇化政策宣传单;B.开展新型城镇化政策宣讲;C.动员群众代表开展群众发动工作;D.组织工会、共青团、妇联等群众团体开展宣传发动;E.支持社会组织做群众动员工作;F.通过报纸、电台、电视台和网络开展新型城镇化宣传发动。

数据统计结果:

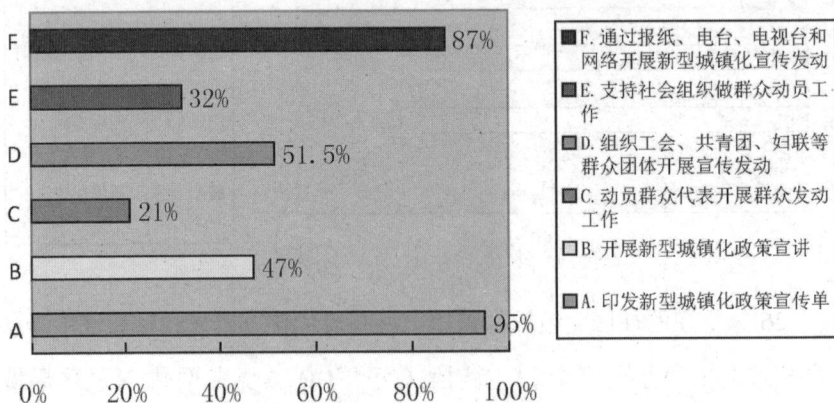

28.您日常通过什么途径与您负责联系的群众取得联系(可多选):A.走访;B.QQ群;C.微信、微博;D.电话;E.办公室接访;F.结对子。

数据统计结果:

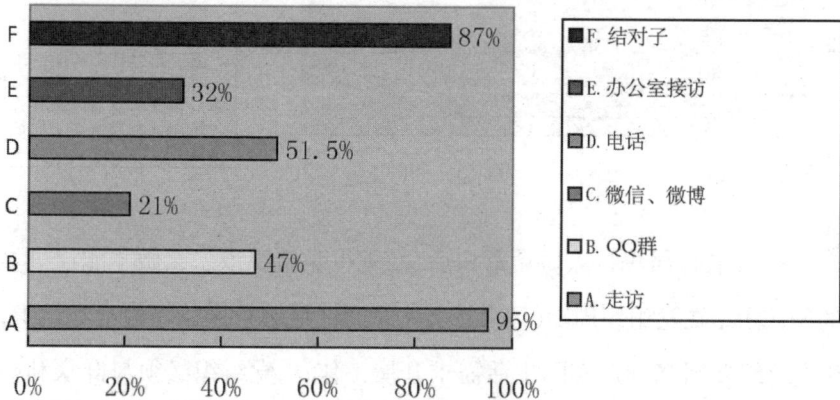

29.在新型城镇化过程中,您觉得组织发动群众最大的困难是(可多选):A.群众对利益问题格外敏感,利益协调工作最难;B.群众需求群体性增强,群体性上访防治工作最难;C.群众政治参与意识明显增强,代表群众利益、表达群众诉求最难;D.社会情绪更加敏感多变,疏导群众情绪最难;E.群众需求更倾向于民生、更具体,推动群众参与社会治理、开展自我服务最难。

数据统计结果:

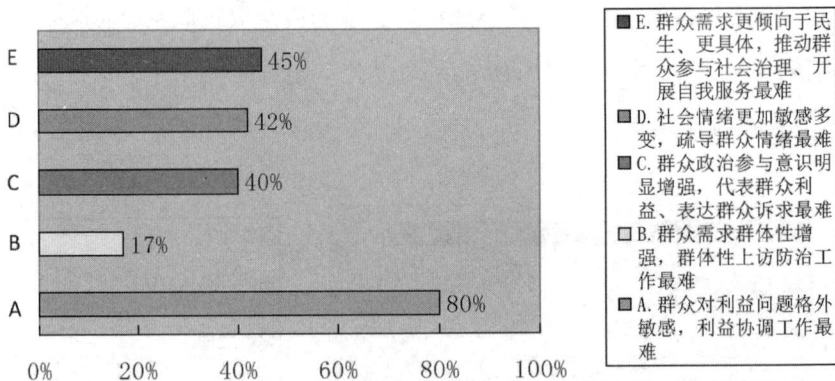

图例：
- E. 群众需求更倾向于民生、更具体，推动群众参与社会治理、开展自我服务最难
- D. 社会情绪更加敏感多变，疏导群众情绪最难
- C. 群众政治参与意识明显增强，代表群众利益、表达群众诉求最难
- B. 群众需求群体性增强，群体性上访防治工作最难
- A. 群众对利益问题格外敏感，利益协调工作最难

30.在农村居民进入城镇落户后，您觉得党组织该怎么做才能让进城的群众团结在党组织周围(可多选)：A.及时在城镇社区建立健全党组织；B.党组织要围绕群众实际生活需求开展工作；C.党组织必须与群众利益站在一起，代表和维护群众利益；D.关心群众尤其是弱势群众的实际困难，体现党组织维护社会公平正义的主导作用；E.积极参与政策制定和执行，切实代表群众发声；F._____。

数据统计结果：

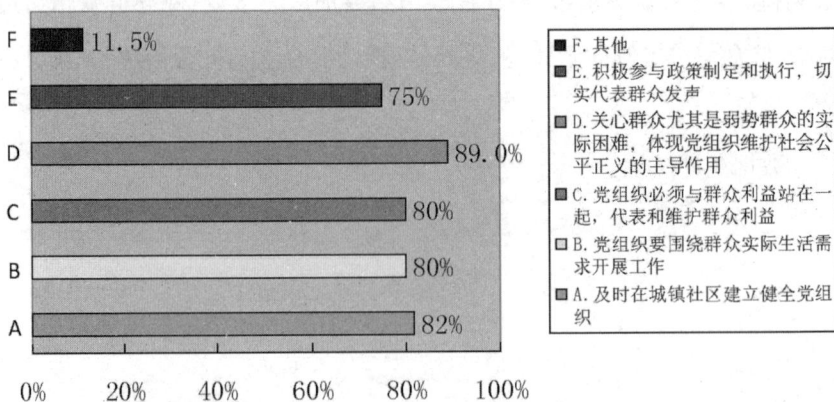

图例：
- F. 其他
- E. 积极参与政策制定和执行，切实代表群众发声
- D. 关心群众尤其是弱势群众的实际困难，体现党组织维护社会公平正义的主导作用
- C. 党组织必须与群众利益站在一起，代表和维护群众利益
- B. 党组织要围绕群众实际生活需求开展工作
- A. 及时在城镇社区建立健全党组织

31.群众需要党组织的原因是(可多选):A.代表他们的合法权益,为他们的合法权益说话;B.有困难时,党组织能够帮助解决;C.带领群众有序参与社会治理;D.带领群众克服城镇化带来的生产生活问题;E.为经济社会发展推荐领导干部。

数据统计结果:

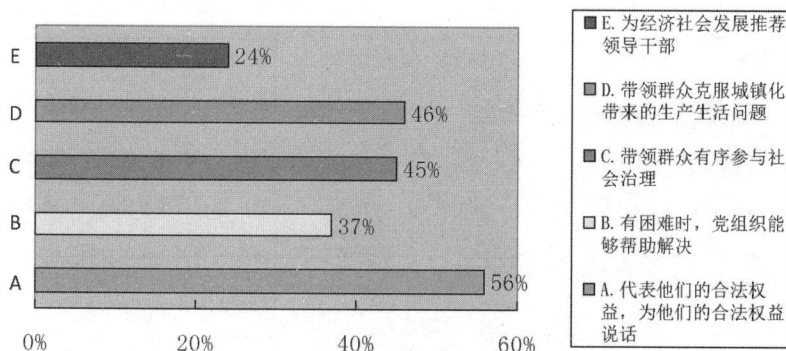

图例:
- E. 为经济社会发展推荐领导干部
- D. 带领群众克服城镇化带来的生产生活问题
- C. 带领群众有序参与社会治理
- B. 有困难时,党组织能够帮助解决
- A. 代表他们的合法权益,为他们的合法权益说话

E: 24%
D: 46%
C: 45%
B: 37%
A: 56%

32.党组织该怎样做才能进一步增强对群众的吸引力(可多选):A.更接地气、更亲民;B.改进作风,带动改善社会风气;C.以身作则,远离腐败;D.及时沟通,多听取民意;E.多选拔推荐群众认可的干部。

数据统计结果:

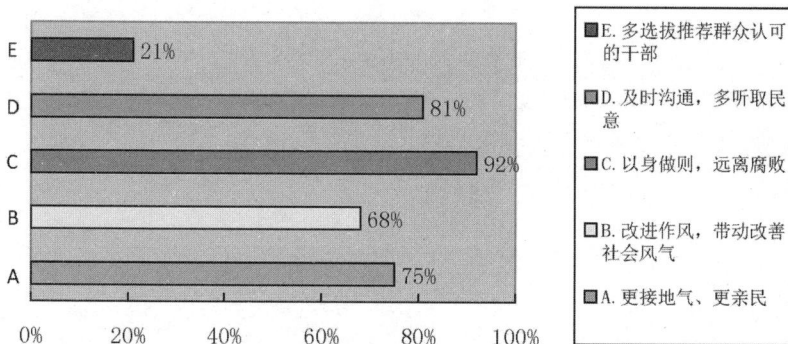

图例:
- E. 多选拔推荐群众认可的干部
- D. 及时沟通,多听取民意
- C. 以身做则,远离腐败
- B. 改进作风,带动改善社会风气
- A. 更接地气、更亲民

E: 21%
D: 81%
C: 92%
B: 68%
A: 75%

33.当前,影响党的群众工作效果的因素有哪些(可多选):A.领导干部贪腐的负面影响;B.市场经济因素的渗透;C.社会舆论的各种杂音;D.群众民主参政缺乏正确引导;E.党的群众工作难以适应形势要求;F.党员没有起到模范带头作用;G.＿＿＿＿＿＿＿＿。

数据统计结果:

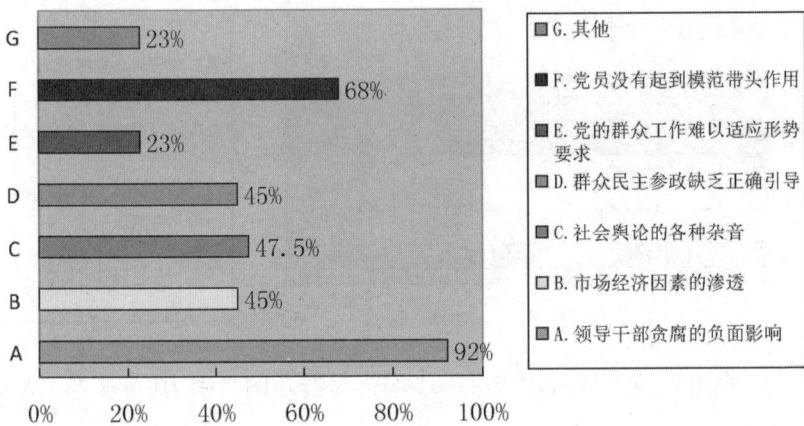

问卷调查结束,谢谢!

新型城镇化背景下党的群众工作调查(Ⅱ)
群众问卷及其数据统计结果

一、问卷说明

1.本问卷的被调查对象为非党员群众。

2.凡题目后标有"可多选"提示的题目可单选也可多选,未标有"可多选"提示的题目为单选题。见选项后有"下划线"的选项,可以填写自己认可的内容,也可以直接从前面选项中选择认可的选项,请在认可的选项英文字母下打"√"。

3.请如实填写问卷内容。

二、被调查者基本信息

1.年龄:　　　岁。

2.性别:A.男;B.女。

3.民族:　　　族。

4.职业从属:A.务农;B.务工;C.个体工商业;D.企业主;E.经理人;F.专业技术人员;G.自由职业者;H.公务人员。

5.家庭成员人数:　　　人。

上述四个问题的调查数据统计结果:

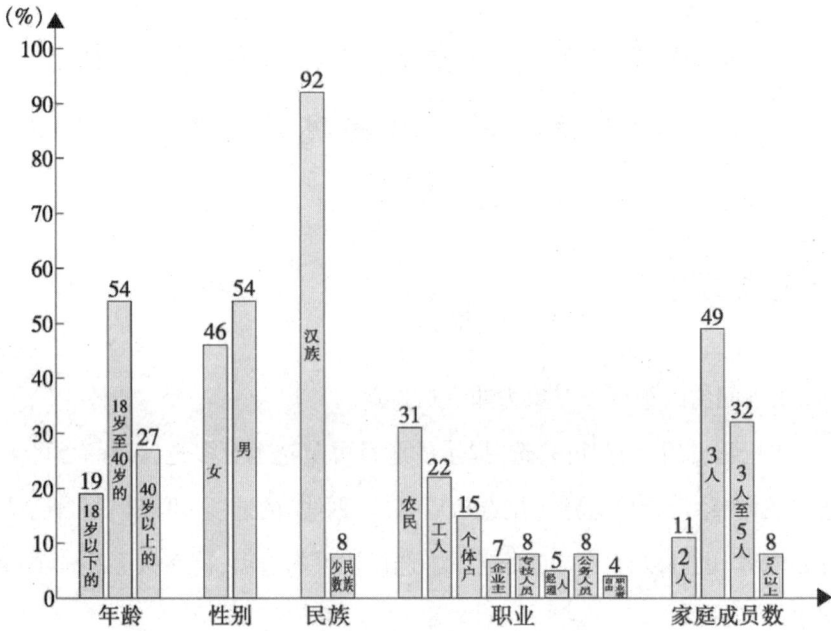

6.您是否在农村居住过:A.是   B.否

数据统计结果:

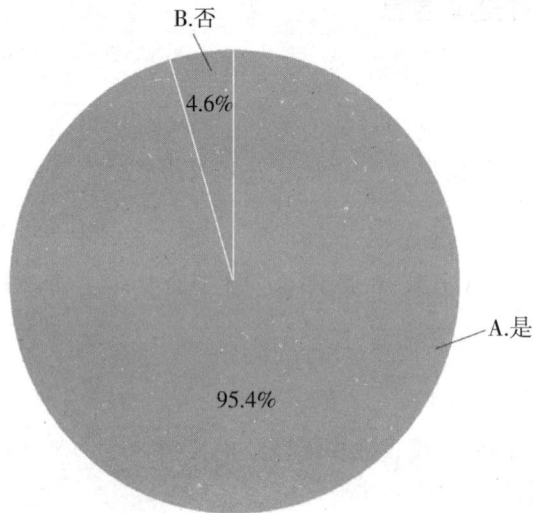

7.您现居住在:A.城市社区;B.城郊社区;C.新兴小城镇社区;D.农村。

数据统计结果:

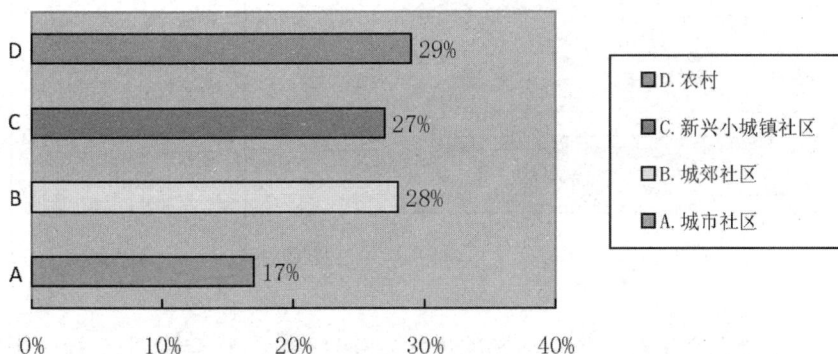

三、问卷内容

1.1您觉得在您身边正在发生哪些明显的变化(可多选):A.离开农村,搬进城镇;B.住进楼房,生活环境变得更加整洁;C.生活更加便利,出门办事更加方便;D.不再务农,需要从事新的工作;E.生活开支增加,休闲时间增多。

数据统计结果:

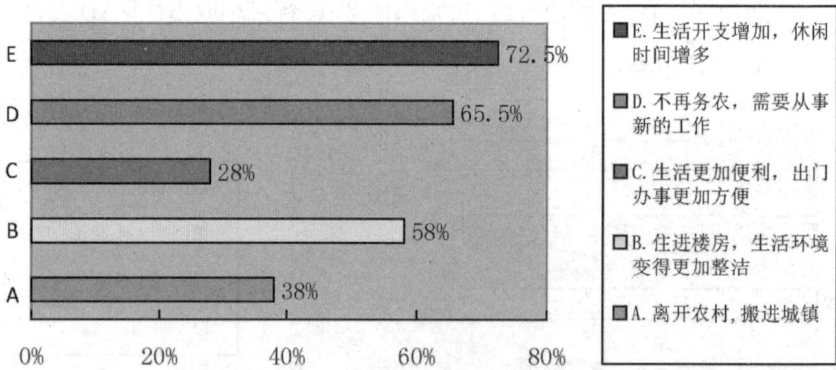

1.2什么变化对您的生活影响最大：A.居住环境；B.交际圈；C.社区服务；D.经济收入；E.就业。

数据统计结果：

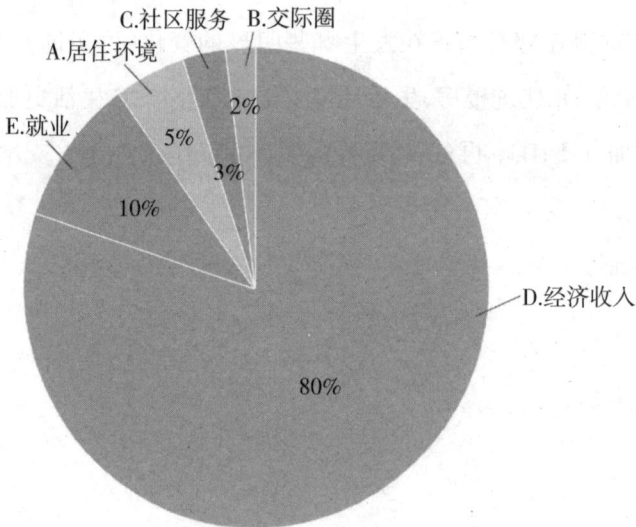

2.1如果您在农村居住过，那么您在农村居住时月收入大致是多少：A.赋闲在家，没有收入；B.500-1000元，C.1000-2000元，D.2000-3000元，

E.3000元以上。

数据统计结果：

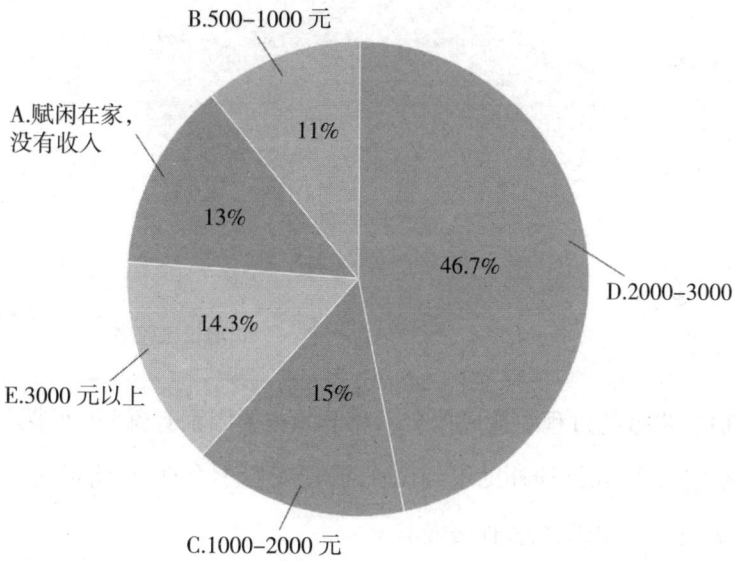

2.2您现在的月收入与在农村时比较起来：A.没有什么变化；B.略有增长；C.增长比较多；D.有所降低。

数据统计结果：

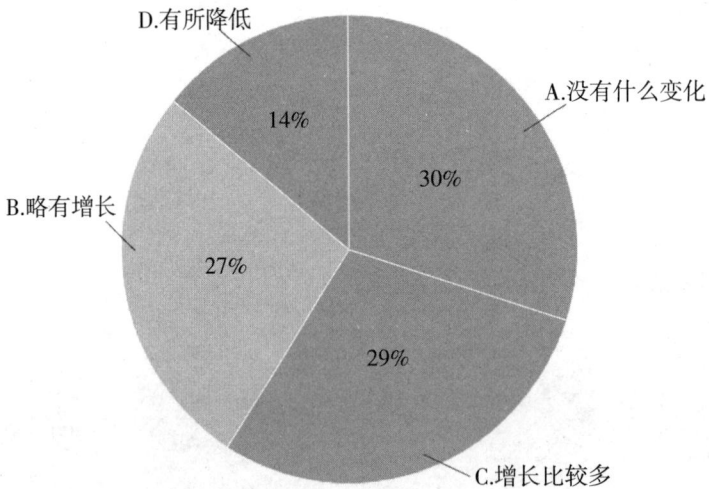

3.1在进城的过程中造成社会不和谐的主要因素有哪些(可多选):A.没有稳定收入;B.拆迁补助不到位;C.搬迁安置不合理;D.购置新家花费大;E.缺乏统一组织;F.过程缓慢。

数据统计结果:

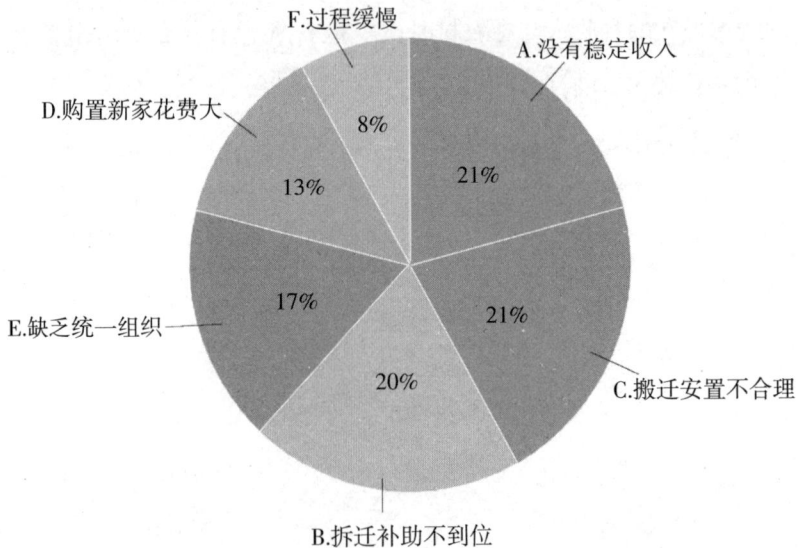

3.2这些社会不和谐因素是怎么解决的(可多选)：A.上访；B.诉讼；C.党委和政府被动解决的；D.党委和政府主动协调解决的；E.不了了之。

数据统计结果：

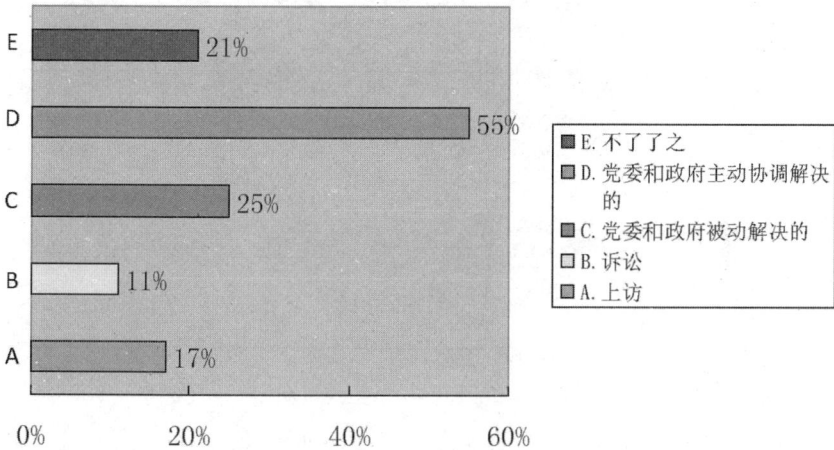

3.3进入城镇生活后，您觉得农村生活与城镇生活最大的区别是什么：A.居住生活环境；B.生活消费支出；C.休闲娱乐时间；D.社会保障；E.就业发展机会。

数据统计结果：

新型城镇化背景下党的群众工作模式研究

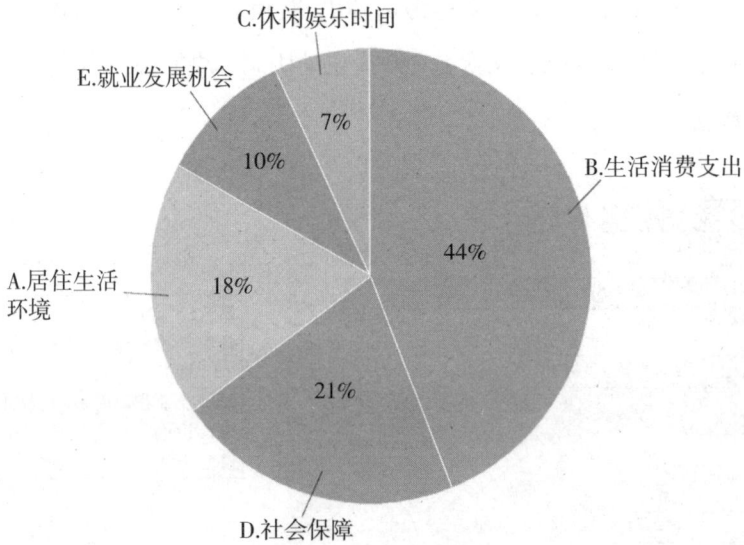

4.1您觉得您目前的生活有哪些不方便的地方(可多选):A.出行购物;B.就医看病;C.休闲娱乐;D.家政服务;E.环境卫生;F.＿＿＿＿＿＿。

数据统计结果:

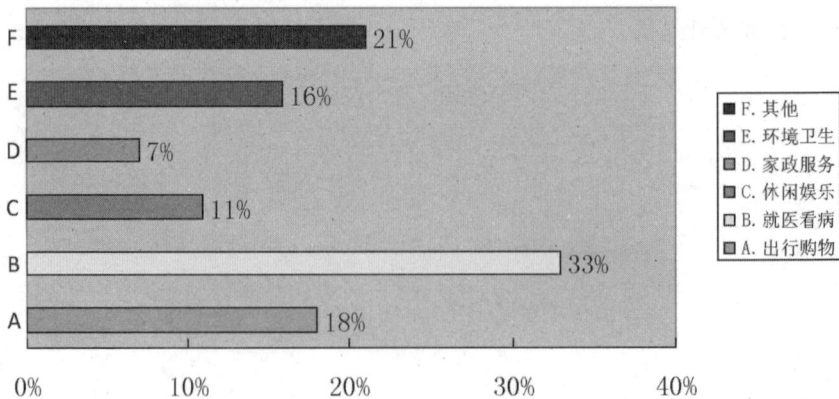

4.2您是怎样克服上述不便的：A.找居委会；B.找政府；C.找党支部；D.找社区服务中心；E.自己克服。

数据统计结果：

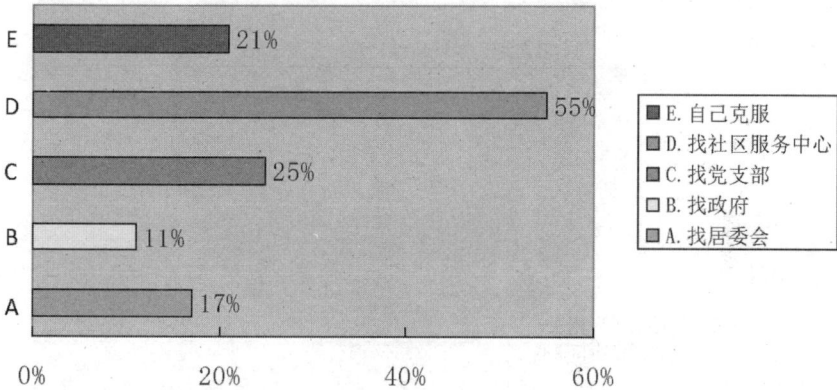

图例
■ E. 自己克服
■ D. 找社区服务中心
■ C. 找党支部
□ B. 找政府
■ A. 找居委会

- E　21%
- D　55%
- C　25%
- B　11%
- A　17%

0%　　20%　　40%　　60%

4.3您在解决上述不便的过程中，党组织在其中发挥了什么作用：A.不知道党组织在哪里；B.党员邻居主动帮助；C.党组织经常上门了解情况；D.党组织协调相关人员为您解决问题；E.党组织对您不甚关心。

数据统计结果：

E.党组织对您
不甚关心

A.不知道党组织在哪里

C.党组织经常
上门了解情况

B.党员邻居主动帮助

6%

5%

45%

12%

32%

D.党组织协调相关
人员为您解决问题

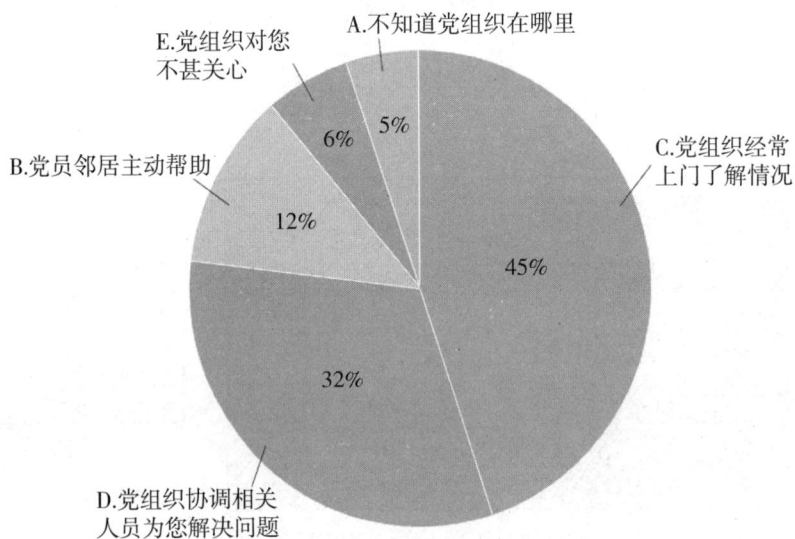

5.1您现在的住房是怎么解决的：A.商品房；B.还迁房；C.集体协商建房；D.经济适用房或限价房；E.政府廉租房；F.个人租住。

数据统计结果：

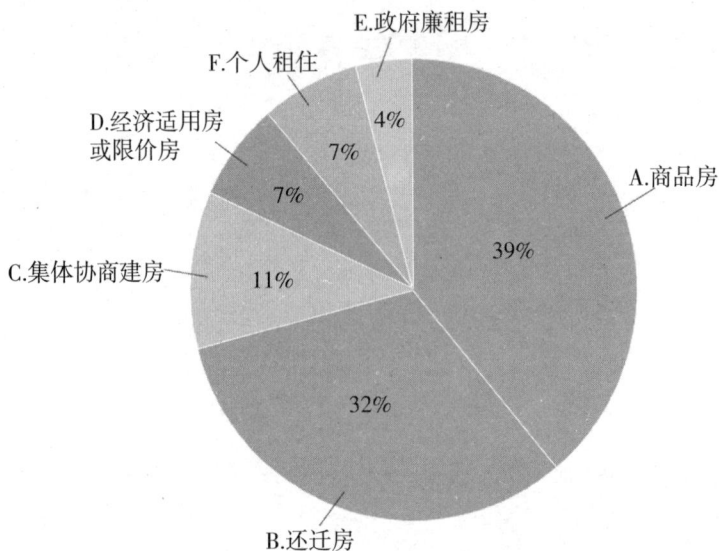

E.政府廉租房

F.个人租住

D.经济适用房
或限价房

4%

7%

A.商品房

7%

C.集体协商建房

11%

39%

32%

B.还迁房

5.2在您解决住房问题上,党组织在其中发挥了什么作用:A.提供政策解释;B.帮助联系相关部门;C.帮助反映情况;D.发动党员提供物质帮助;E.没有发挥什么作用。

数据统计结果:

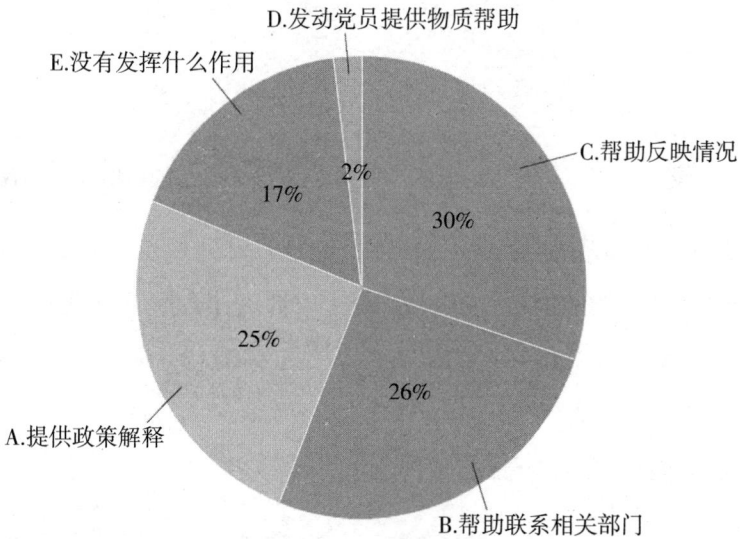

6.1您现在的社会保险是怎么解决的:A.作为拆迁的附带条件解决的;B.政府补助解决;C.原村集体帮助解决;D.个人购买解决;E.无任何社会保障。

数据统计结果:

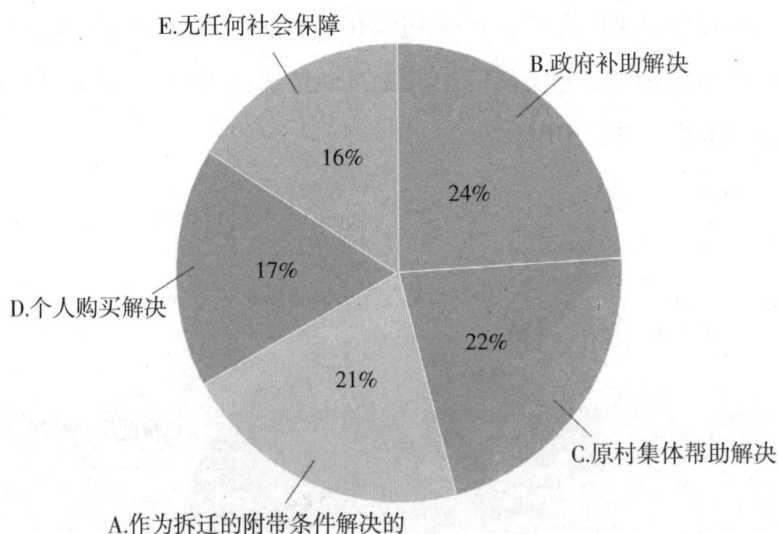

E.无任何社会保障　　B.政府补助解决

16%　24%

D.个人购买解决　17%　22%

21%　C.原村集体帮助解决

A.作为拆迁的附带条件解决的

6.2党组织在您解决社会保险问题上发挥了什么作用：A.提供政策解释；B.帮助联系相关部门；C.介绍相关人员上门为您办理；D.帮助反映情况；E.没有什么作为。

数据统计结果：

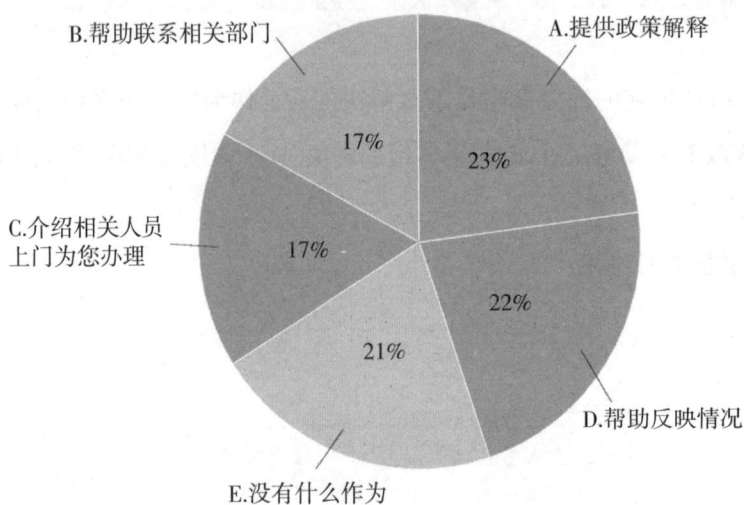

B.帮助联系相关部门　　A.提供政策解释

17%　23%

C.介绍相关人员
上门为您办理　17%　22%

21%　D.帮助反映情况

E.没有什么作为

7.1进城后您从事什么工作:A.打工;B.干个体;C.经营企业;D.在附近企事业单位就业;E.在家待业。

数据统计结果:

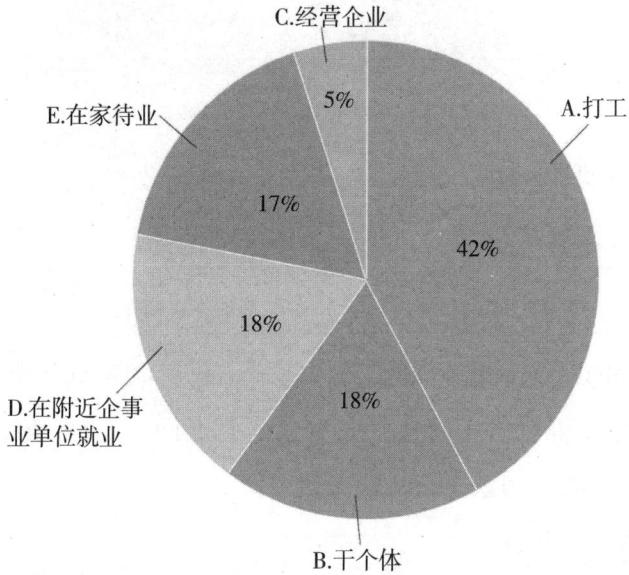

7.2进城后您的就业是怎样解决的(可多选):A.自谋职业;B.职介机构介绍;C.党委和政府安排;D.自主创业;E.党员帮助解决。

数据统计结果:

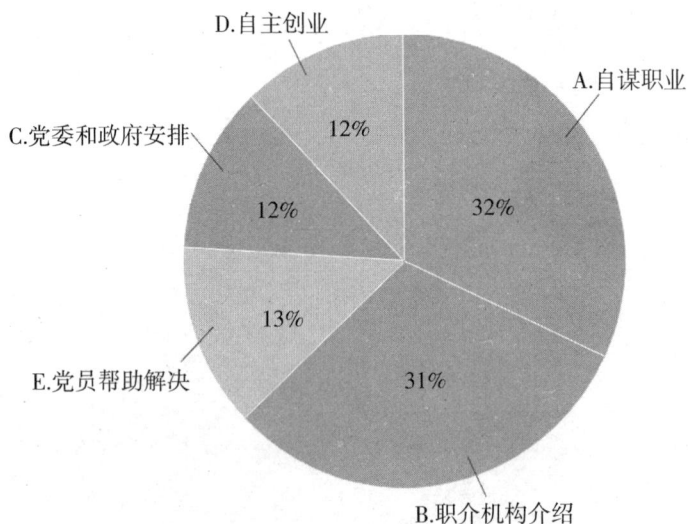

7.3党组织在您的就业问题上发挥了什么作用:A.主动帮助反映情况或介绍工作;B.帮助自主创业者;C.有党员主动上门帮助解决;D.党组织协调相关机构解决问题;E.无人问津。

数据统计结果:

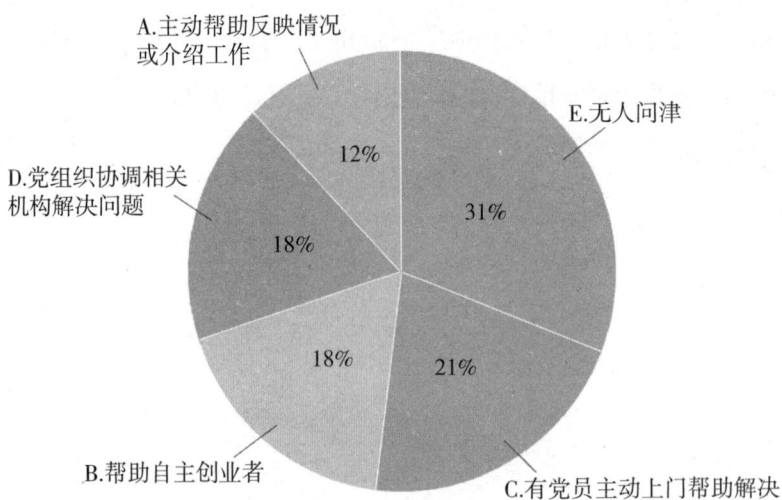

8.1您进城后是否存在子女需要入学的问题：A.有；B.无。（回答"有"的请继续回答）

数据统计结果：

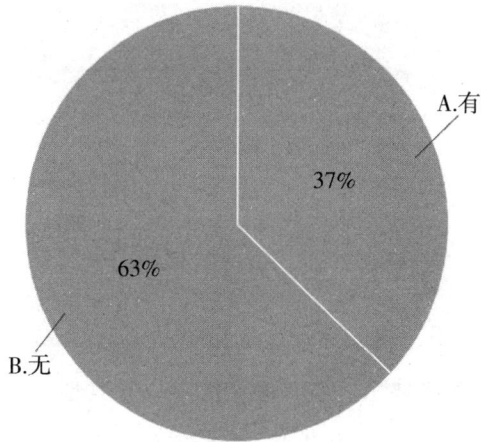

8.2党组织在您的子女入学问题上发挥了什么作用：A.帮助协调就近入学；B.帮助向相关部门反映情况；C.有党员干部积极关注；D.政府统一安排，无需党组织操心；E.没有什么作为。

数据统计结果：

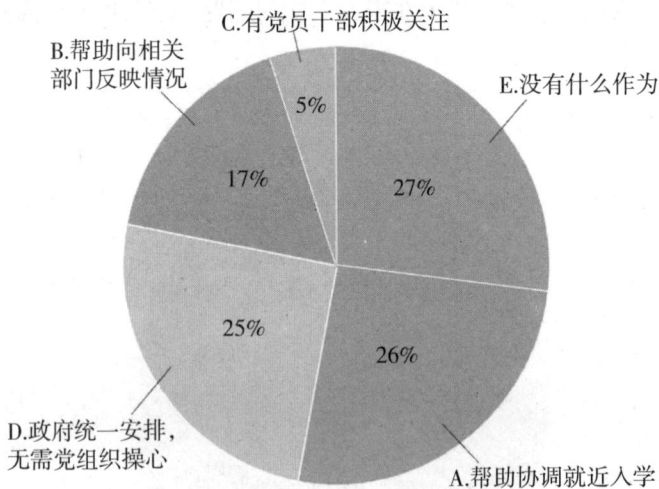

9.1您觉得在解决住房、就业、社会保障以及其他工作生活问题时,党组织在哪些方面发挥的作用最大(可多选):A.政策宣讲;B.组织群众维权;C.以实际行动提供相关服务;D.帮助反映情况;E.思想情绪相关疏导。

数据统计结果:

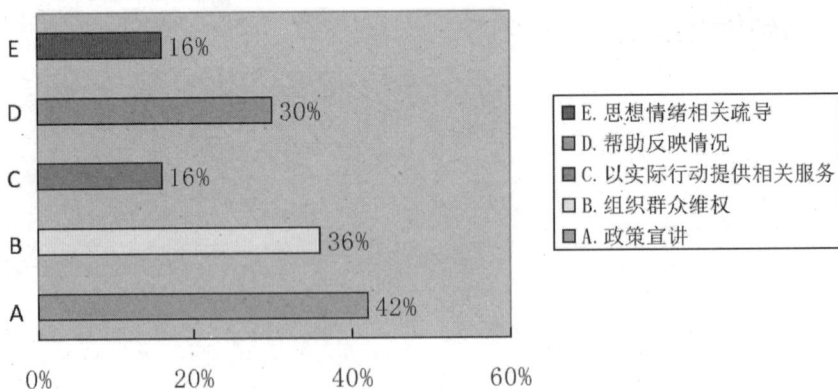

9.2最近您在哪些方面比较希望得到党组织的帮助：＿＿＿＿＿。（无人回答此项）。

9.3对于上述问题，您需要代理式的一站式服务吗：A.需要；B.不需要。

数据统计结果：

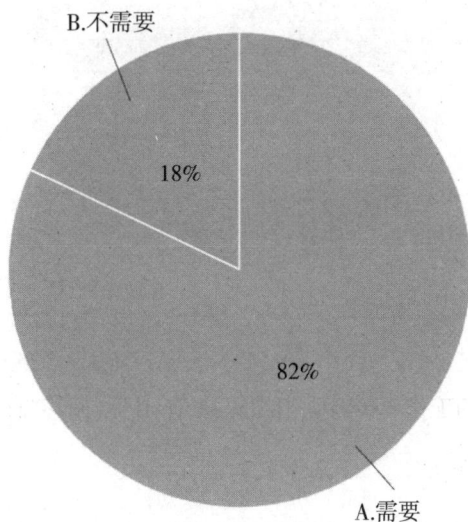

10.如果现在请您客观地评价一下，您喜欢住在农村还是城镇：A.农村；B.城镇社区。

数据统计结果：

A.农村

15%

85%

B.城镇社区

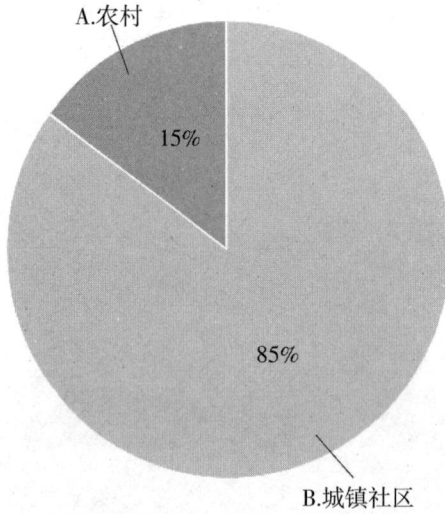

11.1您现在的工作单位有党组织吗:A.有;B.无(回答"有"的请继续回答)

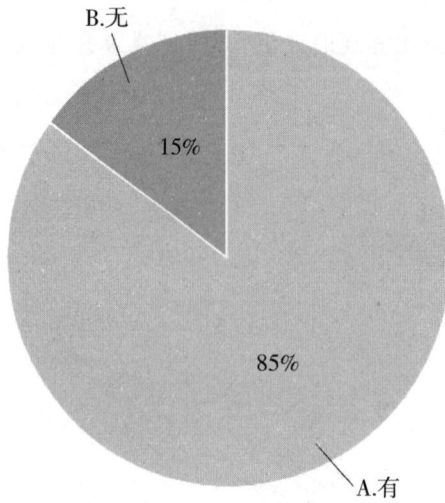

数据统计结果:

B.无

15%

85%

A.有

11.2党组织在您所在单位的作用发挥如何(可多选):A.组织健全,工作正常开展;B.组织不健全,软弱涣散;C.热心群众事情,能主动提供帮助;D.工作思路清晰,在群众中有较强号召力;E.疲于应付,无心群众工作。

数据统计结果:

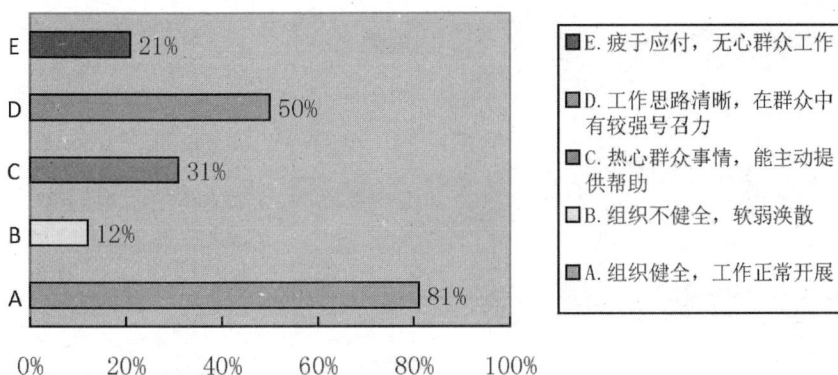

11.3你们单位的党组织主要在做些什么样的工作(可多选):A.组织党员学习;B.帮扶老弱残贫群众;C.为群众宣讲政策;D.协调相关机构排查解决群众实际问题;E.应付上级检查。

数据统计结果:

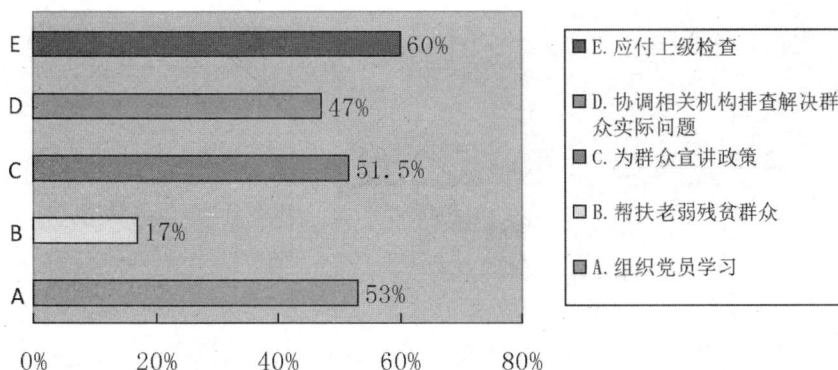

11.4您所在单位的党组织最近都组织您开展过哪些活动（可多选）：A.政策理论宣讲；B.社区公益和文化活动；C.社区事务管理；D.民主政治意见表达；E.群众利益表达。

数据统计结果：

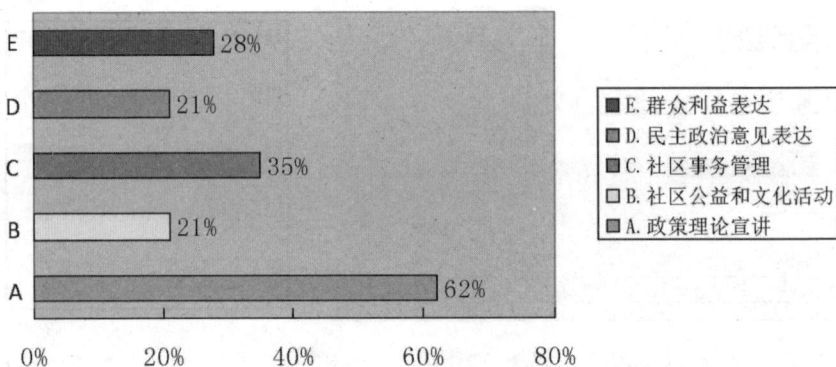

11.5您愿意参加党组织开展的哪些活动(可多选)：A.与自己生活密切相关的活动；B.各种社区公益活动；C.社会自治活动；D.各种民主政治活动；E.业余时间很少,不太喜欢参加党组织的活动。

数据统计结果：

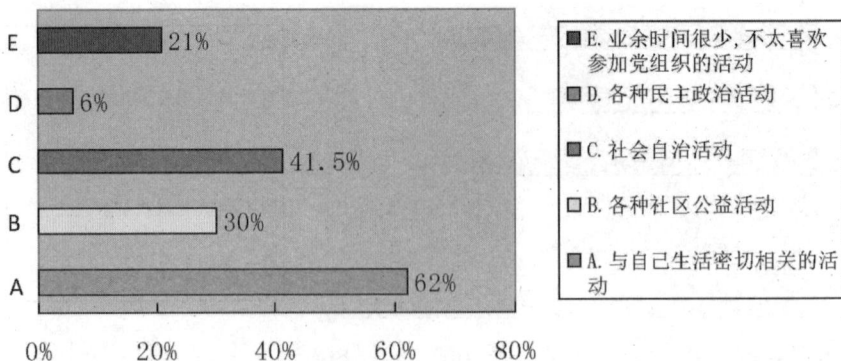

11.6您对单位的党组织有什么意见或建议(可多选):A.多搞些文化或公益活动;B.多搞些具有实际内容的基层自治协商活动;C.多搞访贫问苦、雪中送炭;D.多关心就业、就医、就学等民生问题;E.针对性提供新型城镇化政策宣传讲解。

数据统计结果:

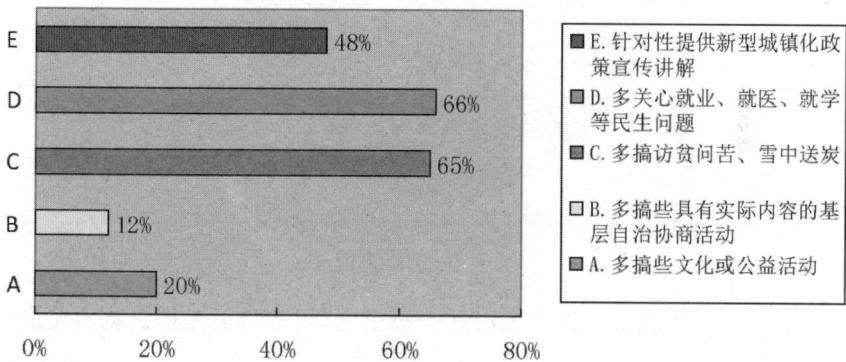

12.1您觉得您身边的党组织对群众的吸引力和凝聚作用发挥得怎么样(可多选):A.一般;B.有一定凝聚作用;C.吸引力不大;D.没有注意到这个问题;E.没有感觉到党组织的社会凝聚作用。

数据统计结果:

E.没有感觉到党组织的
社会凝聚作用

D.没有注意到
这个问题

6%

11%

42%

C.吸引力不大

15%

B.有一定凝聚作用

26%

A.一般

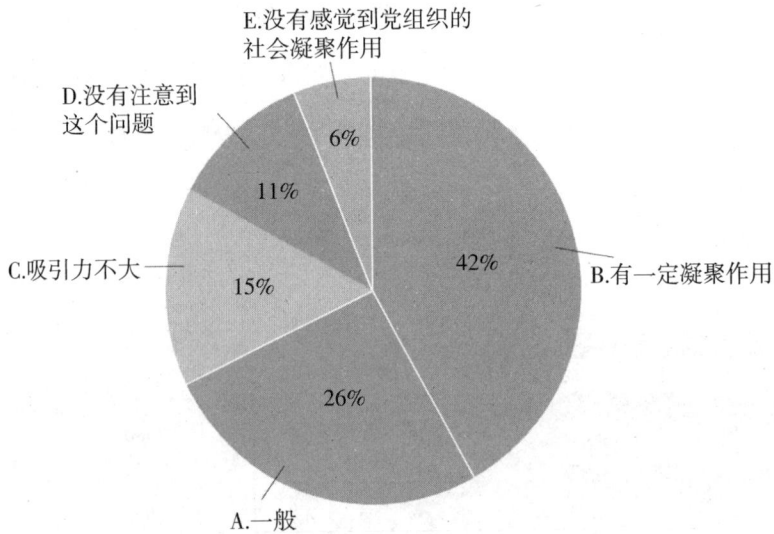

12.2如何才能增强党组织对您的吸引力(可多选):A.提供物质帮助;B.需要时提供必要帮助;C.时刻关注您的各种实际问题;D.经常组织您参加活动;E.经常上门访问。

数据统计结果:

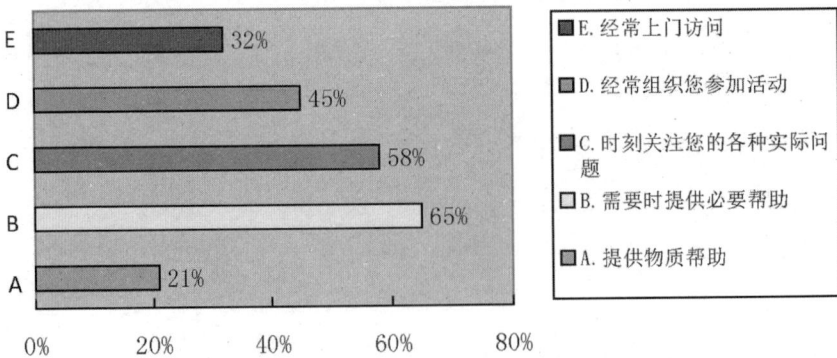

E 32%

D 45%

C 58%

B 65%

A 21%

0%   20%   40%   60%   80%

■ E.经常上门访问

■ D.经常组织您参加活动

■ C.时刻关注您的各种实际问题

□ B.需要时提供必要帮助

■ A.提供物质帮助

13.1您在城市生活中遇到困难时首先想到找谁：A. 党组织或党员；B.社区服务中心；C.政府部门或公务人员；D.相关社会组织；E.自行解决；F.亲人、朋友、左邻右舍。

数据统计结果：

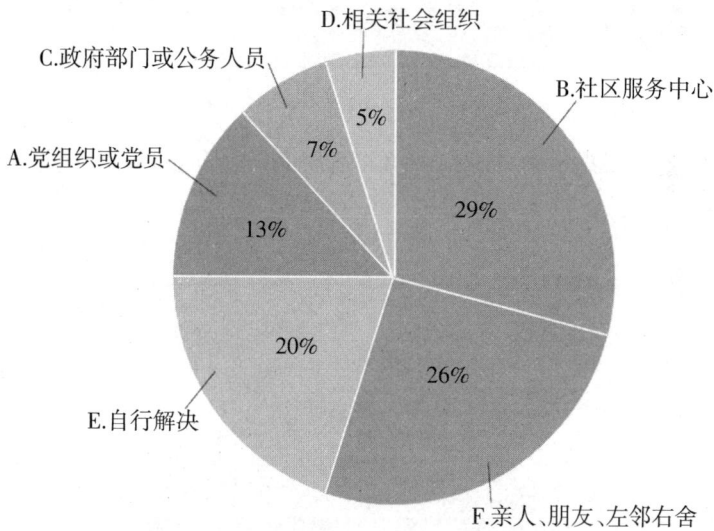

13.2有哪些组织或个人向您伸出过援助之手(可多选)：A.党组织；B.志愿者组织；C.社会服务机构；D.政府部门和公务人员；E.工青妇等群众团体。

数据统计结果：

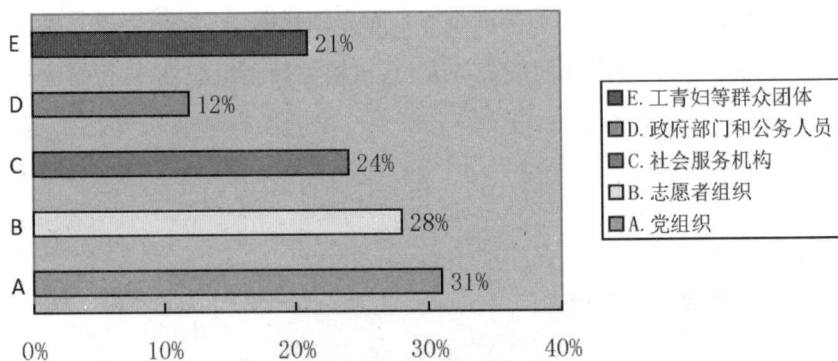

14.1您觉得您身边的党组织关心居民的切身利益吗:A. 比较关心;B. 很少关心;C.不关心;D.不太了解。

数据统计结果:

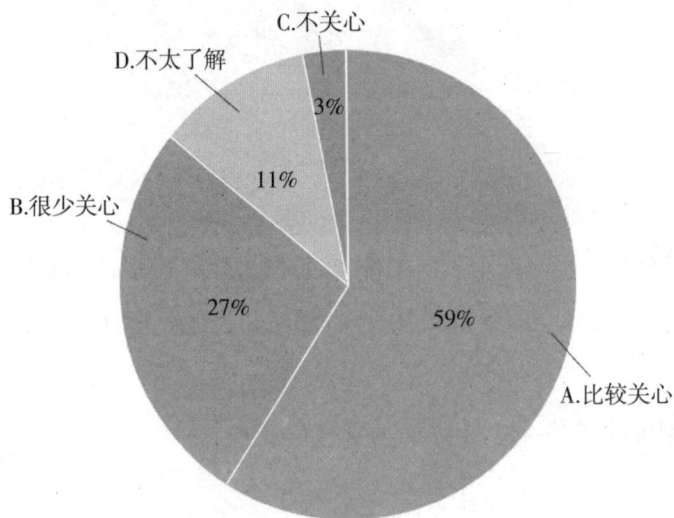

14.2您现有哪些利益问题急需维护(可多选):A.生活困难;B.就业问题;C.就医问题;D.就学问题;E.社区物业问题;F.＿＿＿＿＿＿＿。

数据统计结果:

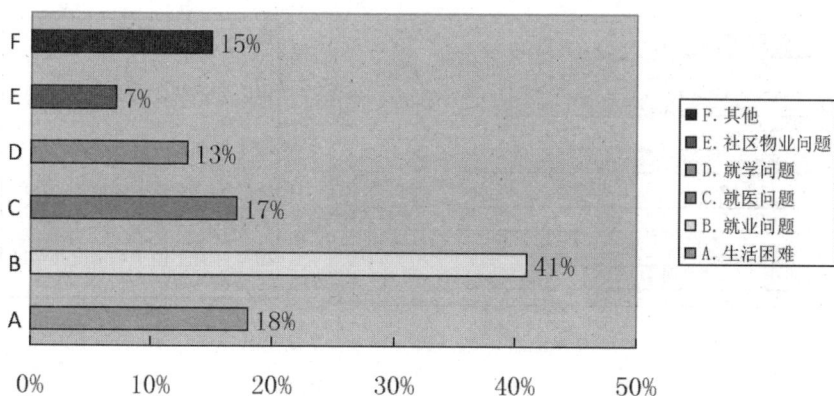

图例：
F. 其他
E. 社区物业问题
D. 就学问题
C. 就医问题
B. 就业问题
A. 生活困难

14.3您希望党组织在这方面能做些什么工作(可多选)：A.帮助提供政策依据；B.帮助出面协调；C.帮助反映情况；D.提供物质帮助；E.提供家政帮助；F._____。

数据统计结果：

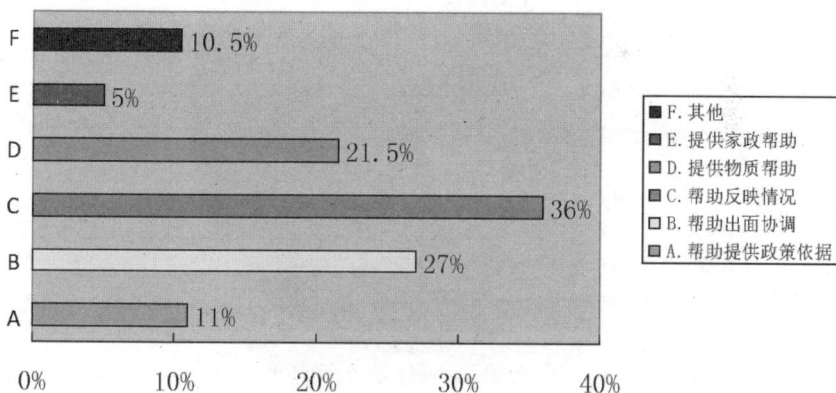

图例：
F. 其他
E. 提供家政帮助
D. 提供物质帮助
C. 帮助反映情况
B. 帮助出面协调
A. 帮助提供政策依据

14.4党组织在这方面有哪些作为(可多选)：A.经常上门了解情况并帮助反映情况；B.发动党员干部提供帮助；C.协调相关部门帮助解决问题；D.介绍社会组织提供帮助；E.不作为。

数据统计结果：

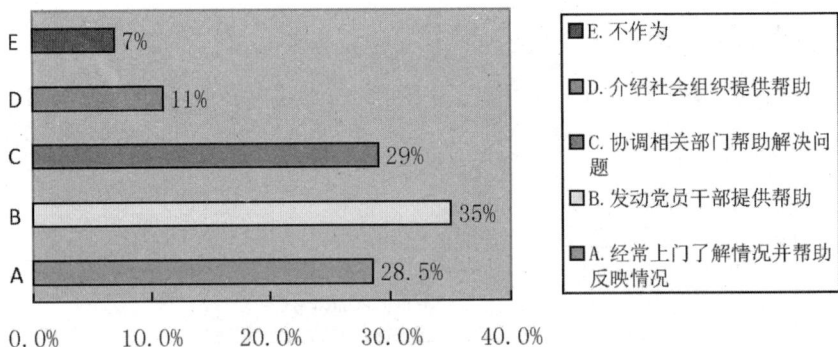

图例：
- E. 不作为
- D. 介绍社会组织提供帮助
- C. 协调相关部门帮助解决问题
- B. 发动党员干部提供帮助
- A. 经常上门了解情况并帮助反映情况

E 7%
D 11%
C 29%
B 35%
A 28.5%

0.0%　10.0%　20.0%　30.0%　40.0%

15.1.您身边的党组织能主动为您提供服务和帮助吗：A.经常，且主动；B.偶尔，主动；C.很少，且不主动；D.没有提供过什么帮助。

数据统计结果：

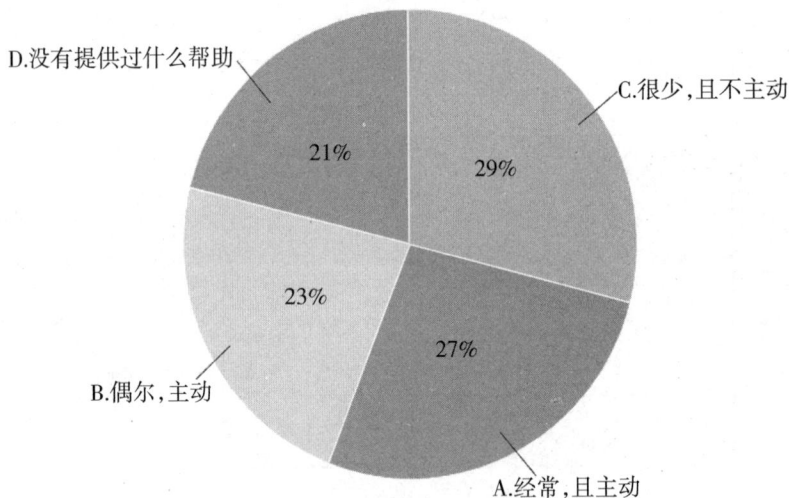

D.没有提供过什么帮助 21%
C.很少，且不主动 29%
B.偶尔，主动 23%
A.经常，且主动 27%

15.2到目前为止，您身边的党组织都主要为您提供过哪些服务（可多选）：A.劳动社保代理服务；B社区生活便民服务；C.征地拆迁和安置政策宣讲服务；D.利益表达代理服务；E.＿＿＿＿＿＿＿＿。

数据统计结果：

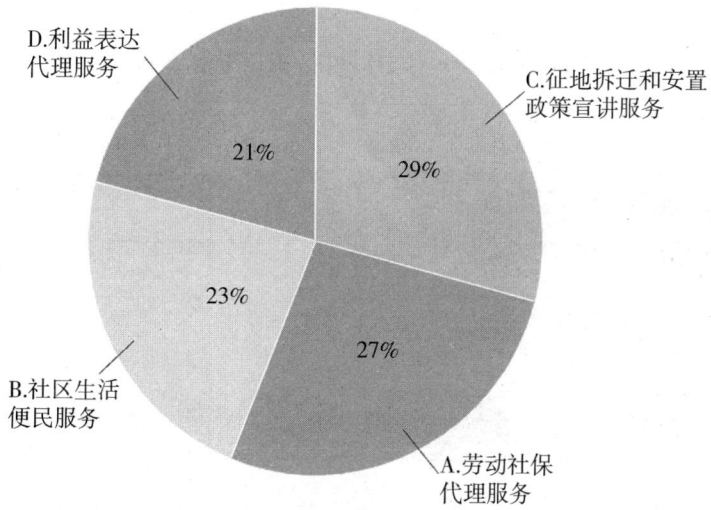

16.1您认为您身边的党组织与周围的群众联系紧密吗：A.比较紧密；
B.不够紧密。

数据统计结果：

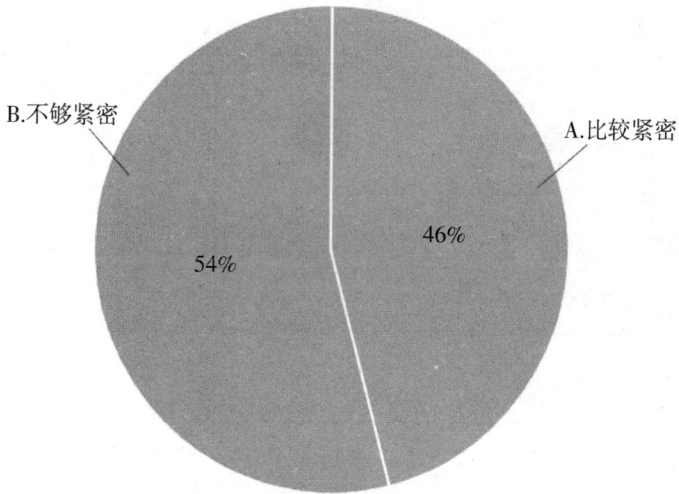

16.2您身边的党组织是怎样联系您的(可多选):A.配备联络员,经常入户走访;B.电话询问;C.发短信;D.发邮件;E.不怎么联系。

数据统计结果:

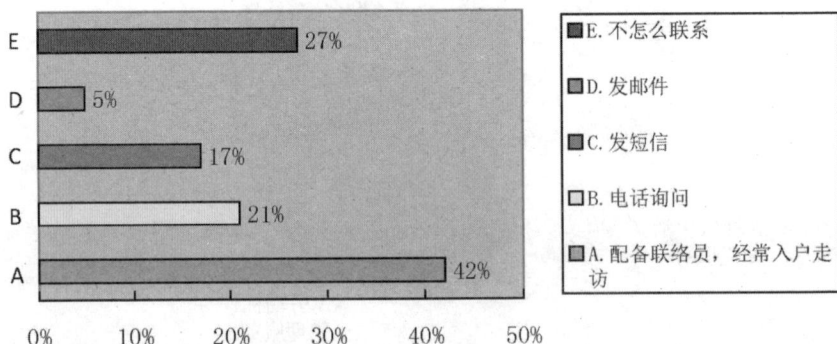

16.3党组织是通过什么方式联系其他群众的呢(可多选):A.党员分工负责网格化全覆盖联络;B.设置群众意见箱;C.公布热线电话;D.建立短信平台;E.设置微信群;F.建立QQ群;G.不太清楚。

数据统计结果:

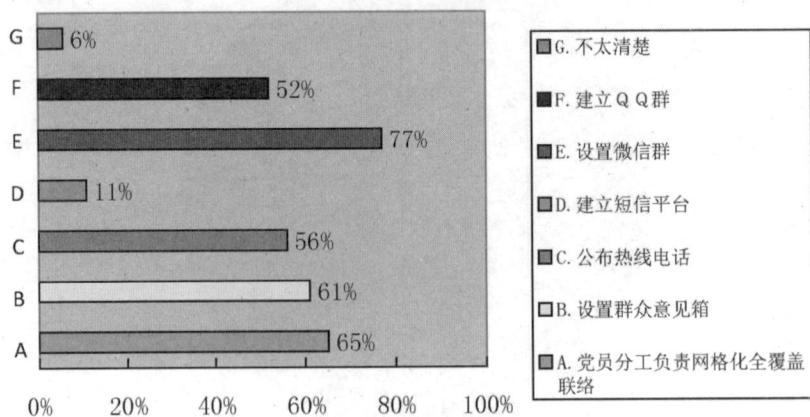

16.4您希望通过什么方式找到党组织(可多选)：A.社区党支部办公室；B.电话；C.党务微博；D.民情QQ；E.民生微信；F.党员上门走访。

数据统计结果：

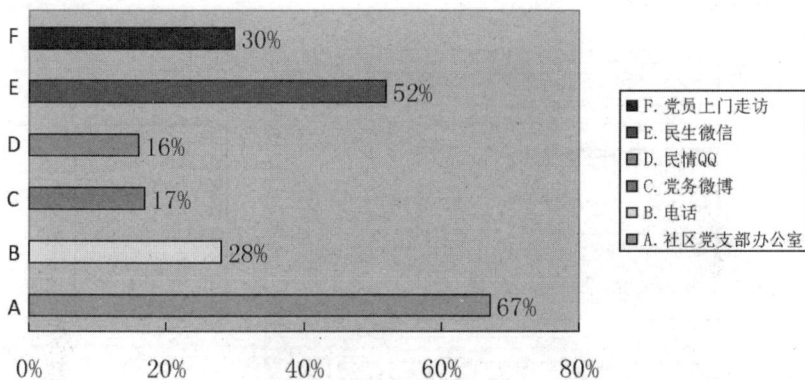

16.5您最近一次接触党组织是通过什么方式：A. 到党支部办公室；B.电话；C.网络；D.QQ或微信；E.党员上门走访时。

数据统计结果：

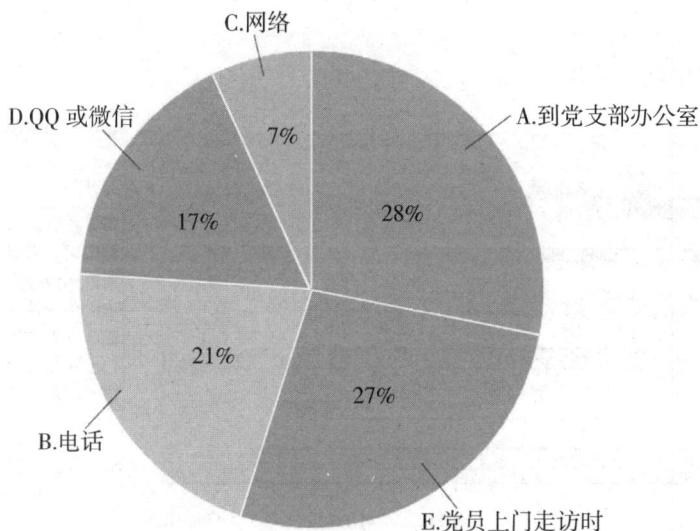

新型城镇化背景下党的群众工作模式研究

17.1您身边的党组织是通过哪些途径对您及您周围的群众开展宣传和发动的(可多选):A.上门宣传动员;B.召开会议;C.通过区域网广播;D.网站;E.QQ群;F.公共宣传电子屏;G.微博、微信;H.短信、飞信。

数据统计结果:

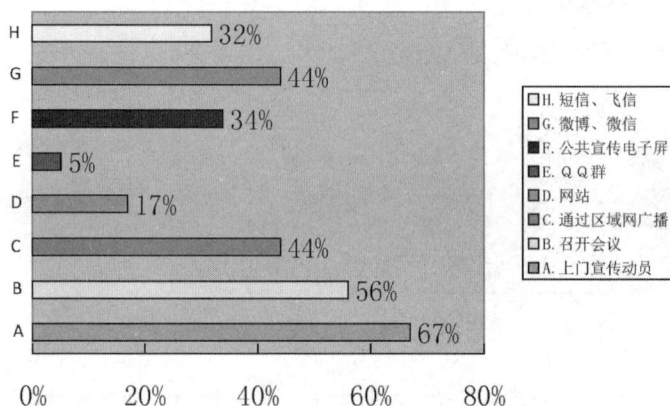

17.2他们近期主要针对什么开展宣传(可多选):A.城镇化政策;B.民生内容;C.会议精神;D.领导讲话;E.国内外形势;F.时政新闻;G.没有什么声音。

数据统计结果:

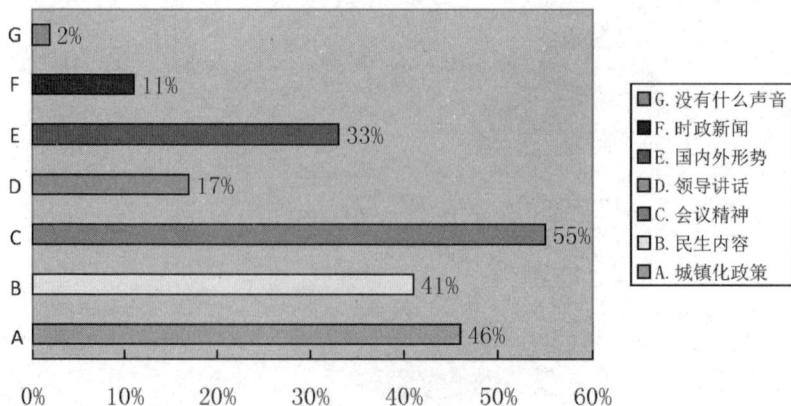

17.3您觉得这些宣传工作有必要吗:A.很有必要;B.没必要;C.不太关心。

数据统计结果:

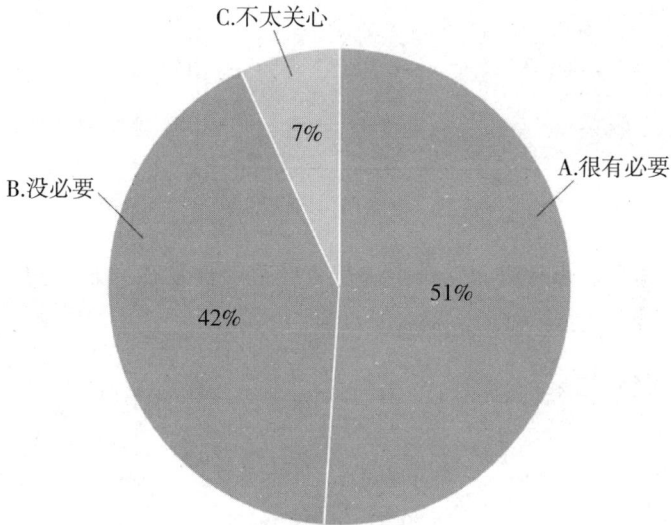

17.4还有哪些缺陷或者需要改进的地方(可多选):A.说教味太浓;B.比较虚,过于注重形式;C.对宣传内容不感兴趣;D.宣传渠道或途径不熟悉;E.就宣传搞宣传,不能与群众实际需要结合。

数据统计结果:

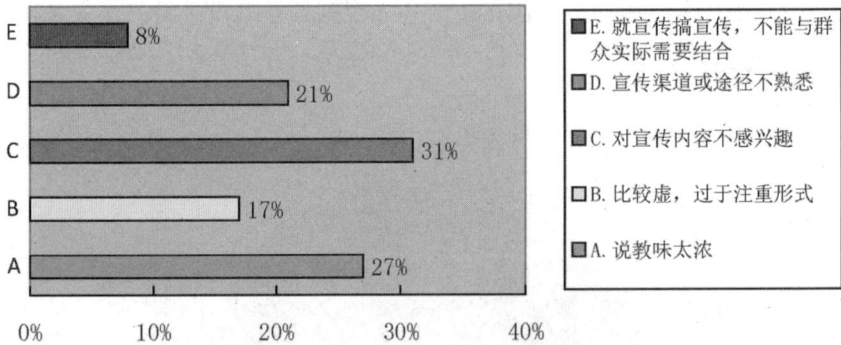

18.1您观察您身边的党员干部是否经常与群众在一起活动:A.经常;
B.偶尔;C.只有一些会议活动;D.不清楚。

数据统计结果:

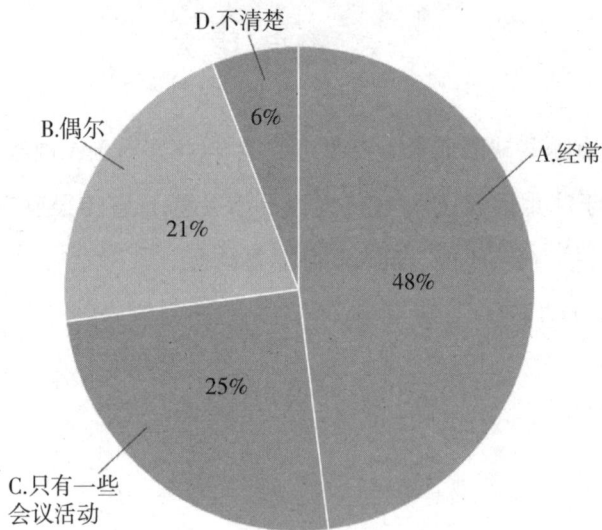

18.2您观察党员干部主要是在什么时间和什么活动中能够与广大群
众在一起:A.工作时间与其同事在一起;B.休息时间与社区群众参加文体

活动时;C.利用假期帮助社区群众解决实际问题;D.参加居委会统一组织的公共服务活动时;E.在社区管理中或群众组织活动中。

数据统计结果:

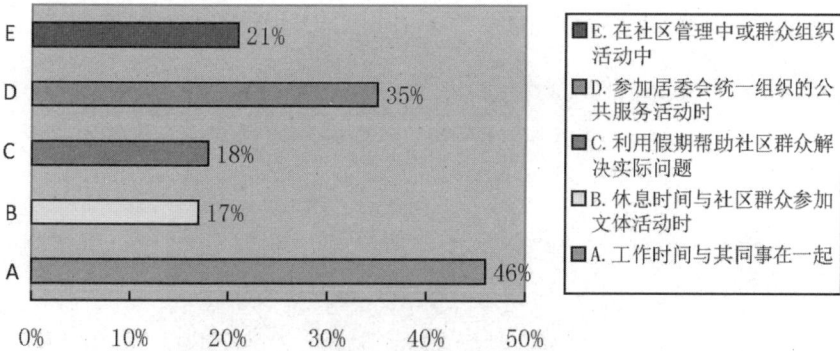

18.3您平常能感受到党员干部的存在吗:A.经常能;B.能,但不经常;C.很少能;D.不知道身边还有党员干部。

数据统计结果:

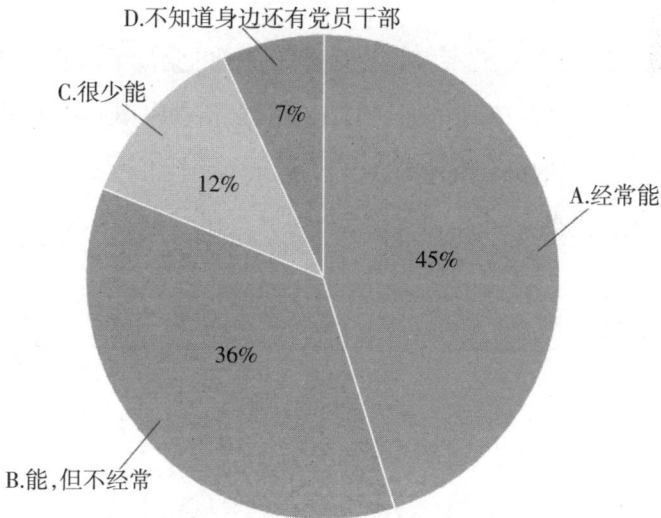

18.4您是否知道您的街坊四邻中有哪些人是党员干部:A. 都知道;B. 部分知道;C.很少知道;D.不知道。

数据统计结果:

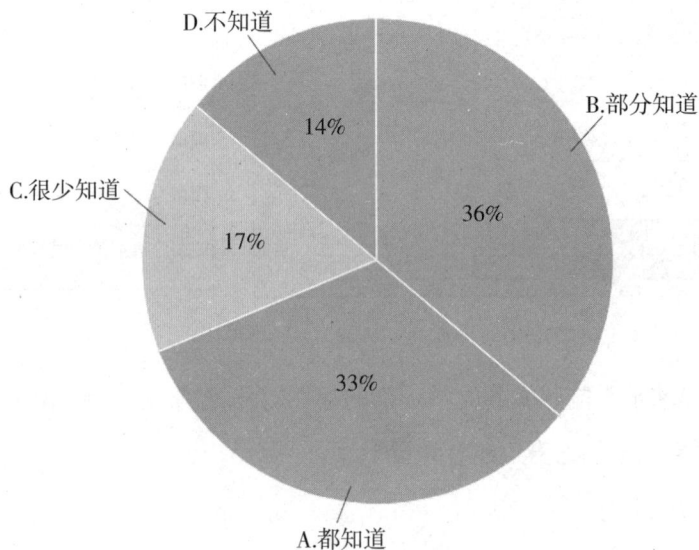

18.5您是通过什么途径知道生活在您周围的党员干部的（可多选）: A.党员干部主动公开;B.听邻居说的;C.在社区活动中知道的;D.社区统一公开的;E.在偶然的机会得知的。

数据统计结果:

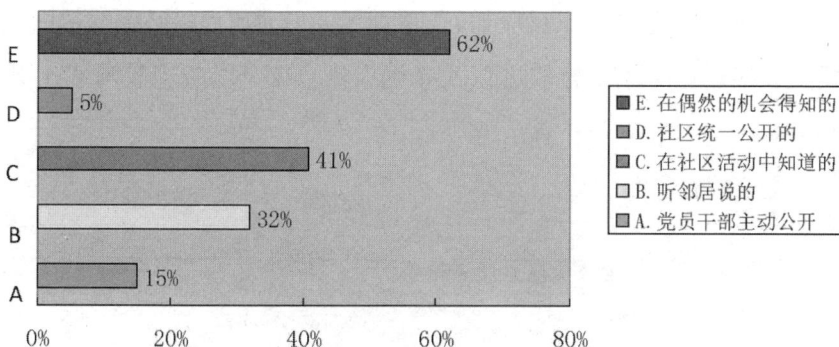

18.6您找他们反映过问题或者请求过帮助吗：A.有；B.没有；C.有困难但不好意思找他们；D.平常没有交往，所以不愿找他们；E.找过但没有什么效果，以后就不找他们了。

数据统计结果：

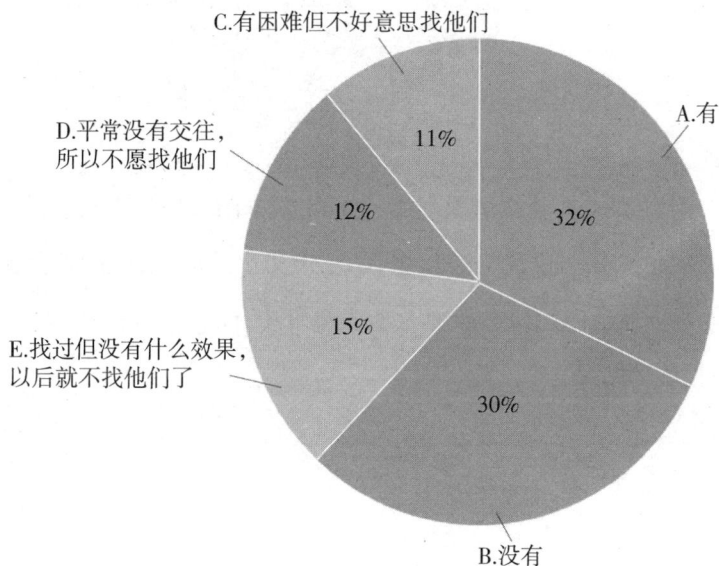

新型城镇化背景下党的群众工作模式研究

18.7他们对您的要求反应如何,是否积极主动地提供必要的帮助或指点:A.很热心;B.有的比较热心;C.个别人热心;D.不太愿意管闲事;E.比较冷淡。

数据统计结果:

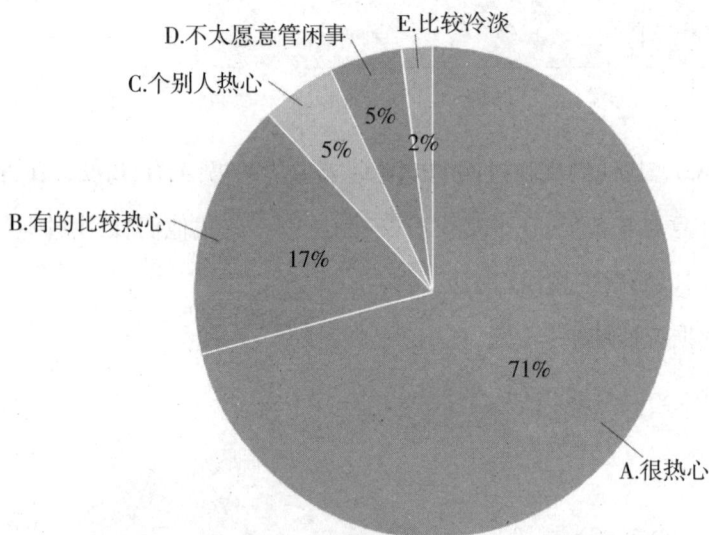

18.8您主要是在什么情况下能感受到党员干部的存在(可多选):A.社区统一活动中;B.居民代表会议上;C.业余文化活动中;D.物业管理活动中;E.党员干部走访活动中;F.社会突发事件中;G._____。

数据统计结果:

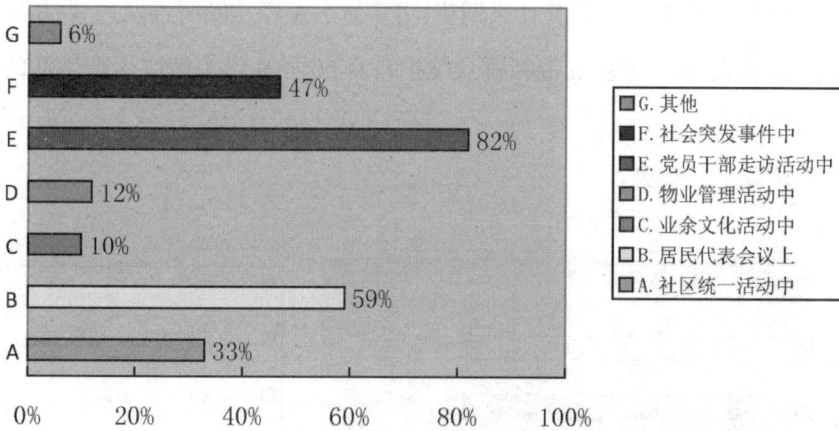

图例：
- G. 其他
- F. 社会突发事件中
- E. 党员干部走访活动中
- D. 物业管理活动中
- C. 业余文化活动中
- B. 居民代表会议上
- A. 社区统一活动中

18.9您觉得党员干部在团结群众方面有哪些不足(可多选)：A.姿态太高,过于古板；B.身份不亮明,与群众难以区分；C.工作较忙,没有时间与群众一起活动；D.怕麻烦,主观上不愿与群众在一起；E.遇到群众有问题,应付了事；F.没有基层生活经验,遇到问题不能合理解决。

数据统计结果：

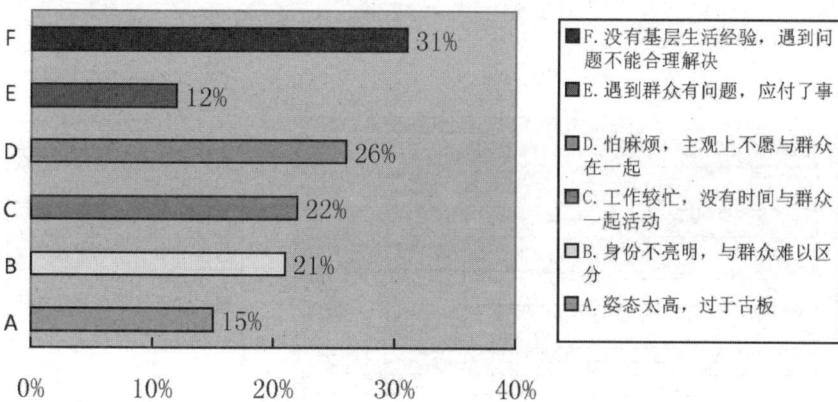

图例：
- F. 没有基层生活经验,遇到问题不能合理解决
- E. 遇到群众有问题,应付了事
- D. 怕麻烦,主观上不愿与群众在一起
- C. 工作较忙,没有时间与群众一起活动
- B. 身份不亮明,与群众难以区分
- A. 姿态太高,过于古板

新型城镇化背景下党的群众工作模式研究

18.10您对党员干部有什么期望（可多选）：A.经常倾听群众声音；B.经常帮助群众反映问题；C.带领群众维护自身权益；D.带头解决生产生活的实际问题；E.＿＿＿＿＿＿＿。

数据统计结果：

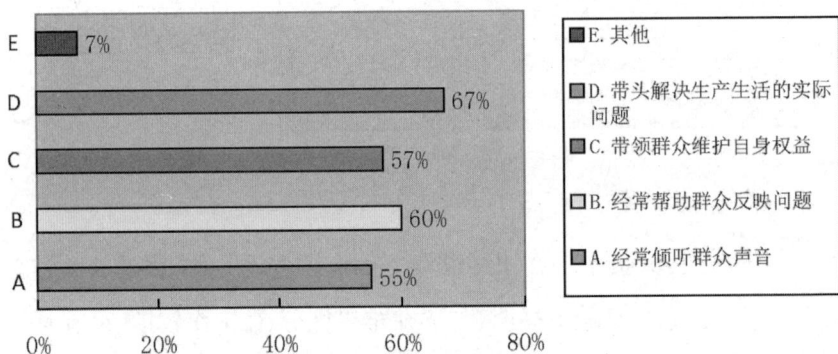

20.为加强党员干部与群众在日常生活中的交流,您有什么建议(可多选)：A.公开在社区居住的所有党员的身份；B.开展党员与群众结对子活动；C.定期开展党群交流活动；D.督促党员主动与群众交往。

数据统计结果：

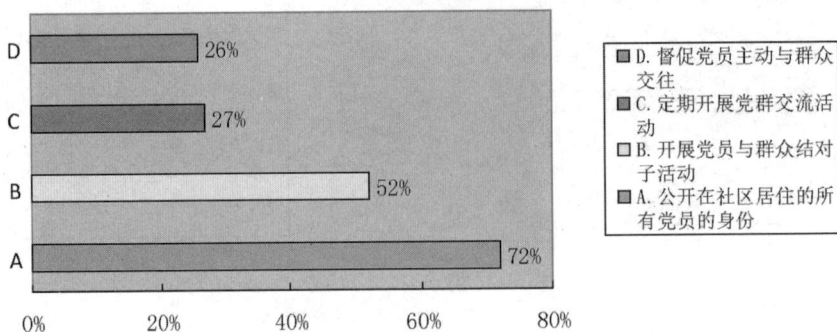

21.1您觉得您身边的党组织能否把您周围的群众组织起来，发动起来：A.能，且比较迅速；B.能，但有难度；C.比较难，需要做很多工作；D.很难；E.不能。

数据统计结果：

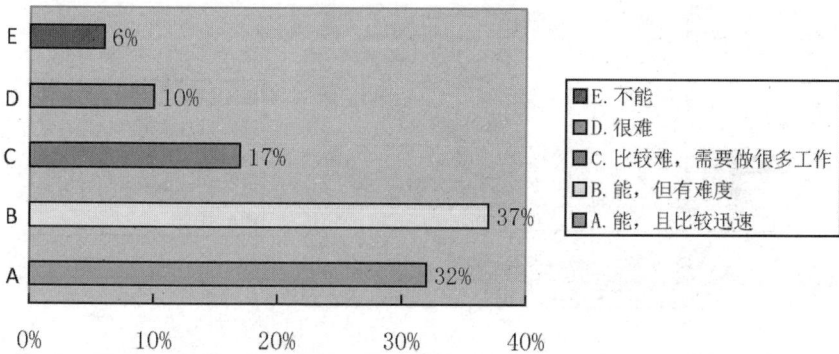

21.2党组织一般在哪些问题上发挥了比较明显的作用(可多选)：A.群众拆迁过程中；B.群众有意见或困难时；C.维护群众利益方面；D.日常社区管理方面；E.政策宣传方面。

数据统计结果：

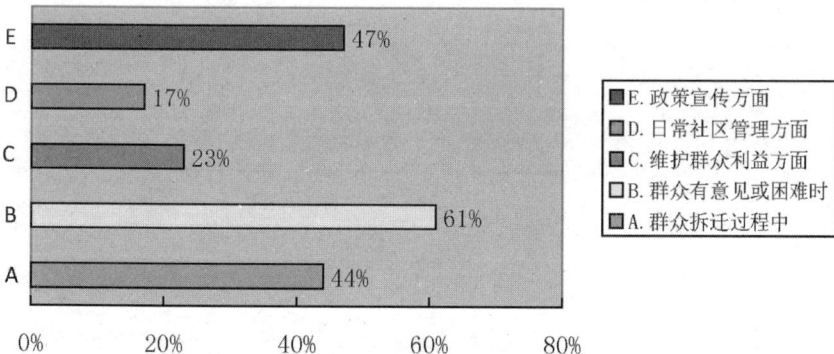

21.3党组织是采取什么样的方式和手段把群众组织起来的（可多选）：A.开会；B.挨家挨户上门拜访；C.运用网络等现代化工具；D.以身作则，率先垂范；E.以文化活动等为载体。

数据统计结果：

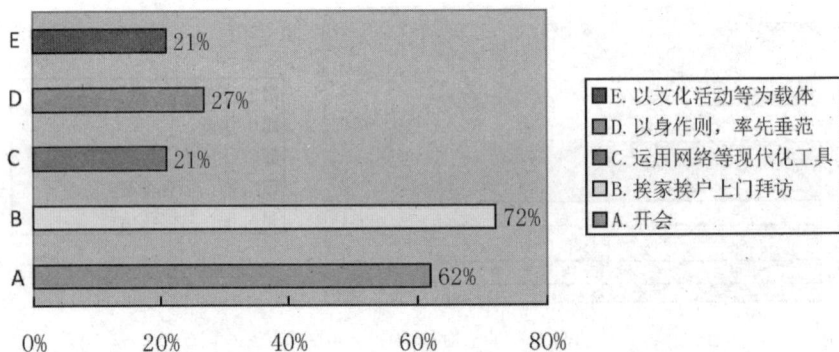

21.4您身边的党组织把群众组织起来做了哪些比较有意义的事（可多选）：A.选举群众代表，组织群众代表会议；B.分工负责联系片区群众；C.发动群众帮扶困难群众；D.组织群众参与社区管理；E.组织群众代表反映群众需求，维护群众利益；F.志愿服务。

数据统计结果：

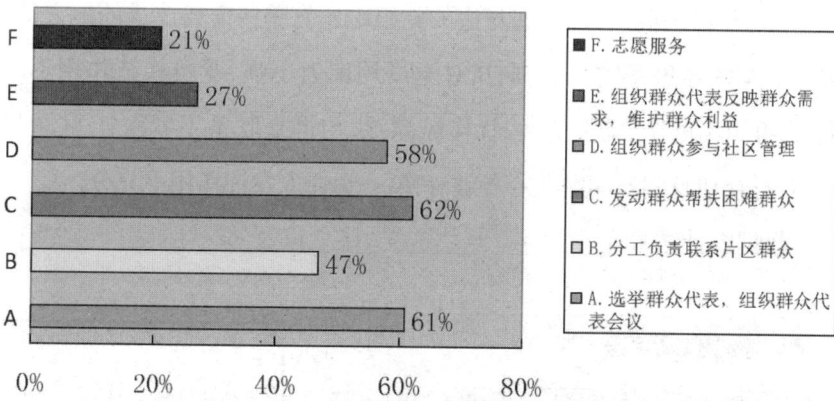

F. 志愿服务

E. 组织群众代表反映群众需求，维护群众利益

D. 组织群众参与社区管理

C. 发动群众帮扶困难群众

B. 分工负责联系片区群众

A. 选举群众代表，组织群众代表会议

21.5您觉得您身边的党组织的组织能力强吗：A.很强；B.比较强；C.一般，需要加强这方面能力建设；D.时好时坏，视干部情况而定；E.软弱涣散，在群众中没有凝聚力。

数据统计结果：

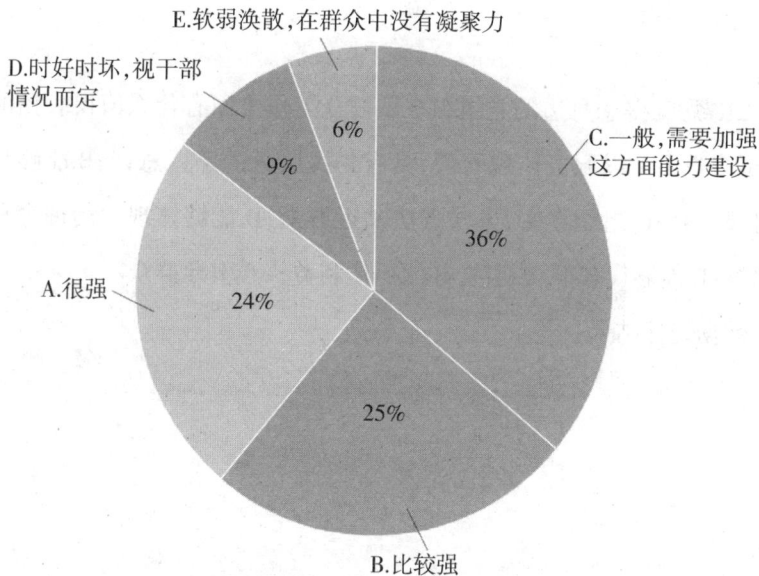

21.6在组织群众方面,您身边的党组织还有哪些需要改进的地方(可多选):A.领导班子需要加强;B.对党员约束力不强,党员模范作用不明显;C.组织不健全,需要完善;D.作风漂浮,与群众联系不紧密;E.注重形式,对群众切身利益问题关心不够;F.第一责任人发挥作用不充分。

数据统计结果:

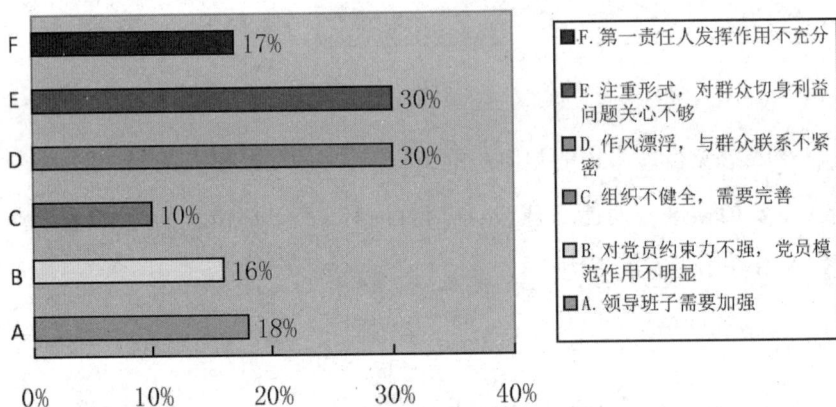

21.7您觉得您身边的党组织在做群众工作方面有什么值得表扬的地方(可多选):A.以服务体现管理,具有为民服务的宗旨意识;B.能够与群众打成一片;C.组织严密,方式方法贴近群众;D.能够体现法治理念和法治思维;E.能够代表群众利益,并能抓住利益核心引导群众。

数据统计结果:

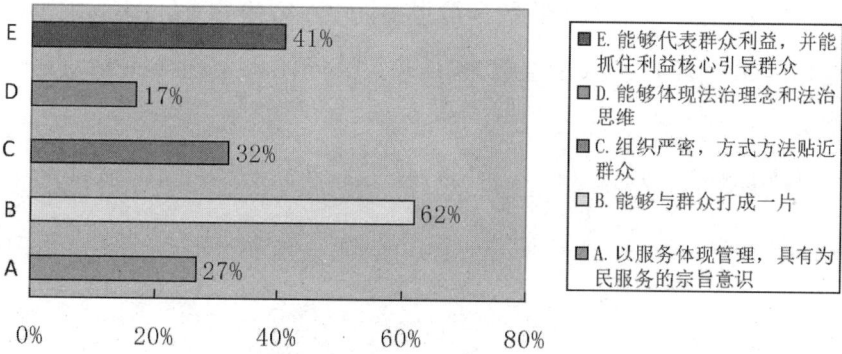

21.8有什么办法比较实并值得推广：＿＿＿＿＿＿。（此项无人回答）

22.1在您身边是否出现过导致干群关系紧张的事情：A.经常有；B.有，但不常有；C.没出现过。

数据统计结果：

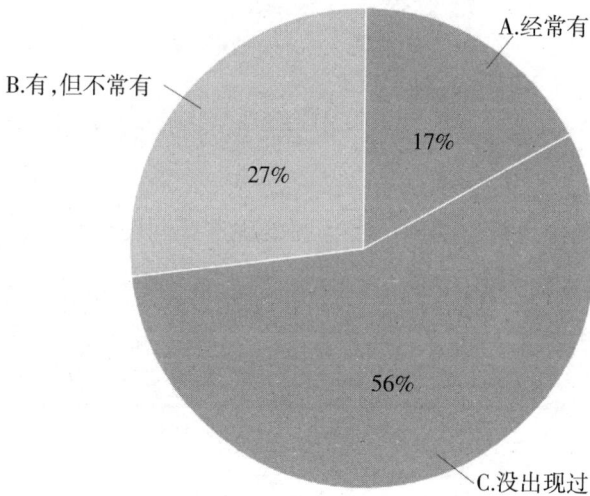

22.2导致干群关系紧张的事情主要集中在哪些方面(可多选):A.征地补偿;B.还迁安置;C.社会管理;D.政策执行;E.相互误会;F.请举例说明:＿＿＿＿＿＿＿＿。

数据统计结果:

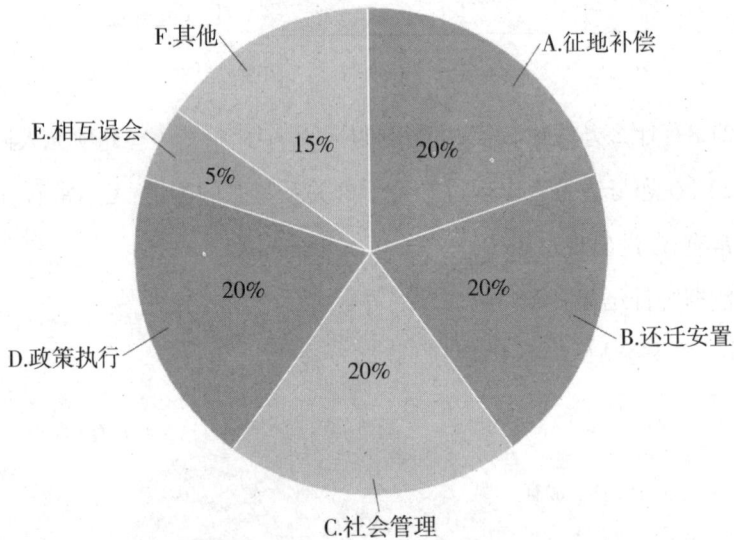

22.3您觉得您身边的党员干部在处理这些问题时是否客观公正:A.比较公正;B.不够公正;C.不公正。

数据统计结果:

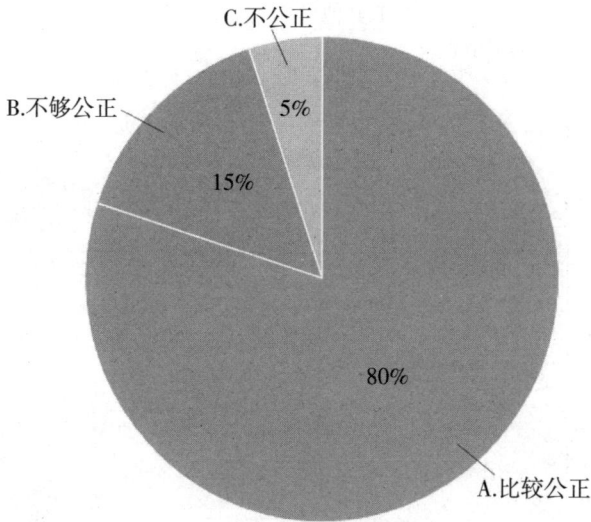

22.4您对党组织处理这类事情有什么期待(可多选)：A.多找群众沟通商量；B.多从群众利益出发处理问题；C.吸收群众代表参与相关问题处理；D.建立相关工作制度,按制度办事；E.增加办事透明度；F._____。

数据统计结果：

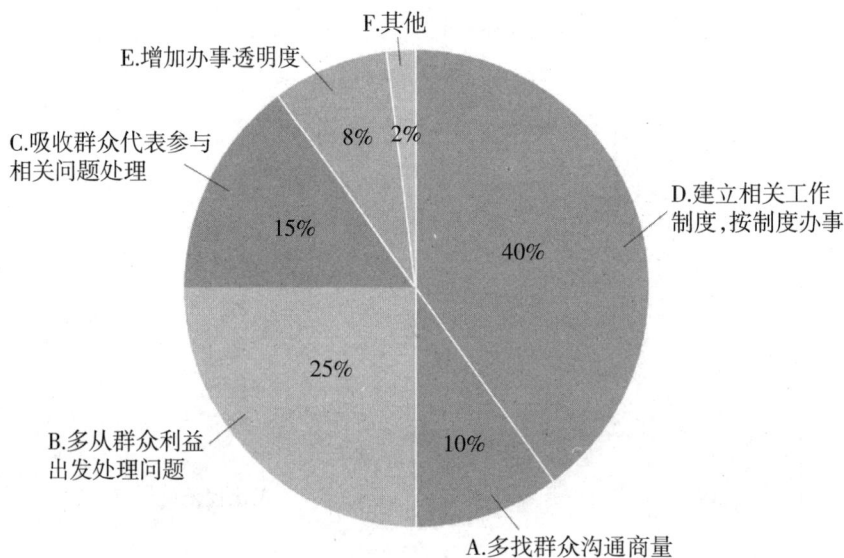

23.1您遇到什么样的问题找党组织多一些(可多选):A.家庭困难、邻里关系问题;B.就业、就医、就学等问题;C.维权问题;D.生产经营问题;E.生活设施问题;F.基层选举问题;G._____。

数据统计结果:

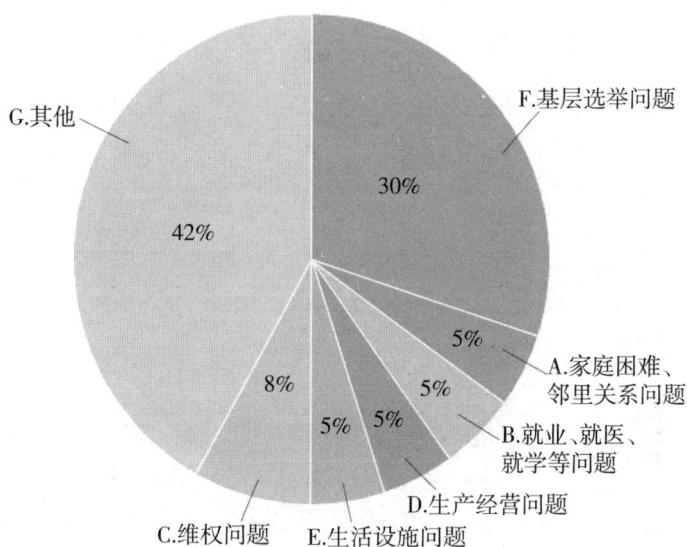

23.2您遇到什么样的问题找政府部门多一些(可多选):A.家庭困难、邻里关系问题;B.就业、就医、就学等问题;C.维权问题;D.生产经营问题;E.生活设施问题;F.基层选举问题。

数据统计结果:

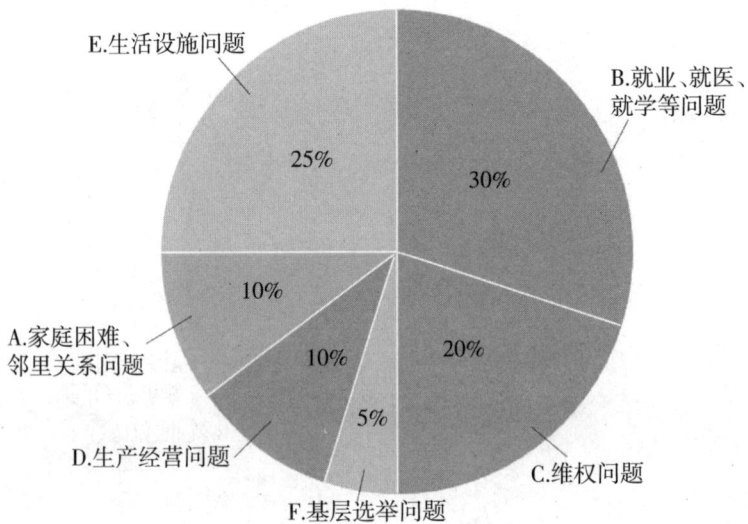

24.您是希望党员干部经常到您的住所或单位走访,还是希望在您需要党组织的帮助时再去找党组织帮助:A.希望经常上门走访;B.希望需要时找党组织帮助;C.不太在意,都可以。

数据统计结果:

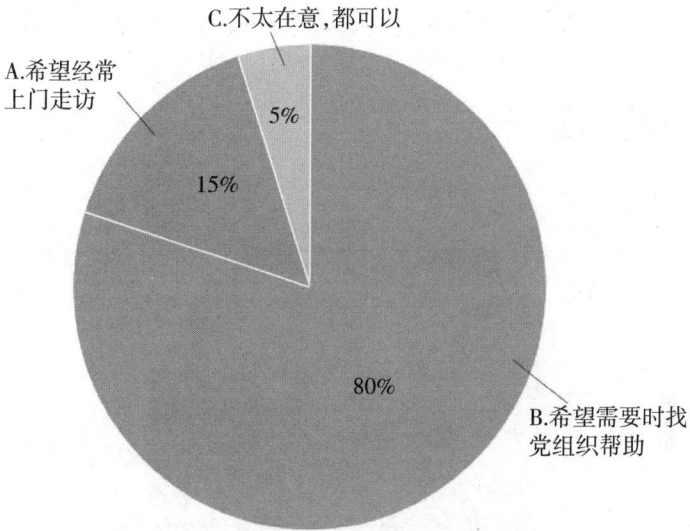

C.不太在意,都可以

A.希望经常
上门走访

5%

15%

80%

B.希望需要时找
党组织帮助

25.1您所在区域的主导产业是什么:A.工业;B.商贸流通业;C.旅游业;D.手工业;E.资源开采业;F.＿＿＿＿＿＿＿＿。

数据统计结果:

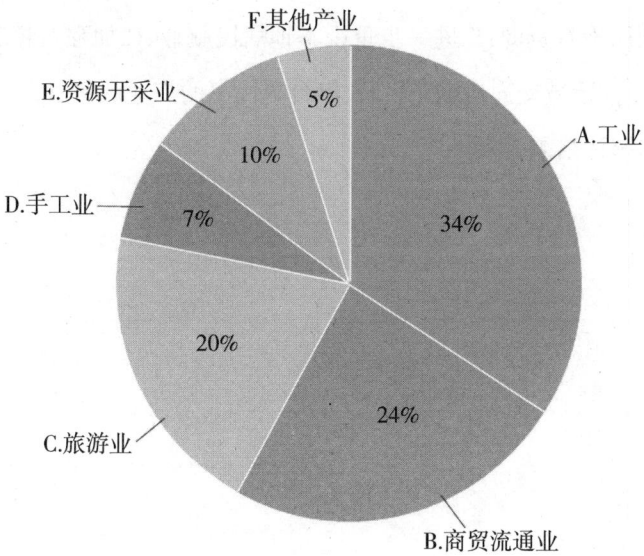

F.其他产业

E.资源开采业

5%

10%

D.手工业

7%

A.工业

34%

20%

24%

C.旅游业

B.商贸流通业

25.2您是否支持党委和政府发展这些产业：A.支持；B.不支持。（5%未回答）

数据统计结果：

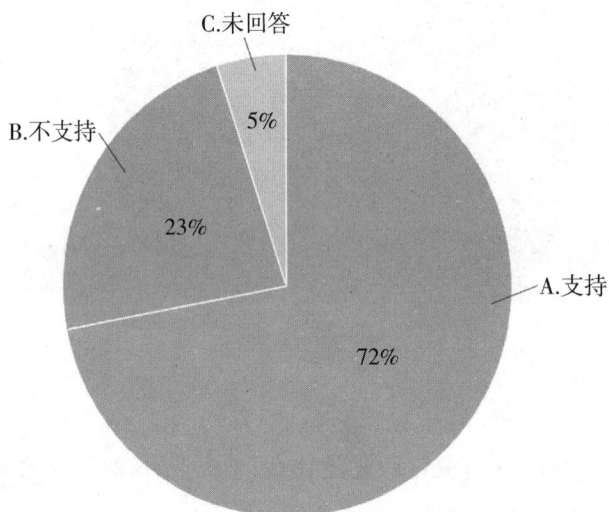

25.3您对当前党委和政府发展该产业有什么建议（可多选）：A.进一步开发利用现有资源；B.进一步重视本地居民就业；C.加强对招聘员工的培训；D.改善区域交通运输条件；E.出台更优惠的产业政策；F._____。

数据统计结果：

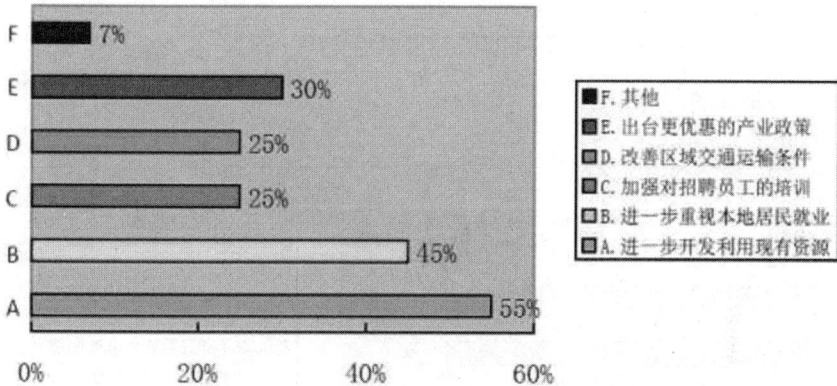

26.1您觉得当前党委和政府在维护社会公平正义方面还有哪些地方做得不够(可多选):A.贫富差距仍有扩大之势;B.对弱势群众关心不够;C.治理司法不公,力度不够;D.城镇化政策执行中不能一视同仁;E.过分迁就投资商利益,忽视群众利益。

数据统计结果:

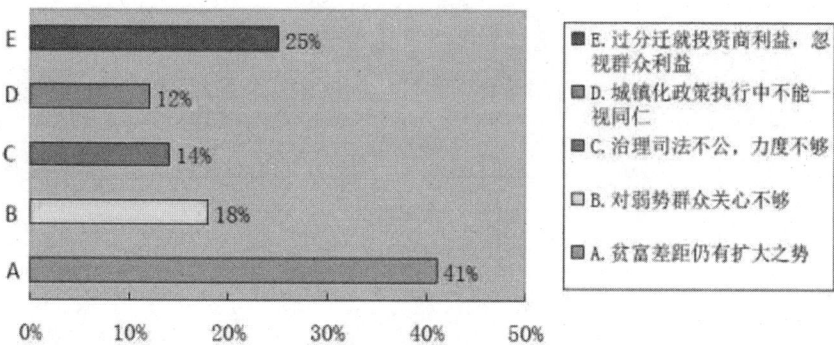

26.2对此,您有什么意见和建议(可多选):A.加强党务、政务公开;B.加强群众协商、意见征询;C.严厉惩治社会不法势力和司法不公;D.改革和完善收入分配制度;E.坚持依法开展社会治理;F.＿＿＿＿＿＿＿。

数据统计结果:

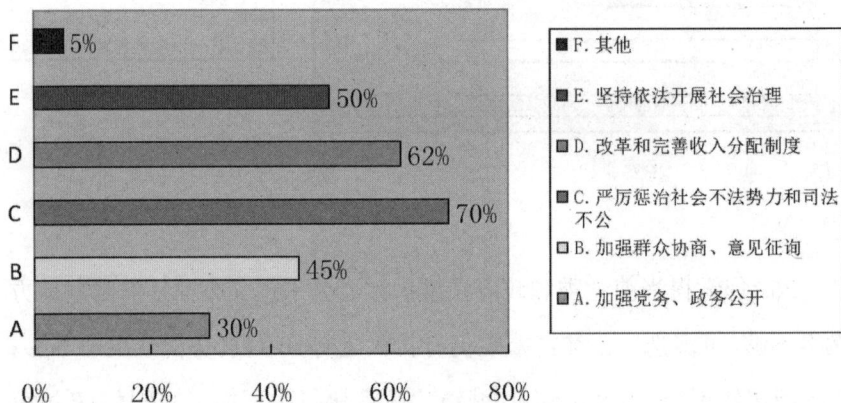

27.1您每周参加群众文化活动的情况是:A.每周一两次;B.偶尔参加;C.仅参加有组织的活动;D.每天都参加;E.没有时间。

数据统计结果:

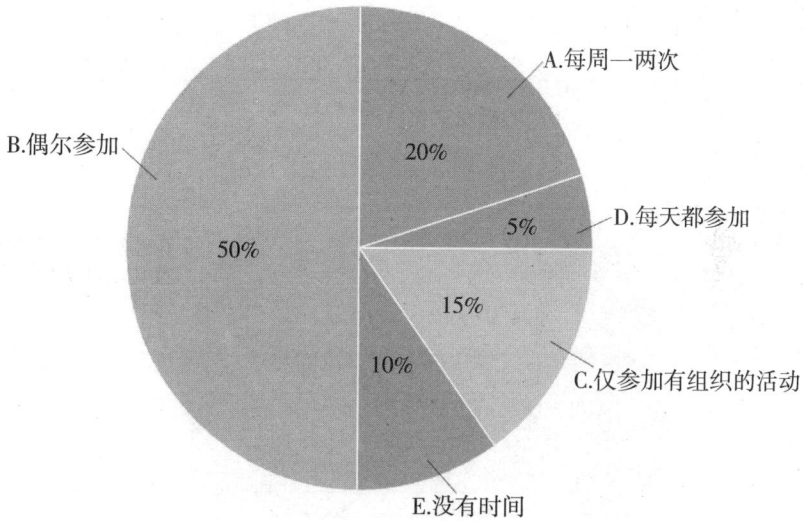

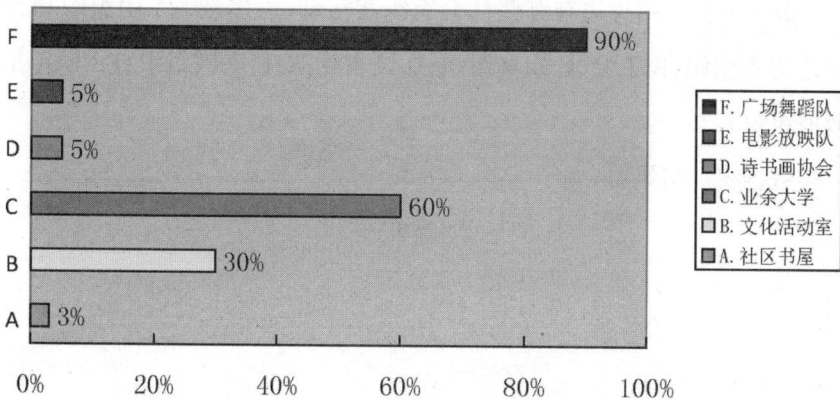

A.每周一两次 20%

B.偶尔参加 50%

D.每天都参加 5%

C.仅参加有组织的活动 15%

E.没有时间 10%

27.2您生活的周围有哪些群众公共活动场所(可多选):A.社区书屋;B.文化活动室;C.业余大学;D.诗书画协会;E.电影放映队;F.广场舞蹈队。

数据统计结果:

F 90%
E 5%
D 5%
C 60%
B 30%
A 3%

图例:
F. 广场舞蹈队
E. 电影放映队
D. 诗书画协会
C. 业余大学
B. 文化活动室
A. 社区书屋

27.3在这些活动和场所中您能感受到党员干部的参与、支持吗:A.支持各种文化活动,且积极参与;B.经常为各种群众文化活动提供便利支持;C.不支持也不反对,不关心群众文化活动;D.倡导多,但实际支持行动少。

数据统计结果:

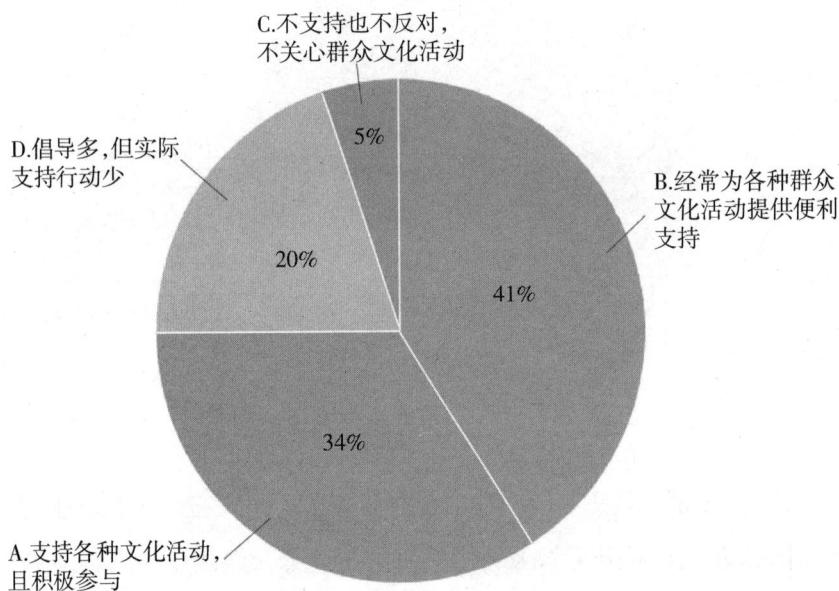

28.1您感受到身边有哪些社会组织在活动(可多选):A.团组织和青年志愿者组织;B.工会;C.妇女组织;D.民主党派;E.宗教组织;F.NGO(非政府组织)。

数据统计结果:

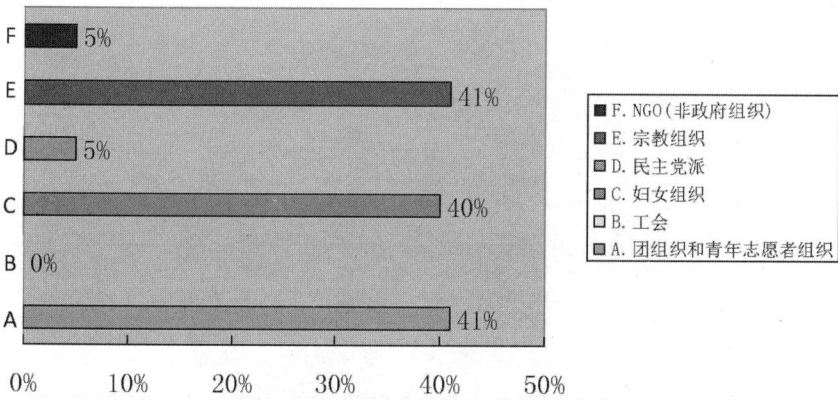

28.2您参加过他们组织的什么活动：＿＿＿＿＿＿。此项无人回答

28.3您觉得他们的组织健全吗：A.健全；B.不够健全；C.不太清楚。

数据统计结果：

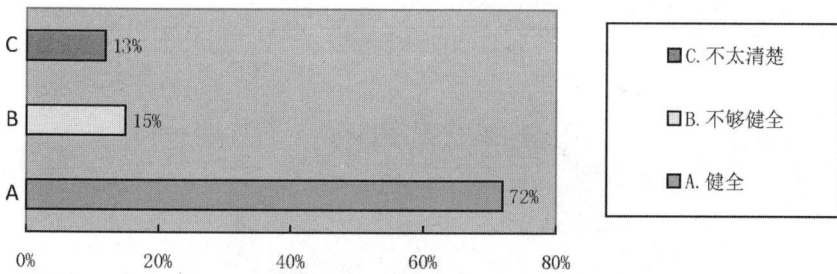

28.4他们是否经常开展活动：A.是；B.否。

数据统计结果：

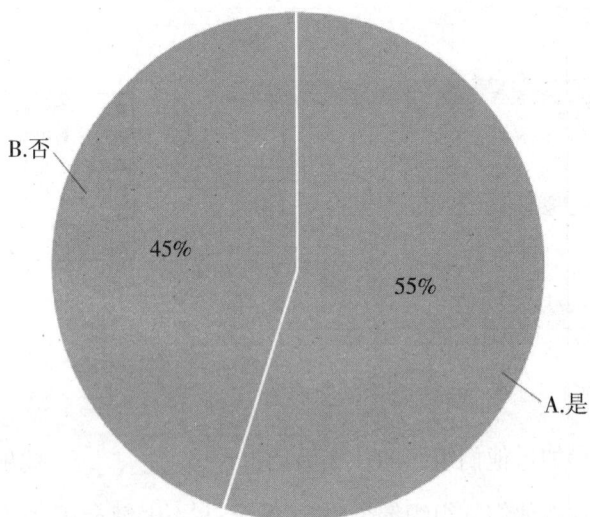

28.5这些活动对您是否有吸引力:A.是;B.否。

数据统计结果:

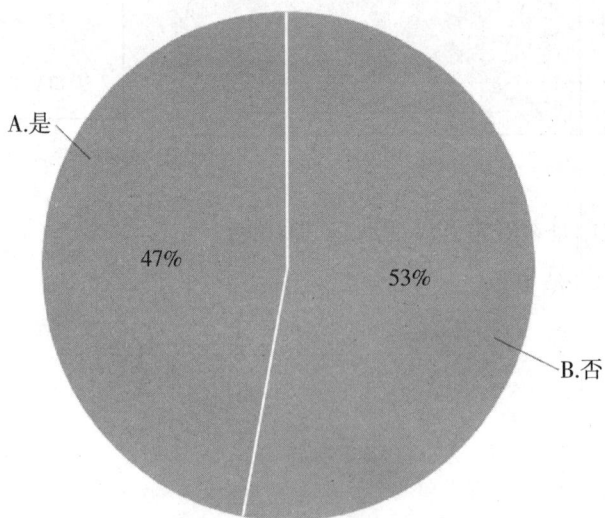

28.6您觉得这些活动对什么样的群众吸引力较大：A. 老年人和退休人员；B.青少年；C.妇女；D.国家公务人员；E.家庭困难等弱势群体。

数据统计结果：

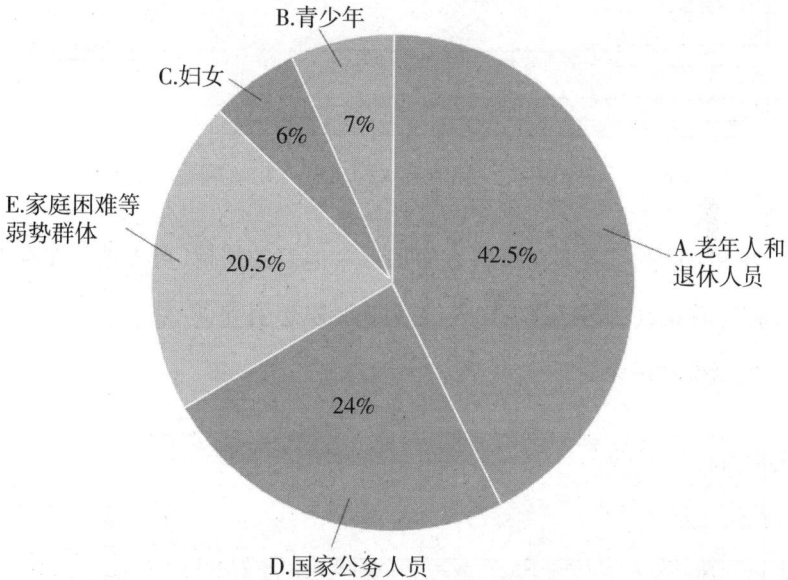

28.7据您所知，党委和政府对这些社会组织提供了哪些必要支持和帮助(可多选)：A.经费和物质支持；B.政策支持；C.舆论支持；D.活动场地支持；E.人才资源支持；F.＿＿＿＿＿＿＿。

数据统计结果：

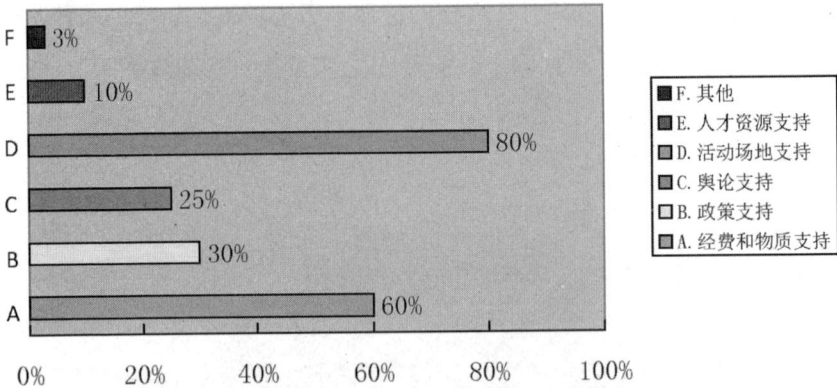

28.8您觉得还需要在哪些方面加强对他们的扶持(可多选):A.经费；B.登记等政策；C.服务采购；D.人员培训；E.思想引导；F._____。

数据统计结果：

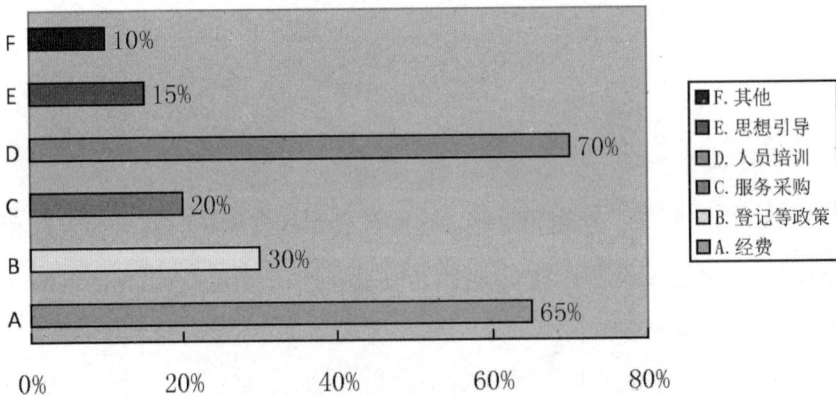

29.1.您觉得身边的党组织或行政机构在工作中重视开展群众疏导、动员、宣传等群众工作吗:A.重视；B.不重视。

数据统计结果：

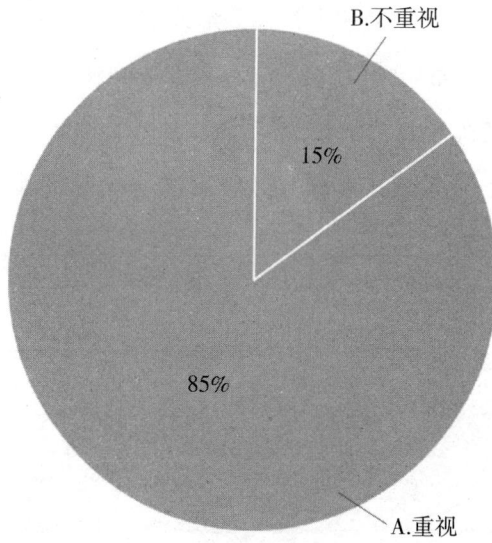

29.2群众工作在党委、政府的中心工作当中能否得到重视：A. 很重视；B.重视；C.不重视。

数据统计结果：

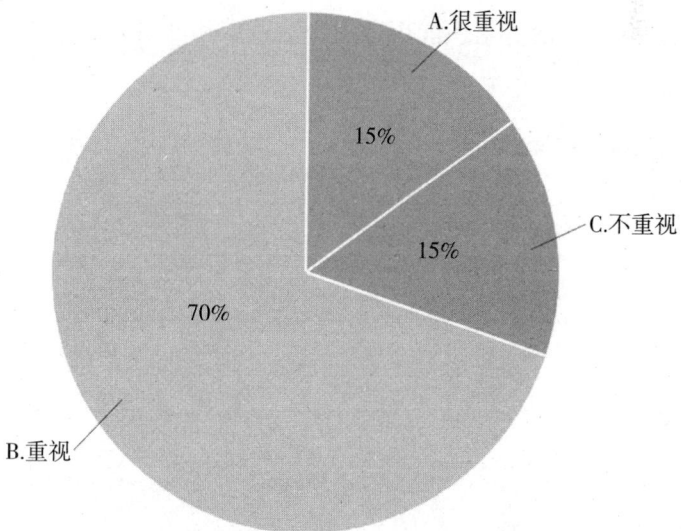

29.3您身边的党委和政府通过什么形式来做群众工作，又是怎样将群众工作融入日常党政工作中的：A. 直接服务群众，面对面开展群众工作；B.依托具体工作项目开展群众工作；C.领导干部亲自开展群众工作；D.通过科学决策,让发展成果惠及群众；E.寓管理于服务之中,在服务群众中做群众工作；F._____。

数据统计结果：

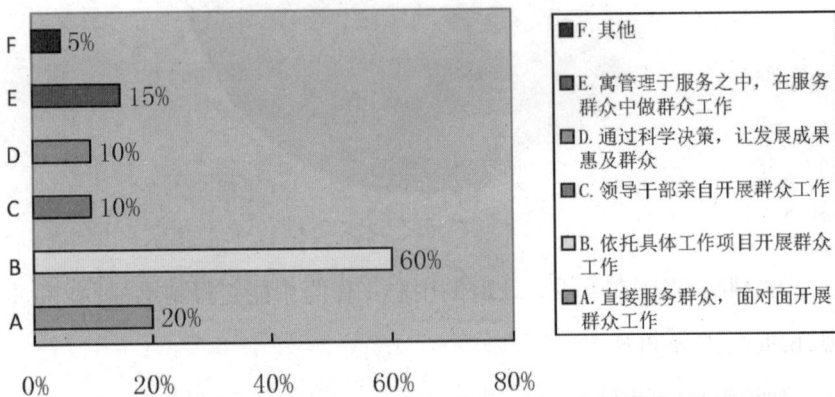

30.1您身边的党组织能否运用法治思维和法治方式开展群众工作：A.能；B.不能。

数据统计结果：

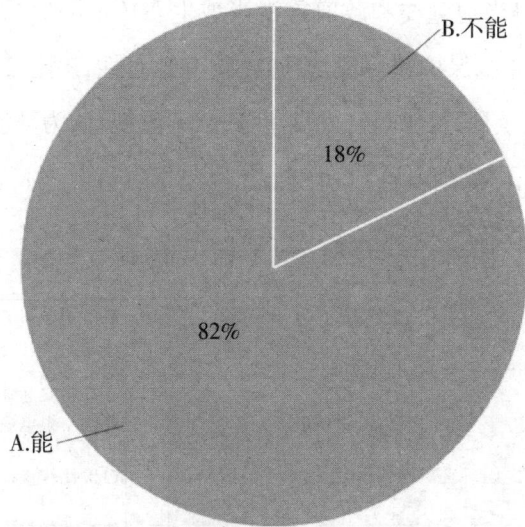

30.2如果能,其主要表现是(可多选):A.依法化解社会矛盾;B.有事找法,依法解决群众实际问题;C.遵守法律程序,反映和维护群众利益;D.依法处理"闹访"问题;E.广泛开展法制宣传教育。

数据统计结果:

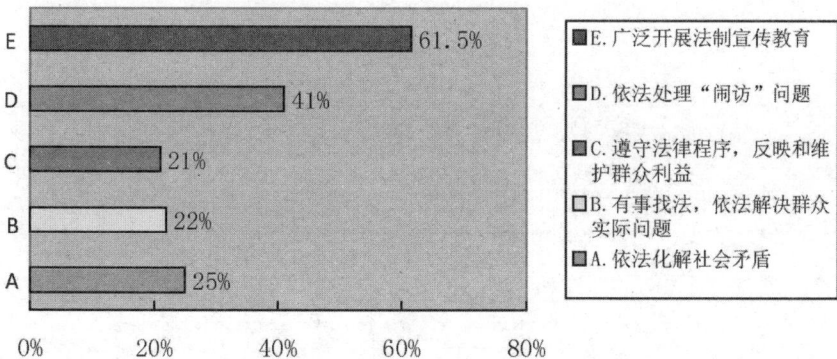

31.1您觉得当地党委和政府重视当地生态环境的保护和治理吗：A.非常重视区域环境保护和治理，措施比较有针对性；B.比较重视，且有实际行动；C.不很重视，忙于经济发展事务；D.不重视，认为环境治理不产生实际效益；E.不了解情况。

数据统计结果：

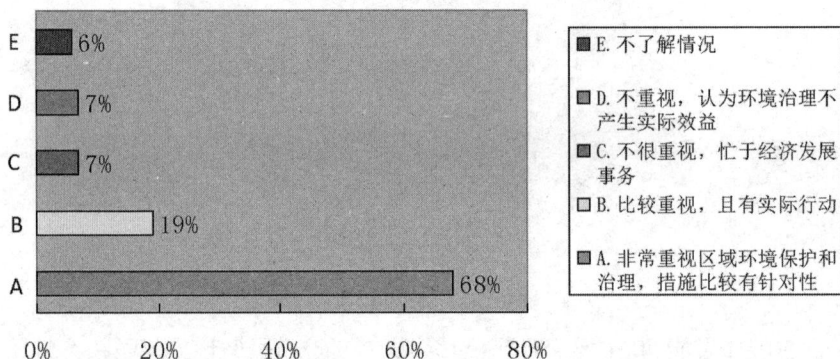

31.2与以前相比，您现在居住地的自然环境是改善了还是恶化了：A.改善；B.恶化。

数据统计结果：

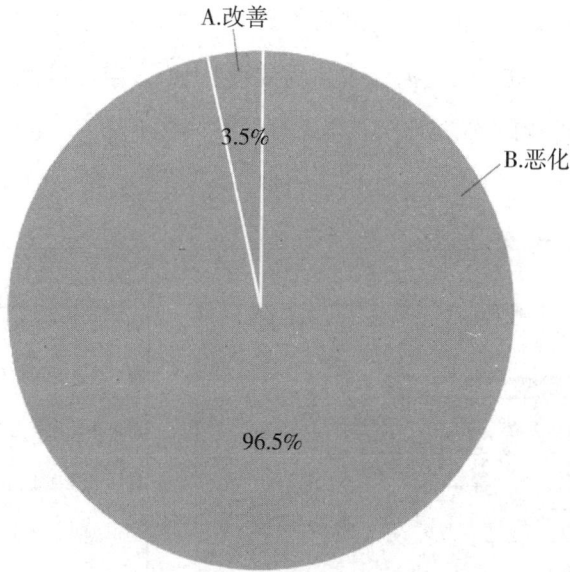

A.改善
3.5%
B.恶化
96.5%

31.3您的居住地党委和政府采取过哪些措施开展区域环境保护(可多选):A.公布地方环保制度和办法;B.严格环保执法;C.加强对本地水、土壤、大气等质量监测;D.严格执行资源开采保护办法;E.积极发展循环经济和绿色GDP。

数据统计结果:

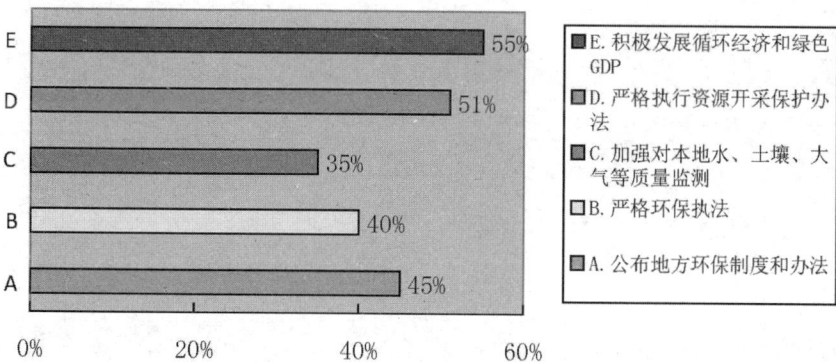

E 55%
D 51%
C 35%
B 40%
A 45%

E. 积极发展循环经济和绿色GDP
D. 严格执行资源开采保护办法
C. 加强对本地水、土壤、大气等质量监测
B. 严格环保执法
A. 公布地方环保制度和办法

0%　　20%　　40%　　60%

31.4请客观地评价一下您现在居住地的生态环境：A. 空气质量不如以前，需要改善；B.湖泊、河流水质需要改善；C.人居环境比以前整洁；D.道路出行条件比以前方便了；E.生态环境整体在下降。F.生态环境整体质量较好。

数据统计结果：

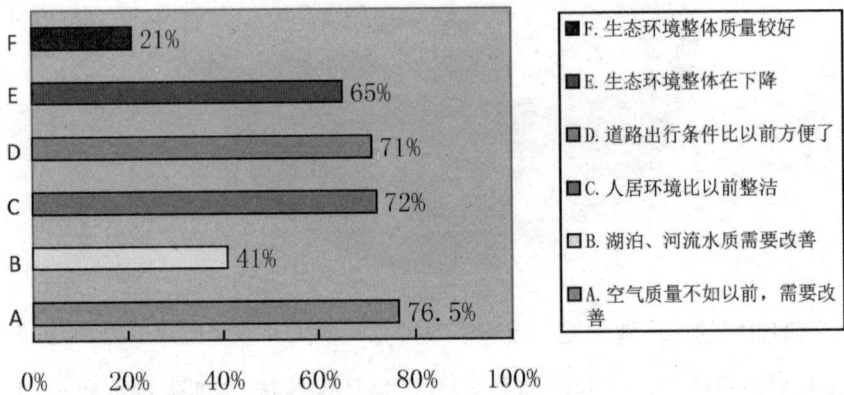

问卷调查结束，谢谢！

参考文献

一、著作

1.陈东生:《中国政治的民主抉择》,江西高校出版社,2004年版。

2.《辞海》,上海辞书出版社,1979年版。

3.《邓小平文选》第1—3卷,人民出版社,1993、1994年版。

4.冯俊主编:《执政的生命线——党的群众路线群众工作研究》,人民出版社,2014年版。

5.郭亚全主编:《城市化社区党建研究——天津市西青区社区与社区党建概览》,中共党史出版社,2013年版。

6.国家统计局:《中国统计年鉴》(2010—2016),中国统计出版社2017年版。

7.贺雪峰:《乡村治理与秩序——村治研究论集》,华中师范出版社,2003年版。

8.胡百晶:《公共关系学》,中国人民大学出版社,2008年版。

9.《胡锦涛文选》第1—3卷,人民出版社,2016年版。

10.胡锦涛:《在省部级主要领导干部提高构建社会主义和谐社会能力专题研讨班上的讲话》,《人民日报》,2005年6月26日。

11.贾锡萍主编:《党务管理学》,天津人民出版社,2013年版。

12.《坚定不移沿着中国特色社会主义道路前进,为全面建成小康社会而奋斗》,人民出版社,2012年版。

13.《江泽民文选》第1—3卷,人民出版社,2006年版。

14.剧锦文:《中国的城镇化与小城镇发展——江苏省靖江市东兴镇考察》,中国社会科学出版社,2013年版。

15.李佃来:《公共领域与生活世界——哈贝马斯市民社会理论研究》,人民出版社,2006年版。

16.李景田主编:《做好新形势下的群众工作》,人民出版社、党建读物出版社,2015年版。

17.刘润忠:《论结构功能主义及其社会理论》,载于《问学记言》,天津人民出版社,2009年版。

18.刘尉华、陈远主编:《方法大词典》,山东人民出版社,1991年版。

19.马春辉:《中国城市化问题论纲》,社会科学文献出版社,2008年版。

20.《马克思恩格斯选集》(第四卷),人民出版社,1995年版。

21.《毛泽东选集》第1—4卷,人民出版社,1991年版。

22.[美]德博拉、安可纳等:《组织行为与过程》,李梦学译,中信出版社,2003年12月版。

23.[美]德鲁克基金会主编:《未来的组织》,方海萍译,中国人民大学出版社,2006年版。

24.[美]亨廷顿:《变化社会中的政治秩序》,王冠华等译,上海世纪出版集团,2006年版。

25.[美]杰弗里·亚历山大、邓正来主编:《国家与市民社会———一种社会理论的研究路径》,上海人民出版社,2006年版。

26.[美]理查德·H.霍尔著:《组织:结构、过程及结果》,张友星等译,上海财经大学出版社,2003年版。

27.[美]Joseph E.Champoux著:《组织行为学基本原则》,宋巍巍、张微译,清华大学出版社,2004年6月版。

28.牛文元主编:《中国新型城市化报告》(2011),科学出版社,2011年版。

29.秦润新主编:《农村城市化的理论与实践》,中国经济出版社,2001年版。

30.全国干部教材编审指导委员会:《做好新形势下的群众工作》,人民出版社,2015年版。

31.商志晓:《党的先进性研究》,党建读物出版社,2004年版。

32.《十六大以来重要文献选编》(上、中、下),中央文献出版社,2005、2006、2008年版。

33.史啸虎:《农村改革的反思》,中央编译出版社,2008年版。

34.孙久文:《走向2020年的我国城乡协调发展战略研究》,中国人民大学出版社,2010年版。

35.王长江:《政党现代化论》,浙江人民出版社,2004年版。

36.王存福:《社会结构变迁与政党嬗变的向度分析——以德国社会民主党的转型为例》,天津人民出版社,2011年版。

37.王立胜:《中国农村现代化社会基础研究》,人民出版社,2009年版。

38.王文举主编:《诺贝尔经济学奖获得者学术思想举要(1969—2010)》,首都经济贸易大学出版社,2011年版。

39.魏后凯主编:《走中国特色的新型城镇化道路》,社会科学文献出版社,2014年版。

40.温志强、郝雅立:《快速城镇化背景下的群众突发事件预警与阻断机制研究》,天津人民出版社,2016年版。

41.习近平:《决胜全面建成小康社会 夺取新时代中国特色社会主义伟大胜利》,人民出版社,2017年版。

42.夏明、贺冰主编:《党的群众工作大词典》,中共中央党校出版社,1992年版。

43.谢文蕙、邓卫编著:《城市经济学》,清华大学出版社,1996年版。

44.徐同文:《城乡一体化体制对策研究》,人民出版社,2011年版。

45.阎海峰、王端旭:《现代组织理念与组织创新》,人民邮电出版社,2003年版。

46.叶剑平、张有会:《一样的土地不一样的生活》,中国人民大学出版社,2010年版。

47.[意大利]安东尼奥·葛兰西:《狱中札记》,葆煦译,人民出版社,1983年版。

48.俞可平:《论国家治理现代化》,社会科学文献出版社,2014年版。

49.张晓山等著:《构建新型城乡关系——新农村建设政策体系研究》,社会科学文献出版社,2014年版。

50.张耀灿、郑永廷等著:《现代思想政治教育学》,人民出版社,2006年版。

51.张振华:《社会冲突与制度回应——转型期中国政治整合机制的调适研究》,天津人民出版社,2016年版。

52.郑春牧等著:《提高党的群众工作科学化水平研究》,浙江大学出版社,2014年版。

53.《制度学词典》,上海辞书出版社,1984年增订版。

54.《中共中央关于全面深化改革若干重大问题的决定》,人民出版社,2014年版。

55.《中共中央关于全面推进依法治国若干重大问题的决定》,人民出版社,2014年版。

56.《中共中央关于全面推进依制度治国若干重大问题的决定》,人民出版社,2014年版。

57.中共中央文献研究室编:《习近平总书记重要讲话文章选编》,中央文献出版社、党建读物出版社,2016年版。

58. 中共中在组织部 党建研究所课题组:《新时期党建工作热点难点剖调查报告(第22卷)——县级城区基层党建研究》,党建读物出版社,2014年版。

59.中国社会科学院新型城市化研究课题组:《中国新型城市化道路——城乡双赢:以成都为案例》,社会科学文献出版社,2007年版。

60.中央文献研究室:《论群众路线——重要论述摘编》,中央文献出版社、党建读物出版社,2013年版。

61.《周恩来选集》(上卷),人民出版社,1980年版,

62.朱晋伟、詹玉华、韩朝华著:《苏南城乡一体化之路——胡埭镇的变迁和创新》,中国社会科学出版社,2008年版。

63.朱铁臻:《城市发展研究》,中国统计出版社,1996年版。

64.邹东涛主编:《中国经济发展和体制改革报告NO.6——中国完善社会主义市场经济体制10年》,社会科学文献出版社,2013年版。

二、论文

1.步文斌:《十七大以来农村党建工作的新经验新方法》,《中共银川市委党校学报》,2012年第2期。

2.车文辉:《中国城镇化进程:化什么怎么化》,《学习时报》,2011年9月14日。

3.陈定洋:《建国以来党的农村社会建设理论与实践的考察与启示》,《安徽广播电视大学学报》,2012年第3期。

4.池林刚、胡宁宁:《和谐社会构建中的户籍制度改革问题思考》,《中国科技信息》,2010年第20期。

5.崔建平:《农村社区党建:农村基层党建的新路径》,《科学社会主义》,2012年第2期。

6.党高辉:《城镇化进程中的农村基层组织建构研究》,《中国农业信息》,2014年第12期。

7.丁俊萍:《1978年以来农村基层党政关系的历史考察及其启示》,《江苏行政学院学报》,2010年第1期。

8.丁晓强:《社会转型对党的基层组织的影响与意义》,《上海党史与党建》,2004年第3期。

9.董晓峰、杨春志、刘星光:《中国新型城镇化理论探讨》,《城市发展研究》,2017年1期。

10.高斌:《棚改的"通州模式"》,《前线》,2017年第5期。

11.郭德宏:《中国现代社会转型研究评述》,《安徽史学》,2003年第1期。

12.郭莉:《中国需要什么样的城镇化》,《投资北京》,2013年第1期。

13.韩儒博:《机制与模式》,《今日科苑》,2011年第10期。

14.胡鞍钢、周绍杰:《"十三五":经济结构调整升级与远景目标》,《国家行政学院学报》,2015年第2期。

15.胡海可、林华蒙:《近二十年我国政治社会化研究述评》,《广东社会科学》,2002年第1期。

16.黄锡富:《产业结构和就业结构的优化与人的生存发展——基于新型城镇化的视角》,《改革与战略》,2014年第11期。

17.黄远固:《完善党员干部直接联系群众制度研究》,《探索》,2013年第5期。

18.李桂兰:《浅谈征地拆迁工作中的协调技巧问题》,《广东技术师范学院学报》,2007年第4期。

19.李家祥、李品:《城镇化与农村转移劳动力就业》,《中国特色社会主义研究》,2013年第1期。

20.李清华:《利益整合:构建和谐社会的关键》,《理论前沿》,2005年第1期。

21.李全胜:《论中国农村村级治理模式创新:复合治理》,《中州学刊》,2012年第3期。

22.李忠杰:《提高制定发展规划的水平》,《今日中国论坛》,2010年第6期。

23.林蕴晖:《中共高层对"包产到户"认识的转变》,《共产党员》,2007年第13期。

24.刘立峰:《对新型城镇化进程中若干问题的思考》,《宏观经济研究》,2013年第5期。

25.刘朋:《试论马克思主义中国化进程的基本环节》,《胜利油田党校学报》，2011年第6期。

26.刘树成：《新一轮改革的突破口》，《人民日报》，2013年6月13日。

27.刘益星：《基于产城融合的新型城镇化发展对策研究》，《经济论坛》，2016年第1期。

28.柳建辉：《群众路线：人民内部矛盾与和谐社会》，《北京党史》，2007年第3期。

29.卢先福：《浅谈增强党的阶级基础和扩大党的群众基础》，《党建研究》，2001年第8期。

30.罗宏斌：《"新型城镇化"的内涵与意义》，《湖南日报》，2010年2月20日。

31.彭真怀：《中国需要什么样的新型城镇化》，《第一财经日报》，2012年12月24日。

32.戚锡生：《探析江苏村改居》，《群众》（上半月版），2014年第8期。

33.齐冰：《北京共识VS.中国模式》，《中国社会科学院报》，2009年1月6日。

34.齐卫平、龚少情：《空间与党员：转型社会居住区党员作用的发挥——基于结构功能的分析》，《中国延安干部学院学报》，2011年第2期。

35.齐卫平：《坚持群众路线必须接受群众监督》，《理论探索》，2012年第3期。

36.齐卫平、吴海红：《增强党的基层执政能力：党组织建设的重大命题》，《廉政文化研究》，2011年第1期。

37.曲庆彪：《城乡统筹视阈中的城乡结合部基层党建工作创新研究》，《前沿》，2011年第1期。

38.宋镜明：《风险社会理论视角下和谐社会的构建》，《深圳大学学报》,2006年第1期。

39.宋伟:《从就业基础看河南新型城镇化的政策选择》,《河南科学》,2014年第6期。

40.孙丽萍、杨筠、童彦:《新型工业化与新型城镇化时空耦合协调性分析——以我国西部12省为例》,《大理学院学报》,2015年第1期。

41.田鹏:《新型城镇化社区组织结构转型与功能变迁》,《西北农林科技大学学报》,2017年第1期。

42.汪火根:《社会共同体的演进及其重构》,《重庆社会科学》,2011年第10期。

43.王炳林:《党的阶级基础和群众基础研究的回顾与思考》,《中国特色社会主义研究》,2006年第2期。

44.王光文、王敬超:《新型城镇化背景下的文化产业新常态研究》,《开发研究》,2015年第2期。

45.王海峰:《服务社会与政党的社会化——基层党组织群众工作的逻辑定位》,《中国延安干部学院学报》,2012年第1期。

46.王季昊、罗莉、牛建军:《基于新型城镇化目标的河南省产城融合协调发展战略》,《科技经济市场》,2016年第1期。

47.王克明:《价值世界与事实世界高度契合的共同体构筑——论"同心"思想的结构功能、理论内核及其实现路径》,《天津社会主义学院学报》,2013年第2期。

48.王浦劬:《在基于行政信访视角的新型城镇化、社会矛盾与公共政策》,《北京行政学院学报》,2014年第1期。

49.王颖:《扁平化社会治理:社区自治组织与社会协同服务》,《河北学刊》,2014年第5期。

50.吴敏先：《论建国60年农民利益获得机制的调整和创新》，《东北师大学报(哲学社会科学版)》，2009年第4期。

51.吴忠民：《"公正"与"公平"之辨》，《光明日报》，2007年8月14日。

52.习近平：《使人民群众不断获得切实的经济、政治、文化利益》，《求是》，2001年第19期。

53.习近平：《群众工作是社会管理基础性经常性根本性工作》，《人民日报》，2011年2月24日。

54.习近平：《在省部级主要领导干部提高构建社会主义和谐社会能力专题研讨班结业式的讲话》，《人民日报》，2005年6月26日。

55.夏行、方永军：《网络环境下"智慧党建"的理论模型构建及实现路径》，《领导科学》，2011年(12月上)。

56.杨凤城：《"工占农利"与当代中国的现代化——简评中国农村发展：理论和实践》，《当代世界与社会主义》，2003年第4期。

57.叶剑平：《城镇化新思路》，《中国地产市场》，2013年第3期。

58.张璐晶：《城镇化是支持中国经济结构变革的力量——专访经济学奖得主迈克尔·斯彭斯》，《中国经济周刊》，2014年15期。

59.张荣臣：《党的群众工作的历史经验》，《中国党政干部论坛》，2011年第3期。

60.赵理富：《政党文化探析》，《湖北行政学院学报》，2002年第5期。

61.《中央城镇化工作会议在北京举行》，《人民日报》，2013年12月15日。

62.《中央经济工作会议在北京举行》，《人民日报》，2013年12月14日。

63.朱前星、陈果、梁煌、李佳金：《社会整合功能：中国共产党政党功能调适的主要现实内容》，《湖北社会科学》，2011年第9期。

三、网络和其他文献

1.赣州市人民政府网：《用群众工作方法推进征地拆迁》，http://www.ganzhou.gov.cn/zwgk/zwdt/qxdt/201308/t20130813_769910.htm，2017 年 5 月 22日。

2.《工信部：2017年6月中国人均月移动互联网接入流量已达1.6GB》，199IT中文互联网数据资讯中心，http://news.10jqka.com.cn/20170725/c599326669.html，2017年7月25日。

3.国务院公报《国家新型城镇化规划（2014—2020年）》，http://www.gov.cn/gongbao/content/2014/content_2644805.htm，2015年7月20日。

4.王一鸣：《中国城镇化进程挑战与转型》，http://www.sina. , 2010 年2月22日。

5.《我国网民总数达7.1亿 日均上网3.8小时》，《腾讯新闻》2016年8月4日，http://news.qq.com/a/20160804/001465.htm。

6.徐维祥：《产业集群与城镇化互动发展机制及运作模式研究》，浙江大学博士论文2005年。

7.易宪容：《中国需要什么样的城镇化？》，战略网：http://grass.chinaiiss.com/html/201212/17/wac910.html。

8.《中共淄川区委淄川区人民政府关于全面实施网格化社会管理服务的意见》川〔2012〕16号文件。

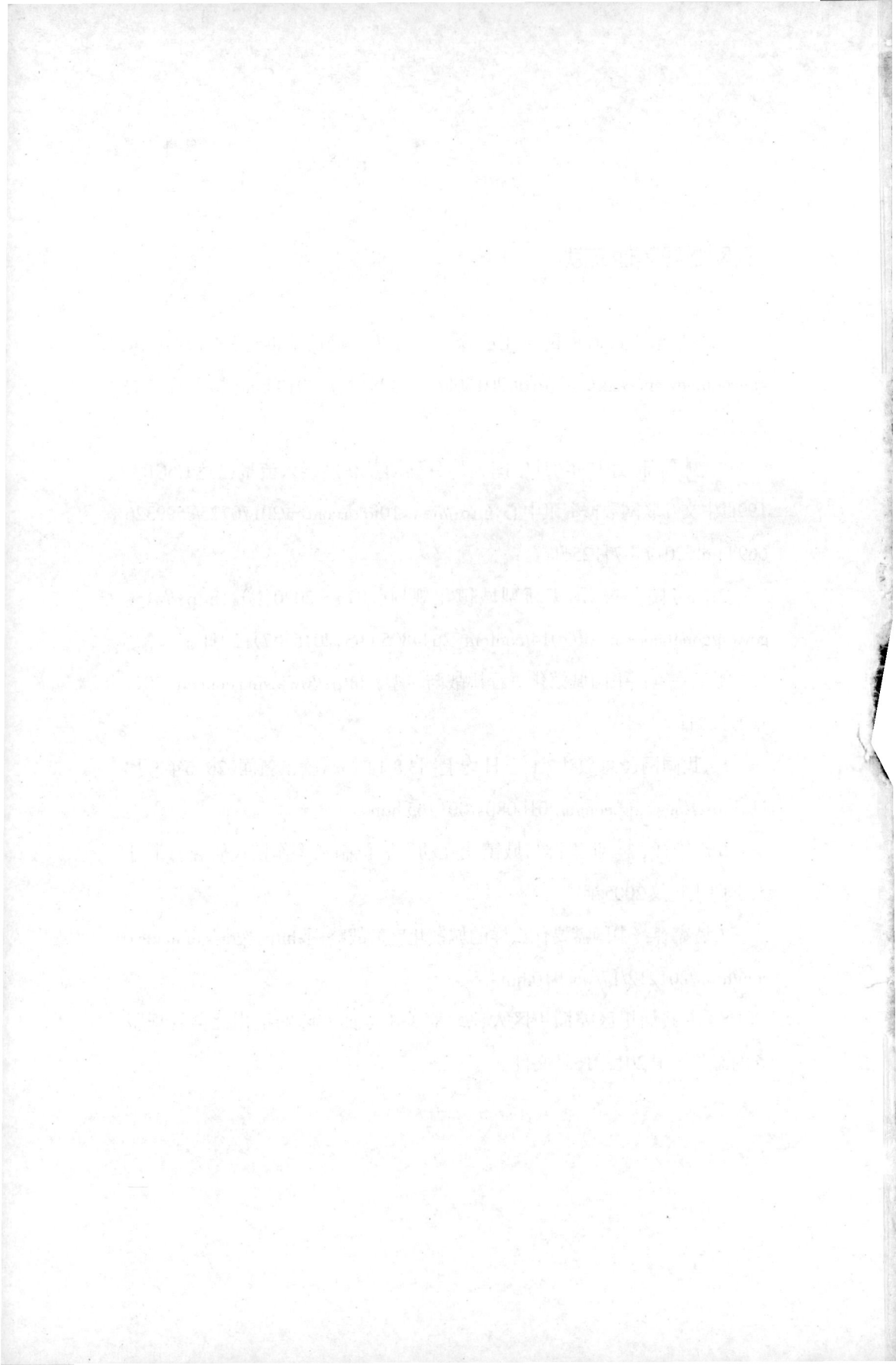